जटिल समाज का मानव शास्त्र
(ANTHROPOLOGY OF COMPLEX SOCIETY)

लेखक की अन्य पुस्तकें

— भारतीय मानवशास्त्र
(Indian Anthropology)
— भारतीय जनजातीय संस्कृति
(Indian Tribal Culture)
— मानवशास्त्रीय अनुसंधान विधि एवं तकनीक
(Anthropological Research Method and Technique)
— मानवशास्त्रीय सिद्धांत: शास्त्रीय एवं आधुनिक
(Anthropological Theory: Classical and Modern)

लेखक परिचय

गया पाण्डेय, स्नातकोत्तर मानव विज्ञान विभाग, राँची विश्वविद्यालय, राँची, के एक वरीय शिक्षक हैं। सन् 1979 में मास्टर आफ साइंस, एंथ्रोपोलोजी की परीक्षा प्रथम श्रेणी में उत्तीर्ण करने के बाद आपने 1984 में पीएच.डी. की उपाधि प्राप्त की। सन् 1985 में आप स्नातकोत्तर मानव विज्ञान विभाग, राँची विश्वविद्यालय, राँची के यू.जी.सी. सेंटर फार एडवांस स्टडी में रिसर्च एसोसिएट बने। बाद में यहीं पर आपकी पुनर्नियुक्ति व्याख्याता के रूप में हुई। अपने 25 वर्षों के अनुसंधान तथा शिक्षण अनुभवों के आधार पर आपने दर्जनों शोधपत्रों को राष्ट्रीय तथा अंतर्राष्ट्रीय ख्याति प्राप्त अनुसंधान पत्रिकाओं में प्रकाशित कराया। आपके द्वारा कई बृहत शोध परियोजनाओं को लिखित रूप प्रदान किया गया। अनुसंधान कार्य पर आधारित आपने कई पुस्तकों का सहलेखन कार्य किया। आपके द्वारा सहलेखन में प्रकाशित कुछ महत्त्वपूर्ण पुस्तकें निम्नलिखित हैं—

सन वर्शिप इन इंडिया (1992), हिस्ट्री आफ एंथ्रोपोलोजिकल थौट (1993), फोरेस्ट एंड ट्राइबल्स (1997), मानवशास्त्रीय विचारक एवं विचारधाराएँ (2000), आर्टिजन ट्राइब्स आफ बिहार एंड झारखंड (2001), जनजातीय विकास (2001), विकासात्मक मानव विज्ञान (2001), ट्राइबल डेवलपमेंट इन इंडिया (2002), ट्राइबल वूमैन वर्कर्स इन इंडिया (2004) तथा सामाजिक सांस्कृतिक मानवशास्त्र (2005)।

जटिल समाज का मानव शास्त्र

(Anthropology of Complex Society)

नवीन यू.जी.सी. पाठ्यक्रम पर आधारित

गया पाण्डेय

CONCEPT PUBLISHING COMPANY, NEW DELHI-110059

Cataloging in Publication Data—DK
Courtesy: D.K. Agencies (P) Ltd. <docinfo@dkagencies.com>

Pandey, Gaya, 1954-
Jaṭila samāja kā mānava śāstra : navīna Yū. Jī. Sī. pāṭhyakrama para ādhārita = Anthropology of complex society / Gayā Pāṇḍeya.
p. cm.
In Hindi.
On anthropology of society; with special reference to India.
Includes bibliographical references (p.)
ISBN 8180693449

1. Anthropology. 2. Anthropology—India. I. Title. II. Title: Anthropology of complex society.

DDC 301 22

ISBN 81-8069-344-9 (HB)

First Published 2006

Published and Printed by
Ashok Kumar Mittal
Concept Publishing Company
A/15-16, Commercial Block, Mohan Garden,
New Delhi-110059 (INDIA)

Phones : 25351460, 25351794
Fax : 091-11-25357103
Email : publishing@conceptpub.com

परम पूज्य पिता स्व. रामप्रवेश पाण्डेय एवं पूजनीया माँ
श्रीमती अनसुइया देवी के पवित्र चरणों में समर्पित
जिनके द्वारा प्रदत्त संस्कार मुझे सदैव अपने
कर्त्तव्य का समुचित निर्वहन के लिए
उत्प्रेरित करता रहता है।

आमुख

प्रस्तुत पुस्तक *जटिल समाज का मानव शास्त्र* नवीन यू.जी.सी. पाठ्यक्रम पर आधारित है। इसकी पढ़ाई स्नातकोत्तर मानव विज्ञान विभागों में एक विशिष्ट पत्र के रूप में की जाती है। चूंकि इस विशिष्ट पत्र की पढ़ाई हाल के वर्षों में आरंभ हुई है, अतः इसके ऊपर क्रमबद्ध ढंग की पुस्तक का पूर्णतः अभाव है। कुछ अंग्रेजी माध्यम में लिखित पुस्तकों में जटिल समाज के संबंध में सूचनाएँ प्राप्त होती हैं। लेकिन हिन्दी माध्यम में इस विषय के ऊपर कोई पुस्तक अब तक उपलब्ध नहीं है। हिन्दी माध्यम से मानव विज्ञान की पढ़ाई करने वाले छात्रों एवं प्रतियोगी परीक्षाओं में शामिल होने वाले छात्रों को इस विषय में कठिनाई का सामना करना पड़ रहा है। वर्तमान पुस्तक छात्रों एवं विद्वानों की उन समस्याओं के समाधान की दिशा में एक सार्थक प्रयास है। मुझे आशा ही नहीं अपितु पूर्ण विश्वास है कि यह पुस्तक छात्रोपयोगी सिद्ध होगी।

हालांकि इस पुस्तक में इस नवीन विषय के ऊपर क्रमबद्ध ढंग से अधिक से अधिक सामग्रियाँ प्रदान करने का प्रयास किया गया है। फिर भी मैं समग्रता एवं संपूर्णता का दावा नहीं कर सकता। किसी भी पुस्तक की सफलता तो छात्रोपयोगिता में निहित है। अगर पाठकगण इस पुस्तक का अध्ययन कर संतुष्ट होंगे, तब इस पुस्तक की यही सबसे बड़ी सफलता होगी। पाठकगणों से सादर एवं साग्रह अनुरोध है कि वे मुझे पुस्तक की कमजोरियों से अवगत कराएं तथा पुस्तक की गुणवत्ता भविष्य में बढ़ाने में सहयोग करें।

मैं उन सभी आदरणीय गुरुजनों एवं प्रिय मित्रों के प्रति आभार व्यक्त करता हूँ जिनकी रचनाओं का लाभ मुझे इस पुस्तक की रचना करने में मिला है।

मैं अपने परिवार के सदस्यगण माता श्रीमती अनसुइया देवी, धर्मपत्नी श्रीमती इन्दू देवी, पुत्रियाँ सुधा, सुमन, सरिता एवं अनु तथा पुत्र शेखर के प्रति आभार एवं धन्यवाद व्यक्त करता हूँ जिनके सहयोग के बिना पुस्तक लेखन का यह कार्य मेरे लिए संभव नहीं था।

मानव विज्ञान विभाग
राँची विश्वविद्यालय
राँची-834008
झारखंड

गया पाण्डेय

विषय-सूची

1

जटिल समाज : अवधारणा एवं दृष्टिकोण

COMPLEX SOCIETY: CONCEPT AND APPROACHES

जटिल शब्द सरल शब्द का विपरीतार्थक है। अत: जटिल समाज की अवधारणा भी सरल समाज के विपरीत है। उद्‌विकासवादी मानवशास्त्रियों के अनुसार समाज का आरंभिक स्वरूप सरल था। कालांतर में इसका जटिल स्वरूप प्रकाश में आया है। अत: जटिल समाज की अवधारणा एवं विशेषताओं को जानने के लिए सरल समाज की अवधारणा एवं विशेषताओं को समझना अनिवार्य होता है।

मानवशास्त्री संस्कृति का अध्ययन करते हैं। लेकिन संस्कृति की उत्पत्ति एवं विकास समाज में ही हुआ है। क्योंकि संस्कृति एक सामाजिक विरासत है। इसे हम मां के गर्भ से लेकर पैदा नहीं होते, वरन् सामाजिक सदस्य होने के नाते इसे प्राप्त करते हैं। यही कारण है कि हम जिस प्रकार के समाज में जन्म लेते हैं, पलते हैं और बड़े होते हैं, उसी प्रकार की संस्कृति हम प्राप्त करते हैं। यानी संस्कृति ही एक समाज को दूसरे समाज से अलग करती है। इसी आधार पर यह कहा जाता है कि सरल समाज की संस्कृति सरल होती है, जबकि जटिल समाज की संस्कृति जटिल होती है। मानवशास्त्रियों ने अपने अध्ययन एवं अनुसंधान के आधार पर यह प्रस्तुत किया है कि सबसे आरंभ में सरल समाज अस्तित्व में आया। इस समाज की संस्कृति बिल्कुल सरल थी। सबसे विकसित अवस्था में समाज का जटिल स्वरूप अस्तित्व में आया। इस समाज की संस्कृति जटिल हो गई। सरल समाज तथा जटिल समाज के बीच में सरल-जटिल मिश्रित समाज अस्तित्व में था। इस समाज के पास सरल समाज के कुछ तत्व तथा जटिल समाज के कुछ तत्व विद्यमान थे। यह बीच की अवस्था थी। मानवशास्त्रियों ने घुमंतु झुंड तथा जनजातीय समाज तथा लोक समाज को सरल समाज का प्रतिनिधि माना है। कृषक समाज को सरल तथा जटिल समाज के मिश्रित रूप का प्रतिनिधि माना है। नगरीय समाज को जटिल समाज का प्रतिनिधि माना गया है।

मानवशास्त्रीय साहित्यों में सरल समाज के स्थान पर कई समानार्थक शब्दों का प्रयोग किया गया है। उदाहरण के लिए देशज, स्थानीय, आदिम, जंगलवासी, आदिवासी,

लघु समाज, लघु समुदाय, असभ्य, प्राक् शिक्षा समाज, प्राक् औद्योगिक समाज, राज्य रहित समाज, समांग समाज, लोक समाज इत्यादि।

मानवशास्त्रीय साहित्यों में जटिल समाज के समानार्थक कई शब्द प्रयोग किए गए हैं। उदाहरण के लिए उपनगरीय समाज (Town Society), नगरीय समाज (City Society) तथा महानगरीय समाज (Metropolitan Society)।

भारतीय संदर्भ में जाति आधारित ग्राम समाज को भारतीय सभ्यता की जटिल संरचना के अंतर्गत शामिल किया गया है। इस समाज के पास सरल समाज तथा जटिल समाज दोनों के कुछ-कुछ गुण पाए जाते हैं।

सरल समाज की मुख्य विशेषताएँ

जटिल समाज की विशेषताओं का वर्णन करने से पूर्व यहां सरल समाज की विशेषताओं का वर्णन करना युक्तिसंगत प्रतीत होता है। मानवशास्त्रियों के अनुसार सरल समाज की मुख्य विशेषताएं निम्नलिखित हैं—

1. सरल संस्कृति—सरल समाज की संस्कृति सरल होती है। इस समाज के रीति-रिवाज, रहन-सहन, खान-पान, बातचीत, नियम-कानून विश्वास इत्यादि सरल होते हैं।

2. सरल सामाजिक संगठन—सरल समाज के सामाजिक संगठन सरल होते हैं। इनके बीच विवाह, परिवार तथा नातेदारी संगठन सरल होते हैं।

3. नातेदारी पर आधारित समाज—सरल समाज में नातेदारी बंधन बड़ा महत्त्वपूर्ण योगदान देता है। इस समाज के सदस्य जन्म से मरण तक अपने रिश्तेदार समूह पर आश्रित रहते हैं।

4. लघु आकार—सरल समाज का आकार लघु होता है। इस समाज का जनसंख्या आकार एवं जनसंख्या घनत्व कम होता है।

5. हम की भावना—सरल समाज के सदस्यों के बीच हम की भावना रहती है। वे लोग अपने समूह के सदस्यों के लिए 'हम' तथा दूसरे समूह के सदस्यों के लिए 'वे' शब्द का प्रयोग बातचीत के क्रम में हमेशा करते हैं।

6. व्यक्तिगत संबंध—इस समाज के सदस्यों के बीच व्यक्तिगत संबंध पाया जाता है। ये लोग एक-दूसरे को केवल नाम से ही नहीं वरन् चेहरे से भी जानते हैं तथा एक-दूसरे को नातेदारी शब्दों के माध्यम से संबोधित करते हैं।

7. आम अभिरुचि—सरल समाज के सदस्यों की अभिरुचि आम होती है।

8. सरल तकनीक—सरल समाज की तकनीक सरल होती है। इनके उत्पादन के अस्त्र बिल्कुल सरल होते हैं। इन्हें प्रयोग में लाने के लिए विशेष प्रशिक्षण की आवश्यकता नहीं होती। इन्हें किशोर, युवक, वृद्ध, औरत-मर्द कोई भी चला सकता है।

9. सरल श्रम विभाजन—सरल समाज में समाज के सदस्यों के बीच सरल ढंग से श्रम विभाजन पाया जाता है। यहां श्रम विभाजन आयु एवं यौन के अनुसार होता है। महिलाएं खाद्य संकलन का कार्य करती हैं, जबकि पुरुष शिकार करते हैं, बच्चे घरेलू काम में हाथ बंटाते हैं। वृद्धजन घर, पशु, बच्चों इत्यादि की देख-रेख करते हैं।

10. परिवार उत्पादन एवं उपभोग की इकाई—सरल समाज में परिवार उत्पादन एवं उपभोग दोनों की इकाई होती है। परिवार के सभी सदस्य मिलकर उत्पादन करते हैं तथा मिल-जुलकर उत्पादित वस्तुओं का उपभोग करते हैं।

11. उपभोग-अभिमुख अर्थव्यवस्था—सरल समाज की अर्थव्यवस्था उपभोग-अभिमुख होती है, लाभ अभिमुख नहीं। इस समाज में उत्पादन खाने-पीने के लिए किया जाता है, बचत करने के लिए नहीं।

12. अस्तित्व-अभिमुख उत्पादन—सरल समाज में उत्पादन किसी तरह अपने आपको जीवित रखने के उद्देश्य से किया जाता है। अपने अस्तित्व की रक्षा के लिए इन्हें कठिन संघर्ष करना पड़ता है।

13. मजदूरी का अभाव—सरल समाज के सदस्य अपने परिवार के सदस्यों के श्रम द्वारा उत्पादन करते हैं। उत्पादन में उन्हें मजदूरी का भुगतान नहीं करना पड़ता है। जरूरत पड़ने पर वे श्रम एवं सेवा का आपसी विनिमय कर लेते हैं।

14. समांग उत्पादन—सरल समाज के उत्पादन में समांगता पाई जाती है। इस समाज के सदस्य समान रूप से खाद्य संकलन, शिकार, पशुपालन, मछलीमारण या कृषि कर्म करते हैं।

15. वस्तु विनिमय प्रणाली—सरल समाज में वस्तु विनिमय प्रथा पाई जाती है। इस प्रथा के अंतर्गत विभिन्न वस्तुओं का विनिमय वस्तु के बदले वस्तु द्वारा होता है।

16. पारस्परिकता—सरल समाज में पारस्परिकता के माध्यम से विनिमय होता है। इसमें समाज के समान स्थान वाले लोगों के बीच उपहार विनिमय एवं सेवा विनिमय होता है। इसे पारस्परिकता कहा जाता है। इस प्रथा के अंतर्गत A द्वारा B को जो कुछ भी उपहार स्वरूप प्राप्त होता है उसे B उतनी ही मात्रा में तुरंत अथवा कुछ दिनों बाद लौटा देता है।

17. पुनर्वितरण—सरल समाज में पुनर्वितरण भी एक विनिमय व्यवस्था है जिसमें समाज के आम सदस्य एवं सामाजिक पदाधिकारियों के बीच उपहार विनिमय होता है। इसमें समाज के सदस्यों तथा सामाजिक पद धारण करने वाले व्यक्तियों के बीच उपहार विनिमय होता है। इसमें सरल समाज के सदस्य अपने प्रधान को उपहार स्वरूप कुछ भेंट करते हैं। प्रधान उस भेंट को कुछ दिनों बाद सदस्यों के ऊपर खर्च कर देता है।

18. बाजार स्थल का महत्त्व—सरल समाज में बाजार सिद्धांत नहीं पाया जाता है। इस समाज में बाजार स्थल की धारणा प्रचलित रहती है, जिसे स्थानीय भाषा में हाट या साप्ताहिक बाजार कहा जाता है।

19. बाजार स्थल की गैर आर्थिक भूमिका—सरल समाज के बाजार स्थल की गैर आर्थिक भूमिका भी महत्त्वपूर्ण होती है। हाट-बाजार, शादी-विवाह कराने तथा आपसी झगड़ों का निपटारा करने में भी महत्त्वपूर्ण योगदान देते हैं।

20. कम उत्पादन—सरल समाज द्वारा बृहत स्तर का उत्पादन नहीं किया जाता है। इसके द्वारा कम उत्पादन किया जाता है।

21. विशेषज्ञता का अभाव—सरल समाज में विशेषज्ञता का अभाव पाया जाता है। समाज के सभी सदस्य गृह निर्माण, खाद्य संकलन, शिकार, पशुपालन तथा कृषि का ज्ञान रखते हैं।

22. पूंजी का अभाव—सरल समाज में पूंजी का अभाव पाया जाता है। वे सरल अस्त्र, पशु, भूमि इत्यादि को ही पूंजी कहते हैं।

23. गैर-बाजारीय वितरण—सरल समाज का वितरण गैर-बाजारीय होता है।

24. मौद्रिक सेक्टर का अभाव—सरल समाज में मौद्रिक सेक्टर का अभाव पाया जाता है। अत: सरल समाज को गैर-मौद्रिक या अमौद्रिक समाज भी कहा जाता है।

25. बहुउद्देशीय सामाजिक संगठन—सरल समाज में बहुउद्देश्यीय सामाजिक संगठन पाया जाता है जिसमें पद धारण एवं धन धारण के बीच सामंजस्य स्थापित रहता है।

26. जादू का प्रचलन—सरल समाज में जादू का खूब प्रचलन पाया जाता है।

27. धर्म का सरल स्वरूप—सरल समाज में धर्म का सरल स्वरूप पाया जाता है। इनके बीच आत्मावाद, जीवित सत्तावाद तथा प्रकृतिवाद की प्रधानता पाई जाती है।

28. उत्पादन धर्म से मिला हुआ—सरल समाज में उत्पादन को धार्मिक कार्य-कलापों से जोड़ा जाता है। वे उत्पादन को अलौकिक शक्ति का परिणाम मानते हैं। उत्पादन के हर स्तर पर वे पूजा-पाठ करते हैं।

29. केन्द्रित सत्ता का अभाव—सरल समाज में केन्द्रित सत्ता का अभाव पाया जाता है। इनके बीच राजा, प्रधान इत्यादि का अभाव पाया जाता है। इनके बीच सरकार नहीं पाई जाती है। वैधिक व्यवस्था का भी अभाव पाया जाता है।

30. राज्य रहित समाज—सरल समाज राज्य रहित समाज होता है।

31. वृद्धजन की सभा—सरल समाज में नियंत्रण के लिए वृद्धजन की सभा, ग्राम पंचायत तथा ग्राम प्रधान इत्यादि संस्थाएं पाईं जाती हैं।

32. मौखिक परंपरा—सरल समाज के पास मौखिक परंपरा पाई जाती है। इनके मध्य लेखन की विकसित तकनीक का अभाव पाया जाता है।

33. लघु परंपरा—सरल समाज के पास लघु परंपरा होती है।

34. कला कला एवं मनोरंजन के लिए—सरल समाज में कला कला के लिए होती है, व्यवसाय के लिए नहीं। खेल-कूद, गीत, संगीत, पहेली, बुझौनिया, नृत्य, कथा, कहानी इत्यादि कला तथा मनोरंजन के लिए होते हैं। इनके माध्यम से सरल समाज में पैसा नहीं कमाया जाता।

35. युवा संगठन—सरल समाज में अपने युवाजनों को संस्कृति एवं रीति-रिवाजों की शिक्षा प्रदान करने के लिए युवा संगठन होता है जिन्हें युवागृह के नाम से जाना जाता है।

36. सामूहिक नृत्य स्थल—सरल समाज के पास सामूहिक नृत्य स्थल होता है, जिसे अखरा कहा जाता है।

37. सामूहिक देवस्थल—सरल समाज के पास सामूहिक देवस्थल होता है जहां उनके देवी-देवता रहते हैं। इसे स्थानीय भाषा में सरनास्थल कहा जाता है।

38. सामूहिक पूर्वज देवस्थल—सरल समाज के पास सामूहिक पूर्वज देवस्थल होता है जहां पूर्वजों का वास स्थान होता है। इसे स्थानीय भाषा में ससानदीरी कहा जाता है।

39. चिकित्सा मानव—सरल समाज में चिकित्सा मानव का प्रचलन पाया जाता है। उसे आयु एवं यौन के अनुसार रोगों की जानकारी होती है। वह देहाती दवाओं की जानकारी रखता है। देहाती दवा तैयार कर वह रोगों का उपचार करता है।

40. ओझा और गुणी—सरल समाज में भूत-प्रेत, डायन, रोग इत्यादि को भगाने के लिए ओझा और गुणी पाए जाते हैं। वे लोग जादू करके भूत, प्रेत, डायन, रोग-दुःख इत्यादि को भगाते हैं।

41. धार्मिक विशेषज्ञ—सरल समाज के पास अपने धार्मिक विशेषज्ञ होते हैं, जिन्हें पाहन, बैगा, पुजारी इत्यादि नामों से जाना जाता है।

42. सामूहिक पर्व-त्योहार—सरल समाज के लोग अपने पर्व-त्योहार को सामूहिक ढंग से मनाते हैं। वे पूजा-पाठ परिवार तथा समाज दोनों स्तर पर करते हैं।

43. अनौपचारिक सामाजिक नियंत्रण—सरल समाज में सामाजिक नियंत्रण अनौपचारिक संस्थाओं—पाहन, पुजारी, मुखिया, ग्राम प्रधान, वृद्धजन की सभा इत्यादि के माध्यम से होता है।

44. नैतिकता पर विशेष बल—सरल समाज में नैतिकता पर विशेष बल दिया जाता है। नैतिकता को धर्म से जोड़ा जाता है। अनैतिक कार्यकलाप के लिए सामाजिक आलोचना की जाती है तथा सामाजिक दंड दिया जाता है।

जटिल समाज की विशेषताएं

जटिल समाज सरल समाज की ध्रुवीय विपरीत अवधारणा है। अतः जटिल समाज की विशेषताएं सरल समाज की विशेषताओं के विपरीत होती हैं। सरल समाज की विशेषताओं का विवरण प्रस्तुत किया जा चुका है। अब हम यहां जटिल समाज की विशेषताओं का विवरण देने जा रहे हैं। इन विशेषताओं के आधार पर सरल समाज तथा जटिल समाज के बीच तुलनात्मक अध्ययन किया जा सकता है। जटिल समाज की मुख्य विशेषताएं निम्नलिखित हैं—

1. जटिल संस्कृति—जटिल समाज की संस्कृति जटिल होती है। इस समाज में

कई जाति, धर्म, भाषा, क्षेत्र इत्यादि के लोग साथ-साथ रहते हैं। वे सब अपनी-अपनी संस्कृति, मूल्य, परंपरा, रीति-रिवाज, पर्व-त्योहार, विश्वास इत्यादि का पालन करते हैं। इस प्रकार जटिल समाज की संस्कृति जटिल होती है।

2. जटिल सामाजिक संगठन—जटिल समाज का सामाजिक संगठन जटिल होता है। सरल समाज की भांति यहां वंश, गोत्र, जाति इत्यादि के आधार पर सामाजिक संगठन नहीं पाया जाता है। यहां भाषा, क्षेत्र, धर्म, पेशा इत्यादि के नाम पर सामाजिक संगठन का निर्माण होता है। इन संगठनों द्वारा सामाजिक भूमिका के साथ-साथ राजनीतिक भूमिका भी निभाई जाती है।

3. नातेदारी बंधन का अभाव—जटिल समाज नातेदारी पर आधारित नहीं होता है। यह पेशा एवं सामाजिक संबंध पर आधारित होता है। इस समाज के सदस्य अपने क्रियाकलापों के लिए नातेदारों पर आश्रित नहीं रहते हैं। वे अपने पेशा समूह एवं मित्र समूह पर आश्रित रहते हैं।

4. वृहत आकार—जटिल समाज का आकार वृहत होता है। इसकी जनसंख्या एवं जनसंख्या घनत्व अधिक होता है।

5. हम की भावना का अभाव—इस समाज के सदस्यों के बीच हम की भावना का अभाव पाया जाता है। इनके बीच खून और विवाह का बंधन नहीं रहता है। अत: हम की भावना का विकास नहीं होता है।

6. अवैयक्तिक संबंध—इस समाज के सदस्यों के बीच अवैयक्तिक संबंध पाया जाता है। इस समाज के सदस्य एक दूसरे को चेहरा, नाम तथा स्वभाव से नहीं जानते हैं।

7. औपचारिक संबंध—इस समाज के सदस्यों के बीच औपचारिक संबंध पाया जाता है। इस समाज के सदस्य विवाह, मरण, पर्व-त्योहार, उत्सव इत्यादि के अवसर पर औपचारिक रूप से अपने कॉलोनी या मुहल्लावासियों के साथ आना-जाना करते हैं तथा निमंत्रण एवं खान-पान का विनिमय करते हैं।

8. आम अभिरुचि का अभाव—इस समाज के सदस्य एक ही पेशे से जुड़े नहीं रहते। अत: उनमें आम अभिरुचि का अभाव पाया जाता है। उन्हें अपने-अपने व्यवसाय तथा पेशे में अभिरुचि रहती है तथा उसी के संबंध में वे दिन-रात सोचते तथा प्रयत्न करते रहते हैं।

9. जटिल तकनीक—जटिल समाज के तकनीक जटिल होती हैं। ये लोग जटिल अस्त्रों के प्रयोग से उत्पादन करते हैं। उन अस्त्रों के प्रयोग करने के लिए तकनीकी ज्ञान का होना अनिवार्य होता है। तकनीकी ज्ञान रखने वाले लोग ही उन अस्त्रों का प्रयोग कर सकते हैं।

10. गैर-कृषि अर्थव्यवस्था—जटिल समाज की अर्थव्यवस्था कृषि कर्म या खाद्य संकलन एवं शिकार पर आश्रित नहीं होती है। यह उद्योग, व्यापार, बाजार, पेशा एवं सेवा पर आधारित होती है।

11. जटिल श्रम विभाजन—जटिल समाज में श्रम विभाजन का जटिल स्वरूप पाया जाता है। यहां श्रम विभाजन का आधार आयु तथा यौन न होकर विशेषज्ञता, कौशल, क्षमता, योग्यता तथा तकनीकी ज्ञान होता है।

12. परिवार उपभोग की इकाई, उत्पादन की नहीं—जटिल समाज में परिवार उत्पादन की इकाई न होकर उपभोग की इकाई होता है। इस समाज में परिवार के सभी सदस्य उत्पादन में भाग नहीं लेते, लेकिन सभी मिल-जुलकर उपभोग करते हैं।

13. असमांग उत्पादन—जटिल समाज का उत्पादन असमांग होता है। यहां लोग एक ही तरह के पेशे में नहीं लगे रहते। कोई व्यापार करता है, कोई ठेकेदारी करता है, कोई डॉक्टर, कोई वकील, कोई शिक्षक, कोई क्लर्क, कोई ऑफिसर होता है। अतः जटिल समाज का उत्पादन समांग न होकर असमांग होता है।

14. विशेषज्ञता की पूछ—जटिल समाज में तरह-तरह के विशेषज्ञ होते हैं। अपनी विशेषज्ञता के आधार पर ही वे उत्पादन करते हैं अथवा श्रम बेचते हैं। यहां गैर-विशेषज्ञ लोगों की पूछ नहीं होती है।

15. बाजार-अभिमुख उत्पादन—जटिल समाज का उत्पादन बाजार अभिमुख होता है। यहां बाजार को ध्यान में रखकर ही उत्पादन किया जाता है।

16. लाभ-अभिमुख उत्पादन—जटिल समाज में उत्पादन लाभ के लिए किया जाता है, उपभोग एवं अस्तित्व की रक्षा हेतु नहीं।

17. जटिल वितरण—जटिल समाज में वितरण की जटिल व्यवस्था पाई जाती है। यहां परिवार के सभी लोग उत्पादन में भाग नहीं लेते। अतः परिवार का जो सदस्य उत्पादन में भाग लेता है, उसे भुगतान किया जाता है। अपनी मजदूरी अथवा भुगतान से वह अपने एवं परिवार के सदस्यों की आवश्यकता पूर्ति करता है। यहां बाजार आधारित वितरण होता है।

18. मजदूरी का भुगतान—जटिल समाज में वस्तुओं के उत्पादन एवं सेवाओं हेतु मजदूरी का भुगतान किया जाता है।

19. पूंजी की आवश्यकता—जटिल समाज में उत्पादन के लिए पूंजी की आवश्यकता होती है। इस समाज में बगैर पूंजी के उत्पादन संभव नहीं है।

20. पारस्परिकता का अभाव—जटिल समाज की विनिमय व्यवस्था में पारस्परिकता का अभाव पाया जाता है।

21. पुनर्वितरण का अभाव—जटिल समाज में पुनर्वितरण का अभाव पाया जाता है।

22. मुद्रा विनिमय—जटिल समाज में मुद्रा विनिमय प्रणाली पाई जाती है।

23. बाजार सिद्धांत—जटिल समाज के बाजार में बाजार सिद्धांत पाए जाते हैं। जटिल समाज के बाजार में वस्तुओं एवं सेवाओं के मूल्यों का निर्धारण बाजार में मांग एवं पूर्ति पर निर्भर करता है। यहां बाजार विशुद्ध आर्थिक संस्था होता है।

24. बाजार पर पूर्ण निर्भरता—जटिल समाज पूर्ण रूप से बाजार पर निर्भर रहता है। इस समाज के सदस्य अपनी समस्त इच्छाओं की पूर्ति हेतु बाजार पर निर्भर रहते हैं। वे स्वावलंबी नहीं होते हैं।

25. धर्मनिरपेक्षता का प्रचलन—जटिल समाज का व्यवहार धर्म निरपेक्ष होता है। यहां सभी धर्म के लोग साथ-साथ उत्पादन करते हैं, साथ-साथ बाजार जाते हैं तथा साथ-साथ खरीद-बिक्री करते हैं। इस समाज का उत्पादन धर्म से मिला हुआ नहीं रहता है।

26. विज्ञान में विश्वास—जटिल समाज जादू-टोना में विश्वास नहीं करता है। यह समाज विज्ञान एवं तकनीकी में विश्वास रखता है।

27. धर्म का मिश्रित स्वरूप—जटिल समाज में धर्म का मिश्रित रूप पाया जाता है। यहां सभी धर्म के संकेत, विश्वास, पर्व-त्योहार, संगठन, विशेषज्ञ इत्यादि पाए जाते हैं।

28. केन्द्रिक सत्ता—जटिल समाज में शक्ति राजा, प्रधान या सरकार के पास होती है। इस प्रकार जटिल समाज में केन्द्रिक सत्ता पाई जाती है।

29. राज्य का शासन—जटिल समाज में राज्य का शासन चलता है।

30. सरकार का अस्तित्व—जटिल समाज में सरकार पाई जाती है।

31. औपचारिक संस्थाओं द्वारा नियंत्रण—जटिल समाज में सामाजिक नियंत्रण थाना, पुलिस, कचहरी इत्यादि वैधिक एवं औपचारिक संस्थाओं के माध्यम से होता है।

32. आर्थिक एवं राजनीतिक वर्ग—जटिल समाज में आर्थिक एवं राजनीतिक वर्ग पाए जाते हैं। कुछ वर्ग विशेष सुविधा भोगी होते हैं। वे श्रेष्ठजन की श्रेणी में आते हैं। कुछ लोग गरीब होते हैं। वे सुविधा से वंचित रहते हैं।

33. लिखित परंपरा—जटिल समाज के पास लिखित परंपरा पाई जाती है।

34. महान परंपरा—जटिल समाज की परंपरा को महान परंपरा कहा जाता है।

35. मनोरंजन की औपचारिक संस्थाएं—जटिल समाज के पास मनोरंजन की औपचारिक संस्थाएं होती हैं, जैसे क्लब, सिनेमा घर, पार्क, दर्शनीय स्थल, पर्यटन स्थल, होटल, बाजार इत्यादि।

36. कला पैसा कमाने के लिए—जटिल समाज में कला का प्रयोग पैसा कमाने के लिए किया जाता है। गायक, संगीतकार, कलाकार अपनी-अपनी कला का प्रदर्शन कर पैसा अर्जित करते हैं।

37. सांप्रदायिक समूह—जटिल समाज में कई सांप्रदायिक समूह अस्तित्व में बने रहते हैं। वे अलग-अलग पॉकेट एवं कॉलोनी में निवास करते हैं।

38. मलिन बस्ती—जटिल समाज में मलिन बस्तियां पाई जाती हैं।

39. भीखमंगों का अस्तित्व—जटिल समाज में भिखारी तथा भीखमंगे देखे जाते हैं।

40. वेश्यावृत्ति—जटिल समाज में वेश्यावृत्ति का भी प्रचलन पाया जाता है।

41. कमजोर नैतिकता—जटिल समाज में नैतिक बल कमजोर पड़ता जाता है। यहां नैतिकता को धर्म से नहीं जोड़ा जाता है।

42. भ्रष्टाचार—जटिल समाज में भ्रष्टाचार पाया जाता है। लोग अपने पद, पेशा, क्षमता, योग्यता का गलत ढंग से प्रयोग कर किसी भी तरह से पैसा कमाना चाहते हैं।

43. प्रशासनिक व्यवस्था—जटिल समाज के पास प्रशासनिक व्यवस्था पाई जाती है। प्रशासन जटिल समाज के सदस्यों को विभिन्न प्रकार की सुविधाओं, पेयजल, चिकित्सा, सड़क, बिजली, यातायात, संचार, परिवहन इत्यादि उपलब्ध कराता है।

44. श्रम संगठन—जटिल समाज में पेशाई समूह के आधार पर विभिन्न श्रम संगठन पाए जाते हैं। इन संगठनों द्वारा श्रमिक हितों की रक्षा की जाती है।

45. सरकारी एवं गैर सरकारी एजेंसियां—जटिल समाज में कई सरकारी तथा गैर सरकारी एजेंसियां कार्यरत रहती हैं।

46. स्वयं सेवी संगठन—जटिल समाज में कई स्वयं सेवी संगठन भी अपना-अपना कार्य करते हैं।

जटिल समाज के संबंध में ब्रिटिश मानवशास्त्रियों का दृष्टिकोण

जटिल समाज की अवधारणा एवं विशेषताओं के अध्ययन करने के पश्चात् हम लोग इस निष्कर्ष पर पहुँच चुके हैं कि जटिल समाज सरल समाज से बिल्कुल भिन्न है। जटिल समाज क्या है ? यह किस प्रकार अस्तित्व में आया तथा इसका विकास कैसे हुआ ? इस संबंध में ब्रिटिश मानवशास्त्रियों द्वारा अपने-अपने विचार व्यक्त किए गए हैं।

ब्रिटिश शास्त्रीय उद्विकासवादी मानवशास्त्री एडवार्ड बर्नेट टायलर के अनुसार जटिल समाज का निर्माण सभ्यावस्था में हुआ। आपने अपनी पुस्तक *एंथ्रोपोलोजी: एन इंट्रोडक्शन टु द स्टडी ऑफ मैन एंड सिविलाइजेशन* (1881) में यह विचार व्यक्त किया कि आरंभ में समाज एवं संस्कृति का स्वरूप सरल था। जैसे-जैसे विकास होता गया, संस्कृति एवं समाज के स्वरूप में जटिलता आती गई। समाज एवं संस्कृति में सर्वाधिक जटिलता सभ्यावस्था में आई। आरण्यावस्था में समाज एवं संस्कृति का स्वरूप सरल था। असभ्यावस्था में समाज एवं संस्कृति के स्वरूप में सरलता एवं जटिलता दोनों के मिश्रित रूप अस्तित्व में आए। लेकिन सभ्यावस्था में समाज एवं संस्कृति का सबसे जटिल रूप अस्तित्व में आया। आपके अनुसार जटिल समाज का निर्माण एक ऐतिहासिक प्रक्रिया है तथा इसे ऐतिहासिक दृष्टिकोण के आधार पर ही समझा जा सकता है। सभ्यावस्था में मानव जीवन के प्रत्येक क्षेत्र में व्यवस्था स्थापित हो गयी थी। मानव नगर का निवासी बन गया था। धातु के काम करने वाले, मिट्टी के बरतन बनाने वाले तथा गैर कृषि कार्य से संबंधित व्यापार करने वाले कई विशेषज्ञ समूह अस्तित्व में आए। इस प्रकार गैर कृषि कार्य एवं व्यवसाय में लगे कई समूहों को एक ही स्थान पर रहने के कारण उस स्थान का जनसंख्या

घनत्व अधिक हो गया। वृहत जनसंख्या पर नियंत्रण हेतु केन्द्रीय सत्ता का विकास हुआ। नगर प्रशासन अस्तित्व में आया। अधिकारी वर्ग का उदय हुआ। नगर निर्माण योजनाएं बनीं। इस प्रकार जटिल सभ्यता एवं जटिल समाज का निर्माण हुआ। इस समाज की अर्थव्यवस्था खाद्य संकलन, शिकार एवं कृषि पर आधारित नहीं थी। इस समाज की अर्थव्यवस्था व्यवसाय एवं बाजार पर आधारित थी। इस प्रकार टायलर महोदय ने जटिल समाज की उत्पत्ति एवं विकास को सभ्यता की उत्पत्ति एवं विकास से संबंध दर्शाकर विश्लेषण प्रस्तुत किया है।

ब्रिटिश प्रसारवादी मानवशास्त्री जी.ई. स्मिथ ने अपनी पुस्तक *द ओरिजिन ऑफ सिविलाइजेशन* (1928) में जटिल समाज की उत्पत्ति एवं प्रसार का संबंध सभ्यता की उत्पत्ति एवं प्रसार से दर्शाया है। आपके अनुसार आरंभ में प्रत्येक स्थान के मानव जटिल समाज के निर्माता नहीं थे। विश्व के एक ही स्थान के मानवों ने जटिल समाज का निर्माण किया। उस स्थान से जटिल समाज के तत्व प्रसारित होकर विश्व के अन्य भागों में पहुंचे तथा विश्व के सभी भागों में जटिल समाज अस्तित्व में आ गए। आपने भी जटिल समाज की जीवन शैली को नगर निर्माण, व्यवसाय, बाजार, प्रशासन, सरकार, कानून, मंदिर संरचना एवं पूजा इत्यादि से संबंध दर्शाकर प्रस्तुत किया है। आपके अनुसार एकमात्र प्राचीन मिश्र ही जटिल समाज का जन्मदाता था। यहीं से जटिल समाज की संरचना संपूर्ण विश्व में प्रसारित होकर पहुंची है। आपके अनुसार प्राचीन मिश्र सभ्यता का जन्मदाता था। आपने जटिल समाज की संरचना को सिंचाई पर आधारित व्यवस्थित कृषि से संबंधित दर्शाया है। आपके अनुसार प्राचीन मिश्रवासियों ने सर्वप्रथम नील नदी में बांध बनाकर सिंचाई पर आधारित व्यवस्थित कृषि पेशे को जन्म दिया। नदी तट को बांधने के लिए वृहत जनसंख्या की आवश्यकता हुई होगी। अत: इस कार्य के लिए हजारों लोग एक साथ रहने लगे होंगे। इस कार्य के लिए केन्द्रीय सत्ता का विकास हुआ होगा। सरकार की स्थापना हुई होगी। हिसाब-किताब के लिए लेखन का विकास हुआ होगा। जब बांध बनाने का काम समाप्त हो गया होगा तथा नहरों द्वारा सिंचाई के माध्यम से वृहत स्तर पर कृषि उत्पादन होने लगा होगा, तब इस कर्म को देवताओं का आशीर्वाद मानकर उनके नाम से मंदिर बनने लगे होंगे तथा उनका पूजा-पाठ धार्मिक विशेषज्ञों द्वारा किए जाने लगे होंगे। धार्मिक विशेषज्ञ राजा के सलाहकार तथा महामंत्री नियुक्त हुए होंगे। जब अनाज का उत्पादन वृहत स्तर पर शुरू हुआ होगा, तब कुम्हार, बढ़ई, लोहार, ठठेरा, कसेरा, सोनार, पुजारी इत्यादि विशेषज्ञों का उदय हुआ होगा जो कृषकों की विभिन्न आवश्यकताओं की पूर्ति करते होंगे। इतने विशेषज्ञों को एक साथ रहने तथा गैर कृषि पेशा एवं व्यापार को बढ़ावा देने के लिए नगर का निर्माण हुआ होगा। नागरिकों की सुख-सुविधाओं की देख-रेख तथा नियंत्रण के लिए सरकार एवं कानून का निर्माण हुआ। इस प्रकार प्राचीन मिश्रवासियों ने सभ्यता एवं जटिल समाज को जन्म दिया। यहीं से जटिल समाज की संरचना प्रसार के माध्यम से विश्व के अन्य भागों में पहुंची तथा विश्व के सभी स्थानों पर जटिल समाज अस्तित्व में आया।

टायलर महोदय के समान स्मिथ महोदय भी जटिल समाज के जन्म, प्रसार एवं विकास को ऐतिहासिक प्रक्रिया की देन मानते हैं। आपका भी मानना था कि सभ्यता के विकास के साथ-साथ जटिल समाज का विकास हुआ। टायलर महोदय एवं स्मिथ महोदय के विचारों में अंतर अपने-अपने सिद्धांतों के आधार पर था। जहां टायलर महोदय सभ्यता एवं जटिल समाज की उत्पत्ति एवं विकास को उद्विकास की देन मानते थे, वहीं स्मिथ महोदय सभ्यता की उत्पत्ति एवं विकास को प्रसार की देन मानते थे।

ब्रिटिश नवउद्विकासवादी मानवशास्त्री वी.जी. चाइल्ड ने अपनी पुस्तक *सोशल इवोलुशन* (1951) में जटिल समाज की उत्पत्ति एवं विकास को विश्वव्यापी क्रांतियों का परिणाम बतलाया है। आपने क्रांति शब्द को विश्व स्तर पर जटिल समाज की उत्पत्ति एवं विकास की व्याख्या हेतु व्याख्यात्मक अस्त्र के रूप में प्रयोग किया है। आपके अनुसार विश्व स्तर पर विभिन्न कालों में कुछ महत्त्वपूर्ण क्रांतियां हुई हैं। उन क्रांतियों के फलस्वरूप जटिल समाज विश्वस्तर पर अस्तित्व में आया। आपके अनुसार विश्व स्तर पर तीन महत्त्वपूर्ण क्रांतियां हुई हैं, जो निम्नलिखित हैं—

1. कृषि क्रांति (Agricultural Revolution)
2. नगरीय क्रांति (Urban Revolution)
3. औद्योगिक क्रांति (Industrial Revolution)

चाइल्ड के अनुसार विश्व स्तर पर कृषि क्रांति नव पाषाण युग में अस्तित्व में आई। इस क्रांति की अवधि सबसे अधिक रही है। नव पाषाण युग में नदी घाटियों में बांध बना-बनाकर कृषि की शुरुआत वृहत स्तर पर की गयी। इसके साथ ही कृषि सभ्यता तथा कृषि आधारित जटिल समाज अस्तित्व में आया। नदी पर बांध बनाने के लिए वृहत जनसंख्या का जमाव एक स्थान पर हुआ होगा। एक केन्द्रीय सत्ता की बात मानकर लोग बांध बनाने में जुट गए होंगे। इस काम में कई वर्ग एवं विशेषज्ञ जुड़ गए होंगे। मजदूरी का भुगतान हुआ होगा। मजदूरी के हिसाब-किताब रखने के लिए लेखन का विकास हुआ होगा। अधिकारी, पदाधिकारी, विशेषज्ञों एवं मजदूरों को रहने के लिए अलग-अलग भवनों का निर्माण योजनाबद्ध ढंग से हुआ होगा। कृषकों की आवश्यकताओं की पूर्ति हेतु पुजारी, बढ़ई, लोहार, चमार, ठठेरा, कसेरा, सोनार, पैकार इत्यादि वर्गों का उदय हुआ। कालांतर में इसी स्थान ने व्यापार केन्द्र एवं नगर का रूप धारण कर जटिल समाज को जन्म दिया।

विश्व स्तर पर दूसरी महत्त्वपूर्ण क्रांति नगरीय क्रांति के रूप में हुई। इसकी शुरुआत विभिन्न देशों में 7000 वर्ष से 5000 वर्ष पूर्व हुई। सबसे पहले व्यवसाय एवं बाजार केन्द्रों का विकास नगरीय समाज के रूप में हुआ। लेकिन नगरीय क्रांति को बढ़ावा ब्रिटिश साम्राज्यवादियों द्वारा खूब दिया गया। ब्रिटिश साम्राज्यवादी जहां-जहां भी गए उन्होंने अपने लिए कॉलोनी, शासन के लिए राजधानी, सैनिक छावनी, बंदरगाह इत्यादि का

निर्माण किया। क्लर्क के लिए स्कूलों एवं कॉलेजों की स्थापना की। ये सभी स्थान बाद में चलकर नगर का रूप धारण कर लिया। इस प्रकार ब्रिटिश साम्राज्यवादियों ने नगरीय जटिल समाजों के विकास में महत्त्वूपर्ण योगदान दिया।

विश्वस्तर पर तृतीय महत्त्वपूर्ण क्रांति औद्योगिक क्रांति के रूप में जानी जाती है। इसकी शुरुआत ब्रिटेन की औद्योगिक क्रांति से मानी जाती है तथा इसका अंत 1990 के आस-पास माना जाता है। ब्रिटिश साम्राज्यवादियों द्वारा विश्व के सभी भागों में उद्योगों की स्थापना की गयी तथा उद्योगीकरण प्रक्रिया को बढ़ावा दिया गया। इसके परिणामस्वरूप उद्योग पर आधारित नगरों का निर्माण हुआ तथा उद्योग आधारित जटिल समाज अस्तित्व में आया।

ये तीनों प्रकार की क्रांतियां विश्वस्तर पर घटित हुईं जिनके परिणामस्वरूप तीन प्रकार के जटिल समाज अस्तित्व में आए—(i) कृषि पर आधारित जटिल समाज, (ii) नगर पर आधारित जटिल समाज तथा (iii) उद्योगों पर आधारित जटिल समाज।

इन तीनों क्रांतियों के अतिरिक्त आजकल विश्व चौथी क्रांति के दौर से गुजर रहा है, जिसे सूचना क्रांति, संचार क्रांति, ज्ञान क्रांति या अमरीकी साम्राज्यवाद इत्यादि नामों से जाना जाता है। इसकी शुरुआत 1990 के आस-पास मानी जाती है। यह क्रांति अभी पूरे विश्व में जोरों से छायी हुई है। इस क्रांति ने विश्व के सभी सरल एवं जटिल समाजों को जोड़ने का प्रयास किया है। इसके कारण बाजारवाद एवं उपभोगवाद का बढ़ावा विश्वस्तर पर हुआ है। इस क्रांति ने पूरे विश्व को बाजार बना दिया है।

जटिल समाज के संबंध में अमरीकी मानवशास्त्रियों का दृष्टिकोण

अमरीकी मानवशास्त्रियों ने जटिल समाज की उत्पत्ति एवं विकास को समझने के लिए उद्विकासवाद एवं प्रसारवाद सिद्धांत का सहारा नहीं लिया। वरन् जटिल समाज की उत्पत्ति एवं विकास को परसंस्कृतीकरण या परसंस्कृतीग्रहण का परिणाम बतलाया। अमरीकी मानवशास्त्रियों ने यह जानने का प्रयास किया कि किस प्रकार लोक समाज के सदस्यों परसंस्कृतीग्रहण प्रक्रिया के माध्यम से ग्रामीण कृषक समाज का निर्माण किया, किस प्रकार ग्रामीण कृषक समाज के सदस्य परसंस्कृतीग्रहण के माध्यम से उपनगरीय समाज (Town Society) के सदस्य बने तथा किस प्रकार उपनगरीय समाज के सदस्य औद्योगिक नगरीय तथा महानगरीय समाज के सदस्य बने। अमरीकी मानवशास्त्रियों ने जटिल समाज की उत्पत्ति एवं विकास के लिए उद्विकास एवं प्रसार के स्थान पर परसंस्कृतीग्रहण को व्याख्यात्मक अस्त्र बनाया तथा जटिल समाज को ऐतिहासिक प्रक्रिया का परिणाम माना। अमरीकी मानवशास्त्रियों ने पर—सांस्कृतिक तुलना के लिए तत्व, प्रतिमान, विषयवस्तु, रीति-रिवाज, जन-रीतियां इत्यादि तक सीमित नहीं रहे। वरन् अमरीकी विद्वानों ने सरल समाज के संबंधों को जटिल समाज के साथ जानने का प्रयास किया। इस प्रकार जटिल

समाज के साथ जनजातीय समाज एवं ग्रामीण कृषक समाज का अध्ययन आरंभ हुआ। इस प्रकार समांग समाज के अध्ययन से असमांग समाज का अध्ययन मानवशास्त्र में आरंभ किया गया।

अमरीकी मानवशास्त्री राबर्ट रेडफील्ड ने सरल एवं जटिल समाज को ध्रुवीय विपरीत मानते हुए लोक-नगरीय सातत्य (Folk-Urban Continuum) की अवधारणा का विकास किया। आपने अपनी पुस्तक 'फोक कल्चर आफ यूकाटाम' (1941) में लोक समाज एवं नगरीय समाज को ध्रुवीय विपरीत अवधारणा के आधार पर समझने का प्रयास किया। आपके अनुसार कोई भी ज्ञात समाज पूर्ण रूप से न तो लोक समाज और न ही नगरीय समाज हो सकता है। अत: लोक समाज एवं नगरीय समाज की अवधारणा समाज के आदर्श प्रकार (Ideal Types) के संबंध में जानकारी प्रदान करती है। कोई भी समाज या तो लोक समाज या नगरीय समाज के पास या दोनों समाजों के बीच में आ सकता है। आपने लोक समाज तथा नगरीय समाज के बीच में कृषक समाज को पाया। आपने लोक समाज के बीच अंत:क्रिया एवं अंतर संबंध को जानने के लिए लोक नगरीय सातत्य की अवधारणा का विकास किया। आपने दर्शाया कि लोक समाज एवं नगरीय समाज दो विभिन्न प्रकार की जीवन शैली प्रस्तुत करते हैं। लेकिन दोनों समाज एक-दूसरे से पृथक में नहीं हैं। दोनों एक-दूसरे के पूरक हैं। दोनों के बीच अंत:क्रिया तथा अंतर संबंध बना रहता है। दोनों में पारस्परिक निर्भरता पाई जाती है। एक के बिना दूसरे का अस्तित्व में बना रहना संभव नहीं है। इस प्रकार लोक-नगरीय समाज एक दूसरे के विपरीत होते हुए भी एक-दूसरे के साथ घनिष्ठ रूप से जुड़े हुए हैं। दोनों के बीच निरंतरता बनी रहती है। इस तरह आपने जटिल समाज को लोक समाज का कृषक समाज के माध्यम से परसंस्कृतीग्रहण प्रक्रिया की देन बतलाया तथा दोनों के बीच निरंतर अंत:क्रिया एवं अंतर संबंध की व्याख्या की।

कृषक समाज एवं नगरीय समाज के बीच संबंधों की चर्चा करते हुए आपने लघु परंपरा एवं महान परंपरा की अवधारणा का विकास किया। आपके अनुसार नगरीय समाज की परंपरा महान होती है। वह लोक एवं कृषक समाज के लिए आदर्श, नैतिक एवं धार्मिक मूल्य से ओतप्रोत तथा अनुकरणीय होती है। लोक एवं कृषक समाज की परंपरा लघु परंपरा होती है। यह अलिखित होती है तथा इसका स्थानीय मूल्य होता है। इन दोनों परंपराओं की उत्पत्ति दो विभिन्न ध्रुवीय विपरीत समाजों में हुई है। लेकिन दोनों परंपराओं के बीच अंतर संबंध बना रहता है। दोनों परंपराएं एक-दूसरे पर आश्रित तथा एक-दूसरे से संबंधित होती हैं। दोनों के बीच अंत:क्रिया एवं अंतर संबंध पाया जाता है। आपने अपने इस मत का प्रतिपादन अपनी पुस्तक *थिंकिंग अबाउट सिविलाइजेशन* (1955) में किया है।

आपने अपने सहयोगी मिल्टन सिंगर के साथ एक शोधपत्र कल्चरल रोल ऑफ सिटी (1954) का प्रकाशन किया। इस शोधपत्र में आपने नगरीय समाज की उत्पत्ति एवं विकास को नगरीकरण की प्रक्रिया के माध्यम से समझने का प्रयास किया। आपके

अनुसार नगरीकरण की प्रक्रिया को दो प्रकारों में विभाजित किया जा सकता है— (i) प्राथमिक नगरीकरण तथा (ii) द्वितीयक नगरीकरण। प्राथमिक नगरीकरण प्रक्रिया के माध्यम से प्रारंभिक नगरों की उत्पत्ति नियत विकास के कारण हुई। प्रारंभिक नगरों की उत्पत्ति नदी किनारे, संगम स्थलों एवं समुद्र तटों पर धार्मिक, प्रशासनिक तथा व्यापारिक केन्द्रों के रूप में हुई। इन स्थानों के पुजारियों द्वारा महान परंपरा को जन्म दिया गया। यहां की महान परंपरा एक क्षेत्र विशेष की लघु परंपरा अथवा कई उदाहरणों में संपूर्ण राष्ट्र के लिए अनुकरणीय बनी। इस प्रकार क्षेत्रीय एवं राष्ट्रीय संस्कृति का विकास हुआ। इस प्रकार राष्ट्रीयता की भावना विकसित करने में प्रारंभिक नगरीय समाजों का बहुमूल्य योगदान रहा है। तीर्थाटन मूल्यों के द्वारा लघु परंपरा एवं महान परंपरा के बीच क्षेत्रीय एवं राष्ट्रीय स्तर के संबंध विकसित हुए हैं।

आपके एवं सिंगर के अनुसार द्वितीयक नगरीकरण प्रक्रिया के माध्यम से राजधानी, व्यावसायिक तथा औद्योगिक नगर अस्तित्व में आए। इन नगरों की उत्पत्ति नियत विकासीय न होकर बहुविकासीय थी। इन नगरों का स्वभाव धार्मिक न होकर धर्म निरपेक्ष था। इस जटिल समाज के सदस्य औपचारिक संस्थाओं तथा नगर प्रशासन द्वारा नियंत्रित होते हैं।

आपके एक अन्य सहयोगी मैक्कीम मैरियट ने सरल समाज एवं जटिल समाज की लघु परंपरा एवं महान परंपरा को एक-दूसरे के लिए पूरक बतलाते हुए स्थानीयकरण (Parochialisation) तथा सार्वभौमिकीकरण (Universalisation) की अवधारणा का विकास किया। मैरियट के अनुसार स्थानीयकरण प्रक्रिया के माध्यम से महान परंपरा के तत्वों को सरल समाज में शामिल किया जाता है। जबकि सार्वभौमिकीकरण प्रक्रिया द्वारा सरल समाज की लघु परंपरा को जटिल समाज की महान परंपरा में शामिल किया जाता है। यही कारण है कि सरल समाजों में भी महान परंपरा के तत्व तथा जटिल समाजों में भी लघु परंपरा के तत्व पाए जाते हैं।

2

लोक-नगरीय सातत्य

FOLK-URBAN CONTINUUM

लोक-नगरीय सातत्य अथवा निरंतरण की अवधारणा का विकास महान अमरीकी मानवशास्त्री राबर्ट रेडफिल्ड द्वारा किया गया था। रॉबर्ट रेडफिल्ड ने अपनी पुस्तक *फोक कल्चर ऑफ यूकाटाम* (1941) में लोक-नगरीय सातत्य की अवधारणा को जन्म दिया है। लोक-नगरीय सातत्य को समझने के लिए आपने चार प्रकार के समाजों का चयन किया— (1) लोक समाज, (2) कृषक समाज, (3) उपनगरीय समाज तथा (4) नगरीय समाज। आपने चारों प्रकार के समाजों की विशेषताओं का विस्तारपूर्वक अध्ययन कर यह जानने का प्रयास किया कि क्या लोक समाज तथा नगरीय समाज एक-दूसरे से बिल्कुल पृथक हैं ? या दोनों प्रकार के समाज एक दूसरे के पूरक हैं ? दूसरे शब्दों में कहा जा सकता है कि आपने लोक-नगरीय समाज के बीच आपसी निर्भरता एवं अंत:क्रिया को समझने का भरपूर प्रयास किया।

लोक-नगरीय सातत्य की चर्चा करने के पूर्व यहां लोक समाज, कृषक समाज तथा नगरीय समाज की विशेषताओं को प्रस्तुत करना युक्तिसंगत लगता है। अत: पहले यहां हम निम्नलिखित के संबंध में वर्णन करने जा रहे हैं—

1. लोक समाज की विशेषताएं
2. कृषक समाज की विशेषताएं
3. नगरीय समाज की विशेषताएं

लोक समाज (Folk Society)

अमरीकी मानवशास्त्री राबर्ट रेडफिल्ड ने अपनी पुस्तक *टेपोजलैन: ए मेक्सिको विलेज* (1930) में लोक समाज की अवधारणा का विकास किया है। आपने अमरीका के मेक्सिको प्रांत के एक परंपरागत गांव टेपोजलैन का मानवशास्त्रीय अध्ययन 1927-28 में किया था। उसी अध्ययन के आधार पर आपने इस ग्राम के लोक समाज की अवधारणा एवं

विशेषताओं पर प्रकाश डाला। आपके अनुसार लोक समाज एक आदर्श प्रकार है जो नगरीय समाज का ध्रुवीय विपरीत है। आदर्श प्रकार एक मानसिक निर्माण है तथा कोई भी ज्ञात समाज हु-ब-हु इससे मेल नहीं खाता है। लेकिन वे इसके आस-पास होते हैं।

रेडफिल्ड के अनुसार लोक समाज को लघु आकार, पृथकता, अशिक्षा, समांगता, समूह एकता, परंपरागत व्यवहार एवं संस्कृति के आधार पर पहचाना जा सकता है। इस समाज में वैयक्तिक संबंध पाए जाते हैं। लोग चेहरा, नाम तथा नातेदारी संबंध से एक दूसरे को जानते हैं। इसके सदस्यों के बीच हम की भावना रहती है। इस समाज में कृत्रिमता नाममात्र भी नहीं पाई जाती है। यह नातेदारी पर आधारित होता है। इस समाज में धर्म निरपेक्ष के ऊपर धर्म हावी रहता है। इस समाज की अर्थव्यवस्था बाजार-अभिमुख न होकर स्थिति एवं पद अभिमुख होती है।

अत: लोक समाज की मुख्य विशेषताओं को निम्नलिखित ढंग से प्रस्तुत किया जा सकता है—

1. पृथकता—लोक समाज अपना अस्तित्व पृथकता में बनाए रखता है। यह शारीरिक रूप से गतिहीन होता है। इसकी एक सीमा होती है। उसी सीमा क्षेत्र में यह समाज अपना अस्तित्व बनाए रखता है।

2. लघु आकार—इस समाज का आकार छोटा होता है। इसकी जनसंख्या कम होती है। इसलिए इस समाज का जनसंख्या घनत्व कम होता है। इस समाज के सदस्यों के बीच प्रत्यक्ष संबंध पाया जाता है।

3. हम की भावना—इस समाज के सदस्यों के बीच हम की भावना पाई जाती है। ये लोग अपने समाज के सदस्यों के लिए 'हम' तथा समाज से बाहर के सदस्यों के लिए 'वे' शब्द का प्रयोग करते हैं। ये लोग एक-दूसरे के सुख-दु:ख में सहृदय भाग लेते हैं।

4. अनौपचारिक संबंध—इस समाज के सदस्यों के बीच किसी तरह की औपचारिकता नहीं पाई जाती है। लोग एक-दूसरे के घर कभी भी आ जा सकते हैं। किसी भी सदस्य से कहीं भी बातचीत कर सकते हैं। इनका व्यवहार कृत्रिम नहीं होता है।

5. वैयक्तिक संबंध—इस समाज के सदस्यों के बीच व्यक्ति-व्यक्ति का संबंध पाया जाता है। ये लोग सभी सदस्यों को नाम तथा चेहरा से जानते हैं। ये लोग आपस में नातेदारी संबंध से बंधे होते हैं। इसीलिए ये लोग संबोधन में नातेदारी संबंध का प्रयोग करते हैं।

6. प्राथमिक समूह—लोक समाज के सदस्य प्राथमिक समूह से जुड़े रहते हैं। एक व्यक्ति की समस्त इच्छाओं एवं आवश्यकताओं की पूर्ति परिवार में होती है। परिवार सामाजिक, धार्मिक, सांस्कृतिक, राजनैतिक, स्वास्थ्य तथा अन्य प्रकार के कार्यकलापों का केन्द्र बिन्दु होता है। इन्हें अपनी आवश्यकताओं की पूर्ति हेतु द्वितीय समूह पर आश्रित नहीं होना पड़ता है।

7. सरल श्रम विभाजन—लोक समाज में सरल ढंग से श्रम विभाजन पाया जाता है। इस समाज में श्रम विभाजन का आधार उम्र एवं लिंग रहता है। सरल श्रम विभाजन परिवार को सुचारू रूप से चलाने के लिए किया जाता है।

8. समांग संस्कृति—लोक समाज की संस्कृति में समांगता पाई जाती है। इस समाज के सदस्य खान-पान, रहन-सहन, वेशभूषा, रीति-रिवाज, आचार-विचार, बातचीत, व्यवहार, पर्व-त्योहार इत्यादि में समानता दर्शाते हैं।

9. परंपरा आधारित समाज—इस समाज के सदस्य अपनी-अपनी परंपरा से बंधे रहते हैं। ये लोग परंपरा को अपने पूर्वज एवं देवी-देवता द्वारा बनाए गए कानून मानते हैं। ये लोग परंपरा को तोड़ते नहीं हैं, वरन् उसमें कुछ न कुछ जोड़ते अवश्य हैं।

10. सरल तकनीक—लोक समाज के पास सरल तकनीक पाई जाती है। इनके खाद्य संकलन, शिकार, मत्स्य मारण, स्थानांतरण कृषि की तकनीक बिल्कुल सरल होती हैं। यही कारण है कि इस समाज के सभी सदस्य उत्पादन में आसानी से भाग लेते हैं।

11. परिवार उत्पादन एवं उपभोग की इकाई—इस समाज में परिवार उत्पादन एवं उपभोग दोनों की इकाई होता है। परिवार के सभी सदस्य मिलकर उत्पादन करते हैं तथा सभी सदस्य मिलकर उपभोग करते हैं।

12. अस्तित्व अभिमुख अर्थव्यवस्था—लोक समाज की अर्थव्यवस्था अस्तित्व अभिमुख होती है। इस समाज के सदस्य अपने आपको जीवित रखने के लिए उत्पादन करते हैं। लाभ कमाने के लिए नहीं।

13. मजदूरी का अभाव—लोक समाज में मजदूरी का भुगतान नहीं किया जाता है। ये लोग अपना काम स्वयं करते हैं। आवश्यकता पड़ने पर अपने समाज के सदस्यों के साथ श्रम विनिमय कर लेते हैं।

14. लाभ का अभाव—लोक समाज में लाभ की धारणा नहीं पाई जाती है।

15. पूंजी का अभाव—लोक समाज में पूंजी की धारणा नहीं पाई जाती है।

16. वस्तु विनिमय प्रणाली—लोक समाज में वस्तु विनिमय प्रणाली पाई जाती है। यह विनिमय प्रणाली भी उपभोग अभिमुख होती है।

17. स्वावलंबन—यह समाज उत्पादन एवं उपभोग में स्वावलंबी होता है। इसके लिए यह किसी दूसरे समाज पर आश्रित नहीं होता है।

18. पारस्परिकता—लोक समाज में रिश्तेदारों एवं मित्रों के बीच अनाज, सब्जी, उपजों इत्यादि का आपसी विनिमय होता है। पारस्परिक विनिमय का अवसर जन्म, विवाह, मरण, संस्कार, उत्सव, पर्व-त्योहार इत्यादि होते हैं। पारस्परिकता में प्राप्त वस्तु को उसी क्षण या बाद में लौटा दिया जाता है। पारस्परिकता सामाजिक एवं नातेदारी संबंध को और सुदृढ़ बना देती है।

19. पुनर्वितरण—लोक समाज में पुनर्वितरण की व्यवस्था भी पाई जाती है। इसमें समाज के सदस्यों द्वारा समाज के मुखिया अथवा प्रधान को उपहार स्वरूप कुछ वस्तुएं दी

जाती हैं। समाज का मुखिया अथवा प्रधान उसे पुन: किसी उपयुक्त अवसर पर समाज के सदस्यों के बीच वितरित कर देता है।

20. साप्ताहिक बाजार—लोक समाज में साप्ताहिक बाजार का प्रचलन पाया जाता है। इन साप्ताहिक बाजारों में बाजार का सिद्धांत लागू नहीं होता है।

21. मुद्रा का अभाव—लोक समाज की अर्थव्यवस्था मुद्रा पर आधारित नहीं होती है। ये लोग उत्पादन बाजार के लिए नहीं करते। बाजार की मांग के अनुसार भी ये लोग उत्पादन नहीं करते। ये लोग खाने की वस्तुओं का उत्पादन करते हैं। हालांकि आजकल इन समाजों में भी मुद्रा का प्रवेश हो गया है। मुद्रीकरण का प्रभाव इनकी अर्थव्यवस्था पर पड़ने लगा है।

22. नातेदारी समूह का नियंत्रण—लोक समाज में सामाजिक नियंत्रण नातेदारी समूह के माध्यम से होता है। नातेदारी समूह सुख-दु:ख में साथ देते हैं। झगड़ों का निपटारा भी नातेदार समूह के माध्यम से होता है।

23. जादू का प्रचलन—लोक समाज में जादू का प्रचलन पाया जाता है। सुख-दु:ख, सभी के लिए जादू को जिम्मेदार माना जाता है। जादू के द्वारा बीमारी ठीक की जाती है। इसके द्वारा भूत-प्रेत को भगाया जाता है। डायन के कुप्रभाव से बचा जा सकता है। जादू द्वारा खाद्य संकलन, शिकार, मत्स्यमारण, कृषि इत्यादि में सफलता पाई जाती है।

24. धर्म-निरपेक्ष के ऊपर धर्म का प्रभाव—लोक समाज में धर्म निरपेक्ष वस्तुओं को भी धार्मिक दृष्टि से देखा जाता है। खाद्य संकलन, शिकार, मत्स्यमारण, कृषि उपकरण इत्यादि को धार्मिक वस्तु मानकर पूजा-पाठ की जाती है।

25. औपचारिक कानून का अभाव—लोक समाज के पास लिखित एवं औपचारिक कानून नहीं पाए जाते हैं।

26. सरकार का अभाव—लोक समाज में सरकार का अभाव पाया जाता है। इनके समाज के अपने नियम-कानून होते हैं जिन्हें ये श्रद्धा के साथ पालन करते हैं। चूंकि इनके परंपरागत कानूनों को समाज की स्वीकृति प्राप्त रहती है, अत: ये लोग स्वत: उनका पालन करते हैं।

27. केन्द्रीय सत्ता का अभाव—लोक समाज में केन्द्रीय सत्ता का अभाव पाया जाता है। यहां वंश समूह, गोत्र समूह का शासन चलता है।

28. बराबरों का प्रधान—इनके मध्य ग्राम प्रधान का पद पाया जाता है। ग्राम प्रधान बराबरों का प्रधान होता है। वह प्रजातांत्रिक ढंग से शासन करता है।

29. राज्यरहित समाज—लोक समाज राज्य रहित समाज के उदाहरण होते हैं।

कृषक समाज एवं संस्कृति (Peasant Society and Culture)

कृषक शब्द का प्रयोग कृषि पेशे से जुड़े हुए उन व्यक्तियों के लिए किया जाता है जिनके

पास थोड़ी-बहुत जमीन होती है तथा वे अपने श्रम से उस जमीन पर अनाज, सब्जी इत्यादि का उत्पादन करते हैं। ये लोग अपनी-अपनी जमीन के मालिक होते हैं, लेकिन जमींदार नहीं होते हैं। ये लोग अपनी जमीन पर उत्पादन अपने को जीवित रखने के लिए करते हैं। इनके बीच पारस्परिकता का प्रचलन पाया जाता है। इनके मध्य वस्तु विनिमय प्रणाली पाई जाती है। आजकल इनके मध्य मुद्रा विनिमय भी पहुंच गया है।

एक कृषक जमींदार अथवा जमीन मालिक से भिन्न होता है। एक जमीन मालिक अपनी जमीन पर स्वयं काम नहीं करता। वह काम करने के लिए मजदूर, नौकर-चाकर इत्यादि का प्रयोग करता है। वह उत्पादन अपने अस्तित्व की रक्षा के लिए नहीं, वरन् बाजार में बेचकर मुद्रा एवं लाभ अर्जित करने के लिए करता है। वह घनिष्ठ रूप से नगर एवं महानगर से जुड़ा रहता है।

कृषक समाज एवं संस्कृति की विशेषताएं

अमरीकी मानवशास्त्री राबर्ट रेडफिल्ड ने अपनी पुस्तक *पिजेंट सोसायटी एंड कल्चर* (1956) में कृषक समाज की निम्नलिखित विशेषताओं पर प्रकाश डाला है—

1. स्थायी जीवन—कृषक समाज के सदस्यों का स्थायी जीवन होता है। इस समाज के सदस्य अपनी जमीन के पास घर बनाकर रहते हैं। प्रत्येक कृषक परिवार का एक गांव होता है। उस गांव से ही उस कृषक एवं उसके परिवार के सदस्यों की पहचान बनती है।

2. लघु आकार—कृषक समाज का आकार नगरीय समाज की तुलना में बहुत छोटा होता है। कृषक ग्राम की जनसंख्या एवं जनसंख्या घनत्व कम होता है।

3. व्यक्तिगत संबंध—कृषक समाज के सदस्यों के बीच व्यक्तिगत संबंध पाया जाता है। इस समाज के सदस्य सभी सदस्यों को नाम, चेहरा तथा नातेदारी संबोधन के माध्यम से जानते हैं।

4. हम की भावना—कृषक समाज के सदस्यों के बीच हम की भावना रहती है। वे अपने गांव के सदस्यों के लिए 'हम' तथा दूसरे गांव के सदस्यों के लिए 'वे' शब्द का प्रयोग करते हैं।

5. समांग संस्कृति—कृषक समाज की संस्कृति में समांगता रहती है। कृषक समाज की परंपरा, रीति-रिवाज, विश्वास, मूल्य, खान-पान, वेश-भूषा, बातचीत, संबोधन एवं व्यवहार में समांगता पाई जाती है।

6. समांग पेशा—कृषक समाज के सदस्यों की पेशे में समांगता पाई जाती है। इस समाज के सभी सदस्यों का पेशा खेती-बाड़ी से जुड़ा रहता है।

7. सरल कृषि उपकरण—कृषक समाज के पास सरल कृषि उपकरण—हल, कुदाल, झाम, खंती, खुरपी, हंसुआ, टांगी, चाकू, सूप, दौरी, हेंगा, जुआठ, हरिस इत्यादि होते हैं।

8. सरल श्रम विभाजन—कृषक समाज के सदस्यों के बीच सरल ढंग से श्रम का विभाजन पाया जाता है। इस समाज में श्रम का विभाजन आयु एवं यौन के अनुसार होता है। पुरुष हल-बैल से खेत जोतते हैं तथा कुदाल से मेढ़ बनाते हैं। महिलाएं घर का कामकाज करती हैं। पशुओं को चारा-दाना देती हैं तथा पुरुषों को खाना-पानी खेत तक पहुंचाती हैं। महिलाएं हल नहीं चलाती हैं। लेकिन अन्य प्रकार के कृषि कर्म जैसे रोपनी, सोहनी, कटनी, दौनी, ओसवन, अनाज की ढुलाई इत्यादि काम वे पुरुषों के साथ-साथ करती हैं। बच्चे घरेलू तथा खेती के कामों में माता-पिता के साथ हाथ बंटाते हैं। वृद्धजन घर, बच्चे एवं खलिहान की देख-रेख करते हैं। लेकिन यह श्रम विभाजन परिवार को सुचारू रूप से चलाने के लिए किया जाता है। पत्नी के बीमार हो जाने पर पति घरेलू काम-काज भी करते हैं।

9. सरल तकनीक—कृषक समाज के पास कृषि से संबंधित सरल तकनीक पाई जाती है। उन्हें सरल ढंग से खेती करने की पूर्ण जानकारी रहती है। उन्हें कृषि नक्षत्र की जानकारी रहती है। खेत जोतने, बीज बोने, रोपनी करने, खाद डालने, सोहनी करने, कटनी करने, दौनी करने तथा ओसवन करने की पूर्ण जानकारी रहती है। उन्हें खाद-बीज डालने की तकनीक मालूम रहती है।

10. स्वावलंबी—कृषक समाज के सदस्य अपने उत्पादन के मामले में स्वावलंबी होते हैं। सभी परिवारों के पास अपना खेत, हल-बैल, कृषि उपकरण, गोबर खाद, बीज इत्यादि होते हैं।

11. पारस्परिक श्रम विनिमय—कृषक अपने से खेती करते हैं। वे मजदूर लगाकर मजदूरी का भुगतान नहीं करते हैं। खेती के लिए वे आपस में श्रम विनिमय कर लेते हैं।

12. वस्तु विनिमय प्रणाली—कृषक समाज में वस्तु विनिमय प्रणाली पाई जाती है। ये लोग अनाज के बदले अनाज, अनाज से सब्जी या सब्जी से सब्जी की अदला-बदली करते हैं।

13. मुद्रीकरण का प्रभाव—कृषक समाज के ऊपर मुद्रीकरण का प्रभाव भी पड़ा है। अब वे अपनी विभिन्न आवश्यकताओं की पूर्ति के लिए बाजार जाकर अपने उत्पाद को बेचते हैं। बेचकर मुद्रा प्राप्त करते हैं। मुद्रा से विभिन्न वस्तुओं को खरीदते हैं।

14. पारस्परिकता—कृषक समाज के लोग शादी, मृत्यु, सामाजिक उत्सव, पर्व-त्योहार इत्यादि के अवसर पर नेवता का आदान-प्रदान करते हैं। इस अवसर पर वे चावल, दाल, गुड़, सब्जी इत्यादि का पारस्परिक विनिमय करते हैं। अनाज, सब्जी, दूध, घी इत्यादि के विनिमय द्वारा वे अपने रिश्तेदारों एवं मित्रों से पारस्परिक संबंध बनाए रखते हैं।

15. नातेदारी पर आधारित समाज—कृषक समाज नातेदारी पर आधारित समाज होता है। इस समाज के सदस्य जन्म से लेकर मरण तक अपने नातेदारों पर निर्भर रहते हैं। ये अपने वंश समूह एवं गोत्र समूह के साथ-साथ एक ही स्थान पर रहते हैं। इनके विवाह

संबंधी भी आस-पास के गांवों के होते हैं। ये लोग अपना संस्कार, उत्सव, पर्व-त्योहार इत्यादि रिश्तेदारों के बीच मनाते हैं। रिश्तेदार समूह के माध्यम से ही सामाजिक नियंत्रण होता है।

16. प्राथमिक समूह—कृषक समाज के सदस्य प्राथमिक समूह के सदस्य होते हैं। इस समाज के समस्त इच्छाओं की पूर्ति परिवार द्वारा की जाती है। परिवार सभी सदस्यों के हितों एवं आवश्यकताओं की पूर्ति करता है। परिवार में सभी सदस्यों के भोजन, वस्त्र, आवास, इलाज इत्यादि की व्यवस्था परिवार का मुखिया करता है।

17. अनौपचारिक संबंध—कृषक समाज के सदस्य परिवार, वंश, गोत्र इत्यादि समूह के रूप में एक ही गांव में साथ-साथ रहते हैं। उनके बीच हम की भावना पाई जाती है। उनके बीच कृत्रिम एवं औपचारिक संबंध न होकर वास्तविक एवं अनौपचारिक संबंध पाए जाते हैं।

18. परिवार उत्पादन की इकाई—कृषक समाज में परिवार उत्पादन की इकाई होता है। परिवार के सभी सदस्य मिलकर खेतों में काम करते हैं। कृषि कर्म में सभी सदस्यों का श्रम निहित रहता है।

19. परिवार उपभोग की इकाई—कृषक समाज में परिवार उपभोग की इकाई होता है। परिवार के सभी सदस्यों का खेत में उपजे अनाजों एवं सब्जियों के उपभोग का पूर्ण अधिकार होता है। सभी सदस्य मिल-जुलकर उत्पादन करते हैं तथा उत्पादित अनाजों का मिल-जुलकर उपभोग करते हैं।

20. पूंजी की धारणा—कृषक समाज में सरल पूंजी की अवधारणा प्रचलित रहती है। इस समाज के लोग अपने खेत, बैल, हल, कृषि उपकरण, खाद, बीज, गोबर, गनौरा इत्यादि को ही पूंजी कहते हैं।

21. उपभोग अभिमुख विनिमय—इस समाज के सदस्य अपने कृषि उत्पादों का विनिमय करते हैं। लेकिन विनिमय का उद्देश्य भी उपभोग करना ही रहता है।

22. लाभ का अभाव—कृषक समाज में लाभ कमाने की धारणा प्रायः नहीं पाई जाती है। ये लोग उत्पादन अपनी आवश्यकताओं की पूर्ति के लिए करते हैं। लाभ अर्जित करने के लिए नहीं।

23. सरल रहन-सहन—कृषक समाज का रहन-सहन बिल्कुल सरल होता है। इनके समाज में बाह्य आडंबर या दिखावा नहीं पाया जाता है। इनके घर, घरेलू उपकरण, वस्त्र आभूषण, बात-चीत एवं संबोधन बिल्कुल सरल होते हैं।

24. उच्च विचार—कृषक समाज के सदस्य अपने उच्च विचारों के लिए जाने जाते हैं। ये लोग अपराध, भ्रष्टाचार, अनैतिक कर्म इत्यादि से दूर रहते हैं। इनके समाज में चोरी, डकैती, विवाह पूर्व यौन संबंध, विवाह बाद यौन संबंध, बलात्कार इत्यादि समाज विरोधी कृत्य माने जाते हैं।

25. अनौपचारिक सामाजिक संगठन—कृषक समाज में वंश समूह, गोत्र समूह

या ग्राम प्रधान के माध्यम से समाज विरोधी कार्यकलापों पर नियंत्रण रखा जाता है। इन परंपरागत संस्थाओं द्वारा दोषी की पहचान की जाती है तथा उसे दंड दिया जाता है।

26. धार्मिक मूल्य की प्रधानता—कृषक समाज धार्मिक समाज होता है। ये लोग अपने-अपने धर्म से बंधे होते हैं। इनके समाज में लोक-परलोक तथा स्वर्ग-नरक की धारणा प्रचलित रहती है। इस समाज के धार्मिक मूल्यों के अनुसार कोई व्यक्ति गलत एवं समाज विरोधी कार्यकलापों द्वारा स्वर्ग की प्राप्ति नहीं कर सकता है। उसे अपने कुकृत्यों के लिए नरकगामी होना पड़ता है।

27. नैतिक मूल्य की प्रधानता—कृषक समाज के बीच नैतिक मूल्य की प्रधानता पाई जाती है। अगर कोई व्यक्ति सामाजिक नियम के विरुद्ध व्यवहार करता है, उसे व्याभिचारी तथा अनैतिक कहा जाता है। उसकी सामाजिक रूप से आलोचना की जाती है तथा समाज द्वारा उसके अनैतिक व्यवहार पर नियंत्रण लगाया जाता है। उसे दंडित भी किया जाता है।

28. जन्म के अनुसार सामाजिक पद—कृषक समाज में जन्म के आधार पर सामाजिक पद पाए जाते हैं। जन्म एवं पीढ़ी के अनुसार उसे समाज में पद मिलता है। रिश्तेदारी बंधन के आधार पर भी उसे सामाजिक पद मिलते हैं। उन पदों के अनुसार समाज के सदस्यों को व्यवहार करना पड़ता है।

29. धर्म एवं जादू मिश्रित उत्पादन—कृषक समाज के उत्पादन पर जादू एवं धर्म दोनों का प्रभाव पड़ता है। कृषक समाज के सदस्य अपने खेतों से उत्पादन में सफलता पाने के लिए तरह-तरह की पूजा-पाठ एवं जादुई क्रियाएं करते हैं। वे भूमि की पूजा, हल-बैल की पूजा, कृषि उपकरण की पूजा, कृषि संबंधी देवताओं की पूजा-पाठ कृषि कर्म करते समय करते हैं। फसल को कुदृष्टि एवं जादुई क्रियाओं से बचाने के लिए तरह-तरह के जादू किए जाते हैं। फसल तैयार हो जाने पर देवताओं की पूजा करके कटनी का काम शुरू किया जाता है। अनाज को पूजा-पाठ करके घर लाया जाता है। उसे पकाकर सबसे पहले देवताओं को अर्पित किया जाता है। इसके बाद परिवार के सदस्य अनाज ग्रहण करते हैं।

30. धर्म निरपेक्ष के ऊपर धर्म की प्रधानता—कृषक समाज के सदस्यों द्वारा कृषि उपकरणों की पूजा की जाती है। कृषि उपकरण धर्म निरपेक्ष होते हैं। उसी प्रकार बीज, फसल, अनाज भी धर्म निरपेक्ष होते हैं। लेकिन कृषक समाज के लोग उनकी पूजा करके उन्हें धार्मिक स्वरूप प्रदान कर देते हैं। इस प्रकार कृषक समाज में धर्म निरपेक्ष के ऊपर धर्म की प्रधानता पाई जाती है।

31. पशुधन की पूजा—कृषक समाज के सदस्य कृषि कर्म के लिए पशुपालन करते हैं। पशुपालन से उन्हें गोबर, खाद, बैल तथा दूध प्राप्त हो जाते हैं। अनाज के उत्पादन में उन्हें पुआल तथा भूसा भी मिल जाता है। अत: पशुपालन में उन्हें अलग से कुछ खर्च नहीं करना पड़ता है। कृषक समाज के लोग गाय को माता तथा दूध को लक्ष्मी की

संज्ञा देते हैं। बैल भोले शंकर की सवारी माने जाते हैं। ये लोग पशुधन की पूजा-पाठ बड़े धूमधाम से करते हैं।

32. वृक्षधन की पूजा—कृषक समाज के सदस्य अपने खेतों में लगाए गए वृक्ष धनों की पूजा करते हैं। उनके लिए वृक्ष धन धरती माता द्वारा दिए गए उपहार हैं। उनके फल को वे खाते हैं तथा लकड़ी से घर तथा घरेलू उपकरण बनाते हैं। लकड़ी का प्रयोग खाना पकाने के लिए तथा ठंड से बचने के लिए करते हैं। प्रत्येक कृषक परिवार के पास वृक्ष धन अवश्य पाए जाते हैं।

33. भूमि को माता का सम्मान—कृषक समाज के सदस्य अपने खेतों को भूमि का मात्र टुकड़ा नहीं मानते हैं। वरन् वे उसे अपनी माता के समान मानते हैं। एक व्यक्ति के हृदय में जो स्थान अपनी माता के लिए होता है, वही स्थान एक कृषक को अपने खेतों के लिए होता है। माता जन्म देकर, स्तनपान कराकर एक शिशु को बालक बनाती है। लेकिन धरती माता उसका आजीवन पालन-पोषण करती है। उसे अन्न, फल, साग-सब्जी इत्यादि खाने के लिए देकर धरती माता उसकी रक्षा एवं पोषण करती हैं। यही कारण है कि एक कृषक कृषि कार्य आरंभ करने के पूर्व अपने खेतों की पूजा अवश्य करता है।

34. अनाज को संतान का सम्मान—कृषक समाज के सदस्य अनाज को धरती माता की संतान मानते हैं। इसीलिए वे अनाज को अपने पैर से स्पर्श नहीं करते हैं। वे अनाज को उठाकर अपने मस्तक से लगाते हैं। अगर कहीं अनाज गिरा हुआ मिल जाता है, तब उसे उठाकर प्रणाम किया जाता है तथा पक्षी या जानवर को खाने के लिए दे दिया जाता है।

35. कृषि त्योहार—कृषक समाज के सदस्य कृषि त्योहार को बड़े आनंद से मनाते हैं। वे कार्तिक पूर्णिमा को गंगा स्नान करके अपने पके हुए धान की कटनी करते हैं। बसंत पंचमी को नया अन्न का नेवान करते हैं। मकर संक्रांति को चुड़ा-दधि तथा खिचड़ी खाते हैं। सत्तुआन को सतु और आम खाते हैं। तिल संकरात को तिल का लड्डू खाते हैं।

36. अनुष्ठान में अनाज का प्रयोग—कृषक समाज के सदस्यों द्वारा धार्मिक अनुष्ठान यज्ञ, बलि, पूजा-पाठ में धान, अरवा चावल, जौ तथा घी की अग्नि में आहुति दी जाती है। इससे देवगण खुश हो जाते हैं। उरद के भेड़ा या भैंसा बनाकर बलि दी जाती है। इससे देवी मां प्रसन्न हो जाती है।

37. छठ पूजा—कृषक समाज के सदस्य छठ पूजा आवश्यक रूप से करते हैं। इस दिन माता छठी तथा सूर्य भगवान को पकवान, कसार, फल इत्यादि से अर्घ्य दिया जाता है। सूर्य भगवान तथा माता छठी कृषक परिवार में अन्न, धन तथा लक्ष्मी प्रदान करते हैं।

38. परिश्रमी—कृषक स्वभाव से परिश्रमी होते हैं। वे अपने खेत तथा खलिहान में दिन-रात परिश्रम करते हैं। उन्हें सांप, बिच्छु, भूत-प्रेत किसी से भय नहीं लगता है। उन्हें ठंड, गरमी तथा वर्षा से भी भय नहीं लगता है। वे हर प्रकार के मौसम में दिन-रात काम करते हैं। कृषक समाज में आलसी के लिए कोई स्थान नहीं है।

39. अच्छे जीवन की धारणा—कृषक समाज के लोग अच्छे जीवन की कामना करते हैं। वे अच्छे एवं शांतिमय जीवन जीने के लिए धर्म सम्मत मार्ग एवं नैतिक मूल्यों का पालन अवश्य करते हैं। ये लोग लोक एवं परलोक दोनों जगहों पर अच्छा जीवन जीना चाहते हैं।

40. कृषि श्रेष्ठतम पेशा—इस समाज के सदस्य कृषि को श्रेष्ठतम पेशा मानते हैं। क्योंकि कृषक स्वार्थी नहीं होते। वे खुद भी खाते हैं और दीन-दुखियों को भी खिलाते हैं। ये लोग गरीबों की मदद करते हैं। भिखारियों को भिक्षा देते हैं। अतिथियों का आदर-सत्कार करते हैं। आगंतुकों को हर तरह का सम्मान देते हैं।

भारतीय ग्राम कृषक समाज के रूप में (Indian Village as Peasant Society)

भारत गांवों का देश है। यहां करीब 70 प्रतिशत लोग गांवों में रहते हैं। गांव में उनके जीविकोपार्जन का मुख्य साधन कृषि है। ये लोग कृषि से जुड़ा हुआ अन्य पेशा भी अपनाते हैं जैसे पशुपालन, कृषि श्रमिक, बटाईदारी खेती, कारीगरी इत्यादि। एक भारतीय ग्राम की कृषक समुदाय के रूप में निम्नलिखित विशेषताएं पाई जाती हैं—

1. हम की भावना—कृषक समाज की भांति भारतीय ग्राम समाज में 'हम' की भावना रहती है। एक गांव में रहने वाले सभी जाति एवं धर्म के लोगों के बीच 'हम' की भावना रहती है। ये लोग साथ-साथ सुख-दु:ख बांटते हैं। अपने गांव के सदस्यों के लिए 'हम' तथा दूसरे गांव के सदस्यों के लिए 'वे' शब्द का प्रयोग करते हैं।

2. व्यक्ति-व्यक्ति के बीच संबंध—कृषक समाज की भांति भारतीय गांव के सदस्यों के बीच व्यक्तिगत संबंध पाया जाता है। सभी सदस्य एक-दूसरे को चेहरा तथा नाम से जानते हैं। ये लोग नातेदारी शब्दों से एक-दूसरे को संबोधित करते हैं।

3. ग्राम भूमि की धारणा—प्रत्येक गांव में ग्राम भूमि की धारणा रहती है। इसी आधार पर एक गांव की सीमा को दूसरे गांव से अलग किया जाता है। एक गांव में भूमि विभिन्न परिवारों के बीच वितरित रहती है। लेकिन कुछ भूमि पर पूरे गांव समाज का समान रूप से अधिकार रहता है। उदाहरण के लिए देवस्थल, पूर्वज स्थल, शमशान घाट, नदी घाट, तालाब, कुंआ, चरागाह इत्यादि।

4. अनौपचारिक संबंध—कृषक समाज की भांति ग्राम समाज में सदस्यों के बीच अनौपचारिक संबंध पाए जाते हैं। इनके बीच कृत्रिम संबंध का अभाव पाया जाता है। ग्राम समाज के लोग किसी के घर किसी भी समय आ जा सकते हैं। ये लोग किसी भी सदस्य से भेंट कर सकते हैं। किसी के घर आने-जाने तथा मिलने के लिए किसी तरह की औपचारिकता नहीं पूरी करनी पड़ती है।

5. समांग संस्कृति—कृषक समाज की भांति भारतीय ग्राम समाज में सांस्कृतिक समांगता पाई जाती है। ग्राम समाज के सदस्यों की वेश-भूषा, खान-पान, बात-चीत, रीति-रिवाज, परंपरा, पर्व-त्योहार इत्यादि में समानता पाई जाती है।

6. कृषि आधारित पेशा—कृषक समाज की भांति भारतीय ग्राम समाज का मुख्य पेशा कृषि है। सभी परिवारों के पास कुछ न कुछ खेती योग्य जमीन पाई जाती है। जिसमें लोग खेती करके अपना जीविकोपार्जन करते हैं। जिनके पास जमीन का अभाव रहता है वे लोग बटाईदारी खेती करते हैं। कुछ लोग श्रमिक के रूप में दूसरे के खेतों में खेती-बाड़ी का काम करते हैं।

7. पशुपालन—कृषक समाज की भांति ग्राम समाज के सदस्य खेती तथा दूध के लिए पशुपालन करते हैं। इस समाज के सदस्यों को पशुपालन करने में किसी चीज को खरीदना नहीं पड़ता है। उन्हें पुआल, भूसा, घास इत्यादि खेतों से उपलब्ध हो जाते हैं।

8. कारीगरी—कृषक समाज की तरह भारतीय ग्राम समाज में दस्तकारी या कारीगरी का भी प्रमुख स्थान है। बढ़ई, लोहार, कुम्हार, चमार, नाई, धोबी जैसे कारीगर अथवा दस्तकार अपनी सेवा कृषकों को प्रदान करते हैं तथा बदले में फसल होने पर अनाज में भुगतान पाते हैं। कृषक समाज तथा कारीगरों के बीच घनिष्ठ संबंध बना रहता है।

9. सरल जीवन—कृषक समाज की तरह ग्राम समाज का जीवन सरल होता है। इनमें किसी प्रकार का आडंबर, बनावट या कृत्रिमता नहीं पाई जाती है। इनका रहन-सहन बिल्कुल सरल होता है।

10. सरल शिल्पशास्त्र—भारतीय ग्राम समाज के पास कृषक समाज की भांति शिल्पशास्त्र का स्वरूप भी सरल होता है। ये लोग भलीभांति कृषि उपकरणों का प्रयोग करना जानते हैं। कोई भी व्यक्ति आसानी से कृषि उपकरणों का प्रयोग कर सकता है। ग्राम समाज के लोग जुताई, बोआई, रोपाई, निकौनी, कटनी, दौनी, ओसवन इत्यादि की तकनीकों से पूर्ण अवगत रहते हैं। इनके पास पशुपालन, बीज भंडारण, गोबर खाद निर्माण, कुड़ा-कर्कट से खाद निर्माण का ज्ञान होता है।

11. धार्मिक मूल्य—कृषक समाज की भांति ग्राम समाज के लोग धार्मिक मूल्यों में पूर्ण आस्था रखते हैं। उनके बीच स्वर्ग-नरक, पाप-पुण्य, अच्छा-बुरा इत्यादि की धारणा प्रचलित रहती है। वे जाने-अनजाने कोई ऐसा कर्म नहीं करना चाहते जिससे समाज का अहित हो और उनका परलोक बिगड़ जाये। इस लोक के साथ-साथ परलोक के लिए भी ये लोग चिंतित रहते हैं। ये लोग भूखे को भोजन कराते हैं, भिखारियों को भोजन एवं भिक्षा देते हैं, विवाह एवं मरण भोज में गरीबों को मदद पहुंचाते हैं। इस समाज के लोग धार्मिक अनुष्ठान में पूर्ण आस्था रखते हैं।

12. कृषि सर्वश्रेष्ठ पेशा—कृषक समाज की भांति ग्राम समाज के लोग कृषि कर्म को सर्वश्रेष्ठ पेशा मानते हैं। इनके अनुसार नौकरी एवं व्यवसाय करने वाले लोग स्वार्थी हो जाते हैं। वे लोग केवल अपना एवं अपने परिवार का स्वार्थ देखते हैं। उन्हें समाज एवं धर्म से कुछ नहीं लेना-देना रहता है। लेकिन ग्रामीण समाज के लोग कृषि कर्म करके स्वार्थी नहीं होते। वे खुद भी खाते हैं और दूसरों को भी खिलाते हैं। भूखे को भोजन देना, दीन-दुखियों की मदद करना, अतिथियों का आदर करना, साधुओं को मान-सम्मान देना, गुरु

एवं ब्राह्मणों को मान-सम्मान देना नहीं भूलते हैं। इस समाज के सदस्य एक उक्ति को बड़े गर्व से दुहराते हैं, जो निम्नलिखित है—

उत्तम खेती मध्यम वाण
नीच नौकरी चाकरी नरक समान

इसका तात्पर्य होता है कि खेती श्रेष्ठतम पेशा है। व्यवसाय मध्यम स्थान रखता है। लेकिन नौकरी-चाकरी सबसे निम्न कोटि का पेशा है। यह व्यक्ति को स्वार्थी एवं नरकगामी बना देता है।

13. नैतिक मूल्यों का पालन—ग्राम समाज के लोग कृषक समाज की भांति नैतिक मूल्यों का पालन करना अपना परम धर्म समझते हैं। ये लोग एक नारी ब्रह्मचारी धर्म का पालन करते हैं। विवाह पूर्व यौन संबंध एवं विवाह पश्चात यौन संबंध को अनैतिक कृत्य माना जाता है। चोरी, डकैती, हत्या, बलात्कार, इत्यादि को भी अनैतिक कर्म की श्रेणी में रखा जाता है। अनैतिक कर्म के लिए उन्हें ईश्वर दैहिक, दैविक एवं भौतिक कष्ट पहुंचाते हैं। उसका इस लोक का जीवन कष्टमय हो जाता है तथा परलोक में नरकगामी होता है।

14. अच्छा जीवन—ग्राम समाज के लोग अच्छा जीवन की कामना करते हैं। वे लोग इस लोक में भी अच्छा जीवन जीना चाहते हैं तथा परलोक में भी अच्छा जीवन व्यतीत करना चाहते हैं। इसके लिए वे अपने धर्म एवं अपनी नैतिकता का पालन पूर्ण रूप से करते हैं। अधार्मिक एवं अनैतिक कर्म से एक व्यक्ति अच्छा जीवन नहीं जी पाता है।

15. स्वावलंबन—कृषक समाज की तरह ग्राम समाज में स्वावलंबन की स्थिति पाई जाती है। ग्राम समाज के लोग भी उत्पादन तथा उपभोग में स्वावलंबी होते हैं।

16. उत्पादन एवं उपभोग की इकाई परिवार—ग्राम समाज में कृषक समाज की भांति उत्पादन एवं उपभोग की इकाई परिवार होता है। उत्पादन एवं उपभोग दोनों में परिवार इकाई के रूप में कार्य करता है।

17. परिश्रमी—कृषक समाज की भांति ग्राम समाज के सदस्य परिश्रमी होते हैं। इस समाज में आलसी व्यक्ति को मान-सम्मान नहीं प्राप्त होता है। आलसी व्यक्ति को सामाजिक आलोचना का सामना करना पड़ता है। ये लोग कठिन परिश्रम करके अपने-अपने खेतों से उत्पादन लेते हैं।

18. भूमि की पूजा—ग्राम समाज के सदस्य कृषि पेशा से जुड़े रहने के कारण अपने-अपने खेतों की पूजा खेती शुरू करने से फसल तैयार होने की अवधि में कई बार करते हैं। चूंकि खेत उन्हें भोजन प्रदान कर जीवित रखता है, अत: वे लोग अपने-अपने खेतों की पूजा करते हैं।

19. कृषि संबंधी पर्व-त्योहार—ग्राम समाज के लोग कृषि संबंधी पर्व-त्योहार

मनाते हैं। लोग बसंत पंचमी, होली, सतुआन, श्रावण पूर्णिमा, कार्तिक पूर्णिमा तथा मकर संक्रांति जैसे पर्व-त्योहार मनाते हैं। ये सभी त्योहार कृषि से जुड़े हुए हैं।

20. भूमि को माता का सम्मान—ग्राम समाज के लोग भूमि को अपनी माता के समान पूजते हैं। इस समाज में जमीन को बेचना माता को बेचने के समान माना जाता है। जिस प्रकार एक व्यक्ति अपनी माता को नहीं बेच सकता है, उसी प्रकार वह अपनी जमीन रूपी माता को नहीं बेच सकता है।

21. अनाज की पूजा—ग्राम समाज के लोग धार्मिक अनुष्ठानों के अवसर पर विभिन्न प्रकार के अनाजों की पूजा करते हैं। उनके पूजन एवं अनुष्ठान सामग्रियों में धान, चावल, जौ, चना, उड़द इत्यादि का प्रमुख स्थान होता है। इन्हीं सामग्रियों से ग्राम के देवी-देवताओं एवं पूर्वजों की पूजा ग्राम समाज के सदस्यों द्वारा की जाती है।

22. गोधन की पूजा—ग्राम समाज के लोग अपने-अपने पशुधन की पूजा करते हैं। पशुधन की पूजा को वे अपने कृषि त्योहार में शामिल करते हैं। क्योंकि इस समाज के लोग खेती में सहयोग के लिए ही पशुपालन करते हैं। ये लोग अपने-अपने पशुओं को धन की श्रेणी में रखते हैं। अत: उनकी पूजा करते हैं।

23. वृक्षधन की पूजा—ग्राम समाज के सदस्यों को कृषि कर्म में पेड़-पौधों से विशेष सहयोग प्राप्त होता है। इसीलिए ग्राम समाज के लोग कृषि त्योहारों में वृक्षधन की पूजा को भी शामिल करते हैं।

24. सामूहिक पर्व-त्योहार—ग्राम समाज के सदस्य कृषक समाज की भांति सामूहिक रूप से पर्व-त्योहार मनाते हैं।

25. पारस्परिकता—ग्राम समाज के लोग जन्म, विवाह, मरण, सामाजिक उत्सव, संस्कार, अनुष्ठान, पर्व-त्योहार के समय नेवता, भोजन एवं अनाज का पारस्परिक आदान-प्रदान करते हैं।

26. अनौपचारिक सामाजिक नियंत्रण—कृषक समाज की भांति ग्राम समाज में परंपरा, रीति-रिवाज, परिवार, धर्म, वंश, गोत्र, जाति तथा ग्राम प्रधान के माध्यम से सामाजिक नियंत्रण किया जाता है।

उपरोक्त विवरण के आधार पर कहा जा सकता है कि भारतीय ग्राम कृषक समाज की भांति अपनी पहचान बनाए हुए हैं।

नगरीय समुदाय एवं संस्कृति (Urban Community and Culture)

नगरीय समुदाय की पहचान नगरीय विशेषताओं से होती है। नगरीय जीवन एक पद्धति है तथा नगरीय समुदाय के पास यह पद्धति पाई जाती है। नगरीय समुदाय ग्रामीण समुदाय की तुलना में विशाल और घनी आबादी वाली जनसंख्या का समूह होता है। यहां सामाजिक मूल्य की तुलना में व्यक्तिगत मूल्य की अधिक मान्यता होती है। एक व्यक्ति यहां पारंपरिक ढांचे से अलग होकर रहता है। वह भीड़भाड़ में रहता है जहां भावना के स्थान पर

औपचारिकता एवं दिखावा अधिक रहता है। नगरीय समुदाय में विभेदीकरण की प्रक्रियाएं अधिक एवं संगठित करने की क्रियाएं कम पाई जाती हैं। नगर विभिन्न संस्कृति, धर्म, भाषा, जाति तथा संप्रदाय का समूह होता है। अत: यहाँ पर संघटन कम लेकिन विघटन अधिक पाया जाता है।

ग्रामीण समुदाय की भांति नगरीय समुदाय भी अनेक छोटे-छोटे समुदायों को मिलकर बना है। नगरीय समुदाय के सामान्य जीवन में इनका महत्त्वपूर्ण योगदान रहा है। एक व्यक्ति छोटे समूह से बड़े समुदाय में निरंतर प्रवेश करता रहता है। विकास की इसी प्रक्रिया द्वारा नगर तथा महानगर की स्थापना की गई है। नगरीय समुदाय उपनगर, नगर एवं महानगर में विभाजित रहता है।

नगरीय समुदाय की विशेषताएं

अमरीकी मानवशास्त्री राबर्ट रेडफिल्ड के अनुसार नगरीय समुदाय की निम्नलिखित विशेषताएं हैं—

1. जटिल जीवन (Complex Life)—नगर जटिलताओं का केन्द्र होता है। यहाँ एक व्यक्ति को विभिन्न संस्कृति, धर्म, भाषा, क्षेत्र, संप्रदाय, वर्ग, पेशा इत्यादि का सामना करना पड़ता है। इनके अनुसार एक व्यक्ति को अपने आपको अनुकूल बनाने में निरंतर बदलना पड़ता है। इस परिवर्तन की प्रक्रिया में वह परंपरागत ढांचे से हटता चला जाता है। वह धार्मिक तथा परंपरावादी कम होता है तथा तार्किक अधिक होता है। उसे जटिल जीवन की पद्धति को अपनाना पड़ता है।

2. प्रतियोगिता (Competition)—ग्रामीण समाज के विपरीत नगरीय समुदाय में प्रतियोगिता अधिक पाई जाती है। यह समुदाय प्रतियोगिता प्रधान होता है। इस समुदाय में एक व्यक्ति को जीवन के प्रत्येक क्षेत्र में प्रतियोगिता का सामना करना पड़ता है। जो प्रतियोगिता में विजयी होते हैं, वे आगे बढ़ते जाते हैं। लेकिन जो प्रतियोगिता में विजयी नहीं होते, वे पीछे छूट जाते हैं। यहां पद, नौकरी, व्यवसाय इत्यादि के क्षेत्र में लोगों को प्रतियोगी होना पड़ता है। यहां का संपूर्ण जीवन प्रतियोगिता पर निर्भर करता है।

3. परिवर्तनशील सामाजिक वर्ग (Flexible Social Class)—किसी भी समाज में वर्ग आवश्यक रूप से पाया जाता है। ग्रामीण समाज में भी कृषक, मजदूर, कारीगर, पुरोहित इत्यादि वर्ग पाए जाते हैं। इन सभी वर्गों का समाज में अपना-अपना स्थान निश्चित रहता है। यह स्थान परिवर्तनशील नहीं होता है। लेकिन नगरीय समाज में वर्ग का आधार सामाजिक न होकर आर्थिक रहता है। अत: आय के अनुसार इस समुदाय में वर्ग बदलता रहता है। उदाहरण के लिए निम्न आय वर्ग, मध्य आय वर्ग तथा उच्च आय वर्ग। आमदनी के अनुसार ये वर्ग बदलते रहते हैं।

4. सांस्कृतिक असमांगता—नगरीय समुदाय में समांग सांस्कृतिक जीवन नहीं पाया जाता है। यहां सांस्कृतिक विषमता पाई जाती है। विभिन्न जाति, भाषा, क्षेत्र, धर्म इत्यादि के लोग अपनी-अपनी संस्कृति के साथ आकर नगर में बस जाते हैं। वे अपने रीति-रिवाज, परंपरा, विश्वास, अनुष्ठान इत्यादि का पालन करते हैं। इसके कारण नगरीय समाज में सांस्कृतिक विषमता पाई जाती है।

5. मानव निर्मित पर्यावरण—नगरीय समुदाय का पर्यावरण प्रकृति निर्मित न होकर मानव निर्मित होता है। नगरीय समुदाय के मानव अपनी इच्छानुसार सड़क, क्लब, पर्यटन स्थल, सिनेमाघर, कॉलोनी, अस्पताल, स्कूल, कॉलेज, कार्यालय, रेलवे स्टेशन, डाकघर, बस स्टैंड, नक्षत्र मंडल, बहुमंजली भवन, पार्क, बाजार इत्यादि का निर्माण करते हैं। इस प्रकार नगरीय समुदाय का पर्यावरण प्राकृतिक नहीं रह जाता है। यह मानव निर्मित हो जाता है।

6. गैर-कृषि पेशा—नगरीय समुदाय का पेशा गैर-कृषि रहता है। नगरीय समुदाय का पेशा वस्तुओं के उत्पादन, वाणिज्य, व्यापार, शासन तथा नौकरी पर आधारित होता है।

7. सामाजिक गतिशीलता—नगरीय समुदाय में सामाजिक गतिशीलता पाई जाती है। इस समाज में पेशे से संबंधित जातीय बंधन नहीं होते हैं। यहां कोई भी व्यक्ति शिक्षा प्राप्त कर अपनी योग्यता बढ़ा सकता है तथा विभिन्न पदों पर साथ-साथ काम कर सकता है। यहां कोई भी व्यक्ति किसी भी प्रकार का व्यवसाय कर सकता है। यहां पुरुष तथा महिला अपनी योग्यता के अनुसार पद एवं नौकरी प्राप्त कर सकते हैं।

8. औपचारिक सामाजिक नियंत्रण—नगरीय समुदाय के पास सामाजिक नियंत्रण की औपचारिक संस्थाएं पाई जाती हैं। इस समाज में सामाजिक नियंत्रण हेतु कचहरी, थाना, पुलिस, वकील, कानून तथा प्रशासक वर्ग पाए जाते हैं।

9. व्यक्ति-व्यक्ति के बीच संबंध का अभाव—नगरीय समुदाय में व्यक्ति-व्यक्ति के बीच संबंध नहीं पाया जाता है। यहां सभी व्यक्ति एक दूसरे को नाम, चेहरा, व्यवसाय, निवास स्थान इत्यादि के आधार पर नहीं जानते हैं। यहां प्रत्येक व्यक्ति के बीच अंत:क्रिया नहीं होती है।

10. द्वितीयक संगठन—नगर जटिलता का केन्द्र होता है। यहां एक व्यक्ति की संपूर्ण इच्छाओं की पूर्ति हेतु प्राथमिक संस्थाएं नहीं होती हैं। यहां एक व्यक्ति को द्वितीयक संस्थाओं पर आश्रित होना पड़ता है। एक व्यक्ति जहां काम करता है, वहां उसकी समस्त इच्छाओं की पूर्ति नहीं होती है। इसलिए उसे द्वितीयक संस्थाओं जैसे श्रमिक संघ, शिक्षक संघ, कर्मचारी संघ इत्यादि पर निर्भर करना पड़ता है।

11. औपचारिक संबंध एवं अंत:क्रिया—नगरीय समुदाय के सदस्यों के बीच अनौपचारिक संबंध एवं अंत:क्रिया नहीं पाई जाती है। इस समाज में सदस्यों के बीच औपचारिक संबंध पाया जाता है। इसके बीच अंत:क्रिया औपचारिकता पर आधारित होती है, भावना पर नहीं। इनके बीच हम की भावना नहीं पाई जाती है। यहां स्वार्थ के आधार पर संबंध बनते हैं और बिगड़ते हैं।

12. वैयक्तिकवाद—नगरीय समुदाय में वैयक्तिकवाद की प्रधानता पाई जाती है। यहां व्यक्ति केवल अपनी इच्छाओं की पूर्ति में व्यस्त रहता है। उसे जाति, धर्म समूह, समुदाय इत्यादि की चिंता नहीं रहती है। वह अपने ढंग से जीता है। वह अपनी इच्छापूर्ति के लिए प्रयत्नशील रहता है।

13. गैर-नातेदारी संबंध—नगरीय समाज में एक व्यक्ति अपने रिश्तेदार समूह पर आश्रित नहीं रहता है। यहां वह अपने गैर रिश्तेदारों के बीच रहता है तथा कार्य करता है। वह अपने गैर रिश्तेदारों से ही विवाह, मरण, उत्सव, पर्व-त्योहार के अवसर पर निमंत्रण, उपहार, नेवता, खान-पान, आना-जाना इत्यादि का विनिमय करता है।

14. एकांकी परिवार—नगरीय समाज में एकांकी परिवार पाया जाता है। एक ही नगर में रहते हुए भी बाप, बेटा, बेटी अलग-अलग एकांकी परिवार में रहते हैं। इसे नगरीय समाज बुरा नहीं मानता, न ही इसके लिए सामाजिक आलोचना की जाती है।

15. नैतिकता का अभाव—नगरीय समाज में नैतिकता का अभाव पाया जाता है। लोग भोग-विलास की ओर झुकते चले जाते हैं। सुखवादी और भोगवादी प्रवृत्ति लोगों को निम्न से निम्न एवं अनैतिक कार्य करने को बाध्य कर देती है। यहां एक व्यक्ति अपने स्वार्थ पूर्ति हेतु अपने को बेच सकता है। अपनी पत्नी को बेच सकता है। अपनी पुत्री से अनैतिक कार्य करा सकता है। अपने समाज, समुदाय एवं राष्ट्र को बेच सकता है। अपनी मानवता को दफनाने में उसे जरा भी लज्जा नहीं आती है। यहां व्यक्ति के ऊपर परिवार, समाज, जाति, धर्म इत्यादि का नियंत्रण नहीं होता है। इसलिए व्यक्ति अपनी संपूर्ण नैतिकता एवं मानवता का परित्याग अपनी स्वार्थपूर्ति एवं येनकेन प्रकारेण धन अर्जित करने के लिए किसी भी समय कर सकता है।

16. कृत्रिम जीवन—नगरीय समाज में व्यक्ति अपना जीवन कृत्रिम ढंग से जीता है। उसका संपूर्ण जीवन कृत्रिमता से ओत-प्रोत रहता है। उसका संपूर्ण जीवन बात-चीत, भाव, व्यवहार, रहन-सहन, वेश-भूषा, खान-पान, तौर-तरीके इत्यादि कृत्रिम बन गए हैं। कृत्रिमता फैशन बन गई है। ड्राइंगरूम में सुसज्जित विलासिता की चीजें कृत्रिम आर्थिक स्तर का प्रतीक बन गई हैं। अलमारी में सजी हुई पुस्तकें कृत्रिम बुद्धिजीवी का प्रतीक बन गई हैं। विदेशी वस्तुओं का प्रयोग कृत्रिम रूप से बड़ा होने का दावा करता है। हाय, टाटा, बाय-बाय, डैड, मम इत्यादि शब्द कृत्रिम संबोधन के शब्द हो गए हैं। छुरी तथा कांटों से भोजन करना दिखावा मात्र है। क्लब जाकर कैबरे नृत्य करना दिखावा है। नित्य बदले हुए फैशन को अपनाना दिखावा मात्र है। सवेरे से देर रात तक काम करना आदमी के मशीन बन जाने का प्रतीक है। यहां मनुष्य की भावना, व्यवहार, संवेदना सब कुछ निर्जीव मशीन की तरह हो गई है। यहां व्यक्ति के जीवन में वास्तविकता कम और कृत्रिमता अधिक आ गयी है।

17. कार्य और अवकाश—नगरीय समुदाय में एक व्यक्ति कार्य एवं अवकाश संबंधी नियमों से बंधा होता है। नियम का पालन करते हुए उसे कार्य स्थल जाना पड़ता

है। निश्चित समय पर उसकी ड्यूटी समाप्त हो जाती है और वह अपने निवास स्थान लौट जाता है। उसे सप्ताह में प्रत्येक रविवार को छुट्टी मिलती है। राज्य अथवा केन्द्र सरकार द्वारा घोषित राष्ट्रीय अथवा राज्य अवकाश उसे मिलता है। इसके अतिरिक्त उसे अर्जित अवकाश एवं आकस्मिक अवकाश मिलता है। अवकाश के दिनों में वह होटल में खाना खाने जा सकता है, बाजार में खरीद-बिक्री कर सकता है, सिनेमा देखने जा सकता है, पार्क एवं उद्यान का आनंद ले सकता है, पर्यटन स्थल पर आनंद लेने जा सकता है।

18. मनोरंजन की औपचारिक संस्थाएं—नगरीय समुदाय में मनोरंजन की औपचारिक संस्थाएं पाई जाती हैं। जैसे क्लब, सिनेमाघर, चिड़ियाघर, अजायब घर, झरना, जल प्रपात, होटल, बाजार, पार्क, उद्यान इत्यादि। यहां छुट्टी के दिनों में या अवकाश के क्षणों में नगरीय समाज के लोग मनोरंजन करने या अपना समय व्यतीत करने पहुंचते हैं।

19. वैवाहिक जीवन—नगरीय समुदाय का वैवाहिक जीवन ग्रामीण समाज के वैवाहिक जीवन से भिन्न होता है। इस समाज में अंतरजातीय तथा अंतर धार्मिक विवाह धड़ल्ले से होते हैं। पति-पत्नी दोनों काम काजी होते हैं। दोनों की सोच अलग-अलग होती है। दोनों के कार्यस्थल अलग-अलग होते हैं। इसके कारण उनके मध्य तनाव भी होते हैं। तनाव तलाक की स्थिति भी ला देता है। यहां दोनों के बीच समझौता कराने वाले जाति एवं रिश्तेदार समूह नहीं होते हैं। यहां पति-पत्नी तनाव की स्थिति में कानून का सहारा लेकर तलाक द्वारा विवाह संबंध विच्छेद भी कर लेते हैं। तलाक के बाद वे पुनः विवाह भी कर सकते हैं।

20. जटिल तकनीक—नगरीय समुदाय के पास वस्तुओं के उत्पादन हेतु जटिल तकनीक पाई जाती हैं। मशीन एवं बिजली के सहारे उत्पादन किया जाता है। उत्पादन में कई प्रकार के श्रमिक एवं कर्मचारी कार्य करते हैं। उत्पादित वस्तुओं को बाजार में बेचा जाता है। विभिन्न प्रकार की सेवाओं को भी बेचा जाता है। वस्तुओं को बाजार में बेचने से जो आय होती है, उससे मजदूरों एवं कर्मचारियों के वेतन का भुगतान होता है।

21. बाजार एवं मुद्रा आधारित अर्थव्यवस्था—नगरीय समुदाय की अर्थव्यवस्था बाजार एवं मुद्रा पर आधारित होती है। नगरीय समुदाय के बाजारों में मुद्रा बाजार सिद्धांत लागू होता है। इन बाजारों में मांग एवं पूर्ति के सिद्धांत लागू होते हैं। इन बाजारों में वस्तुओं एवं सेवाओं का विनिमय मुद्रा के माध्यम से होता है।

22. नागरिक सुविधा—नगरीय समाज के लोग नागरिक सुविधाओं का लाभ उठाते हैं। नगरीय समाज के सदस्य होने के कारण प्रशासन की ओर से उन्हें सड़कें, बिजली, पानी, आवागमन, पार्क, होटल, सिनेमा, संचार, स्वास्थ्य इत्यादि सेवाएं उपलब्ध कराई जाती हैं।

23. भ्रष्टाचार का अड्डा—नगरीय समुदाय भ्रष्टाचार का अड्डा बनता जा रहा है। यहां जनसेवक, जनप्रतिनिधि, प्रशासक, नौकरशाह, बड़ा बाबू इत्यादि अपने पदों का दुरुपयोग करके अथाह पैसा कमाना चाहते हैं।

24. कालाबाजारी—नगरीय समुदाय कालाबाजारी में प्रमुख स्थान रखते हैं। यहां व्यवसाय में लगे लोग, प्रशासक तथा सरकारी एजेंसियों के सहयोग से कालाबाजारी तथा मिलावट के धंधे बिना रोक-टोक के चलाते हैं।

25. गन्दी बस्तियां—नगरीय समुदाय में रेलवे स्टेशन, बस-स्टैंड, ओवरब्रिज, पार्क इत्यादि स्थानों पर गन्दी बस्तियां अस्तित्व में आ जाती हैं तथा बनी रहती हैं। इसके परिणामस्वरूप नगरवासियों को अनेक प्रकार की समस्याओं का सामना करना पड़ता है।

26. अपराध के केन्द्र—नगरीय समुदाय में धन से जुड़े अनेक प्रकार के अपराध होते रहते हैं। गरीबी और बेरोजगारी जहां अपराध करने की प्रेरणा देती है, वहीं करोड़पति बनने की महत्वाकांक्षा व्यक्ति को बड़े से बड़ा तस्कर तथा श्वेतवस्त्रधारी अपराधी बना देती है। नेता एवं प्रशासकों का संरक्षण भी तस्करों को एवं अपराधियों को प्राप्त रहता है। ठेकेदारी के लिए हत्याएं की जाती हैं। रंगदारी टैक्स मांगे जाते हैं। दुकानदारों, व्यवसायियों, चिकित्सकों, इंजिनियरों का अपहरण होता है तथा टैक्स मांगा जाता है। भुगतान नहीं करने पर उनकी हत्या कर दी जाती है।

27. यौन व्यापार—नगरीय समुदाय में यौन व्यापार जोरों से चल रहा है। बड़े घराने की लड़कियां काल गर्ल्स बनती हैं। दिन-रात में हजारों हजार का धंधा करती हैं। ये तस्कर भी होती हैं और वेश्या भी। इन्हें देखकर कोई भी अनुमान नहीं लगा सकता है कि ये अपराधी प्रवृत्ति की हैं। इनकी वेश-भूषा, अंग्रेजी में बातचीत करने का ढंग, कला का जीवन, कीमती कारों पर चलना, आलिशान भवनों में रहना, बड़े-बड़े नेताओं, पदाधिकारियों, नौकरशाहों तथा अन्य संभ्रांत लोगों के साथ उठना बैठना देखकर कोई शक नहीं कर सकता है कि वे वेश्या अथवा तस्कर हैं। शक्तिशाली एवं पूंजीपति वर्ग इनको हर तरह का संरक्षण देता है।

उपरोक्त विवरण से यह स्पष्ट होता है कि नगरीय समुदाय की अपनी विशेषता होती है। इस समुदाय ने कई प्रकार के गैर कृषि पेशों एवं व्यवसायों का जन्म दिया है। लेकिन इसके कारण व्यक्ति स्वार्थी, पदलोलुप, भ्रष्ट तथा नैतिक दृष्टि से पतित प्राणी बनकर रह गया है।

नगरीय संस्कृति की विशेषताएं

नगरीय समाज की विशेषताओं को ध्यान में रखकर नगरीय संस्कृति की विशेषताओं को निम्नलिखित ढंग से प्रस्तुत किया जा सकता है—

1. भौतिकवादी एवं उपभोक्तावादी संस्कृति—नगरीय संस्कृति में भौतिकवादी, सुखवादी एवं उपभोक्तावादी तत्वों की प्रधानता पाई जाती है। नगरीय संस्कृति में चारों ओर इच्छाओं तथा महत्त्वाकांक्षाओं की मीनारें खड़ी रहती हैं। इस संस्कृति का आदर्श ही येन केन प्रकारेण धनार्जन रहता है। इसी आदर्श के माध्यम से धन अर्जित कर लोग अधिक से अधिक सांसारिक सुखों को भोग लेना चाहते हैं। इन संस्कृति के लोग पुनर्जन्म एवं परलोक

में विश्वास नहीं करते हैं। उनके लिए धन कमाना एवं सुख भोगना ही सब कुछ है। इन दोनों लक्ष्यों की प्राप्ति इसी पृथ्वी पर इसी संसार में हो जाती है। इस लोक के अतिरिक्त कोई अन्य लोक नहीं है।

2. यथार्थवादी संस्कृति—नगरीय संस्कृति यथार्थवादी होती है। यहां प्रत्येक काम लाभ और हानि को देखकर किया जाता है। नगरीय समाज के लिए यह संसार ही स्वर्ग और नरक है। यहां प्रत्येक चीज का यथार्थवादी मूल्यांकन किया जाता है। उपयोगिता को ध्यान में रखकर ही किसी तत्व को स्वीकार या अस्वीकार किया जाता है।

3. धार्मिक मूल्यों एवं आदर्शों में ह्रास—नगरीय संस्कृति में धार्मिक मूल्यों एवं आदर्शों में कमी पाई जाती है। यहां लोग वैज्ञानिक उपलब्धियों के सहभागी होते हैं, उन्हें सहर्ष स्वीकार करते हैं। धार्मिक अंधविश्वासों, परंपराओं, रीति-रिवाजों को लोग तर्क की कसौटी पर कसकर परित्याग कर रहे हैं। नगरीय समाज के सदस्यों के पास धार्मिक क्रियाकलापों के लिए समय भी नहीं रहता है। विस्तृत अनुष्ठानों की कटौती की जाती है। कर्मकांड में कम से कम विश्वास व्यक्त किया जा रहा है। धार्मिक विशेषज्ञों की पूछ घटती जा रही है।

4. समय धन का प्रतीक—नगरीय समाज में समय धन का प्रतीक होता है। यहां एक व्यक्ति अपने प्रत्येक क्षण को लाभ हेतु प्रयोग में लाना चाहता है। समय को वह बैठकर अथवा निरर्थक कार्यों में व्यतीत करना नहीं चाहता है। समय को सार्थक कार्यों में लगाकर अधिक से अधिक धन अर्जित किया जाता है। क्योंकि समय ही धन है तथा धन से ही मान, सम्मान, प्रतिष्ठा, पद, स्थान इत्यादि नगरीय समुदाय में अर्जित किया जा सकता है।

5. मशीनी संस्कृति—नगरीय समाज में छोटे-बड़े उद्योगों का जाल बिछा रहता है। मिल, फैक्ट्री, कारखाने इत्यादि उत्पादन के कार्य में व्यस्त रहते हैं। इसके कारण नगरीय समाज को औद्योगिक एवं तकनीकी संस्कृति प्राप्त हुई है। यहां एक व्यक्ति मशीन के समान सुबह से शाम तक खटता रहता है। उसी के अनुसार सोच-विचार, मानसिकता, मूल्य, इत्यादि का विकास होता है। नगर की संपूर्ण जीवन पद्धति मशीनी संस्कृति से प्रभावित रहती है।

6. वर्गीय संस्कृति—नगरीय समाज की संस्कृति जाति पर आधारित न होकर वर्ग पर आधारित होती है। नगरीय समाज की औद्योगिक एवं मशीनी संस्कृति ने जहां जातिवाद को कम किया है, वहीं वर्गवाद का बढ़ावा भी दिया है। इस समाज में मजदूर वर्ग नित्य अपने हितों की रक्षा एवं अधिकारों की प्राप्ति हेतु सरकार एवं पूंजीपति वर्ग से संघर्ष करता है।

7. हड़ताल, बंद, जुलूस, घेराव तथा सभा संस्कृति—नगरीय समाज में हड़ताल, बंद, जुलूस, घेराव तथा सभा उनके सांस्कृतिक तत्व के रूप में स्थान प्राप्त कर चुके हैं। बंद, हड़ताल, जुलूस इत्यादि को सुनकर लोग घर से नहीं निकलते हैं, स्कूल बंद कर दिए जाते हैं, लोग अस्पताल नहीं जा पाते, दवा की दुकानें, व्यावसायिक प्रतिष्ठान, टैम्पों, रिक्शा इत्यादि बंद हो जाते हैं। लोग कार्य स्थल पर नहीं पहुंच पाते हैं।

8. संस्कृतियों की संस्कृति—नगरीय समाज की संस्कृति संस्कृतियों की संस्कृति होती है। यहां किसी एक जाति, धर्म, भाषा, क्षेत्र, संप्रदाय, पेशा इत्यादि के लोग नहीं रहते हैं। यहां तो कई जातियों, भाषाओं, धर्मों, क्षेत्रों, संप्रदायों के लोग साथ-साथ रहते हैं। वे अपनी-अपनी परंपरा, रीति-रिवाज, धार्मिक अनुष्ठान, पर्व-त्योहार इत्यादि का पालन करते हैं। उनके अपने-अपने धार्मिक केन्द्र तथा विशेषज्ञ होते हैं। उनके अपने वेश-भूषा, खान-पान तथा विश्वास होते हैं। इस प्रकार नगरीय समाज में संस्कृति के विविध रूपों का दर्शन होता है। इसीलिए नगरीय संस्कृति को संस्कृतियों की संस्कृति कहा जाता है।

9. धनार्जन हेतु कला—नगरीय समाज की संस्कृति में कला को धनार्जन के लिए प्रयोग में लाया जाता है। यहां संगीतकार, गीतकार, कवि, लेखक, चित्रकार इत्यादि अपनी-अपनी कला को बेचकर धन कमाते हैं।

10. जातिवादी संस्कृति का उदय—नगरीय संस्कृति में जातिवादी तत्व हावी होते जा रहे हैं। जाति के आधार पर लोग शहर आकर नौकरी, पेशा, व्यवसाय, जमीन, मकान, दुकान इत्यादि प्राप्त कर लेते हैं या प्राप्त कर रहे हैं। जाति के अधिकारी एवं पदाधिकारी उन्हें जाति के नाम पर फायदा दिलवाते हैं। इस प्रकार नगरीय समाज में जातिवादी संस्कृति हावी होती जा रही है।

11. संप्रदायवादी संस्कृति—नगरीय समाज में आजकल संप्रदायवादी संस्कृति का विकास हो गया है। आज प्रत्येक नगरीय समाज अल्पसंख्यक एवं बहुसंख्यक संप्रदायों में विभाजित हो गया है। इसके कारण नगरीय समुदाय में भाईचारा का संबंध समाप्त हो गया है। कई धार्मिक अवसरों पर सांप्रदायिक दंगे भी हो जाते हैं। दंगों के अवसर पर दोनों संप्रदायों के लोग एक-दूसरे की जान-माल की क्षति पहुंचाते हैं।

12. आया संस्कृति—नगरीय समाज में कामकाजी दंपत्तियों द्वारा शिशुओं के लालन-पालन की जिम्मेदारी दासियों अथवा आयायों पर छोड़ दी गयी है। इसके कारण आया संस्कृति का विकास नगरों में हो रहा है।

13. पालन-पोषण संबंधी संस्थाएं—नगरीय समाजों में कामकाजी पति-पत्नी के बच्चों के पालन-पोषण हेतु कई संस्थाएं अस्तित्व में आ गई हैं, जहां शिशुओं का लालन-पालन एवं प्रारंभिक शिक्षा प्रदान की जाती है।

14. वृद्धजन गृह की संस्कृति—नगरीय समाजों में वृद्धजनों को बुढ़ापे में देख-रेख के लिए वृद्धजन गृहों की संस्कृति अस्तित्व में आई है।

15. अंग प्रदर्शन की संस्कृति—नगरीय समाजों में आधुनिक फैशनों के माध्यम से अंग प्रदर्शन की संस्कृति महिलाओं के बीच विकसित हुई है।

16. पाश्चात्य संस्कृति का केन्द्र—नगरीय समाज की संस्कृति को पाश्चात्य संस्कृति का केन्द्र माना जाता है। यहां की संस्कृति में दिखावा अधिक पाया जाता है। यहां बाह्य आडंबर अधिक रहता है। यहां का रहन-सहन, खान-पान, वेश-भूषा, बात-चीत, संबोधन शब्द सभी पर पाश्चात्य संस्कृति का प्रभाव परिलक्षित होता है। पॉप और डिस्को संगीत,

क्लब का मनोरंजन, पांच सितारे होटल की सुविधाएं इत्यादि पाश्चात्य संस्कृति की देन हैं। अंग्रेजी माध्यम के स्कूल एवं कॉलेज भी पाश्चात्य संस्कृति के प्रतीक हैं।

17. बाजारवाद की संस्कृति—नगरीय समाज में बाजारवाद की संस्कृति विकसित हुई है। यहां मूल्य, व्यवहार, आदर्श इत्यादि का निर्धारण बाजार करता है।

18. साथ रहने की संस्कृति—नगरीय समाज में लोग विवाह को बोझ समझने लगे हैं। इसके कारण विवाह उम्र में बढ़ोतरी हुई है। युवक-युवतियां बिना विवाह के नि:संकोच साथ-साथ जीवन व्यतीत करने लगे हैं।

लोक-नगरीय सातत्य (Folk-Urban Continuum)

जैसा कि आरंभ में वर्णन किया गया है कि लोक-नगरीय सातत्य की अवधारणा का विकास अमरीकी मानवशास्त्री एवं शिकागो विश्वविद्यालय के अध्यक्ष राबर्ट रेडफिल्ड द्वारा किया गया था। आपने अपनी पुस्तक फोक कल्चर ऑफ यूकाटाम (1941) में लोक-नगरीय सातत्य की अवधारणा को प्रकाश में लाया। इस अवधारणा को प्रतिपादित करने के पीछे आपका मुख्य उद्देश्य था निम्नलिखित प्रश्नों का समाधान ढूंढना था—

1. क्या लोक समाज एवं नगरीय समाज पृथकता में अपना अस्तित्व बनाए रख सकते हैं?
2. क्या लोक समाज एवं नगरीय समाज के बीच अंत:क्रिया होती है?
3. क्या लोक समाज एवं नगरीय समाज एक-दूसरे के पूरक हैं?
4. क्या लोक समाज एवं नगरीय समाज के बीच निरंतर संबंध बना रहता है?
5. क्या कृषक समाज लोक समाज एवं नगरीय समाज के बीच की अवस्था है?
6. क्या कृषकीकरण एवं नगरीयकरण प्रक्रिया को परसंस्कृतीकरण अथवा परसंस्कृतीग्रहण के माध्यम से जाना जा सकता है?

इन प्रश्नों के समाधान ढूंढने के लिए आपने लोक समाज एवं नगरीय समाज की अवधारणा का विकास ध्रुवीय विपरीत आदर्श प्रकार के रूप में किया। आपके अनुसार लोक समाज एवं नगरीय समाज आदर्श प्रकार के रूप में ध्रुवीय विपरीत मानसिक निर्माण है। इसका तात्पर्य यह हुआ कि विश्व का कोई भी ज्ञात समाज यथार्थ में आदर्श लोक समाज या नगरीय समाज के समान नहीं हो सकता है। लेकिन वे उनके आस-पास या मध्य में हो सकते हैं।

अपनी पुस्तक फोक कल्चर ऑफ यूकाटाम में रेडफिल्ड ने चार विभिन्न प्रकार के समाजों के बीच तुलनात्मक अध्ययन किया। आपने तुलना के लिए जिन चार समाजों का चयन किया था, वे निम्नलिखित हैं—

1. तुस्की—एक लोक समाज
2. चान कौम—एक कृषक समाज

3. दिजतास—एक उपनगरीय समाज
4. मरिदा—एक नगरीय समाज

चार प्रकार के समाजों का प्रतिनिधित्व करने वाले ये चारों समुदाय यूकाटाम के मेक्सिको राज्य के अंतर्गत स्थित थे। इन स्थानों पर आपने कई बार अपना क्षेत्र कार्य किया था। आपने समाज के विकास को एक ध्रुव के समान माना। इस ध्रुव के एक छोर पर आपने लोक समाज के प्रतिनिधि तुस्की को रखा तथा ध्रुव के इस छोर के विपरीत छोर पर आपने नगरीय समाज के प्रतिनिधि मरिदा को रखा। इस प्रकार आपने लोक समाज को नगरीय समाज का ध्रुवीय विपरीत माना। आपने लोक समाज की विशेषताओं को नगरीय समाज की विशेषताओं से बिल्कुल भिन्न देखा। आपने कृषक समाज की विशेषताओं में तथा लोक समाज की विशेषताओं में बहुत कुछ समानता पाई। उसी प्रकार आपने उपनगरीय समाज तथा नगरीय समाज की विशेषताओं में भी काफी समानता पाई।

इस प्रकार लोक समाज तथा कृषक समाज एक-दूसरे से बहुत सारी विशेषताओं में समानता रखते थे। उसी प्रकार उपनगरीय समाज तथा नगरीय समाज में भी बहुत सारी विशेषताओं में समानता पाई गई। जब आपने कृषक समाज की विशेषताओं की तुलना उपनगरीय समाज की विशेषताओं से की, दोनों समाजों की विशेषताओं में भी बहुत सारी समानताएं पाई गईं। इन चारों समाजों के बीच तुलनात्मक अध्ययन के आधार पर आपने लोक-नगरीय सातत्य की अवधारणा का विकास किया।

आपने लोक समाज, कृषक समाज, उपनगरीय समाज तथा नगरीय समाज के बीच तुलनात्मक अध्ययन के आधार पर यह दर्शाया कि लोक समाज से ही परसंस्कृतीकरण प्रक्रिया के माध्यम से नगरीय समाज का निर्माण हुआ है। लोक समाज का कृषकीकरण प्रक्रिया द्वारा उपनगरीयकरण तथा नगरीयकरण हुआ है। यही कारण है कि लोक समाज एवं नगरीय समाज के बीच निरंतरण या सातत्य बना रहता है।

आपने निष्कर्ष के रूप में यह भी प्रस्तुत किया कि लोक समाज एवं नगरीय समाज पृथकता में अपना अस्तित्व नहीं बनाए रख सकते हैं। एक समाज का अस्तित्व दूसरे के बिना संभव नहीं है। अत: लोक समाज एवं नगरीय समाज दोनों एक-दूसरे के पूरक हैं, पृथक नहीं। दोनों में आपसी निर्भरता एवं आपसी संबंध बना रहता है। दोनों के बीच अंत:क्रिया भी होती है। राष्ट्रीय संस्कृति में दोनों समाजों का विशेष योगदान होता है। आप द्वारा उठाए गए सभी प्रश्नों के समाधान ढूंढने के पश्चात आपने सभी चारों प्रकार के समाजों की चारित्रिक विशेषताओं को ढूंढने का प्रयास किया। आपने लोक समाज की चारित्रिक विशेषता के रूप में नैतिक व्यवस्था को पाया। आपके अनुसार लोक समाज के लोग अपने नैतिक मूल्यों पर विशेष बल देते हैं। अपने नैतिक मूल्यों की रक्षा करते हुए लोक समाज के सदस्य अच्छा जीवन व्यतीत करने की कामना करते हैं। ठीक इसके विपरीत नगरीय

समाज की चारित्रिक विशेषता तकनीकी व्यवस्था है। इस समाज के सदस्य नैतिक मूल्य पर विशेष ध्यान नहीं देते। उनका समस्त व्यवहार तकनीकी व्यवस्था के आस-पास घूमता रहता है। ये लोग स्वार्थी होते हैं। इनके बीच मानवीय भावना का अभाव पाया जाता है। ये लोग स्वार्थ के लिए अपना संबंध बनाते हैं तथा बिगाड़ते हैं। ये लोग उसी में अभिरुचि लेते हैं जिसमें इनको फायदा दिखाई देता है। इनके बीच कृत्रिम संबंध पाए जाते हैं।

आपके अनुसार लोक-नगरीय सातत्य के अंतर्गत एक लोक समाज नगरीय समाज के संपर्क में आता है। नगरीय समाज के संपर्क में आने के कारण लोक समाज में भी नगरीय समाज के कुछ तत्व सम्मिलित हो जाते हैं। यही कारण है कि लोक समाज के पास भी कुछ नगरीय समाज की विशेषताएं पाई जाती हैं। नगरीय समाज के संपर्क में आने के कारण एक लोक समाज अशिक्षित एवं शिक्षित, अविकसित एवं विकसित तथा सरल एवं जटिल समाज के बीच में अपना स्थान रखने लगा है। लोक समाज में अब पृथकता, नातेदारी समूह का प्रभाव, समूह की भावना तथा समांगता की प्रधानता समाप्त होती जा रही है।

नगरीय समाज के संपर्क में आने के कारण लोक समाज में असमांगता बढ़ी है। व्यक्तिकरण प्रभावशाली बन गया है। धर्म निरपेक्षीकरण सबल हो गया है। अत: लोक नगरीय सातत्य के कारण लोक समाज की चारित्रिक विशेषताएं विलोपन के कगार पर पहुंच गई हैं। अब लोक समाज में भी बाजार अभिमुख अर्थव्यवस्था स्थापित हो गई है। पारस्परिकता एवं पुनर्वितरण समाप्त हो गया है। उनकी अर्थव्यवस्था मौद्रिक हो गई है। इस प्रकार लोक समाज का परसंस्कृतीकरण हो गया है। परसंस्कृतीकरण केवल लोक-नगरीय समाज के लिए ही सत्य नहीं है, वरन् जब भी दो समाज एक-दूसरे के संपर्क में आते हैं, वे परसंस्कृतीकरण की प्रक्रिया से प्रभावित होते हैं। लोक-नगरीय सातत्य कार्यप्रणाली के आधार पर आपने यह दर्शाने का प्रयास किया है कि अगर एक समाज की संपूर्ण विशेषताओं को किसी दूसरे समाज की संपूर्ण विशेषताओं के साथ तुलनात्मक अध्ययन किया जाय तो उन्हें ध्रुवीय विपरीत या दोनों छोरों के बीच में रखा जा सकता है। इस आधार पर उन समाजों की समग्रता एवं चारित्रिक विशेषताओं को प्रकाश में लाया जा सकता है। इसी आधार पर समाज की ध्रुवीय विशेषताओं की उपस्थिति एवं अनुपस्थिति पर प्रकाश डाला जा सकता है।

आपने अपने यूकाटाम के अध्ययन में पृथकता एवं समांगता को स्वतंत्र विचर तथा संगठन, विघटन, धर्म निरपेक्षीकरण एवं व्यक्तिकरण को आश्रित विचर के रूप में प्रस्तुत किया है। आपके अनुसार जैसे-जैसे एक समाज अपनी पृथकता एवं समांगता को खोते जाता है, वैसे-वैसे वह धर्मनिरपेक्ष होता जाता है तथा उसके सदस्य व्यक्तिवादी होते जाते हैं।

एक अन्य अमरीकी मानवशास्त्री सोल टैक्स ने गौटेमाला समाज का अध्ययन किया था। उसने अपने अध्ययन में यह दर्शाने का प्रयास किया कि इस समाज का आकार छोटा है तथा उनके विश्वास एवं व्यवहार में समांगता पाई जाती है, लेकिन उनका पारिवारिक

संगठन कमजोर होता है, उनके बीच अवैयक्तिक संबंध पाए जाते हैं। उनके बीच धर्मनिरपेक्ष तत्वों की प्रधानता पाई जाती है। यहां व्यक्ति सामाजिक भावना का तिरस्कार करके येन केन प्रकारेण धन अर्जित करता है।

सोल टैक्स के निष्कर्ष को अस्वीकार करते हुए आपने यह दर्शाने का प्रयास किया है कि वैयक्तिकरण एवं धर्म निरपेक्षीकरण का कोई एक ही कारण नहीं हो सकता है।

आपने लोक-नगरीय सातत्य के साथ-साथ कृषक समाज की विशेषताओं पर भी प्रकाश डाला है। आपके अनुसार लोक समाज की भांति कृषक समाज में भी समांगता, वैयक्तिक संबंध, हम की भावना, स्वावलंबन, पारस्परिकता, सबल परिवार संगठन, धार्मिक मूल्य तथा नैतिक मूल्य जैसी विशेषताएं पाई जाती हैं। लेकिन कृषक समाज अपने उत्पादों को बेचने के लिए उपनगरीय समाज (Town) से घनिष्ठ रूप से जुड़ा रहता है। उपनगरीय समाज के बनिया-व्यापारी कृषकों के पास अनाज खरीदने आते हैं। कृषक समाज के सदस्य भी कृषि उपकरण, खाद, बीज, बाजार, विनिमय इत्यादि के लिए उपनगरीय समाज के पास जाते हैं। इस प्रकार कृषक समाज तथा उपनगरीय समाज के साथ अंत:क्रिया होती है तथा दोनों के बीच घनिष्ठ संबंध बने रहते हैं। कृषक समाज का लोक समाज के साथ भी घनिष्ठ संबंध बना रहता है। उपनगरीय समाज के संपर्क में आने के कारण कृषक समाज में अब समांगता, लघुता, आत्मनिर्भरता, धार्मिकता तथा सामाजिक भावना समाप्त होती जा रही है। इनके बीच भी पारिवारिक संगठन कमजोर होता जा रहा है। स्वार्थी एवं व्यक्तिवादी प्रवृत्ति बढ़ती जा रही है। धार्मिकता के स्थान पर धर्मनिरपेक्षता का विकास हुआ है। लोग स्वावलंबी नहीं रह गए। बाजार अभिमुख अर्थव्यवस्था हो गई। मुद्रा विनिमय प्रथा को अपनाया गया। कृषक समाज की उपनगरीय अथवा नगरीय समाज के साथ दैनिक अंत:क्रिया होती है। औद्योगिक नगरीय विकास के साथ-साथ ग्रामीण कृषक औद्योगिक नगर से जुड़ गए हैं। इस प्रकार कृषक समाजों में भी नगरीय जीवनशैली का प्रवेश हो गया है।

उपनगरीय, नगरीय तथा महानगरीय समाज के बीच संबंधों की चर्चा करते हुए आपने बतलाया है कि जटिल शिल्पशास्त्र, धर्मनिरपेक्षता, असमांगता, अवैयक्तिकता, पराश्रिता इत्यादि उपनगरीय, नगरीय तथा महानगरीय समाज की चारित्रिक विशेषताएं हैं। ये सभी प्रकार के नगरीय समाज जनसंख्या घनत्व एवं आकार के आधार पर एक दूसरे से पृथक हैं। लेकिन इनके मध्य आपसी निर्भरता बनी रहती है।

उपनगरीय समाज में ग्रामीण कृषक समाज के कुछ तत्व विद्यमान रहते हैं। साथ ही साथ इसमें नगरीय समाज के तत्व भी शामिल रहते हैं। उपनगरीय समाज व्यापार, पेशा, सेवा, यातायात, संचार इत्यादि के माध्यम से नगरीय तथा महानगरीय समाज के साथ जुड़ा रहता है। यही कारण है कि उपनगरीय समाज में नगरीय समाज की जीवन शैली को प्राथमिकता दी जाती है।

इस प्रकार आपने लोक नगरीय सातत्य की अवधारणा के आधार पर सामाजिक परिवर्तन को दर्शाने का भरपूर प्रयास किया है। आपके अनुसार नगर एवं लोक समाज

ध्रुवीय विपरीत हैं। नगर परिवर्तन का केन्द्र है। यहां से संपर्क के माध्यम से परिवर्तन लाने वाले कारक लोक समाज तक पहुंचते हैं तथा लोक समाज की चारित्रिक विशेषताओं में परिवर्तन लाते हैं। इस प्रकार आपने एक ऐसी कार्यप्रणाली का विकास किया जिसके माध्यम से दो विभिन्न परिस्थितिकी में पाए जाने वाले समाजों एवं उनकी संस्कृतियों के बीच अंत:क्रिया को स्थापित किया जा सकता है तथा उनके बीच अंतर संबंधों की व्याख्या की जा सकती है। उनके बीच अंत:क्रिया के फलस्वरूप लाए जाने वाले परिवर्तनों को भी दर्शाया जा सकता है।

राबर्ट रेडफिल्ड द्वारा लोक-नगरीय सातत्य की अवधारणा की आलोचना ओस्कार लेविस तथा सोल टैक्स द्वारा की गई है। संपूर्ण आलोचनाओं को सारांश के रूप में निम्नलिखित ढंग से प्रस्तुत किया जा सकता है—

1. आदर्श प्रकार की परिभाषा की समस्या
2. सीमित प्रायौगिक महत्व
3. अनुभवाश्रित प्रमाण द्वारा सत्यापन की समस्या।

3

भारत में ग्रामीण एवं कृषक अध्ययन

RURAL AND PEASANT STUDIES IN INDIA

ग्रामीण अध्ययन की शुरुआत

भारत गांवों का देश है। इस देश की अधिकांश जनसंख्या गांवों में रहकर कृषि कर्म द्वारा अपनी जीविकोपार्जन करती है। इसीलिए तो भारत को गांवों का देश कहा जाता है। भारतीय समाज का ग्रामीण चरित्र एवं कृषि सभ्यता विद्वानों के लिए आरंभ से ही अध्ययन एवं अनुसंधान का विषय रहा है। ब्रिटिश उद्‌विकासवादी मानवशास्त्री सर हैनरी सुमर मैन द्वारा भारत में ग्राम समुदाय के ऊपर अध्ययन का शुभारंभ किया गया था। आपने भारतीय ग्राम समुदाय का अध्ययन कर अपनी पुस्तक *विलेज कम्यूनिटी इन ईस्ट एंड वेस्ट* का प्रकाशन सन् 1871 में किया था।

हालांकि भारतीय ग्राम की विशेषताओं का उल्लेख पश्चिमी पुरातन विचारक कार्ल मार्क्स की पुस्तक *दास कैपिटल* वोल्यूम–I पृष्ठ 397 में मिलता है। आपने भारतीय ग्राम में सामुदायिक जीवन से संबंधित प्रचुर प्रमाण पाए। सामुदायिक जीवन के प्रमाण साम्यवाद की अवधारणा को सिद्ध करने के लिए पर्याप्त था। भारतीय ग्राम समुदाय की विशेषता का वर्णन करते हुए आपने अपना विचार व्यक्त किया कि भारतीय ग्राम की आर्थिक इकाइयों की संरचना राजनीतिक आंधियों से भी प्रभावित नहीं हुई।

हैनरी मैन ने अपनी प्रथम पुस्तक *एंशियंट ला* (1861) में भारतीय ग्राम की भूमि व्यवस्था पर प्रकाश डाला था। आपकी गहन अभिरुचि न्यायशास्त्र के उद्‌विकास में थी। आपने अपनी इस पुस्तक में यह दर्शाया है कि आरंभ में संपत्ति सामूहिक रूप से धारण की जाती थी। चूंकि आपकी अभिरुचि भारतीय न्यायशास्त्र में भी थी, अतः आपको भारत के महा राज्यपाल के सर्वोच्च वैधिक परिषद् में विधिशास्त्री के रूप में स्थान प्राप्त हुआ था। आपने इस पुस्तक के द्वितीय अध्याय में भारतीय कानून के स्त्रोतों की चर्चा की है। आपने भारत में अलिखित परंपरागत कानूनों को जीवित रखने तथा संरक्षण देने में भारतीय पंडितों के योगदानों की चर्चा की है। साथ ही आपने भारतीय ग्रामों में आम तथा सामूहिक संपत्ति की चर्चा सामाजिक उद्‌विकास के संदर्भ में की है।

एक ब्रिटिश प्रशासक बाडेन पावेल ने अपनी तीन पुस्तकों में भारतीय ग्राम के चरित्रों को प्रकाश में लाया है। आपकी प्रथम पुस्तक बंगाल की भूमि धारण व्यवस्था का वर्णन करती है। दूसरी पुस्तक का संबंध उत्तर-पश्चिम प्रांत, मध्य प्रांत, अजमेर तथा पंजाब से है। आपकी तीसरी पुस्तक का संबंध मद्रास, बॉम्बे, बिहार, ब्रिटिश बर्मा तथा अंडमान से है। उपरोक्त तीनों पुस्तकों को आपने पुनः दो बृहत पुस्तकों का रूप दिया जिनका शीर्षक *इंडियन विलेज कम्यूनिटी* (1896) तथा *ओरिजिन एंड ग्रोथ ऑफ विलेज स्टडीज इन इंडिया* (1899) है।

बाडेन पावेल ने हैनरी मैन द्वारा प्रतिपादित सामूहिक संपत्ति के स्थान पर संयुक्त संपत्ति की अवधारणा का विकास किया। आपके अनुसार भारतीय ग्रामों में संयुक्त परिवार प्रथा के कारण संयुक्त संपत्ति की प्रथा पाई जाती है। संयुक्त परिवार के अस्तित्व में आने के दो मुख्य कारण रहे होंगे—(i) गोत्र का निर्माण तथा गोत्र के सदस्यों को समान उत्तराधिकार तथा (ii) संयुक्त परिवार का प्रभाव तथा संयुक्त उत्तराधिकार के नियम। आपने लिखित साक्ष्यों के आधार पर भारतीय ग्राम की विशेषताओं का विवरण प्रस्तुत किया है। आप मैन के समान केवल सांस्कृतिक अवशेष तक ही सीमित नहीं थे। लेकिन आपने क्षेत्र कार्य नहीं किया था। अतः भारतीय ग्रामों के संबंध में आपका वर्णन भी अधूरा है।

एक भारतीय लेखक राम बिहारी डे ने अपनी पुस्तक *बंगाल पिजेंट लाइफ* (1874) में बंगाल के कृषक जीवन का विवरण दिया है। इसमें बर्दवान नगर से 6 मील की दूरी पर स्थित कनहनपुरा ग्राम के कृषकों के शोषण एवं उत्पीड़न का वर्णन किया गया है। इस गांव के जमींदारों तथा ब्रिटिश निलहों द्वारा ग्रामीण कृषकों का शोषण एवं उत्पीड़न किया जाता है। महाजन भी उन्हें शोषित एवं उत्पीड़ित करने में पीछे नहीं रहते। यह पुस्तक कृषक जीवन पर उपन्यास ज्यादा एवं मानवजातिवर्णन कम है।

सर जार्ज ए. ग्रियर्सन ने अपनी पुस्तक *बिहार पिजेंट लाइफ* (1926) में बिहार के कृषकों के जीवन का विवरण प्रस्तुत किया है। हालांकि मूलतः आप एक भाषा विज्ञानी थे, लेकिन आपने बिहार के ग्रामीण जीवन के संबंध में कुछ मौलिक सूचनाएं अवश्य प्रदान की हैं। पुस्तक का बृहत भाग कृषक एवं घरेलू उपकरणों की शब्दावली प्रस्तुत करके भौतिक संस्कृति के ऊपर बहुमूल्य योगदान प्रस्तुत करता है। साथ ही साथ यह पुस्तक बिहारी ग्राम समाज के यथार्थ स्वरूप को प्रकाश में लाती है।

सामाजिक वैज्ञानिकों में ग्राम अध्ययन की शुरुआत करने का श्रेय अर्थशास्त्रियों को जाता है।

एक अर्थशास्त्री एच.एच. मैनन ने अपनी पुस्तक *लैंड एंड लेबर इन डेक्कन विलेज* (1921) में दो गांवों की भौतिक विशेषताओं, भूमि धारण, भूमि स्वामित्व, फसल लगाने की प्रक्रिया तथा कृषक भंडार एवं पशुधन का विवरण प्रस्तुत किया है। सांख्यिकी का प्रयोग करते हुए आपने डेक्कन के दो गांवों के आय, व्यय, ऋणग्रस्तता इत्यादि की तुलनात्मक

तस्वीर उपलब्ध कराई है। लेकिन दोनों गांवों के सांस्कृतिक एवं सामाजिक पृष्ठभूमि का विवरण नहीं दिया गया है।

एक अन्य अर्थशास्त्री वी.एस. रानाडे ने अपनी पुस्तक *सोशल एंड इकोनामिक सर्वे ऑफ ए कोंकण विलेज* (1926) में धर्म, सामाजिक जीवन, दैनिक कार्यक्रम, शिक्षा इत्यादि का विवरण प्रस्तुत किया है।

मद्रास विश्वविद्यालय के प्रोफेसर गिलबर्ट स्लेटर ने अपनी पुस्तक *सम साउथ इंडियन विलेजेज* (1918) में 12 गांवों के पूरक उद्योगों, ग्राम व्यापार, सफाई, शिक्षा एवं ग्राम प्रशासन का विवरण दिया है। इसमें प्रश्नावली का प्रयोग आंकड़े संकलन के लिए किया गया है। आंकड़े संकलन में स्नातकोत्तर अर्थशास्त्र के विद्यार्थियों को भी लगाया गया था।

ए. अय्यर ने अपनी पुस्तक *इकोनामिक लाइफ ऑफ ए मालाबार विलेज* (1919) में भूमिधारण एवं ऋणग्रस्तता को प्रकाश में लाया है। साथ ही साथ आपने कामगारों, उनकी मजदूरी तथा गृह समस्या पर भी प्रकाश डाला है। धन एवं लोक कल्याण पर भी विवरण दिया गया है। ग्रामीणों के शारीरिक एवं मानसिक स्वास्थ्य, त्योहार, शिक्षा, बेरोजगारी, असमानता एवं पंचायत व्यवस्था पर प्रकाश डाला गया है।

डा. लुकास ने पंजाब राज्य के कबीरपुर नामक ग्राम का अध्ययन करके अपनी पुस्तक *इकोनामिक लाइफ ऑफ ए पंजाब विलेज* (1919) को प्रकाशित किया। ग्राम अध्ययन के सामान्य प्रतिमान से हटकर आपने विवाह, रीति-रिवाज, शिक्षा, सफाई, प्रशासन, राजनीतिक संगठन, पेशा, मजदूरी, ऋणग्रस्तता इत्यादि का वर्णन किया है।

जे.एस. जैक ने अपनी पुस्तक *इकोनामिक लाइफ ऑफ ए बंगाल डिस्ट्रिक्ट* (1916) में भूमि स्वामित्व, मत्स्यमारण, बाजार सुविधाओं इत्यादि का विवरण फरीदपुर जिला (अब बंगलादेश) के संदर्भ में किया है। कर्ज एवं साख समिति का भी विवरण विस्तारपूर्वक किया गया है।

जान मैट्थान की पुस्तक *विलेज गवर्नमेंट इन ब्रिटिश इंडिया* (1929) में भारतीय ग्राम में प्रचलित राजनीतिक संस्थाओं के माध्यम से सरकार के कार्य को प्रकाश में लाया गया है।

राधा कमल मुखर्जी की पुस्तक *फाउंडेशन ऑफ इंडियन इकोनामिक्स* (1916) तथा *फील्ड्स एंड फार्मर्स ऑफ अवध* (1926) में भारतीय ग्राम के कृषकों की अर्थव्यवस्था एवं जीवन पर विस्तारपूर्वक प्रकाश डाला गया है।

एफ.एल. ब्रायने की पुस्तक *विलेज अपलिफ्ट इन इंडिया* (1927) तथा *रिमेकिंग ऑफ विलेज इंडिया* (1930) में महात्मा गांधी के ग्राम उत्थान के विचारों का प्रभाव परिलक्षित होता है। आपने महात्मा गांधी के ग्राम पुनर्निर्माण के विचार से प्रभावित होकर उपरोक्त पुस्तकों की रचना की है।

स्ट्रिक लैन की पुस्तक *रूरल वेलफेयर इन इंडिया* (1936) में भारत में ग्रामीण कल्याण के ऊपर प्रकाश डाला गया है।

भारत में ग्राम के ऊपर सामाजिक मानवशास्त्रीय अध्ययन की शुरुआत करने का श्रेय एक अमेरिकी धर्म प्रचारक डब्ल्यू.एच. वाइजर को जाता है। एक धर्म प्रचारक के रूप में आपने उत्तर प्रदेश राज्य के लखनऊ के समीप करीमपुर गांव का अध्ययन किया। इस अध्ययन के आधार पर आपने अपना डाक्टरल शोध प्रबंध कार्नेल विश्वविद्यालय में 1933 में जमा किया। आपके पीएच.डी. शोध प्रबंध का विषय 'सोशल इंस्टिट्यूशन ऑफ ए हिन्दू विलेज इन नार्थ इंडिया' था। आपने अपने शोध प्रबंध के अतिरिक्त अपनी पुस्तक *हिन्दू जजमानी सिस्टम* (1963) को प्रकाशित किया। अपनी पत्नी के साथ आपने पुस्तक *बिहाइंड द मड वाल* (1930) को प्रकाशित कराया था।

वाइजर ने अपनी पत्नी चार्लोट वी. वाइजर, अपने दो पुत्र तथा दो हिन्दी अनुवादकों की सहायता से इस ग्राम का गहन रूप से अध्ययन किया था। आप ग्रामीणों के साथ चिकित्सीय सहायता द्वारा एक मिशनरी के रूप में जुड़े हुए थे। आप निम्न जातियों के उत्थान के लिए काम कर रहे थे। वाइजर की दोनों पुस्तकों को सामाजिक मानव वैज्ञानिक अध्ययन की शुरुआत के रूप में रखा जा सकता है। *बिहाइंड द मडवाल* पुस्तक में ग्राम जीवन का वर्णन तथा नेतृत्व, सत्ता, अंतरजातीय संबंध इत्यादि का उल्लेख मिलता है। एक व्यक्ति के संपूर्ण जीवन पर जाति व्यवस्था के प्रभाव का उल्लेख भी यहां मिलता है।

हिन्दू जजमानी सिस्टम नामक पुस्तक में वाइजर ने करीमपुर ग्राम में रहने वाली 22 जातियों के बीच सेवा संबंध का विवरण प्रस्तुत किया है। विभिन्न जातियों के बीच सेवा एवं भुगतान संबंध को ही उन्होंने जजमानी व्यवस्था कहा है। ग्राम की सभी 22 जातियों में हिन्दू के अतिरिक्त मुसलमान तथा ईसाई भी रहते थे, लेकिन वे भी सेवा संबंध द्वारा हिन्दुओं से जुड़े हुए थे। आपने दर्शाया है कि जजमानी व्यवस्था समानता पर आधारित न होकर असमानता पर आधारित है। हालांकि आपने जाति संस्तरण एवं पवित्रता तथा अपवित्रता की अवधारणा के संबंध में कोई भी चर्चा नहीं की है। फिर भी भारतीय ग्राम की जातियों के मध्य, वस्तु एवं सेवा का जटिल विनिमय के ऊपर यह एक महत्त्वपूर्ण पुस्तक मानी जाती है। हालांकि वाइजर की पुस्तक भारतीय मानवशास्त्र को उस समय उतना प्रभावित नहीं कर पाई थी। लेकिन मोरिस ई. ओपलर, ओस्कार लेविस, एच.ए. गाउल्ड एवं अन्य अमेरिकी मानवशास्त्रियों के द्वारा किया गया ग्राम अध्ययन भारतीय मानवशास्त्र को बहुत ज्यादा प्रभावित करता है।

उपरोक्त विभिन्न प्रकार के अध्ययनों के पुनरावलोकन से यह ज्ञात होता है कि भारत में ग्राम अध्ययन की शुरुआत ब्रिटिश उद्विकासवादी मानवशास्त्री सर हैनरी मैन द्वारा की गई। उनके बाद ईसाई धर्म प्रचारकों, प्रशासकों, अर्थशास्त्रियों, भूगोलवेत्ताओं और मानवशास्त्रियों द्वारा भारतीय गांवों का अध्ययन विभिन्न दृष्टिकोणों का अनुसरण करते हुए किया गया। आरंभिक काल में किए गए ग्राम अध्ययनों के सारांशों को निम्नलिखित ढंग से प्रस्तुत किया जा सकता है—

(1) सभी ग्राम अध्ययनों का स्वभाव सामान्य था।

(2) विशेष गांवों के सर्वेक्षण में केवल आर्थिक विचरों (variables) पर ध्यान दिया गया था।
(3) कतिपय ग्राम सर्वेक्षणों में कुछ सामाजिक पहलुओं को भी शामिल किया गया है।
(4) समय के साथ अनुभवाश्रित अध्ययनों पर ध्यान केन्द्रित किया गया।
(5) वाइजर ने गहन रूप से गांव का अध्ययन कर जजमानी व्यवस्था का विश्लेषण प्रस्तुत किया।
(7) गांधी जी के ग्रामीण पुनर्निर्माण एवं राष्ट्रवादी विचारधारा से प्रभावित होकर ग्रामीण समस्याओं को प्रकाश में लाया गया।
(8) आजादी के बाद भारत में ग्राम अध्ययन की परंपरा में कई नवीन तत्वों, कार्यप्रणाली एवं अवधारणाओं का योगदान हुआ। ग्रामीण विकास कार्यक्रम लागू किया गया। योजना आयोग भारत सरकार द्वारा प्रोग्राम मूल्यांकन संगठन की स्थापना की गई तथा ग्राम विकास योजनाओं के प्रभाव को जानने के लिए ग्राम अध्ययन किए गए। अमेरिकी मानवशास्त्रियों का संपर्क भारतीय मानव शास्त्रियों के साथ हुआ। मोरिस एडवार्ड ओपलर, डेविड मैंडेल बाम, मैक्कीम मैरियट, ओस्कार लेविस तथा अन्य अमेरिकी मानवशास्त्रियों का आगमन भारतवर्ष में हुआ तथा भारतीय ग्राम का अध्ययन विस्तारपूर्वक किया गया। उनके द्वारा भारतीय ग्राम के संबंध में अनेक अवधारणाओं एवं कार्यप्रणाली का विकास किया गया। भारतीय मानवशास्त्री डी.एन. मजूमदार, एस.सी. दुबे, एम.एन. श्रीनिवास, एल.पी. विद्यार्थी, सच्चिदानंद इत्यादि ने भारतीय ग्राम के अध्ययन में अपना-अपना योगदान दिया। उनके प्रयास से भारतीय ग्राम तथा उनकी विशेषताओं पर अनेक पुस्तकों को प्रकाशित किया गया। सन् 1955 में भारतीय ग्राम के ऊपर तीन मानवशास्त्रियों द्वारा तीन पुस्तकों की रचना की गई। एस.सी. दुबे की पुस्तक 'इंडियन विलेज', मैक्कीम मैरियट की संपादित पुस्तक *विलेज इंडिया* तथा श्रीनिवास की संपादित पुस्तक *इंडियाज विलेज* 1955 में अस्तित्व में आए।

भारत में गांवों के ऊपर किए गए अध्ययनों का विवरण क्षेत्र के अनुसार नीचे दिया जा रहा है।

पंजाब-दिल्ली क्षेत्र में ग्राम अध्ययन

ओस्कार लेविस ने दिल्ली के समीप रामपुर ग्राम का अध्ययन कर अपनी दो पुस्तकों को प्रकाशित किया। उनकी प्रथम पुस्तक *ग्रुप डायनामिक्स ऑफ नार्थ इंडियन विलेज* (1954)

तथा दूसरी पुस्तक *लाइफ इन ए नार्थ इंडियन विलेज* (1958) है। मैक्सिको में आपने कई गांवों का अध्ययन राबर्ट रेडफिल्ड के मार्गदर्शन में किया था। अमेरिका में ग्राम अध्ययन की शुरुआत शिकागो विश्वविद्यालय के प्राध्यापक राबर्ट रेडफिल्ड द्वारा की गई थी। एक मेक्सिको ग्राम का अध्ययन कर आपने अपनी पुस्तक *टोपेजलान : ए मेक्सिकन विलेज* (1934) को प्रकाशित कराया था। ओस्कार लेविस राबर्ट रेडफिल्ड के सहयोगी थे तथा उनसे घनिष्ठ रूप से जुड़े हुए थे। अपने ग्राम अध्ययन के अनुभव के आधार पर आपको फोर्ड फाउंडेशन की सहायता से परामर्शदाता मानवशास्त्री के रूप में भारत आने का सुअवसर प्राप्त हुआ। आपने सात भारतीय छात्रों के साथ रामपुर गांव का अध्ययन अक्टूबर 1952 से जून 1953 तक किया। आपने मानवशास्त्रीय तकनीक—सहभागी अवलोकन, अनुसूची, साक्षात्कार, जीवनवृत्त, ग्राम अभिलेख तथा ग्राम जनगणना—के सहारे आंकड़ों का संकलन किया। अपनी पहली पुस्तक *ग्रुप डायनामिक्स इन ए नार्थ इंडियन विलेज* में आपने शक्ति स्थान एवं नेतृत्व की चर्चा की है। इस गांव में कुल 1095 व्यक्ति थे जो 12 जातियों में विभक्त थे। इस पुस्तक में एक जाट गांव के स्वभाव, आकार, आयु संरचना, आर्थिक विशेषता, सामाजिक विशेषता तथा दलबंदी का विवरण विस्तारपूर्वक दिया गया है। इस पुस्तक में नेतृत्व निर्माण की प्रक्रिया तथा सामुदायिक विकास योजना के व्यवहारिक महत्त्व का अर्थपूर्ण ढंग से परीक्षण किया गया है। इस पुस्तक को विशेष स्थान इसलिए प्राप्त है क्योंकि इसमें एक भारतीय ग्राम में प्रचलित दलबन्दी का विश्लेषण बड़े ही क्रमबद्ध ढंग से किया गया है। यहां पर दलबन्दी शब्द का प्रयोग वैसे समूह के लिए किया गया है जिसका निर्माण सहकारी, आर्थिक, सामाजिक तथा त्योहारिक संबंध के आधार पर होता है। इस पुस्तक में अंतरदलीय गठबंधन, तनाव, शत्रुता, मनमुटाव इत्यादि की चर्चा नहीं की गई है।

ओस्कार लेविस की दूसरी पुस्तक *लाइफ इन ए नार्थ इंडियन विलेज* में एक भारतीय ग्राम के संबंध में पूर्ण विवरण दिया गया है। इस ग्राम अध्ययन की अपनी विशेषता रही है। इसमें एक ग्राम के जीवन के संबंध में पूर्ण जानकारी प्रदान की गई है। यह भारतीय गांव भारत की राजधानी के समीप स्थित है। इस ग्राम का अध्ययन एक अमेरिकी मानवशास्त्री के द्वारा किया गया है जिसको ग्राम अध्ययन के ऊपर मेक्सिको ग्राम का अनुभव था। इस ग्राम के अध्ययन में अनुसंधान दल शामिल था। इसमें जजमानी व्यवस्था तथा दलबन्दी का विस्तारपूर्वक अध्ययन किया गया है। इस पुस्तक में जाति संस्तरण, अंतर जातीय संबंध, जातीय रूढ़िबद्ध धारणा वर्णन तथा भोजन-पानी संबंध की व्याख्या नहीं की गई है। आपने जाति की एक प्रकार्यात्मक परिभाषा अवश्य प्रदान की है। जाति एक अंत:विवाही सामाजिक इकाई है जिसकी सदस्यता जन्म के आधार पर प्राप्त होती है। इसका संबंध विशेष पेशे से है तथा एक जाति दूसरी जाति से भोजन-पानी संबंध में निषेध का पालन करती है। आपके अनुसार जाति के अंतर्गत एक लघु सशक्तिशील समूह अस्तित्व में रहता है जिसे धार कहा जाता है। धार ही गांव में शक्ति का केन्द्र रहता है तथा निर्णय-निर्माण में महत्वपूर्ण भूमिका

निभाता है। धार ग्राम संगठन के अंदर खंडित तथा उपखंडीय संगठन को प्रकाश में लाता है। इस पुस्तक में रामपुर ग्राम का तुलनात्मक अध्ययन मेक्सिकन ग्राम टोपेजलान से किया गया है। लेविस ने दोनों ग्रामों की भौतिक संस्कृति, तकनीकी तथा अर्थव्यवस्था में समानता पाई। लेकिन दोनों ग्रामों के सामाजिक संगठन, मूल्य व्यवस्था एवं व्यक्तित्व संरचना में काफी अंतर था। भारतीय एवं अमेरिकी गांवों का तुलनात्मक अध्ययन कर लेविस इस निष्कर्ष पर पहुंचा कि कृषक की अवधारणा के आधार पर विभिन्न संस्कृति क्षेत्रों का वर्णन नहीं किया जा सकता है। आपके अनुसार संस्कृति के पृथक पहलुओं का जन्म विभिन्न ऐतिहासिक परिस्थितियों में हुआ। आपने विस्तृत ग्राम समुदाय के ऊपर ध्यान केन्द्रित करते हुए एक ग्राम के अंतर संबंध को राष्ट्रीय संस्कृति एवं सभ्यता से दर्शाने का प्रयास किया है।

ओस्कार लेविस ने दिल्ली विश्वविद्यालय के मानवशास्त्री डा. इन्द्रपाल सिंह को पंजाब के अमृतसर जिलांतर्गत डेले नामक ग्राम का अध्ययन करने के लिए उत्प्रेरित किया। इन्द्रपाल सिंह ने उस गांव को जुलाई 1956 से नवंबर 1957 के बीच अध्ययन किया। इस अध्ययन के लिए उन्हें सहायता राशि शिकागो विश्वविद्यालय के सुप्रसिद्ध मानवशास्त्री राबर्ट रेडफिल्ड द्वारा प्रदान की गई थी। इस ग्राम के अध्ययन के आधार पर आई.पी. सिंह ने अपने दो शोधपत्रों को संपादित पुस्तकों में प्रकाशित कराया। उनका प्रथम शोध पत्र *ए सिख विलेज : ट्रेडिशनल इंडिया : स्ट्रकचर एंड चेंज* (1958) तथा द्वितीय शोध पत्र *आस्पेक्ट्स ऑफ रेलिजन इन इंडियन सोसायटी* (1961) था।

अपने प्रथम शोध पत्र में आपने एक सिख ग्राम की सिख संस्कृति का विवरण प्रस्तुत किया है। आपने दर्शाया है कि किस प्रकार एक सिख ग्राम में जाति प्रथा तथा अछूत प्रथा परिवर्तित रूप में विद्यमान है। सिख धर्म में जातीय समानता का पाठ पढ़ाया जाता है। इसके बावजूद विभिन्न जातियों के लोग दो समूह में विभाजित हैं—(i) उच्च जातियां या सरदार तथा (ii) निम्न जातियां अथवा मजहबिस (भंगी)। ये दोनों जातीय समूह दूरी बनाए रखते हैं। दोनों के लिए अलग-अलग कुंए पाए जाते हैं। मजहबिस को गुरुद्वारों में प्रवेश नहीं करने दिया जाता है। इस प्रकार एक सिख गांव का विवरण एक सिख विद्वान द्वारा किया गया है।

अपने दूसरे शोधपत्र में आई.पी. सिंह ने उसी सिख गांव के विश्वास एवं अनुष्ठान का विवरण दिया है। यह ग्राम अमृतसर स्वर्ण मंदिर से पांच मील की दूरी पर स्थित है। एक सिख ग्राम के विश्वास एवं अनुष्ठान पर हिन्दू एवं इस्लाम धर्म का प्रभाव परिलक्षित होता है।

उत्तर प्रदेश में ग्राम अध्ययन

उत्तर प्रदेश राज्य ने अमेरिकी मानवशास्त्री मोरिस एडवार्ड ओपलर को 1947 में ही आकर्षित किया। आपके द्वारा उत्तर प्रदेश में चलाए जा रहे ग्राम अध्ययन प्रशिक्षण कार्यक्रम से आकर्षित होकर कार्नेल विश्वविद्यालय के कई छात्र भारत आए तथा उत्तर प्रदेश में ग्राम

अध्ययन करके अपना-अपना योगदान दिया। ओपलर के प्रयास से कार्नेल विश्वविद्यालय अमेरिका तथा लखनऊ विश्वविद्यालय उत्तर प्रदेश के संयुक्त तत्वावधान में भारतीय विद्वानों को उत्तर प्रदेश के गांवों में अध्ययन करने का अवसर प्राप्त हुआ। डी.एन. मजूमदार तथा एस.सी. दुबे ने भी उत्तर प्रदेश में ग्राम अध्ययन को प्रोत्साहित किया।

मोरिस एडवार्ड ओपलर ने अपने भारतीय सहयोगी रुद्रदत सिंह के साथ पूर्वी उत्तर प्रदेश के दो गांव माधोपुर तथा रामपुर का अध्ययन किया। इन ग्रामों का अध्ययन ओपलर तथा सिंह के मार्गदर्शन में अध्ययन दल द्वारा 1949 में किया गया। ओपलर तथा सिंह के द्वारा इन ग्रामों के अध्ययन के आधार पर दो अनुसंधान पत्रों का प्रकाशन किया गया। इन विद्वानों का प्रथम अनुसंधान पत्र 'डिविजन ऑफ लेबर इन एन इंडियन विलेज' (1948) तथा दूसरा शोधपत्र 'टू विलेजेज आफ ईस्टर्न उत्तर प्रदेश' (1962) था।

प्रथम शोध पत्र में ओपलर तथा सिंह ने अंतरजातीय संबंध तथा जजमानी प्रथा का विवरण दिया है। दूसरे अनुसंधान पत्र में माधोपुर तथा रामपुर नामक पूर्वी उत्तर प्रदेश के दो गांवों का चित्र प्रस्तुत किया गया है। किस आधार पर इन गांवों का चुनाव किया गया था, इसका विवरण नहीं मिलता है। लेकिन दोनों गांवों के आकार एवं सामाजिक-आर्थिक पर्यावरण में काफी अंतर था। रामपुर गांव पवित्र नगर इलाहाबाद के समीप स्थित है। इसकी जनसंख्या माधोपुर की जनसंख्या से दुगनी थी। दोनों गांवों के जाति संगठन भी भिन्न-भिन्न थे। माधोपुर गांव की कुल जनसंख्या 1852 थी। यह जनसंख्या 23 जातियों में विभक्त थी। चमार एवं ठाकुर जातियों के पास ग्राम में संख्या शक्ति थी। गांव में ठाकुरों की स्थिति सर्वोच्च थी। संपूर्ण गांव की भूमि का 82 प्रतिशत भाग ठाकुरों के स्वामित्व में था। इस गांव में ब्राह्मण जाति के भी दो परिवार रहते थे, लेकिन वे ग्राम पर अपना प्रभाव नहीं रखते थे। वे अपनी आजीविका के लिए ठाकुरों तथा अन्य जातियों पर आश्रित थे।

रामपुर ग्राम की जनसंख्या तीन हजार थी। यह जनसंख्या 24 जातियों में विभाजित थी। इस ग्राम में मुसलमान जाति के भी 600 व्यक्ति थे। ग्राम की जनसंख्या एवं जातियों में ये लोग भी शामिल थे। यह ग्राम गंगा नदी के तट पर पवित्र नगरी इलाहाबाद के समीप होने के कारण इस गांव में मल्लाह जाति की जनसंख्या सबसे अधिक थी। इस गांव में ठाकुर जाति के लोग नहीं थे। इसलिए अहीर जाति के लोग गांव में प्रबल स्थान रखते थे। अपनी शारीरिक बनावट, उग्र स्वभाव तथा भूमि स्वामित्व एवं पशु स्वामित्व के कारण इस ग्राम समाज में अहीर जाति के लोगों का स्थान सबसे उच्च था।

एक अन्य शोधपत्र इकोनामिक, पोलिटिकल एंड सोशल चेंज में ओपलर तथा सिंह (1952) ने आधुनिक कारकों के कारण माधोपुर गांव में लाए गए आर्थिक, राजनीतिक एवं सामाजिक परिवर्तन का विवरण प्रस्तुत किया है।

ओपलर ने अपने अनुसंधान पत्र एक्सटेंशन ऑफ एन इंडियन विलेज (1956) में उत्तर प्रदेश के सेनापुर ग्राम के अध्ययन के आधार पर उसके विस्तार को प्रकाश में लाया है। आपने सेनापुर गांव का नेटवर्क विश्लेषण करके बृहत भारतीय सभ्यता के संदर्भ में

उसके विस्तार को दर्शाया है। उन्होंने दर्शाया है कि गांव की सभी जातियों में दुल्हन को दूसरे गांव से लाया जाता है। गांव के 15 प्रतिशत युवजन एवं प्रौढ़जन गांव से बाहर काम करने गए थे। बाजार, शहर, शिक्षण संस्थान, प्रशासनिक केन्द्र तथा धार्मिक मठ ग्रामवासियों को आकर्षित करते हैं तथा अनेक तरह से प्रभावित करते हैं। सेनापुर गांव का ग्राम से बाहर सामाजिक, आर्थिक, राजनीतिक, प्रशासनिक, व्यापारिक एवं धार्मिक संबंध एवं संगठन भारतीय सभ्यता के सदंर्भ में उसका विस्तार दर्शाते हैं। इस गांव के विस्तार इसकी पहचान एवं सामुदायिक एकता में दखल नहीं देता है।

ओपलर के सहयोगी रुद्रदत सिंह ने अपने शोधपत्र 'यूनिटी ऑफ एन इंडियन विलेज' (1956) में सेनापुर ग्राम की एकता को प्रकाश में लाया है। आपके इस शोधपत्र में दो प्रश्नों का समाधान ढूंढने का प्रयास किया है—(1) एक भारतीय ग्राम की पहचान हम कैसे कर सकते हैं? तथा (2) इसकी एकता के लिए हमें कहां देखना चाहिए? आपके अनुसार एक भारतीय ग्राम की एकता उसके प्राचीनतम मंदिर में निहित रहती है। ग्राम के प्राचीन मंदिर के प्रति सम्मान, श्रद्धा की भावना एवं विश्वास ग्रामवासियों को एक सूत्र में बांधे रहते हैं। पर्व-त्योहार, ग्राम पंचायत, अंतरजातीय संबंध तथा अंतर ग्राम संबंध ग्रामवासियों को एकजुट बनाए रखते हैं।

ओपलर के शिष्य बनार्ड कोन ने रामपुर ग्राम का अध्ययन कर अपने दो अनुसंधान पत्रों को मैरियट तथा मिल्टन सिंगर द्वारा संपादित पुस्तक में प्रकाशित करवाया। उनका प्रथम शोधपत्र 'चेंजिंग स्टेट्स ऑफ ए डिप्रेस्ड कास्ट्स' (1955) तथा दूसरा अनुसंधान पत्र 'चेंजिंग ट्रेडिशंस ऑफ लो कास्ट्स' (1958) था। इन दोनों शोधपत्रों में चमार जाति के मध्य अपनाए गए परिवर्तनों का विवरण प्राप्त होता है।

ओपलर के एक अन्य शिष्य डब्ल्यू. एल. रावे ने शेरापुर ग्राम का अध्ययन कर अपना पीएच.डी. शोध प्रबंध कार्नेल विश्वविद्यालय में 1960 में जमा किया। उसी वर्ष उन्हें उस विश्वविद्यालय द्वारा पीएच.डी. की उपाधि प्रदान की गयी। आपने इस ग्राम का अध्ययन अगस्त 1955 से जुलाई 1958 के बीच किया था। आपके पीएच.डी. शोध प्रबंध का विषय सोशल एंड इकोनामिक मोबिलिटी इन ए लो कास्ट नार्थ इंडियन कम्यूनिटी था। हालांकि उनका पीएच.डी. थेसिस अप्रकाशित रह गया; लेकिन उनके द्वारा दो महत्त्वपूर्ण शोधपत्रों का प्रकाशन किया गया था। आपके शोधपत्र 'लो कास्ट नार्थ इंडियन कम्यूनिटी' (1960) तथा 'मैरेज नेटवर्क एंड स्ट्रक्चरल चेंज इन ए नादर्न इंडियन कम्यूनिटी' (1964) थे। अपने शोधपत्रों में आपने भारतीय ग्राम के बहिर्विवाही स्वभाव की चर्चा की है। बहिर्विवाही स्वभाव के कारण ही विवाह नेटवर्क का विकास होता है। ग्राम की सामाजिक संरचना में परिवर्तन पर भी प्रकाश डाला गया है। आपने शेरापुर ग्राम की जजमानी प्रथा का भी उल्लेख किया है। आपने दर्शाया है कि किस प्रकार नोनिया जाति के लोग अपनी सेवा का विनिमय करते हैं। आपने जजमानी व्यवस्था में किसी प्रकार के दबाव एवं तनाव नहीं पाया। आपने जजमानी प्रथा के मानदंड एवं स्वीकृति के संबंध में भी कुछ नहीं कहा है।

योगेन्द्र सिंह ने पूर्वी उत्तर प्रदेश के 6 गांवों का अध्ययन करके भारतीय गांवों में शक्ति संरचना के परिवर्तित प्रतिमान को प्रकाश में लाया। इस अध्ययन के आधार पर आपने अपना पीएच.डी. शोध प्रबंध लखनऊ विश्वविद्यालय में जमा किया तथा पीएच.डी. की उपाधि 1968 में प्राप्त की। आपके पीएच.डी. शोध प्रबंध का विषय चेंजिंग पैटनर्स ऑफ सोशियो-इकोनामिक रिलेशन इन कंट्री साइड था। आपने अपने एक शोधपत्र 'चेंजिंग पावर स्ट्रकचर ऑफ विलेज कम्यूनिटी : ए केस स्टडी इन विलेजेज इन ईस्टर्न यू.पी.' (1961) में परंपरागत एवं उभरने वाली शक्ति संरचना का विश्लेषण किया है। आपने दर्शाया है कि गांवों में अभी भी प्रत्यक्ष अथवा अप्रत्यक्ष रूप से ऊँची जातियों का वर्चस्व बना हुआ है। गांवों में संगठन का आधार जाति है, वर्ग नहीं। जाति संगठन में भी गुटबंदी पाई जाती है। गुटबंदी के कारण जाति आधारित ग्राम समाज में तनाव संघर्ष अस्तित्व में आते हैं। घर को सहभागिता की इकाई माना जाता है, व्यक्ति को नहीं। इस प्रकार ग्रामीण मूल्य व्यवस्था में धर्मनिरपेक्ष प्रजातांत्रिक व्यवस्था को समायोजित नहीं किया गया है।

मोरिस एडवार्ड ओपलर के मार्गदर्शन में एम.एड. लुस्चिंस्की ने सेनापुर ग्राम का अध्ययन 1954-57 की अवधि में किया था। इस अध्ययन के आधार पर आपने अपने शोधपत्र 'प्रोबलेम्स ऑफ कल्चर चेंज इन इंडियन विलेज' (1963) को प्रकाशित कराया था। इस शोधपत्र में आपने जनस्वास्थ्य, शिक्षा, भूमि सुधार एवं ग्राम सरकार के क्षेत्र में नवाचार का विवरण प्रस्तुत किया है। ग्राम में नवाचार के प्रसार का निर्धारण निम्नलिखित ढंग से किया जाता है—

(1) संवाद स्रोत का स्वभाव। अगर संवाद स्रोत कोई मानव हो तो सामाजिक संस्तरण में उसका क्या स्थान है?
(2) केन्द्र जिससे संवाद ग्राम तक पहुंचता है तथा संस्तरण में सापेक्षिक स्थिति।
(3) माध्यम केन्द्र एवं मित्रता संबंध।

कार्नेल विश्वविद्यालय दल के अतिरिक्त लखनऊ विश्वविद्यालय के डा. डी.एन. मजुमदार के नेतृत्व में छात्र दल द्वारा भी उत्तर प्रदेश के गांवों का सूक्ष्मदर्शनी अध्ययन किया गया था। डा. मजुमदार ने कार्नेल-लखनऊ अनुसंधान परियोजना के संयुक्त तत्वावधान में लखनऊ नगर के समीप मोहन नामक ग्राम का अध्ययन किया। इस ग्राम के अध्ययन के आधार पर आपने *कास्ट एंड कम्यूनिकेशन* (1958) नामक पुस्तक की रचना की। इस पुस्तक में मोहन ग्राम का इतिहास, ग्राम में रहने वाली जातियों, अंतर-जाति संबंध, धार्मिक विश्वास एवं व्यवहार, जीवन चक्र एवं अन्य सांस्कृतिक पहलुओं का वर्णन किया गया है। साथ ही साथ जाति एवं संप्रेषण का विवरण भी दिया गया है। आपके अनुसार गांव एक अवधारणा है, जीने का तरीका है। भारतीय ग्राम एक अवधारणा है, क्योंकि यह मूल्यों का

समूह होता है जिसमें धीरे-धीरे परिवर्तन लाए जाते हैं जिसके कारण ग्राम अपनी पहचान बनाए रखते हैं। ग्राम एक जीने का तरीका है क्योंकि लोग अभी भी गांव में उसी ढंग से रहते हैं, जैसा पहले रहा करते थे। आपने ग्राम एवं शहर को विभिन्न मूल्यों का समूह बतलाया है। जाति एवं संवाद विनिमय की व्याख्या करते हुए आपने कहा कि ग्राम समाज में सामाजिक स्थिति को ध्यान में रखकर संवाद विनिमय करने वाले लोग संबोधन शब्द का प्रयोग करते हैं। संबोधन शब्दों को सुनकर वक्ताओं की जाति, समाज में स्थान, आयु, लिंग इत्यादि का पता आसानी से चल जाता है। इस पुस्तक में आपने अंतरजातीय संबंध एवं जाति गतिशीलता की भी चर्चा की है। आपने विलयीकरण एवं विखंडीकरण प्रक्रियाओं का उल्लेख किया है। इन दोनों प्रक्रियाओं के कारण अनेक सामाजिक समूह अस्तित्व में आए हैं। जाति गतिशीलता क्षैतिज एवं ऊर्ध्व दोनों प्रकार की पाई जाती है। आपके अनुसार भारतीय ग्राम स्वतंत्र हस्ति नहीं होता है। भारतीय ग्राम देश की कुल सामाजिक व्यवस्था से कई स्तरों पर जुड़े रहते हैं। अत: वे स्वतंत्र अस्तित्व नहीं रखते हैं।

मजूमदार की दूसरी पुस्तक *चोर का एक गांव* (1960) मिर्जापुर जिलांतर्गत चितौरा ग्राम के अध्ययन पर आधारित है। इस ग्राम का अध्ययन मजूमदार ने कार्नेल-लखनऊ विश्वविद्यालय अनुसंधान परियोजना के संयुक्त तत्वावधान में 1954 में किया था। चित्तौरा ग्राम की कुल जनसंख्या 830 थी जिसमें 342 जनजातीय जनसंख्या थी। इस गांव में 8 जातियां तथा 5 जनजातियां निवास करती थीं। जनजातियों में मांझी, चेरो, खेरवार, पनिकार तथा भुइयां आते थे। मजूमदार ने इस पुस्तक की पांडुलिपि अंग्रेजी में तैयार की थी। लेकिन उनके एक शिष्य चन्द्रभाल त्रिपाठी ने इसका हिन्दी में अनुवाद किया था। चन्द्रभाल त्रिपाठी उस वक्त पिछड़ा वर्ग आयोग के उपाध्यक्ष थे। इसलिए इस पुस्तक का प्रकाशन केवल हिन्दी में हो सका था। इस पुस्तक में ग्राम के विवरण के साथ-साथ परसंस्कृतीग्रहण प्रक्रिया की भी चर्चा की गई है। हालांकि पुस्तक में ग्राम जीवन के सभी पहलुओं का वर्णन करने का दावा किया गया है। लेकिन जातियों के बीच आर्थिक संबंध, जनजातीय पर्व-त्योहार, ग्राम नेतृत्व में एकता के ऊपर विवरण का अभाव पाया जाता है। ग्राम की एकता एवं विस्तार की भी व्याख्या पर्याप्त ढंग से नहीं की गई है। इन सभी कमियों के बावजूद मजूमदार की यह पुस्तक महत्त्वपूर्ण स्थान रखती है। मजूमदार ने एक ऐसे ग्राम का अध्ययन किया है जिसमें जनजातियां एवं हिन्दू जातियां साथ-साथ रहती हैं। जनजातियों के बीच जनजातीयता क्षयन हुआ है तथा उन पर हिन्दूकरण का प्रभाव पड़ा है। इस गांव में अन्य गांवों के समान प्रबल जाति की अनुपस्थिति पाई गई। इस गांव में चोरी के प्रचलन जोरों पर पाई गई। इसलिए इस पुस्तक का शीर्षक चोर का एक गांव रखा गया है।

बलजीत सिंह ने अपनी पुस्तक *नेक्स्ट स्टेप इन विलेज इंडिया* (1961) में उत्तर प्रदेश के 6 गांवों में भूमि सुधार कार्यक्रम का अध्ययन जमींदारी उन्मूलन के संदर्भ में किया है। हालांकि आपने नमूना सर्वेक्षण विधि का प्रयोग अपने अनुसंधान में किया है, लेकिन

कुछ मानवशास्त्रीय विचारों को भी शामिल किया गया है। आपने गुटबंदी, जातीयता एवं सामाजिक तनाव का विवरण प्रस्तुत किया है।

एक अन्य विद्वान आर.एस. खरे ने उत्तर प्रदेश के एक गांव गोपालपुर का अध्ययन किया। यह गांव लखनऊ नगरी से 22 मील दक्षिण-पूर्व में स्थित है। इस ग्राम के अध्ययन के आधार पर आपने अपने दो शोध पत्रों का प्रकाशन किया है। आपका प्रथम शोध पत्र 'रिचुअल प्यूरिटी एंड पोल्यूशन इन रिलेशन टु डिमोकरेटिक सैनिटेशन' (1962) में शुद्धता एवं अशुद्धता की अनुष्ठानिक स्थिति एवं स्वच्छता तथा अस्वच्छता की शारीरिक स्थिति के बीच संबंध दर्शाने का प्रयास किया है। आपने इस ग्राम का अध्ययन जनस्वास्थ्य की दृष्टि से भी किया है। आपने ग्राम अध्ययन के द्वारा स्वास्थ्य एवं संस्कृति पर भी प्रकाश डाला है। शुद्धता एवं अशुद्धता की अनुष्ठानिक स्थिति एवं शारीरिक स्वच्छता में कुछ संबंध अवश्य पाया जाता है। एक जाति के रिश्तेदारों द्वारा मृत्यु एवं जन्म के अवसर पर अशुद्धता से संबंधित निषेध माना जाता है। लेकिन इस अवसर पर शारीरिक अस्वच्छता की धारणा नहीं पाई जाती है। लेकिन अछूतों के साथ शारीरिक अस्वच्छता की धारणा भी जुड़ी रहती है। अत: उन्हें एक ही पंक्ति में बैठाकर खाना नहीं खिलाया जाता है।

अपना दूसरा अनुसंधान पत्र 'फोक मेडिसिन इन ए नार्थ इंडियन विलेज' (1963) में खरे ने यह दर्शाने का प्रयास किया है कि विश्वास का निर्माण धार्मिक दुनियादारी एवं सामाजिक संस्तरण से होता है। देहाती दवा एवं उपचार का गांव समाज में महत्त्वपूर्ण प्रकार्य होता है। इसके माध्यम से अंतर जाति तनाव एवं अपमान को समाप्त किया जाता है।

देहाती दवा उपचार परंपरागत व्यवहार संहिता से ऊपर होता है। यह कला अति साधारण होती है। इसका संचारण मौखिक एवं शारीरिक व्यवहार से होता है। इस प्रकार आपने ग्राम अध्ययन के माध्यम से एक उपेक्षित पहलू को प्रकाश में लाया है।

पश्चिमी उत्तर प्रदेश में ग्राम अध्ययन

कार्नेल-लखनऊ विश्वविद्यालय ग्राम अध्ययन परियोजना के संयुक्त तत्वावधान में एस.सी. दुबे ने पश्चिमी उत्तर प्रदेश के गांवों का अध्ययन कर अपनी पुस्तक *इंडियाज चेंजिंग विलेजेज: ह्यूमन फैक्टर्स इन कम्यूनिटी डेवलपमेंट* (1958) का प्रकाशन किया। आपने चार अनुसंधान सहयोगियों की सहायता से पश्चिमी उत्तर प्रदेश के रानी-खानी प्रखंड में एक राजपूत एवं एक त्यागी जाति के गांव का अध्ययन किया। इस गांव में क्षेत्र कार्य 1954 के अंत से 1956 के अंत तक किया गया था। राजपूत ग्राम की जनसंख्या 5142 थी। यह उस प्रखंड का सबसे बड़ा गांव था। इसमें 21 प्रकार की हिन्दू जातियां तथा 7 प्रकार की मुसलमान जातियां रहती थीं। त्यागी गांव की कुल जनसंख्या 757 थी। आपने अपने इस अध्ययन में तकनीकी ढंग से अविकसित भारतीय ग्राम में सांस्कृतिक परिवर्तन का वर्णन

किया है। सामुदायिक विकास योजनाओं के सूत्रीकरण एवं क्रियान्वयन के फलस्वरूप किस प्रकार से भारतीय गांवों में सांस्कृतिक परिवर्तन लाया गया है, इसकी चर्चा इस पुस्तक में की गई है। आपने इस पुस्तक में सामुदायिक विकास के मानवीय कारकों पर प्रकाश डाला है। आपने दो प्रमुख मानव शास्त्रीय सिद्धांतों को प्रयोग में लाया है— (1) संस्कृति प्रकार्यात्मक ढंग से जुड़ी हुई समग्रता है। इसमें किसी एक समय में लाया गया परिवर्तन संपूर्ण व्यवस्था को प्रभावित करता है। (2) परंपरागत ढंग से प्राप्त संगठन एवं संस्कृति सभी प्रकार के नवाचारों के लिए मध्यस्थ आवरण का कार्य करते हैं। उनका इन नवाचारों के ऊपर चयनात्मक प्रभाव पड़ता है।

एक अमेरिकी मानवशास्त्री मैक्कीम मैरियट ने पश्चिमी उत्तर प्रदेश के किसान गढ़ी ग्राम का अध्ययन मार्च 1951-1952 तक किया। इस अध्ययन के लिए आपको अमेरिका के सामाजिक विज्ञान अनुसंधान परिषद् द्वारा वित्तीय सहायता प्राप्त हुई थी। आपने किसान गढ़ी ग्राम का गहन अध्ययन किया। यह ग्राम पश्चिमी उत्तर प्रदेश के अलीगढ़ जिला में पड़ता है। इसकी दूरी दिल्ली से 100 मील उत्तर-पश्चिम में है। यह ग्राम मैक्कीम मैरियट के अनेक प्रकार के अनुसंधान के लिए प्रयोगशाला था। इस ग्राम के अध्ययन के आधार पर मैरियट ने रेडफिल्ड तथा मिल्टन सिंगर द्वारा उठाए गए दो प्रश्नों का समाधान ढूंढने का प्रयास किया है: (1) क्या एक भारतीय ग्राम को अपने आप में समग्रता के रूप में माना जा सकता है? (2) क्या किसी एक ग्राम की समझ बृहत संस्कृति एवं समाज को समझने में योगदान दे सकती है? इस प्रकार मैरियट ने जटिल भारतीय सभ्यता के गांवों के समग्र विश्लेषण हेतु अपनी मानवशास्त्रीय विधियों को परिष्कृत किया। इस ग्राम के अध्ययन के आधार पर आपने अपना शोध पत्र 'लिट्टल कम्यूनिटीज इन एन इंडिजिनस सिविलाइजेशन' (1955) को प्रकाशित कराया। इस अनुसंधान पत्र में आपने उपरोक्त दोनों प्रश्नों का समाधान क्रमबद्ध ढंग से एवं व्याख्यात्मक तरीके से ढूंढने का प्रयास किया। आपने इन प्रश्नों के समाधान हेतु दो प्रमुख अवधारणाओं को जन्म दिया जिन्हें स्थानीयकरण (Parochialisation) तथा सार्वभौमिकीकरण (Universalisation) कहा जाता है।

आपने राबर्ट रेडफिल्ड द्वारा प्रतिपादित महान परंपरा (Great Tradition) तथा लघु परंपरा (Little Tradition) की अवधारणा को गतिशील बनाते हुए स्थानीयकरण एवं सार्वभौमिकीकरण की अवधारणा का विकास किया। आपके अनुसार लघु समुदाय की परंपरा लघु परंपरा कहलाती है। जबकि महान समुदाय की परंपरा महान परंपरा कहलाती है। लघु समुदाय एवं बृहत समुदाय दोनों पृथक नहीं हैं। वरन् दोनों एक-दूसरे के पूरक तथा एक-दूसरे से संबंधित एवं आश्रित हैं। एक-दूसरे से पृथक रहकर दोनों का अस्तित्व में बना रहना असंभव है। अत: दोनों को अस्तित्व में बने रहने के लिए दोनों का होना अनिवार्य है। आपने महान परंपरा एवं लघु परंपरा के पर्व-त्योहारों एवं अनुष्ठानों का विश्लेषण करके स्थानीयकरण एवं सार्वभौमिकीकरण की अवधारणा को प्रकाश में लाया है। आपके अनुसार स्थानीयकरण एवं सार्वभौमिकीकरण एक दूसरे की विपरीत प्रक्रियाएं

हैं। स्थानीयकरण प्रक्रिया में महान परंपरा के विश्वास, अनुष्ठान, त्योहार, पर्व इत्यादि को लघु समुदाय द्वारा स्थानीय बना लिया जाता है। इस प्रकार स्थानीयकरण प्रक्रिया द्वारा महान परंपरा को लघु परंपरा में स्थान प्राप्त होता है। ठीक इसके विपरीत सार्वभौमिकीकरण प्रक्रिया में लघु परंपरा के विश्वास, मूल्य, अनुष्ठान, पर्व-त्योहार इत्यादि को महान परंपरा में स्थान प्राप्त होता है। इस प्रकार सार्वभौमिकीकरण प्रक्रिया के माध्यम से लघु परंपरा को सार्वभौमिक मूल्य एवं स्थान प्राप्त होता है। इन दोनों प्रक्रियाओं के कारण समान विश्वास अनुष्ठान, पर्व-त्योहार दोनों समुदायों—लघु समुदाय एवं महान समुदाय—के बीच प्रचलित रहते हैं। इन प्रक्रियाओं के माध्यम से दोनों परंपराओं के बीच अंतर संबंध बने रहते हैं।

ड्युमांट तथा पोकॉक ने अपनी पुस्तक *कंट्रीब्यूशन टु इंडियन सोशियोलोजी* (1959) में लघु परंपरा एवं महान परंपरा की आलोचना करते हुए दो प्रश्न उठाए हैं (i) क्या लघु परंपरा उसी प्रकार की है जिस प्रकार की महान परंपरा है ? (ii) क्या उसी प्रकार के संबंध दोनों परंपराओं एवं दोनों समुदायों के बीच पाए जाते हैं ? इन विद्वानों ने दोनों स्तरों पर समानता को दर्शाने की वकालत की है तथा दोनों के बीच संबंधों को लोकप्रिय बनाने पर जोर दिया है।

मोरिस एडवार्ड ओपलर के मार्गदर्शन में जान टी हिट्चकाक ने पश्चिमी उत्तर प्रदेश के एक राजपूत समुदाय के गांव खालापुर का अध्ययन अक्टूबर 1953 से जुलाई 1955 की अवधि में किया। यह ग्राम सहारनपुर जिलांतर्गत स्थित है। आप कार्नेल-भारत अनुसंधान परियोजना के स्टेशन निदेशक थे। आपको वित्तीय सहायता फोर्ड फाउंडेशन बोर्ड ऑफ ओवरसीज ट्रेनिंग एंड रिसर्च से प्राप्त हुई थी। आपने इस ग्राम के अध्ययन के आधार पर अपना पीएच.डी. शोध प्रबंध कार्नेल विश्वविद्यालय में 1956 में प्रस्तुत किया। आपको पीएच.डी. शोध प्रबंध का विषय 'द राजपूत आफ खालापुर : ए स्टडी आफ किनशीप, सोशल स्ट्राटिफिकेशन एंड पोलिटिक्स' था।

आपने खालापुर ग्राम के अध्ययन के आधार पर अपना शोध पत्र 'द आइडिया ऑफ द मार्शियल राजपूत' (1958) एंड 'लिडरशिप इन ए नार्थ इंडियन विलेज : टू केस स्टडीज' (1960) को प्रकाशित करवाया। अपने प्रथम अनुसंधान पत्र में आपने वीर राजपूत के व्यवहारों को प्रकाश में लाया जो अब धीरे-धीरे क्षीण होते जा रहे थे। खालापुर गांव के दो हजार राजपूत अपने आपको वीर पूर्वज की संतान बतलाते हैं। वे अपने आपको भी वीर एवं शासक बतलाते हैं। आपने राजपूत जाति की वीरता से संबंधित अनेक लोककथाओं का संकलन किया तथा रामायण एवं महाभारत जैसे काव्यों में से राजपूत का विवरण प्राप्त किया। कथाओं एवं काव्यों के अध्ययन के आधार पर राजपूत जाति के वीरतापूर्ण चरित्र पर प्रकाश डाला। इस प्रकार आपने ग्राम अध्ययन के माध्यम से एक प्रबल जाति की विशेषताओं को प्रकाश में लाया। अपने दूसरे शोधपत्र में आपने दो प्रकार के नेतृत्व को प्रकाश में लाया है—(i) परंपरागत तथा (ii) गैर-परंपरागत। आपने परंपरागत नेतृत्व के अंतर्गत ग्राम पंचायत के मुखिया एवं ग्राम प्रधान के नेतृत्व को शामिल किया।

गैर-परंपरागत नेतृत्व के अंतर्गत आपने हाल ही में स्थापित इंटरमीडिएट कॉलेज के प्रिंसिपल के पद एवं नेतृत्व को शामिल किया। दोनों प्रकार के नेता गांव की राजपूत जाति से आते थे तथा दोनों बाह्य एजेंसियों से संपर्क के आधार पर शक्ति प्राप्त करते थे। आपने दोनों प्रकार के नेताओं के व्यक्तित्व एवं नेतृत्व का तुलनात्मक विवरण प्रस्तुत किया है। आपने शिक्षा, नगर से संपर्क, राजनीति एवं राष्ट्र, बृहत राजनीतिक व्यवस्था एवं प्रशासनिक व्यवस्था के साथ संपर्क के कारण ग्राम की नेतृत्व व्यवस्था में हो रहे परिवर्तन का भी वर्णन किया है।

एक अन्य विद्वान पी.एम. महार ने उसी खालापुर गांव का अध्ययन उसी अवधि में किया। अपने अध्ययन के आधार पर आपने दो अनुसंधान पत्रों का प्रकाशन किया। आपका प्रथम शोधपत्र का विषय चेंजिंग रेलिजियस प्रैक्टिसेस ऑफ एन अनटचेबुल कास्ट (1958) तथा द्वितीय शोधपत्र का विषय 'चेंजिंग कास्ट आइडियोलोजी इन ए नार्थ इंडियन विलेज' (1960) है। अपने प्रथम शोधपत्र में आपने अछूत जाति की सामाजिक स्थिति तथा अन्य जातियों के साथ संबंध का वर्णन किया है। आपने राजपूत जाति के प्रबल स्वभाव तथा आधुनिकीकरण के कारण जाति संबंध में परिवर्तन का उल्लेख किया है। आपने दर्शाया है कि शिक्षा, राजनीतिक दल, सरकारी संस्थाएं तथा अन्य कारकों से भारतीय गांव में जातीय संबंध में परिवर्तन लाए गए हैं। अपने दूसरे अनुसंधान पत्र में आपने हिन्दू एवं मुसलमान जातियों के बीच जाति श्रेणीकरण की प्रक्रिया को प्रकाश में लाया है।

एक अन्य विद्वान जान जे. गुंपर्ज ने उसी ग्राम खालापुर का अध्ययन उसी अवधि में किया तथ ग्राम के समाज-भाषा विज्ञान के ऊपर अनेक शोधपत्र लिखकर प्रकाशित कराए। अपने शोधपत्र 'डायलेक्ट डिफरेंसेस एंड सोशल स्ट्राटीफिकेशन इन ए नार्थ इंडियन विलेज' (1958) में आपने सामाजिक संस्तरण को भाषायी भिन्नता के आधार पर समझाने का प्रयास किया है। अपने दूसरे शोधपत्र 'मास कम्यूनिकेशन एंड द मीडिया ऑफ कल्चरल ट्रांसमिशन' (1960) में सांस्कृतिक संचार माध्यमों के संबंध में विवरण प्रस्तुत किया है।

आपने स्थानीय सामाजिक एवं धार्मिक नेटवर्क को प्रकाश में लाया है। इस अध्ययन में आपने यह दर्शाने का प्रयास नहीं किया है कि किस प्रकार ग्रामीणों द्वारा महान परंपरागत तत्वों को स्वीकार करके ग्रामीण पर्व-त्योहार एवं अनुष्ठानों में शामिल कर लिया जाता है। आपने यह भी नहीं दर्शाया है कि किस प्रकार लघु परंपरागत तत्व महान समुदाय द्वारा स्वीकार किए जाते हैं तथा महान परंपरागत अनुष्ठानों में शामिल कर लिया जाता है। आपने इन प्रक्रियाओं के मनोवैज्ञानिक पहलुओं पर ध्यान केन्द्रित नहीं किया है। आपका मुख्य उद्देश्य जनसंचार माध्यमों को प्रकाश में लाना है।

एक अन्य विद्वान पी.एम. कोलेंडा ने उसी अवधि में उसी ग्राम खालापुर का अध्ययन किया। आपने अपना अनुसंधान पोस्ट डाक्टरल फेलो के रूप में किया था। अपने अनुसंधान में इस प्रश्न का समाधान ढूंढने का प्रयास किया कि क्या साधारण लोग कर्म एवं

पुनर्जन्म के हिन्दू सिद्धांत से अपने आपको अनुकूलित करते हैं? भंगी जाति के ऊपर अनुसंधान के आधार पर आपने प्रस्तुत किया कि ग्रामीण भंगी कर्म एवं पुनर्जन्म से जुड़े हुए महान परंपरागत धार्मिक विचारों को व्यवहार में नहीं लाते हैं। इस गांव के भंगी बिल्कुल सरल, क्षेत्रीय एवं स्थानीय धर्म का पालन करते हैं। हिन्दू कर्म की अवधारणा के अनुसार एक व्यक्ति के इस जन्म का भाग पहले जन्म के कर्म से जुड़ा हुआ है। ग्राम की जातियां अपनी स्थिति में सुधार का सतत प्रयास करती हैं। खालापुर के भंगी कर्म एवं पुनर्जन्म के सिद्धांत को अपनी-अपनी आवश्यकताओं को ध्यान में रखकर व्याख्या करते हैं। वे इस जीवन के अभाग्य के संबंध में सोचते हैं, मोक्ष प्राप्ति के विषय में नहीं। भंगियों का मानना है कि भाग्य एवं ईश्वर यथार्थ घटना नहीं हैं। अलौकिक तत्व उनसे स्वतंत्र होकर अपना अस्तित्व कायम रखते हैं। आपने उक्त तथ्यों का वर्णन अपने शोधपत्र रेलिजियस एंजाइटी एंड हिन्दू फेट (1964) में किया है।

एक अन्य विद्वान राल्फ एच. रेट्जटाफ ने कार्नेल-भारत अनुसंधान परियोजना के अंतर्गत उसी खालापुर ग्राम का अध्ययन उसी अवधि में करके ग्राम सरकार के ऊपर अपनी पुस्तक की रचना की। आपकी पुस्तक का शीर्षक *विलेज गवर्नमेंट इन इंडिया* (1962) था। आपने विभिन्न प्रकार की परंपरागत पंचायतों का वर्णन किया है तथा उनकी उत्पत्ति एवं उद्विकास को खालापुर गांव के इर्द-गिर्द दर्शाया है। आपने 10 जुलाई 1949 में स्थापित सरकारी पंचायत के क्रियाकलाप को प्रकाश में लाया। आपने दर्शाया है कि प्रधान के कमजोर नेतृत्व के कारण सरकारी ग्राम पंचायत प्रभावशाली भूमिका नहीं निभा पाई। इसका व्यवहार प्रबल जाति राजपूत द्वारा न्यायिक संस्था के रूप में किया जाता था। पंचायत चुनाव के कारण गांव में तनाव, गुटबंदी एवं दुश्मनी की घटनाएं बढ़ जाती थीं।

एक अन्य अमेरिकी विद्वान हैराल्ड ए. गाउल्ड ने पोस्ट-डाक्टरल रिसर्च प्रोग्राम के अंतर्गत फैजाबाद जिला के अंतर्गत शेरपुर गांव का अध्ययन 1959-60 में तथा पुन: 1960-62 में किया था। इस ग्राम के अध्ययन के आधार पर आपने अनेक शोधपत्र जजमानी व्यवस्था, कृषक समाज की विशेषता एवं ग्राम बहिर्विवाही नियम के ऊपर लिखे तथा प्रकाशित करवाए।

आपने अपने पहले शोधपत्र 'द विलेज जजमानी सिस्टम' (1958) में जजमानी व्यवस्था की कार्य-प्रणाली को प्रकाश में लाया है। आपने शेरपुर ग्राम में 91 परिवारों को 12 जातियों में बंटा हुआ पाया। गांव में रहने वाले सभी जाति के परिवारों का धोबी, बढ़ई तथा नाई के साथ सेवा संबंध थे। नाई, बढ़ई तथा धोबी को अन्य घरों से साल में दो बार अपनी सेवा प्रदान करने के लिए अनाज का भुगतान किया जाता था। आपने यह भी प्रस्तुत किया है कि गांव में जमीन पर स्वामित्व रखने वाली जातियों का भूमिहीनों तथा कम जमीन वाली जातियों पर प्रभुत्व बना रहता है।

अपने दूसरे अनुसंधान पत्र 'द पिजेंट विलेज : सेन्ट्रिफ्यूगल और सेंट्रिपिटल' (1959) में यह दर्शाने का प्रयास किया है कि भारतीय ग्राम केन्द्राप्रसारी एवं केन्द्राभिसारी

दोनों हैं। किसान वर्ग अपने आप में स्वावलंबी भी है साथ ही साथ दूसरों पर निर्भर भी हैं। किसान वर्ग जजमानी प्रथा द्वारा अपनी आवश्यकताओं की पूर्ति ग्राम में ही कर लेते हैं। इस प्रकार वे स्वावलंबी होते हैं। स्वावलंबी होते हुए भी वे राष्ट्रीय संस्कृति को बनाए रहते हैं तथा राष्ट्रीय संस्कृति की प्रक्रिया में अपना बहुमूल्य योगदान देते हैं। आपने इस प्रक्रिया को केन्द्राप्रसारी प्रक्रिया बतलाया है। दूसरी ओर भारतीय गांवों का संबंध नगरों से भी बना रहता है। आपने भारतीय ग्राम की इस विशेषता को केन्द्राभिसारी विशेषता बतलाया है। आपने केन्द्राप्रसारी एवं केन्द्राभिसारी प्रक्रियाओं का उल्लेख करते हुए अनुभव की तीन श्रेणियों या समूहों का उल्लेख किया है—(1) स्थानीय प्रबलीकरण अनुभव, (2) परंपरा प्रबलीकरण अनुभव तथा (3) आधुनिक प्रबलीकरण अनुभव।

आपने विवाह का उदाहरण प्रस्तुत करते हुए कहा है कि शेरपुर के किसान वर्ग विवाह के समय स्थानीय प्रबलीकरण अनुभव का प्रदर्शन करते हैं। यह कृषक समाज की केन्द्राभिसारी प्रवृत्ति को दर्शाता है। तीर्थ यात्रा परंपरागत प्रबलीकरण अनुभव दर्शाती है। यह गैर-औद्योगिक सभ्यता की सापेक्षिक शक्ति का प्रतिनिधित्व करती है। यह शक्ति ग्रामवासी कृषकों को नगर की ओर आकर्षित करती है। इसके लिए ग्रामवासी कृषक गांव से शहर की ओर जाते हैं। आपने कृषक वर्ग की इस प्रवृत्ति को केन्द्राप्रसारी प्रवृत्ति कहा है। इस प्रकार आपने केन्द्राप्रसारी तथा केन्द्राभिसारी प्रवृत्ति के माध्यम से ग्राम में रहने वाले कृषक समाज के अंत:क्रियात्मक प्रतिमान को प्रकाश में लाने का प्रयास किया है। आपने भारतीय कृषक ग्राम शेरपुर के अध्ययन के आधार पर श्रमजीवीकरण (Proletarianisation) की प्रक्रिया को प्रकाश में लाया है। इस प्रक्रिया के अनुसार ग्राम में रहने वाली निम्न जाति के लोग दुष्क्रियात्मक होकर नगर की ओर काम की खोज में पलायन कर रहे थे। नगर में वे लोग कारखानों में श्रमिक के रूप में काम पाते हैं। उन्होंने श्रमजीवीकरण प्रक्रिया का प्रभाव उच्च जातियों में भी पाया है। क्योंकि काम की खोज तथा व्यवसाय हेतु उच्च जाति के लोग भी शहर की ओर प्रवासित हो रहे हैं।

अपने तीसरे अनुसंधान पत्र 'विलेज एक्सोगेमी इन नार्थ इंडिया' (1961) में शेरपुर ग्राम के बहिर्विवाही नियमों को प्रकाश में लाया है। आपके अनुसार उत्तर भारत के कृषक गांवों में जाति अंत:विवाही एवं गोत्र बहिर्विवाही नियमों के अतिरिक्त गांव बहिर्विवाही नियम का पालन अनिवार्य रूप से किया जाता है। एक ही गांव के लड़का-लड़की में भाई-बहन का संबंध रहता है। भाई-बहन के बीच निकटाभिगमन निषेध का पालन करना अनिवार्य शर्त ग्राम समाज के लिए होती है। अत: ग्रामवासी बहिर्विवाही नियम का पालन करते हैं।

अपने चौथे शोधपत्र 'जजमानी सिस्टम ऑफ नार्थ इंडिया : इट्स स्ट्रकचर, मैगनिच्यूट एंड मीनिंग' (1964) में शेरपुर ग्राम के अध्ययन के आधार पर जजमानी व्यवस्था की संरचना, विस्तार एवं अर्थ पर प्रकाश डाला है। आपने मुख्यत: जजमानी व्यवस्था के तीन विषयों पर ध्यान केन्द्रित किया है—(1) जजमानी व्यवस्था के अंतर्गत संबंध एवं भुगतान,

(2) ग्रामीण भारत में आर्थिक अंत:क्रिया के अध्ययन हेतु समुचित पारिस्थितिकीय इकाइयों के प्रकार तथा (3) भारत में परंपरागत आर्थिक अंत:क्रिया की सापेक्षिक महत्ता।

आपके अनुसार जजमानी व्यवस्था की सबसे प्रमुख विशेषता है आर्थिक अंत:क्रिया का तंत्र। इसके स्थानिक विस्तार को सामूहिक सीमा के माध्यम से नहीं दर्शाया जा सकता है। वरन् इसे जजमान तथा सेवा प्रदान करने वाली जातियों के घरों की अवस्थिति द्वारा प्रदर्शित किया जा सकता है। आपके अनुसार शेरपुर गांव में आर्थिक एवं राजनीतिक उथल-पुथल के बावजूद भी परंपरागत आर्थिक अंत:क्रिया अपना अस्तित्व बनाए हुए है। क्योंकि सामाजिक स्थिति एवं सामाजिक संगठन को बनाए रखने में यह व्यवस्था बहुमूल्य योगदान देती है। यह हिन्दुओं के सामाजिक संगठन का अभिन्न अंग है।

ए.पी. बर्नबास ने अपनी पुस्तक *सोशल चेंज इन ए नार्थ इंडियन विलेज* (1960) में शारणपुर गांव के अध्ययन कर भारतीय गांव में हो रहे परिवर्तन को प्रकाश में लाया है। आपने शारणपुर गांव में पारिवारिक जीवन, अंतरजातीय संबंध, पेशायी प्रतिमान, गतिशीलता, भौतिक संस्कृति, सामाजिक नियंत्रण तथा सामाजिक मनोवृत्ति में परिवर्तन को प्रस्तुत किया है। आपने उन कारकों पर भी प्रकाश डाला है जो सामाजिक परिवर्तन लाते हैं। साथ ही साथ उन कारकों को भी प्रकाश में लाया है जो परिवर्तन का विरोध करते हैं। आपके अनुसार अवसर एवं योग्यता परिवर्तन लाते हैं, जबकि संस्थागत व्यवहार परिवर्तन का विरोध करते हैं। इस प्रकार आपने अपने अध्ययन में केवल यह नहीं दर्शाया कि क्यों लोग परिवर्तन को स्वीकार करते हैं, वरन् यह भी दर्शाया कि क्यों लोग परिवर्तन को नहीं स्वीकार करते हैं। आपने इस पुस्तक को तीन भागों तथा 16 अध्यायों में विभक्त किया है।

असम में ग्राम अध्ययन

असम मुख्यत: जनजातियों का निवास स्थान रहा है। अत: वहां पर ग्राम अध्ययन की तुलना में जनजातीय अध्ययन अधिक हुए हैं। एक अमरीकी विद्वान आर. बलिग ने गारो गांव का अध्ययन कर अपना शोधपत्र 'एन इनसिंपियंट कास्ट आर्गेनाईजेशन इन गारो हिल्स' (1960) प्रकाशित करवाया। इस शोधपत्र में आपने गारो पहाड़ियों के एक आरंभिक जाति संगठन पर प्रकाश डाला।

बी. बंधोपाध्याय ने अपने शोधपत्र 'हिरा पौटर्स ऑफ असम' (1963) में असम के पोलपारा जिले के कुम्हार जाति के दो गांवों का अध्ययन प्रस्तुत किया है। इसमें कुम्हार जाति के लोगों की बरतन बनाने संबंधी कला का उल्लेख प्राप्त होता है। इसमें इस जाति के जजमानी संबंध के बारे में वर्णन उपलब्ध नहीं होता है।

सैकिया ने अपना शोधपत्र 'लीडरशिप स्टडीज इन ए फिव असम विलेजेज' (1964) में परंपरागत नेताओं के महत्त्व एवं नवीन नेताओं की भूमिका पर विस्तारपूर्वक प्रकाश डाला है। सामुदायिक विकास योजनाओं के नेतृत्व पर प्रभाव का भी उल्लेख यहां प्राप्त होता है। इस अनुसंधान पत्र में 6 गांवों में प्रचलित नेतृत्व प्रतिमान के संबंध में

जानकारी मिलती है। इसमें जनजातीय तथा गैर-जनजातीय नेतृत्व प्रतिमान में अंतर को भी दर्शाया गया है।

बी.एम. दास ने अपने शोधपत्र 'कहारपारा : ए रिपोर्ट ऑन सोशियो-कल्चरल सर्वे' (1964) में कहारपारा ग्राम के सामाजिक-सांस्कृतिक सर्वे के आधार पर सामाजिक एवं सांस्कृतिक विशेषताओं को प्रकाश में लाया है। यह ग्राम कामरूप जिले के रावी प्रखंड के अंतर्गत स्थित है। यह ग्राम गुवाहाटी से 6 मील दक्षिण-पश्चिम दिशा में पड़ता है। इस एक जातीय ग्राम की जनसंख्या 245 थी जो 21 परिवारों में विभक्त थी। करीब सभी परिवार अपनी आजीविका हेतु कृषि पर निर्भर थे। ग्राम परिषद् सामाजिक नियम तोड़ने वालों के विरुद्ध दंडात्मक कार्यवाही करती है।

असम में ग्राम अध्ययन के ऊपर कोई भी विद्वान द्वारा मोनोग्राफ नहीं लिखा गया है। केवल कुछ शोधपत्रों का प्रकाशन हुआ है।

बिहार एवं झारखंड में ग्राम अध्ययन

असम की भांति बिहार में भी ग्राम अध्ययन जनजातीय क्षेत्रों तक ही सीमित रह गया है। एल.पी. विद्यार्थी ने एक जनजातीय ग्राम घाघरा का अध्ययन कर अपनी पुस्तक *घाघरा : ए ट्राइबल विलेज* का प्रकाशन 1966 में कराया था। आपने इस पुस्तक में दर्शाया कि मांझी, मुंडा की एक शाखा अपने आप को हिन्दू जाति कहती है। वे हिन्दू पर्व-त्योहार मनाते हैं। उन पर हिन्दूकरण का प्रभाव व्यापक रूप से पड़ा है।

सच्चिदानंद ने जनजातीय ग्राम का अध्ययन कर अपनी पुस्तक *ट्राइबल विलेज इन बिहार : यूनिटी एंड एक्सटेंशन* का प्रकाशन 1968 में कराया। आपके अनुसार जनजातीय ग्राम भी जातीय ग्राम के समान एकता एवं विस्तार प्रदर्शित करते हैं। जनजातीय ग्राम भी स्वावलंबन के साथ-साथ बृहत समाज एवं राष्ट्रीय संस्कृति से अपना संबंध बनाए रहते हैं।

एन.के. शुक्ला ने अपनी पुस्तक *सोशल स्ट्रक्चर आफ ए बिहार विलेज* (1968) में भागलपुर नगर के समीप एक ग्राम के अध्ययन के आधार पर सामाजिक संरचना के संबंध में जानकारी प्रदान की है। आपने ग्राम अध्ययन के आधार पर अनेक अवधारणाओं का परीक्षण किया है, जैसे प्रबल जाति, संस्कृतीकरण, गुटबंदी इत्यादि।

उड़ीसा में ग्राम अध्ययन

उड़ीसा में गैर जनजातीय ग्रामों का अध्ययन सुप्रसिद्ध ब्रिटिश मानवशास्त्री एफ.जी. बेली द्वारा किया गया था। बेली ने फुलबनी जिलांतर्गत बिसीपाड़ा गांव का अध्ययन किया था। यह ग्राम प्रशासनिक केन्द्र कोल्डमैन से आठ मील की दूरी पर स्थित है। इस गांव की आबादी 700 थी जो 180 घरों में वितरित थी। आपने एच.एम. ग्लैकमैन के मार्गदर्शन में इस ग्राम का अध्ययन 1952-54 की अवधि में किया था। इस ग्राम अध्ययन के कुछ

प्रारंभिक परिणाम *इकोनामिक वीकली* में प्रकाशित किए गए थे। इन परिणामों को बाद में एम.एन. श्रीनिवास की संपादित पुस्तक *इंडियाज विलेज* (1955) में शामिल किया गया था।

आपने बिसीपारा ग्राम के ऊपर एक पूर्ण पुस्तक का प्रकाशन *कास्ट एंड इकोनामिक फ्रंटियर्स* शीर्षक के अंतर्गत 1957 में किया। आपने इस पुस्तक में बिसीपाड़ा ग्राम की आर्थिक एवं प्रशासनिक सीमा विस्तार के कारण हो रहे परिवर्तनों का उल्लेख किया है। यह अध्ययन कृषि अर्थव्यवस्था में परिवर्तन दर्शाता है। आंतरिक संगठन में परिवर्तन को ऐतिहासिक दृष्टि से दर्शाया गया है, जबकि बाह्य संगठन का विवरण समकालीन दृष्टि से किया गया है। आपने इस पुस्तक में प्रशासनिक एवं राजनीतिक विषयों के परिणाम की भी चर्चा की है। आपने दर्शाया है कि किस प्रकार कृषकों की पारंपरिक राजनीतिक संरचना में परिवर्तन आधुनिक विश्व के संपर्क में आने से हो रहा है। आपके अनुसार बिसीपाड़ा ग्राम की सरल कृषि अर्थव्यवस्था आधुनिक विश्व के संपर्क में आ गई है। इस संपर्क के कारण कृषि अर्थव्यवस्था में परिवर्तन हो रहा है।

आपका उड़ीया ग्राम के ऊपर अध्ययन एक भारतीय ग्राम में आर्थिक, सामाजिक एवं राजनीतिक बलों के बीच अंतरसंबंध का अनोखा उदाहरण प्रस्तुत करता है। इस अध्ययन में आपने लघु जगत एवं बृहत जगत के बीच संबंध का विवरण बड़े ही रोचक ढंग से दिया है। आपने भारतीय ग्राम के संदर्भ में संस्कृतीकरण के आर्थिक एवं सामाजिक परिणामों की चर्चा की है। आपने ग्राम अर्थव्यवस्था को बृहत राज्य अर्थव्यवस्था से संबंध दर्शाकर ग्राम समाज को बृहत समाज का अभिन्न अंग बतलाया है।

आपने अपनी दूसरी पुस्तक *ट्राइब, कास्ट एंड नेशन* (1960) में हाईलैंड उड़ीसा की राजनीतिक एवं राजनीतिक परिवर्तन का वर्णन किया है। आपने अपने पहले बिसीपारा ग्राम के ऊपर किए गए अध्ययन को एक अन्य ग्राम बेदेरी के अध्ययन से जोड़ा। आपने बेदेरी ग्राम का अध्ययन 1955 में किया था। हालांकि यह पुस्तक दो गांवों का अध्ययन प्रस्तुत करती है, लेकिन इसमें जनजातीय राजनीतिक व्यवस्था की तुलना गैर-जनजातीय राजनीतिक व्यवस्था के साथ की गई है। यहां यह दर्शाने का प्रयास किया गया है कि किस प्रकार जनजातीय राजनीतिक संगठन इस क्षेत्र के गैर-जनजातीय राजनीतिक संगठन के साथ अंत:क्रिया करता है। इस प्रकार इस पुस्तक में जनजातीय संगठन को जातीय व्यवस्था तथा राष्ट्रीय व्यवस्था के साथ अनुकूलन दर्शाने का प्रयास किया गया है। जनजातीय समाज भी अनुकूलन एवं अंत:क्रिया के माध्यम से क्षेत्र के जातीय समाज के साथ जुड़ गए हैं तथा अंततोगत्वा राष्ट्रीय समाज के अभिन्न अंग बन गए हैं। इस प्रकार इस पुस्तक में आपने जनजाति-जाति-राष्ट्र सातत्य के निर्माण में आधुनिक राष्ट्रीय राजनीतिक संगठन की भूमिका को महत्त्वपूर्ण माना है।

आपने अपनी तीसरी पुस्तक *पोलिटिकल एंड सोशल चेंज : उड़ीसा* (1955) का प्रकाशन 1964 में करवाया। इसमें आपने मोहनपुर ग्राम का अध्ययन प्रस्तुत किया है। यह ग्राम कटक नगर के घनिष्ठ संपर्क में है। इस गांव की जनसंख्या 1300 है जो 20 जातियों

में बंटी हुई है। चूंकि यह गांव कटक शहर के समीप स्थित है, अत: इस गांव पर बाह्य तत्वों का प्रभाव अधिक है। इसके कारण गांव का शक्ति केन्द्र गांव से बाहर रहता है। लेकिन इसके बावजूद इस गांव में अपनी तरह की एकता पाई जाती है। परंपरागत ग्राम परिषद, आम स्कूल, सामान्य ग्राम पर्व, उत्सव एवं अनुष्ठान ग्राम की एकता को बनाए रखने में अपना महत्त्वपूर्ण योगदान देते आए हैं तथा दे रहे हैं। आपने भारतीय ग्राम में तीन प्रकार के राजनीतिक क्रियाकलापों का उल्लेख किया है—(1) राज्य स्तर के राजनीतिक क्रियाकलाप, (2) निर्वाचन क्षेत्र स्तर के राजनीतिक क्रियाकलाप तथा (3) ग्राम स्तर के राजनीतिक क्रियाकलाप। आपने एक ऐसा अवधारणात्मक ढांचा का विकास करने का प्रयास किया है जिसमें प्रतिनिधिक निर्वाचन क्षेत्रों की विशिष्ट भूमिका तथा परंपरागत समाज की अभिन्न भूमिका एक ही साथ फिट हो सके।

उड़ीसा में मानव विज्ञान विभाग की स्थापना 1960 में हो गयी थी। लेकिन ग्राम अध्ययन के ऊपर विशेष ध्यान नहीं दिया गया। नित्यानंद पटनायक के द्वारा कुछ गांवों का अध्ययन किया गया, लेकिन पुस्तक के रूप में उन अध्ययनों को प्रकाशित नहीं किया जा सका। उनके द्वारा उड़ीसा गांव की जाति व्यवस्था के ऊपर कुछ पत्रों का प्रकाशन अवश्य कराया गया। अपना प्रथम शोधपत्र 'कास्ट एंड ऑकुपेशन इन रूरल उड़ीसा' (1954) में आपने पुरी नगर के समीप स्थित एक गांव के तेली जाति की पेशा एवं उस क्षेत्र की अन्य जातियों से अंतरसंबंध दर्शाया है। आपने तेली जाति के मध्य प्रचलित जाति पंचायत व्यवस्था को भी प्रकाश में लाया है। आपने अपने दूसरे अनुसंधान पत्र 'आउट कास्टिंग एमांग आयल मैन फॉर ड्रिंकिंग वाइन' (1960) में तेली जाति के जाति पंचायत द्वारा शराब सेवन करने पर जाति से बहिष्कृत करने की प्रथा को प्रकाश में लाया है। आपने दर्शाया है कि तेली जाति की अपनी परंपरागत जाति पंचायत व्यवस्था बड़ी सबल है। यह व्यवस्था अपनी जाति के सदस्यों को जाति से बाहर भी कर देती है। शराब सेवन तेली जाति के लोगों द्वारा अच्छा नहीं माना जाता है। शराबी को तेली जाति पंचायत जाति से बाहर कर देती है। इस प्रकार इस परंपरागत पंचायत द्वारा शराब सेवन पर नियंत्रण रखा जाता है।

आपने अपने तीसरे अनुसंधान पत्र 'बारबर्स एंड देयर क्लाइंट्स इन एन ओड़ीसा विलेज' (1960) में नाई जाति की स्थिति, पेशा एवं अन्य जातियों के जजमानों से संबंध की चर्चा की है। नाई जाति के लोग अपने गांव एवं पास-पड़ोस के गांवों की अन्य जातियों को अपनी सेवा जजमानी व्यवस्था के अंतर्गत प्रदान करते हैं तथा बदले में वर्ष में दो बार अनाज में भुगतान पाते हैं। आपने यह दर्शाने का प्रयास किया है कि जाति बंधन कमजोर होने, जाति परिषद् के टूट जाने, पेशाई गतिशीलता एवं पारिवारिक झगड़ों के कारण नाई जाति का पारंपरिक पेशा प्रभावित हुआ है।

आपने अपने चौथे अनुसंधान पत्र में डिमिरिया गांव की नाई जाति की जातीय सभा (1964) पर प्रकाश डाला है। आपने नाई जाति की सभा की कार्यवाही का अभिलेखन किया। नाई जाति की परंपरागत जाति पंचायत व्यवस्था में उस क्षेत्र में रहने वाले 50 गांवों

के नाई शामिल थे। इस पंचायत द्वारा नाई समाज के लोग अपनी जातीय एवं सामाजिक समस्या का समाधान ढूंढते थे।

बंगाल में ग्राम अध्ययन

बंगाल में ग्राम अध्ययन परंपरा का एक लंबा इतिहास रहा है। यहां लाल बिहारी डे द्वारा कंछनपुर ग्राम का अध्ययन 1874 में किया गया था। इस गांव का पुनर्अध्ययन सन् 1933 एवं 1958-59 में किया गया था। इस गांव के ऊपर अध्ययन को 'बंगाल पिजेंट लाइफ' शीर्षक पुस्तक के रूप में समय-समय पर प्रकाशित किया गया था। इस पुस्तक में परिवर्तित मूल्य एवं ग्रामीण क्षेत्र के जीवन का विवरण दिया गया है। इस पुस्तक का ऐतिहासिक संदर्भ बड़ा ही असंतोषप्रद है। जाति प्रथा पर प्रकाश डालते हुए चार चक्रों का उल्लेख किया गया है, जो निम्नलिखित हैं—

(1) उच्च जातियां, (2) जल-चल जातियां (वे जातियां जिनका पानी ब्राह्मण स्वीकार करते हैं), (3) जल-अचल जातियां (वे जातियां जिनका पानी ब्राह्मण स्वीकार नहीं करते हैं), तथा (4) बाह्य जातियां।

ज्योतिर्मयी शर्मा ने बंगाल राज्य अंतर्गत बर्दवान जिले के चार गांवों का अध्ययन कर सेक्यूलर स्टेट्स आफ कास्ट्स (1955) शीर्षक अनुसंधान पत्र का प्रकाशन किया। आपने जातियों के मध्य दो प्रकार की स्थिति का उल्लेख किया—धार्मिक स्थिति तथा दूसरा धर्म निरपेक्ष स्थिति। धार्मिक स्थिति परंपरा पर आधारित होती है। इसके द्वारा उत्सविक एवं अनुष्ठानिक अंतर-जातीय संबंध का संचालन किया जाता है। धर्मनिरपेक्ष स्थिति, आधुनिक रहन-सहन एवं पेशे पर आधारित होती है। इसके द्वारा आधुनिक संबंध का संचालन होता है। इस प्रकार जाति संस्तरण को आधुनिक परिस्थिति में प्रस्तुत किया गया है।

ललित कुमार सेन ने भी जे. शर्मा के साथ बर्दवान जिले के चार गांवों का अध्ययन किया था। आपने उस अध्ययन के आधार पर 'फैमिलीज इन फोर इंडियन विलेजेज' शीर्षक के अंतर्गत शोधपत्र का प्रकाशन 1965 में किया था। आपने परिवार प्रकार के साथ शिक्षा, आधुनिक पेशा, आय, संपर्क तथा उत्पादक संपत्ति के स्वामित्व के साथ सह-संबंध दर्शाया है। आपके अनुसार परिवार प्रकार का जीविकोपार्जन के साधन के साथ गहरा संबंध रहा है। आपने अपने अध्ययन के माध्यम से यह दर्शाया है कि गांवों में भी नाभिकीय परिवार की प्रधानता पाई जाती है। यह निष्कर्ष उन अध्ययन परिणामों के विपरीत था जिसमें दर्शाया गया है कि ग्रामीण क्षेत्रों में संयुक्त एवं विस्तृत परिवारों की प्रधानता पाई जाती है। इस अध्ययन में यह दर्शाया गया है कि गैर-कृषकों एवं श्रमिकों के मध्य नाभिकीय परिवारों की प्रधानता पाई जाती है। केवल कृषकों एवं बटायीदारों के मध्य संयुक्त परिवार प्रथा का प्रचलन पाया जाता है।

गौरंगा चट्टोपाध्याय ने अपनी पुस्तक *रंजना* (1964) में रंजना गांव में हो रहे परिवर्तनों का उल्लेख किया है। आपने इस गांव का अध्ययन अपने पिता के.पी. चट्टोपाध्याय के मार्ग दर्शन में किया था। आपने अपने अध्ययन में दर्शाया है कि ग्रामीण मूल्य एवं विचारों में परिवर्तन हो रहे हैं। नये-नये विचारों का उदय नगरों में हो रहा है। वहां से ये विचार ग्रामीण युवाजनों के बीच पहुंच रहे हैं तथा ग्राम समाज के मूल्य एवं विचारों में परिवर्तन ला रहे हैं। इस परिवर्तन प्रक्रिया में गांव की एकता पर विपरीत प्रभाव पड़ा है। आपने ग्राम समाज में नातेदारी का बंधन सबसे मजबूत पाया। संस्कृतीकरण एवं पश्चिमीकरण के कारण भी गांवों में परिवर्तन लाए गए हैं। आपने जजमानी प्रथा का भी उल्लेख किया है जिसके माध्यम से कृषकों एवं गैर-कृषकों के बीच संबंध बना रहता है।

पी.के. भौमिक ने दहरपुर गांव का अध्ययन किया था। यह गांव मिदनापुर जिलांतर्गत खड़गपुर से 12 मील उत्तर पड़ता है। इस गांव की कुल आबादी 246 थी जो 46 परिवारों एवं 10 जातियों में वितरित थी। गांव के मुंडा गांव के बाहरी किनारे पर स्थित थे। इसमें लोधा जनजाति के ऊपर अध्ययन नहीं किया गया था।

इस अध्ययन के आधार पर आपने अपना शोधपत्र 'कास्ट एंड सर्विस इन ए बंगाल विलेज' (1963) का प्रकाशन किया। आपने बंगाल के एक गांव में जाति एवं उसके द्वारा प्रदान की जाने वाली सेवा का उल्लेख किया है।

मध्य प्रदेश एवं छत्तीसगढ़ में ग्राम अध्ययन

मध्य प्रदेश दो प्रमुख मानवशास्त्रियों द्वारा ग्राम अध्ययन के लिए अपना विशेष स्थान रखता है। लंदन स्कूल ऑफ इकोनामिक्स के प्रसिद्ध मानवशास्त्री ए.सी. मेयर तथा लखनऊ विश्वविद्यालय के मानवशास्त्री के.एस. माथुर की मानवशास्त्रीय कर्मभूमि मध्य प्रदेश का मालवा क्षेत्र रहा है। इन दोनों मानवशास्त्रियों द्वारा दो विभिन्न गांवों का अध्ययन एक ही अवधि (1954-56) में किया गया है। दोनों विद्वानों द्वारा कई अनुसंधान पत्र एवं दो पुस्तकों का प्रकाशन किया गया है।

ए.सी. मेयर ने मालवा ग्राम की जाति प्रथा एवं सामाजिक परिवर्तन पर अनेक शोध पत्र प्रकाशित किए। लेकिन उन्होंने मालवा ग्राम के अध्ययन के आधार पर अपनी पुस्तक *कॉस्ट एंड किनशिप इन सेंट्रल इंडिया* (1960) का प्रकाशन किया। ब्रिटिश सामाजिक मानवशास्त्र की परंपरा का अनुसरण करते हुए आपने ग्राम की सामाजिक संरचना को जाति एवं नातेदारी के संदर्भ में प्रस्तुत किया है। आपने जाति के अंतर्गत सदस्यता के तीन स्तरों पर प्रकाश डाला। सबसे निम्न स्तर के रूप में उपजातियां आती हैं जिन्हें आपने सहयोगी रिश्तेदार (काइंडर्ड आफ कोओपेरेशन) कहा। यह समूह प्रत्येक व्यक्ति के लिए एक खास समय में भिन्न-भिन्न होता है। इसके ऊपर एक ऐसा समूह होता है जिसे स्वीकरण रिश्तेदार समूह (काइंडर्ड आफ रिकोगनिशन) कहा जाता है। इस समूह के लोग आपस में विवाह

संबंध रखते हैं। इस समूह का आकार विस्तृत होता है। यह एक गांव की उपजाति समूह के लिए समान रहता है। इस समूह के ऊपर एक ऐसा समूह होता है जिनके सदस्यों की पहचान उपजाति समूह के रूप में होती है। यह समूह अंत:विवाही प्रथा का पालन करता है। इसका नाम अन्य उपसमूहों से भिन्न होता है। इस समूह का विस्तार एक विस्तृत क्षेत्र तक देखा जाता है। जाति एवं नातेदारी के अध्ययन के आधार पर मेयर ने अपने अवलोकन को विचार रूप देते हुए कहा कि उपजाति ही अंत:विवाही प्रथा का पालन करती है तथा जाति के पास मतभेद दूर करने का कोई साधन नहीं है। जाति स्थिति या पद के समायोजन में विफल रहती है।

इस पुस्तक का दूसरा प्रधान योगदान जाति के आंतरिक एवं बाह्य पहलुओं में अंतर दर्शाना है। एक ग्राम के अंदर जाति के लोगों के बीच बाह्य संबंध बना रहता है। जाति के सदस्य होने के कारण उनमें बाहरी संबंध का विकास होता है। लेकिन जाति की आंतरिक व्यवस्था अन्य गांवों के साथ नातेदारी संबंध द्वारा प्रकट होती है। यहां मेयर श्रीनिवास की उर्ध्वजाति एवं क्षैतिज जाति एकता की अवधारणा से प्रभावित दिखते हैं। आपने जाति के भोजन-पानी संबंध तथा पवित्र एवं अपवित्र की धारणा पर भी अपना योगदान दिया है।

मेयर का यह अध्ययन मालवा क्षेत्र के रामखेरी नामक ग्राम पर आधारित है। यह ग्राम मालवा पठार के देवास नगर से सात मील तथा उज्जैन नगर से 30 मील की दूरी पर स्थित है। इस ग्राम की आबादी अध्ययन के समय 912 थी जो 27 जातियों में वितरित थी। आप अपने अध्ययन में ब्रिटिश मानवशास्त्री एस.एफ. नैडल तथा फ्रैंच मानवशास्त्री सी. वान फ्यूरर हैमेन डार्फ से काफी प्रभावित थे।

कार्य-प्रणाली की दृष्टि से मेयर का यह अध्ययन विशेष महत्त्व रखता है। हालांकि यह एक ग्राम रामखेरी का अध्ययन है, लेकिन इसमें ग्राम की जाल को क्षेत्र के संदर्भ में समझने का प्रयास किया गया है। इस गांव का जाति संबंध एवं नातेदारी संबंध क्षेत्र से जुड़े हुए थे। इस प्रकार आपने जाति की संरचनात्मक जाल को उजागर करने का प्रयास किया। आपने जाति के तीन स्तरों में समझने का प्रयास किया तथा जाति के आनुष्ठानिक स्थिति पर भी प्रकाश डाला।

के.एस. माथुर ने पोटलोड नामक ग्राम का अध्ययन किया। इस ग्राम की कुल जनसंख्या 1062 थी जिसमें 23 मुसलमान तथा 2 जैन समुदाय के थे। यह जनसंख्या 28 जातियों में विभक्त थी। यह ग्राम उज्जैन नगर से 17 मील दक्षिण-पश्चिम में स्थित है। इस ग्राम के अध्ययन के आधार पर आपने अपनी पुस्तक *कास्ट एंड रिचुअल इन ए मालवा विलेज* (1964) का प्रकाशन किया था। इस पुस्तक में आपने जाति समाज के एकीकरण में धर्म की भूमिका पर प्रकाश डाला है। क्षेत्र कार्य के आधार पर आपने इस मालवा ग्राम की जातियों की अनुष्ठानिक स्थिति की चर्चा की है। आपके अनुसार धर्म समाज के सदस्यों की सामाजिक व्यवस्था का दर्शनशास्त्र उपलब्ध कराता है। यह दर्शनशास्त्र हमें पौराणिक कथाओं, सिद्धांतों, अंधविश्वास, अनुष्ठान, अनुष्ठानिक निषेध, आनुष्ठानिक स्वच्छता एवं

अस्वच्छता के रूप में सामाजिक व्यवस्था को उपलब्ध होता है। अपने अध्ययन के आधार पर आपने हिन्दू सामाजिक संगठन का मौलिक आधार जाति में पाया। आपके अनुसार हिन्दू सामाजिक संगठन आनुष्ठानिक स्वच्छता एवं अस्वच्छता पर आधारित है। आपके अनुसार आनुष्ठानिक स्वच्छता एवं अस्वच्छता की चर्चा दो स्तरों पर की जा सकती है—(1) जातीय संबंध के आधार पर तथा (2) अंतरजातीय संबंध के आधार पर। यहां विभिन्न प्रकार की स्वच्छता एवं अस्वच्छता की भी चर्चा की गई है। आपने ग्राम की संरचनात्मक जाल की चर्चा अनुष्ठान के संदर्भ में की है।

राजस्थान में ग्राम अध्ययन

जी.एम. कारस्टेयर्स ने राजस्थान के एक ग्राम देवली का अध्ययन वर्ष 1951–52 की अवधि में किया। इस ग्राम के अध्ययन के आधार पर आपने अपनी पुस्तक *द ट्वाइस बोर्न: ए स्टडी आफ हाई कास्ट हिन्दुज* (1957) को प्रकाशित किया। इस ग्राम का अध्ययन आपने कोलंबिया विश्वविद्यालय के विद्वान गेइतल पी. स्टीड के सहयोग से किया था। इस अध्ययन के लिए आपको राकफेलर फाउंडेशन द्वारा राशि उपलब्ध कराई गई थी। आपने देवली का अध्ययन व्यक्तित्व निर्माण से संबंधित कुछ सिद्धांतों का परीक्षण करने के लिए किया था। आपने एक गैर-पश्चिमी समाज में चरित्र निर्माण के कारणों का पता लगाया। देवली ग्राम अरावली गिरिपीठ में स्थित है। यह उदयपुर के समीप स्थित है। इस गांव की कुल आबादी अध्ययन के समय 2517 थी। यह जनसंख्या 594 परिवारों एवं 36 जातियों में वितरित थी जिनमें सिख, मुसलमान तथा भील भी शामिल थे। क्षेत्र कार्य के समय आपने रावेन का प्रोफेसिव मैट्रिसेस टेस्ट तथा रोसचार्च टेस्ट जैसे मनोवैज्ञानिक परीक्षणों का प्रयोग किया था। आपने मूल सूचनादाताओं का साक्षात्कार गहराई में लिया था। कुल 215 जीवनवृत एवं केस अध्ययन किए गए थे। आपने 13 राजपूत, 11 ब्राह्मण, 12 बनिया तथा 9 मुसलमान जाति के लोगों का केस अध्ययन किया था।

क्षेत्र कार्य एवं मनोवैज्ञानिक परीक्षणों से प्राप्त आंकड़ों के आधार पर आपने देवली ग्राम के द्विज यानी उच्च हिन्दू जातियों की व्यक्तित्व संरचना पर प्रकाश डाला है। आपके अनुसार राजपूत वीर समुदाय होने के कारण सत्ता, बृहत वैयक्तिक धीरता, आत्मगौरव तथा आत्मकथन पर विशेष बल देते हैं। इन गुणों के कारण वे किसी का जीवन ले सकते हैं, रखनी रख सकते हैं, मांस एवं मदिरा का सेवन कर सकते हैं।

बनिया जाति के लोग ब्राह्मण के मूल्यों को मानते हैं लेकिन धन के मूल्य को सबसे ऊपर रखते हैं। इस गांव में बनिया जाति के पास संख्या बल है। बनिया जाति के लोग अपने पोषक तथा धार्मिक कृत्यों द्वारा अपने भौतिकवाद को संतुलित करते हैं।

कारस्टेयर्स ने उच्च हिन्दू जातियों के सांस्कृतिक तत्वों के ऊपर समाजीकरण प्रक्रिया के प्रभाव का वर्णन किया है। आपके अनुसार व्यक्तित्व का विकास दो स्रोतों पर निर्भर करता है—(i) जैविक एवं आनुवंशिक तथा (ii) पर्यावरणीय स्रोत के अंतर्गत आपने ज्ञान

अनुभवों को शामिल किया है। बाल्यावस्था एवं आरंभिक प्रौढ़ावस्था के अनुभवों का प्रभाव एक व्यक्ति के व्यक्तित्व के ऊपर आजीवन पड़ता है। इससे उच्च जाति के लोगों में राष्ट्रीय चरित्र का निर्माण होता है।

आपके अनुसार देवली ग्राम की उच्च जातियों की व्यक्तित्व संरचना में संभ्रांति, संशयालुता, अहंकेन्द्रिकता, विश्वास एवं स्थायित्व का अभाव, अनिश्चितता की स्थिति, छिछला एवं क्षणभंगुर संबंध की प्रधानता पाई जाती है। इन सभी गुणों के विपरीत उनमें औपचारिक शिष्टाचार में अत्यधिक स्वविचार निहित होते हैं। इनमें एक-दूसरे के यौनिक नियम के प्रति सहानुभूति नहीं पाई जाती है। ग्रामवासियों के मध्य सद्भाव एवं सहिष्णुता का वातावरण व्याप्त रहता है। आपने ब्राह्मण, राजपूत तथा बनिया जातियों के मध्य चारित्रिक विशेषताओं में अंतर पाया।

इस पुस्तक के अतिरिक्त कारस्टेयर्स ने एक शोधपत्र भी प्रकाशित किया था जिसका शीर्षक 'पैटर्नर्स ऑफ रेलिजियस अबजरवेंस इन थ्री विलेजेज आफ राजस्थान' (1961) है। इस पत्र में आपने तीन गांवों के धार्मिक पर्व-त्योहारों एवं अनुष्ठानों के पालन करने की विधि पर प्रकाश डाला है। आपने भील जनजाति के मध्य जनजाति-जाति सातत्य को जानने का प्रयास किया है। साथ ही साथ कृषक समाज के बीच सांस्कृतिक तत्वों को भी दर्शाने का प्रयास किया है। जनजातीय भील समाज के बीच हिन्दूकरण एवं संस्कृतीकरण के प्रभाव का भी विवरण दिया गया है। आपने ग्राम समाज के धर्म में लघु परंपरा एवं महान परंपरा दोनों को साथ-साथ अस्तित्व में बना हुआ पाया।

बी.आर. चौहान ने राजस्थान के चित्तौड़गढ़ जिलांतर्गत सादरी गांव का गहन अध्ययन किया। यह एक छोटा सा गांव है जिसकी आबादी अध्ययन के समय 640 थी जो कुल 130 परिवारों में विभक्त थी। लघुता एवं पृथकता इसकी पहचान थी। लेकिन यह गांव किसी भी दृष्टि से स्वावलंबी नहीं था। इसको लघु समुदाय की दृष्टि से समग्रता में देखा जा सकता है।

चौहान ने कृषक समाज की अवधारणा की आलोचना की, क्योंकि यह ग्राम समाज के केवल उस खंड का प्रतिनिधित्व करता है जिनके पास भूमि पाई जाती है। इससे केवल ग्राम की आर्थिक स्थिति पर प्रकाश डाला जा सकता है। आपने रेडफिल्ड के लघु समुदाय की अवधारणा को सही बतलाया, क्योंकि यह एक समुदाय की समग्रता प्रदर्शित करती है। आपने इस भारतीय गांव का संबंध बाह्य जगत के साथ भी दर्शाने का प्रयास किया। आपने गांव के बाह्य जगत के साथ परंपरागत संबंध एवं आधुनिक संबंध भी प्रस्तुत किया है।

बी.आर. चौहान के शिष्य योगेश अटल ने एक मेवाड़ ग्राम की जाति व्यवस्था का अध्ययन विस्तारपूर्वक किया। इस अध्ययन के आधार पर आपने अपने शोधपत्र 'कल्ट आफ भेरु इन ए मेवाड़ विलेज' (1961) को प्रकाशित कराया। आपने एक मेवाड़ ग्राम के देवी-देवता का अध्ययन उनके विशेष प्रकार्य एवं पूजा-पाठ प्रतिमान के संदर्भ में किया। इस अध्ययन के आधार पर मेवाड़ ग्राम में आपने भेरु संप्रदाय का प्रचलन पाया। आपने

ए.सी. मेयर द्वारा मालवा गांव में प्रतिवेदित भेरु पूजा का तुलनात्मक अध्ययन भी प्रस्तुत किया। आपके अनुसार मालवा के विपरीत मेवाड़ में भेरु मंदिर सामूहिक पूजा का केन्द्र है। मालवा क्षेत्र में भेरु एक वंश देवता है, जबकि मेवाड़ में भेरु एक ग्राम देवता तथा कभी-कभी अंतर ग्राम देवता भी हैं।

चूंकि भेरु देव में ब्राह्मण एवं गैर-ब्राह्मण दोनों प्रकार के तत्व निहित हैं, अत: यह कहना बड़ा कठिन लगता है कि महान परंपरा के भैरव का यहां स्थानीयकरण हुआ है, या लघु परंपरा के भेरु का भैरव रूप में सार्वभौमिकीकरण हुआ है। लेकिन आपने भेरु संप्रदाय में स्थानीय तत्वों की ज्यादा प्रधानता पाई। आपने दर्शाया है कि मालवा (मध्य प्रदेश), मेवाड़ (राजस्थान) दोनों क्षेत्रों में सार्वभौमिकीकरण की प्रक्रिया एक समान नहीं रही है। चूंकि भेरु पूजा को उत्तरी भारत के किसी ग्राम से प्रतिवेदित नहीं किया गया है, अत: भेरु एवं भैरव दो पृथक देवता हैं। इस प्रकार आपने हिन्दुवाद की प्रक्रिया को समझने का प्रयास किया है।

गुजरात में ग्राम अध्ययन

कोलंबिया विश्वविद्यालय के एक विद्वान गेतल पी. स्टीड ने गुजरात के कंसांद्रा नामक ग्राम का अध्ययन नवंबर 1949 से जनवरी 1951 की अवधि में किया। यह ग्राम अहमदाबाद जिले के सानंद तालुक में स्थित है। अहमदाबाद नगर से इसकी दूरी 35 मील है। आपने इस अध्ययन के आधार पर एक भारतीय ग्राम में व्यक्तित्व निर्माण एवं विकास की चर्चा की है। इस अध्ययन के आधार पर आपने अपना शोधपत्र 'पर्सनालिटी फार्मेशन इन हिन्दू विलेजेज इन गुजरात' का प्रकाशन 1955 में किया था। टी.बी. नायक ने अपने शोधपत्र 'सोशल स्टेट्स इन गुजरात' (1957) में गुजरात ग्राम में बसने वाली जातियों की सामाजिक स्थिति पर प्रकाश डाला है।

ए.एम. शाह तथा शरोफ ने अपने शोधपत्र 'वहिवंका बरोतस ऑफ गुजरात' (1955) में ग्रामीण गुजरात के वंशावली सारणीज्ञाता तथा पौराणिक कथाज्ञाता, जिसे पट्टीदार कहा जाता है, की भूमिका को प्रकाश में लाया है।

महाराष्ट्र में ग्राम अध्ययन

हैनरी ओरेनस्टेइन ने पूना जिले के गांव नामक ग्राम का अध्ययन 1954-55 में किया। आपने इसका अध्ययन 1961 में भी किया। यह ग्राम बाजार नगर मोड़ से एक मील की दूरी पर स्थित है। इस गांव में 14 जातियां साथ-साथ रहती हैं। उनमें धांगर जाति को प्रबल स्थान प्राप्त है। धांगर परंपरागत रूप से गड़ेरिया थे। लेकिन अब वे राजपूत बन गए थे। इस अध्ययन के आधार पर आपने अपने कुछ शोधपत्रों का प्रकाशन किया। इन शोधपत्रों में

आपने जाति के प्रकार्य एवं श्रेणी का उल्लेख किया। साथ ही साथ आपने ग्राम की सामाजिक संरचना एवं अनुष्ठानिक व्यवस्था का भी वर्णन प्रस्तुत किया है। आपने अपनी पुस्तक *गांव: कनफलिक्ट एंड कोहेसन* (1965) का प्रकाशन किया। इस पुस्तक में आपने गांव के संघर्ष एवं एकता पर प्रकाश डाला है। सामान्य रूप से आपने दर्शाया है कि जाति प्रथा के स्वभाव में परिवर्तन हो रहा है। जातियों की रीति-रिवाज एवं परंपराएं संस्कृतीकरण, पश्चिमीकरण एवं धर्मनिरपेक्षीकरण के कारण बदल रही हैं।

जी.एस. घुर्ये ने हवेली तालुका ग्राम का अध्ययन कर *आफ्टर ए सेंचुरी एंड क्वार्टर* शीर्षक पुस्तक (1960) को प्रकाशित कराया। घुर्ये के अपने दो अनुसंधान विद्वान एल.के. चापेकर तथा एम.जी. कुलकर्णी ने मेजर कोट्स द्वारा 1819 में किए गए ग्राम का पुनर्अध्ययन किया था। इस पुनर्अध्ययन के पीछे दो मुख्य उद्देश्य थे—(i) लोक-नगरीय सातत्य का परीक्षण करना तथा (ii) 1819 के बाद अब तक उस गांव में हुए सामाजिक-आर्थिक परिवर्तनों को प्रकाश में लाना।

ग्राम समुदाय के ऐतिहासिक संदर्भ को यहां प्रस्तुत किया गया है। ग्राम की एकता को ग्राम परिषद, सामान्य देवी-देवता, सामूहिक पर्व-त्योहार तथा आपसी भागीदारी के आधार पर प्रस्तुत किया गया है।

घुर्ये की पुस्तक *एनाटोमी ऑफ रूरल-अर्बन कम्यूनिटी* (1963) में ग्राम जीवन की पूर्ण झलक हमें प्राप्त होती है। इस पुस्तक में संपूर्ण हवेली तालुका में आने वाले ग्रामों एवं नगरों का सामाजिक, आर्थिक तथा धार्मिक सर्वेक्षण परिणाम प्रस्तुत किया गया है। ग्रामीण-नगरीय सातत्य पर भी प्रकाश डाला गया है।

आंध्र प्रदेश में ग्राम अध्ययन

एस.सी. दुबे ने तेलांगना क्षेत्र के शामीरपेट ग्राम का अध्ययन कर अपनी पुस्तक *इंडियन विलेज* का प्रकाशन 1955 में किया था। यह पुस्तक ग्राम अध्ययन के ऊपर एक पूर्ण मोनोग्राफ था। यह ग्राम हैदराबाद से 25 मील की दूरी पर है। इस ग्राम की आबादी 2494 थी जिसमें 340 मुसलमान भी थे। इस ग्राम के अध्ययन में आपने पांच शोध अन्वेषकों की सहायता ली थी। आपने पांच सामाजिक कार्य में दक्ष विद्वानों से भी सहायता प्राप्त की थी। इस अंतर विषयक ग्राम अध्ययन के लिए वित्तीय सहायता ओसमानिया विश्वविद्यालय की समाज सेवा परियोजना द्वारा प्रदान की गई थी। इस ग्राम अध्ययन परियोजना के दुबे परियोजना निदेशक थे।

इस अध्ययन में दुबे ने ग्राम की रूप-रेखा को समग्रता में प्रस्तुत किया है। आपने शामीरपेट ग्राम के ऐतिहासिक, भौगोलिक तथा सामाजिक संदर्भ का विवरण यहां दिया है। मोरिस एडवार्ड ओपलर ने पुस्तक का परिचय कराते हुए लिखा है कि यह पुस्तक विश्व के अनेक भागों में किए गए समुदाय अध्ययनों में अपना विशेष स्थान रखती है। यह पुस्तक

भारतीय ग्राम जीवन के ऊपर अध्ययन करने वाले विद्वानों के लिए बलवर्द्धक एवं उत्साहवर्द्धक सिद्ध होगी।

इस अध्ययन में ग्राम संस्थाओं की कार्य-विधि पर प्रकाश डाला गया है। आपके अनुसार ग्रामीण भारत की अर्थव्यवस्था जातीय प्रकार्यात्म विशिष्टता, परस्पर निर्भरता तथा पेशाई गतिशीलता पर आधारित है। आपने दर्शाया है कि अखिल भारतीय शास्त्रीय हिन्दुवाद का विस्तार क्षेत्रीय धार्मिक विश्वास एवं व्यवहार के साथ जुड़ा हुआ है। आपने डेक्कन ग्राम में तीन प्रकार के पर्व-त्योहार पाए—(i) परिवार स्तर के पर्व-त्योहार, (ii) ग्राम स्तर के पर्व-त्योहार तथा (iii) जाति स्तर के पर्व-त्योहार। शामीरपेट ग्राम के मुसलमानों के अपने-अपने पारिवारिक एवं सामुदायिक पर्व-त्योहार थे। ग्राम के हिन्दुओं एवं मुसलमानों के बीच पर्व-त्योहार के अवसर पर अंत:क्रिया भी होती थी।

आपने इस पुस्तक में ग्रामवासियों के विश्वदृष्टिकोण, अंतरसमूह संबंध, अंतर-जाति मनोदशा एवं रूढ़िवाद धारणाओं का विवरण प्रस्तुत किया है। आपने एक व्यक्ति के जीवन की तीन प्रमुख अवस्थाओं का उल्लेख विशेष रूप से किया है। यहां बाल्यावस्था, युवावस्था तथा वृद्धावस्था का विवरण सामान्य जीवनी के आधार पर दिया गया है।

आपके अनुसार जातिपद निर्धारण का सामान्य सिद्धांत आनुष्ठानिक विशुद्धता एवं अशुद्धता की अवधारणा पर आधारित है। शामीरपेट ग्राम में जातिपद का निर्धारण परंपरा एवं पौराणिक कथाओं के आधार पर भी होता है। क्योंकि जाति प्रदत्त स्थिति पर आधारित होती है। आपके अनुसार दैनिक प्राप्त स्थिति, भोजन परंपरा, व्यवहार में अपनाया गया पेशा तथा जीवनचक्र संस्कार करने की विधि पद का निर्धारण करती है। आपके अनुसार गांवों में जातिपद का आधार संस्कार, अनुष्ठान एवं कर्मकांड है। इसका आधार आर्थिक नहीं है।

आपका जाति पद व्यवस्था से संबंधित विचार श्रीनिवास एवं मैक्कीम मैरियट के विचार से बिल्कुल भिन्न है। श्रीनिवास के अनुसार एक समूह की आर्थिक प्रबलता के आधार पर उच्च स्थिति का आनुष्ठानिक भौतिकीकरण होता है। मैरियट के अनुसार जातियों के स्थान का निर्धारण उनके गुण के आधार पर न होकर उनके बीच अंत:क्रिया के आधार पर होता है।

दुबे के शिष्य टी.आर. सिंह ने हैदराबाद के समीप स्थित माधवारम गांव का अध्ययन कर अपना डाक्टरल डिर्स्टेशन मदिगाज आफ आंध्र प्रदेश प्रस्तुत किया। आपने इस अध्ययन के आधार पर एक शोधपत्र का भी प्रकाशन किया जिसका शीर्षक *हिरार्की ऑफ डिटीज इन एन आंध्रा विलेज* (1961) था। यह ग्राम हैदराबाद से 18 मील दूर स्थित है। इस ग्राम की कुल जनसंख्या 500 थी जो 17 जातियों में विभाजित थी। चार प्रकार की जनजातियां भी यहां रहती थीं। आपने 6 मापदंडों के आधार पर आंध्र प्रदेश के गांव के देवी-देवताओं की क्रम परंपरा स्थापित की—(i) देवता के स्वभाव, गुण एवं शक्ति, (ii) एक देवी या देवता द्वारा भोजन सामग्री की स्वीकारोक्ति, (iii) एक देवी-देवता के सम्मान में उपवास, (iv) एक देवी-देवता के प्रति भक्तिभाव एवं नृत्य, (v) एक देवी-देवता को पूजा-पाठ करने वाले पुजारी तथा (vi) एक देवी-देवता के पूजा-पाठ का विस्तार।

यहां देवताओं के पद-क्रम स्थापित करने में उनके स्थानीय एवं विश्वव्यापी स्वभाव पर ध्यान नहीं दिया गया है। उनके ब्राह्मणवादी एवं गैर-ब्राह्मणवादी स्वरूपों की भी चर्चा नहीं की गई है। जाति पदक्रम को देवी-देवताओं के पदानुक्रम से सह-संबंध भी नहीं दर्शाया गया है। फिर भी लेखक द्वारा भारतीय ग्राम के धर्म के अध्ययन हेतु एक दृष्टिकोण का विकास आवश्यक रूप से किया गया है।

दुबे के बाद वी.पी. लक्ष्मणाराव ने आंध्र प्रदेश के दो गांवों का अध्ययन कर अपनी पुस्तक *कम्यूनिकेशन एंड डेवलपमेंट : ए स्टडी ऑफ टू इंडियन विलेजेज* (1972) को प्रकाशित कराया था। आपने काथुरु और पोथुरु नामक दो गांवों का अध्ययन किया था। तेलुगु में काथुरु का अर्थ नवीन एवं पोथुरु का अर्थ प्राचीन होता है। काथुरु ग्राम आधुनिक ग्राम की श्रेणी में आता था जबकि पोथुरु ग्राम पारंपरिक ग्राम की श्रेणी में आता था।

इस अध्ययन में आपका मुख्य उद्देश्य संप्रेषण एवं विकास के बीच संबंध का विश्लेषण करना था। आपके अनुसार काथुरु ग्राम को आधुनिक ग्राम की श्रेणी में लाने का श्रेय संप्रेषण को जाता है। संप्रेषण सुविधाओं का लाभ उठाते हुए काथुरु ग्राम के निवासी अपनी आय के विकल्प ढूंढने में सफल रहे हैं। इसके कारण उनके आर्थिक कार्यकलापों का विस्तार भी हुआ है। दोनों गांवों से तथ्यों का संकलन करके आपने सीधे एवं सरल ढंग से अपना निष्कर्ष प्रस्तुत किया। आपके अनुसार संप्रेषण लोगों के मध्य जीविकोपार्जन के साधन का विकल्प प्रस्तुत किया है। यह जमीन के ऊपर पड़ने वाले दबाव को कम करता है। इसके द्वारा नई वस्तुओं की मांग का सृजन हुआ है तथा उन मांगों की पूर्ति हेतु स्थानीय पहल को प्रोत्साहन मिला है। इसके द्वारा उद्यमशील आधार का विस्तार हुआ है। वंशानुगत ढंग से प्राप्त स्थिति के स्थान पर अर्जित स्थिति प्रकाश में आई है। इसके कारण आर्थिक विकास को संचयी गति प्राप्त हुई है।

आपने संप्रेषण के राजनीतिक एवं सामाजिक पहलुओं पर भी प्रकाश डाला है। आपके अनुसार राजनीतिक एवं सामाजिक ढंग से संप्रेषण ने श्रेष्ठजन एवं आम जनता के बीच की दूरी को समाप्त किया है। इसने समतामूलक विचारधारा का बढ़ावा दिया है, जाति पूर्वाग्रह को समाप्त किया है तथा आम जनता की राजनीतिक भागीदारी को प्रोत्साहित किया है।

पौल जी. हर्बट ने आंध्र प्रदेश के एक गांव कोंडरु का अध्ययन कर अपनी पुस्तक *कोंडरु : स्ट्रक्चर एंड इंटिग्रेशन इन ए साउथ इंडियन विलेज* का प्रकाशन सन् 1971 में किया था। इस पुस्तक में आपने आंध्र प्रदेश के एक गांव में सामाजिक एवं राजनीतिक संगठन का विवरण प्रस्तुत किया है। अपने तीन वर्ष के अध्ययन के आधार पर आपने कोंडरु ग्राम की सामाजिक एवं राजनीतिक व्यवस्था के ऊपर विस्तारपूर्वक विवरण दिया है। इस गांव की सामाजिक एवं राजनीतिक व्यवस्था को आपने क्षेत्र के साथ संबंध दर्शाकर विश्लेषण प्रस्तुत किया है। जाति व्यवस्था एवं पद की चर्चा करते हुए आपने लिखा है कि एक व्यक्ति की व्यक्तिगत स्थिति उसके जाति, पद, शक्ति, नेतृत्व तथा अन्य कारकों पर

निर्भर करती है। जजमानी प्रथा, बेगार प्रथा, ऋण एवं ठेकेदारी प्रथा का भी उल्लेख किया है। पंचायत के प्रकार्य एवं उद्देश्यों की चर्चा विस्तारपूर्वक की गई है। साथ ही साथ केस अध्ययन भी प्रस्तुत किया गया है। आपने चर्मकारों एवं पंचालों को वाम हस्त जाति कहा है।

कर्नाटक में ग्राम अध्ययन

मैसूर राज्य ग्राम अध्ययन के लिए अपना विशेष स्थान रखता है। यह राज्य धिलौन, श्रीनिवास, बिल्स, मैक्कोरमैक, एप्सटेइन, ईश्वरण तथा हारपर जैसे विद्वानों की कर्मभूमि रहा है। इन विद्वानों द्वारा विभिन्न राज्यों का अध्ययन कर अपनी-अपनी कृतियों का प्रकाशन किया गया है। धिलौन ने मंड्या जिलांतर्गत मालवाली तालुक के हरिपुरा गांव का अध्ययन कर अपनी पुस्तक *लीडरशिप एंड ग्रुप्स इन एन साउथ इंडियन विलेज* (1955) को प्रकाशित कराया। इस पुस्तक में एक भारतीय ग्राम में प्रचलित गुटबंदी एवं नेतृत्व प्रतिमान पर प्रकाश डाला गया है। इस ग्राम का अध्ययन ओसकार लेविस के रामपुरा ग्राम के अध्ययन के समान ही किया गया था। इसमें ओस्कार लेविस के अध्ययन से तुलना करके उत्तर भारत एवं दक्षिण भारत के गांवों के बीच तुलनात्मक अध्ययन भी प्रस्तुत किया गया है। उत्तर भारतीय ग्राम रामपुरा की तुलना में दक्षिण भारतीय ग्राम हरिपुरा का पर्यावरण ज्यादा शांत एवं उदार था। यहां महिलाओं की स्थिति उच्च थी। वैवाहिक संबंध कुछ गांवों की परिधि तक ही सीमित था। यह ग्राम अंत: विवाही नियम का पालन करता था जिसके कारण अधिकांश विवाह गांव में ही संपन्न होते थे। इसके कारण गांव में गुटबंदी में कमी पाई गई। यहां दलबंदीय नेटवर्क को ग्राम से बाहर नहीं फैलने दिया जाता है। यह गुटबंदीय कठोरता में कमी लाई है।

ग्रामीणों के सामाजिक, आर्थिक एवं त्योहारिक संबंधों के अध्ययन के आधार पर आपने 6 गुटों को अस्तित्व में पाया। चूंकि हरिपुरा एक जातीय गांव है, अत: वहां पर गुटबंदी जाति के आधार पर नहीं है। वहां दलबंदी का आधार नातेदारी संबंध है। चूंकि इस गांव के लड़का-लड़की का अधिकांश विवाह गांव में ही होता है, अत: दलबंदी में नातेदारी संबंध की भूमिका प्रधान होती है। इस गांव का नेतृत्व कुछ व्यक्तियों में निहित न होकर कुछ समूहों के पास होता है। प्रत्येक गुट का अपना-अपना नेता एवं नेतृत्व होता है। नेतृत्व को प्रभावित करने वाले मुख्य कारक एक परिवार की सामाजिक एवं आर्थिक स्थिति होती है। व्यक्तिगत व्यक्तित्व, शिक्षा, उद्यमी, साहस, नवाचार इत्यादि हरिपुरा के ग्रामीणों को प्रभावित नहीं करते हैं। अत: हरिपुरा ग्राम के नेतृत्व पर परंपरागत कारक प्रभावशाली रहे हैं। इस अध्ययन के आधार पर आपने ओस्कार लेविस के इस निष्कर्ष को नकार दिया है कि भारत के सभी गांवों में नेतृत्व प्रतिमान एक समान है।

भारतीय मानवशास्त्री एम.एन. श्रीनिवास ने रामपुरा ग्राम का अध्ययन 1948 तथा 1952 में किया था। आप इस गांव का अध्ययन समय-समय पर करते रहे थे। इस अध्ययन

के आधार पर आपने सबसे पहले अपना डाक्टरल डिस्र्टेशन सोशल आर्गेनाइजेशन ऑफ मैसूर फैमिलिज के ऊपर बॉम्बे विश्वविद्यालय में प्रस्तुत किया। आपने अपना दूसरा डाक्टरल डिस्र्टेशन आक्सफोर्ड विश्वविद्यालय में रेलिजन एंड सोसायटी एमांग कुर्ग्स ऑफ साउथ इंडिया के ऊपर प्रस्तुत किया था। इसका पुस्तक के रूप में प्रकाशन 1952 ई. में हुआ था।

आपने भारतीय ग्राम को ऊर्ध्वस्थ हस्ति के रूप में देखा जिसका निर्माण कई क्षैतिज स्तरों से हुआ था। प्रत्येक क्षैतिज स्तर को आपने जाति कहा। इस प्रकार भारतीय ग्राम ऊर्ध्वस्थ एवं क्षैतिज एकता प्रदर्शित करते हैं। भारतीय ग्राम की एकता धार्मिक विशेषताओं एवं प्रबल जाति के माध्यम से व्यक्त होती है।

अपने एक अन्य शोधपत्र डोमिनेंट कास्ट इन रामपुरा में आपने प्रबल जाति की अवधारणा को पुन: परिभाषित किया है। प्रबल जाति होने के लिए आपने निम्नलिखित आधारों का उल्लेख किया है—

(1) संख्यात्मक बल, (2) आर्थिक एवं राजनीतिक शक्ति, (3) उच्च आनुष्ठानिक स्थिति, (4) पश्चिमी शिक्षा तथा (5) पेशा।

आप ए.आर. रैडक्लिफ ब्राउन से ज्यादा प्रभावित थे। अत: आपने भूमिकाओं एवं जातियों तथा उनके पेशों का संरचनात्मक अध्ययन प्रस्तुत किया था।

ए.आर. बिल्स ने मैसूर के दो गांवों—नामहाली एवं गोपालपुर—का अध्ययन क्रमश: 1952-53 एवं 1959-60 में किया था। नामहाली ग्राम बंगलौर शहर के समीप स्थित है। इस गांव का अध्ययन में उन बाह्य कारकों को प्रकाश मे लाने का प्रयास किया जिनके कारण ग्राम की सामाजिक संरचना में परिवर्तन आया है। गोपालपुर ग्राम यादगारी तेहसील के अंतर्गत पड़ता है। इस ग्राम का अध्ययन उन्होंने अपनी पत्नी के साथ किया था।

नामहाली ग्राम के अध्ययन के आधार पर बिल्स ने कैलिफोर्निया विश्वविद्यालय में अपना डाक्टरल डिस्र्टेशन कल्चरल चेंज एंड सोशल कंफ्लिक्ट इन साउथ इंडियन विलेज के ऊपर सन् 1954 में प्रस्तुत किया था। यह शोध प्रबंध अप्रकाशित रह गया था। लेकिन इसमें आपने ग्राम विकास के लिए उत्तरदायी 6 कारकों को प्रकाश में लाया—

(1) व्यापार एवं वाणिज्य, (2) संप्रेषण एवं उत्पादन, (3) राज्य सरकार, (4) जनसंख्या वृद्धि, (5) शिक्षा तथा (6) मुद्रा अर्थव्यवस्था।

इन कारकों के कारण ग्राम समाज में अनेक प्रकार के परिवर्तन लाए गए हैं।

बिल्स ने अपने अनेक शोधपत्रों का प्रकाशन किया है। आपका एक अन्य शोधपत्र 'गोपालपुर : ए साउथ इंडियन विलेज' (1962) था। इस शोधपत्र में आपने बाह्य कारकों द्वारा ग्राम समाज में लाए गए परिवर्तनों का उल्लेख किया है। आपने ग्राम समाज के आंतरिक कारकों के ऊपर ध्यान नहीं दिया है। आपने परिवर्तन की दिशा एवं स्वभाव के मूल्यांकन में जाति, वर्ग एवं परिवार को उपेक्षित रखा था।

आपने अपने एक अन्य अनुसंधान पत्र 'चेंज इन लीडरशिप ऑफ़ ए मैसूर विलेज' (1955) में ग्राम नेतृत्व के ऊपर बढ़ते हुए नगरीकरण के प्रभाव का वर्णन प्रस्तुत किया है। आपके अनुसार नगरीकरण के प्रभाव के कारण परंपरागत नेतृत्व प्रभावहीन होता जा रहा है। उनका दिनों-दिन विघटन हो रहा है। नए दल, गुटबंदी तथा आपसी विभेद ने ग्राम नेतृत्व के ऊपर अपना प्रभाव डालना आरंभ कर दिया है।

गोपालपुर ग्राम के अध्ययन के आधार पर आपने एक लघु पुस्तिका का प्रकाशन किया था जिसका शीर्षक 'गोपालपुर : ए साउथ इंडियन विलेज' (1962) था। यहां पर आपने ग्रामीणों के आंतरिक दृष्टिकोण को प्रकाश में लाया है। आपके अनुसार जातियों का पदानुक्रम आनुष्ठानिक स्थिति के अनुसार स्थापित किया गया है। भोजन एवं पेशे के आधार पर विशुद्धता एवं अशुद्धता की धारणा जातियों के साथ जुड़ गई है। आपने जाति एवं वर्ग के बीच सहसंबंध पाया। ब्राह्मण का स्थान समाज में उच्च था क्योंकि वे उच्च देवताओं की पूजा करते थे। शिव तथा वसवा जैसे उच्च देवताओं की पूजा उच्च जातियों तथा शाकाहारी ब्राह्मणों द्वारा की जाती थी। हनुमान की पूजा सभी जातियों द्वारा की जाती थी। मांसाहारी देवताओं की पूजा निम्न हिन्दू जातियों तथा मांसाहारियों द्वारा की जाती थी। ग्राम जीवन में पर्व-त्योहार का विशेष महत्त्व था। पर्व-त्योहार के अवसर पर मेलों का आयोजन किया जाता था जिसमें ग्राम समाज के सभी सदस्य भाग लेते थे।

डब्ल्यू. मैक्कोरमैक ने मोर्सवाल्ली तथा हुल्लीपनहल्ली नामक दो गांवों का अध्ययन किया था। मोर्सवाल्ली ग्राम की जनसंख्या 504 थी, जबकि हुल्लीपनहल्ली ग्राम की आबादी 252 थी। ये दोनों गांव बंगलौर के समीप स्थित हैं। इन दोनों गांवों के अध्ययन के आधार पर आपने अपने दो शोधपत्रों का प्रकाशन किया। अपने प्रथम शोधपत्र 'सिस्टर्स डाउटर्स मैरेज इन ए मैसूर विलेज' (1958) था। आपका दूसरा शोधपत्र 'फैक्शनलिज्म इन मैसूर विलेज' (1959) था। आपने इस शोधपत्र में यह दर्शाया है कि परंपरागत नेतृत्व की शक्ति ग्राम समाज में तीन कारणों से कम हो गयी है—(i) धर्म निरपेक्षीकरण, (ii) कुछ ग्राम समाज के नेताओं का पक्षपातपूर्ण रवैया तथा (iii) ग्राम समाज के झगड़ों में नेताओं की व्यक्तिगत अभिरुचि।

एक अन्य अमेरिकी विद्वान ई.बी. हारपर ने टोटागदल ग्राम का अध्ययन 1954-56 की अवधि में किया था। इस ग्राम के अध्ययन के आधार पर आपने अपने दो शोधपत्रों का प्रकाशन किया था। आप इस गांव में अपनी पत्नी के साथ करीब दो वर्ष तक रहे थे। आपने इस ग्राम की जजमानी व्यवस्था एवं नेतृत्व प्रतिमान का अध्ययन किया था। आपका प्रथम शोधपत्र 'टू सिस्टम्स आफ इकोनामिक एक्सचेंज इन विलेज इंडिया' (1959) भारतीय गांवों में प्रचलित जजमानी प्रथा तथा मालैण्ड व्यवस्था का विवरण प्रस्तुत करता है। आपने भारतीय गांवों की अर्थव्यवस्था में दो प्रकार से कार्य निष्पादित होते हुए देखा—(i) जजमानी प्रथा तथा (ii) मालैण्ड प्रथा। जजमानी प्रथा में कृषकों एवं परंपरागत पेशे के अंतर्गत सेवा प्रदान करने वाली जातियों के बीच अनाज एवं सेवा का विनिमय होता है।

ठीक इसके विपरीत मालैण्ड प्रथा के अंतर्गत कृषकों एवं परंपरागत पेशे के अंतर्गत सेवा प्रदान करने वाली जातियों के बीच समय-समय पर नगद एवं सेवा का विनिमय होता है। आपने अपने अध्ययन में पाया कि जजमानी प्रथा धीरे-धीरे टूट रही है। इसके स्थान पर मालैण्ड प्रथा अपनाई जा रही है।

आपने अपने दूसरे शोधपत्र 'पोलिटिकल आर्गेनाइजेशन एंड लीडरशिप इन कर्नाटक विलेज' (1959) में एक प्रबल जाति हाविक ब्राह्मण की भूमिका एवं स्थिति का परीक्षण किया है। आपने ग्राम नेतृत्व की गतिशीलता एवं गुटबंदी के विश्लेषण के साथ-साथ ग्राम स्तर के निर्णय निर्माण में दलों की भूमिका पर भी प्रकाश डाला है। आपने यह प्रस्तुत करने का प्रयास किया है कि भारतीय ग्राम अपनी परंपरा को नेतृत्व एवं निर्णय निर्माण के माध्यम से बनाए रखते हैं। चूंकि हाविक ब्राह्मण निर्णय निर्माण की प्रक्रिया में अहम भूमिका निभाते हैं, अत: वे गैर ब्राह्मण नेता की स्थिति को मजबूत या कमजोर कर देते हैं।

एक ब्रिटिश विद्वान स्कार्लेट एप्सटेइन ने दो गांवों का अध्ययन 1954-55 में किया था। एक गांव का नाम वंगाला तथा दूसरे का नाम दोनेल था। वंगाला एक सिंचित गांव था तथा दोनेल एक असिंचित गांव था। वंगाला ग्राम में 192 परिवार साथ-साथ रहते थे। जो कई जातियों में विभाजित थे। इन गांवों के अध्ययन के आधार पर आपने अपनी पुस्तक *इकोनामिक डेवलपमेंट एंड सोशल चेंज इन साउथ इंडिया* (1962) का प्रकाशन किया था। इस पुस्तक के अंतर्गत मैसूर क्षेत्र के दो गांवों का आर्थिक विकास एवं सामाजिक परिवर्तन को समग्रता में दर्शाया गया है। यह कार्य एक ऐसी विदूषी द्वारा किया गया है जो अर्थशास्त्री के साथ-साथ मानवशास्त्री भी थी। आपने ग्राम संगठन के ऊपर सिंचाई व्यवस्था के प्रभावों का विवरण विस्तारपूर्वक किया है। आपने गांव की अर्थ-व्यवस्था का विश्लेषण क्षेत्रीय अर्थव्यवस्था के संदर्भ में प्रस्तुत किया है। संरचनात्मक तत्वों की व्याख्या करते हुए आपने आर्थिक, संगठनात्मक तथा अनुष्ठानिक परिवर्तनों के मध्य सकारात्मक संबंध स्थापित करने का प्रयास किया है। आपने दर्शाया है कि आर्थिक एवं सामाजिक मूल्यों के अस्तित्व में बने रहने के कारण सामाजिक परिवर्तन में विलम्ब हो रहा है।

के. ईश्वरण ने धारवाड़ के समीप शिवपुरा ग्राम का अध्ययन किया था। इस अध्ययन के आधार पर आपने अपनी दो पुस्तकों का प्रकाशन किया था। आपकी पहली पुस्तक *ट्रेडिशन एंड इकोनामी इन विलेज इंडिया* (1966) ग्रामीणों के आर्थिक कार्यकलापों का अध्ययन सामाजिक कार्यकलाप के संदर्भ में प्रस्तुत करती है। इस पुस्तक में कुल आठ अध्याय हैं—(1) दृश्य, (2) सामाजिक संरचना, (3) अया एवं जाति, (4) अधिकार एवं दायित्व, (5) बल एवं मूल्य, (6) विरोध एवं तनाव, (7) परिवर्तित दृश्य तथा (8) मूल्यांकन। इस पुस्तक में आपने विनिमय के समाजशास्त्र को सूत्रबद्ध किया है। आया ग्राम समाज की विनिमय व्यवस्था पर प्रकाश डालता है। आपके अनुसार आया बिना माप एवं शर्त का एक उपहार है। इसमें एक-दूसरे के साथ अपने-अपने पेशे को बांटने की भावना निहित रहती है। वैधिक क्षेत्र में परंपरागत आया व्यवस्था व्यक्तियों, समूहों एवं

समुदायों के अधिकारों की राजनीतिक क्षेत्र में पहचान कराती है। गांव, गली तथा जाति के जजमान अपने-आप नेतृत्व एवं मुखियत्व का दायित्व स्वतः निभाते हैं। आपने आया व्यवस्था का घनिष्ठ संबंध क्वाकिउटल जनजाति की पोटलैच व्यवस्था तथा ट्रोब्रियंड द्वीपवासियों की कुला व्यवस्था के साथ पाया।

आपकी दूसरी पुस्तक *शिवपुरा : ए साउथ इंडियन विलेज* (1968) उसी ग्राम शिवपुरा के अध्ययन पर आधारित है। यह ग्राम धारवाड़ से 2 मील की दूरी पर तथा हुबली से 10 मील की दूरी पर स्थित है। इस गांव में लिंग्यात, मराठा तथा मुसलमान जाति के लोग साथ-साथ रहते थे। इस पुस्तक में विभिन्न जातियों की जीवनशैली का विवरण प्रस्तुत किया गया है। साथ ही साथ विभिन्न जातियों के बीच अंतर संबंध का विश्लेषण भी किया गया है। आपने ग्राम तथा अंतर ग्राम एकता की भी बात की है, लेकिन यह नहीं दर्शाया है कि यह किस प्रकार कार्य करती है।

आपकी तीसरी पुस्तक *चेंज एंड कंटिन्विटी इन विलेज इंडिया* (1970) है। इस पुस्तक में आपने विभिन्न विद्वानों द्वारा लिखित 10 शोधपत्रों का संकलन प्रस्तुत किया है। इस पुस्तक में विभिन्न विद्वानों ने सामाजिक परिवर्तन में योगदान देने वाले तथा गतिरोध उपस्थित करने वाले कारकों के ऊपर अपना ध्यान केन्द्रित किया है।

ए.आर. बिल्स ने मैसूर के तीन गांवों—एलिफैंट, नामहाली तथा गोपालपुर—का अध्ययन कर अपनी पुस्तक *विलेज लाइफ इन साउथ इंडिया: कल्चरल डिजाइन एंड एन विरानमेंटल वैरिएशन* (1974) का प्रकाशन किया। पारिस्थितिकीय दृष्टिकोण का सहारा लेते हुए आपने सांस्कृतिक परंपरा एवं पर्यावरण के बीच संबंध को स्थापित करने का प्रयास किया। आपने पारिस्थितिकीय आधार पर ग्राम जीवन का विवरण प्रस्तुत किया है।

केरल तथा तमिलनाडु में ग्राम अध्ययन

केरल तथा तमिलनाडु में ग्राम अध्ययन उपेक्षित स्थिति में रहा है। ट्रावेनकोर तथा कोचीन की जनजातियों के ऊपर ए.के. अय्यर द्वारा अध्ययन की शुरुआत 1920 के दशक में की गयी थी। इसके बाद कथलीन गफ ने कुछ ग्रामों का अध्ययन किया। नायर्स एवं नांबुद्रीज के मृतक संस्कार के अध्ययन के क्रम में आपने सन् 1947-49 की अवधि में केरल के तीन गांवों का अध्ययन किया। आपने तमिलनाडु के भी दो गांवों का अध्ययन किया था। आपने एक ब्राह्मण गांव कुम्बापेटायी का अध्ययन 1951-52 में किया था। यह ग्राम तांजोर नगर से 8 मील दूर स्थित है। इस गांव में 16 जाति के लोग साथ-साथ रहते थे। अपने अनेक शोधपत्रों में सामाजिक संरचना, नातेदारी व्यवस्था, जाति संगठन, जाति पदानुक्रम इत्यादि के विषय में वर्णन प्रस्तुत किया है। आपने सामाजिक संरचना में परिवर्तन का विवेचन बृहत रूप से किया है। यह ग्राम पृथक, बंद एवं परंपरागत आर्थिक अंतरजातीय संबंध से जाना जाता था। इस गांव में पहले सामंतवादी व्यवस्था थी। लेकिन धीरे-धीरे यह

गांव पूंजीवादी अर्थव्यवस्था की ओर अग्रसर हुआ। सामंतवादी व्यवस्था के टूट जाने के कारण निम्न जातियों के साथ सहयोग के स्थान पर संघर्ष तथा वृहत स्तर पर ग्राम से बाहर संबंध के कारण ग्राम की एकता प्रभावित हुई तथा ब्राह्मणों की शक्ति में कमी आई। ग्राम तथा गांवों के बीच नातेदारी संबंध धीरे-धीरे कमजोर हुए व संपत्ति, शिक्षा तथा पेशे के मामले में गांव में विविधता आई।

अपने एक अन्य शोधपत्र में गफ ने कुंबापेटायी ग्राम की जाति व्यवस्था पर प्रकाश डाला है। इस गांव की जातियों को आपने तीन वर्गों में विभाजित किया है—(1) ब्राह्मण, (2) गैर-ब्राह्मण तथा (3) आदि द्रविड़ (हरिजन)। आपने जाति की परंपरागत अर्थव्यवस्था में परिवर्तन पर भी प्रकाश डाला है। आपके अनुसार सरकारी कानून, प्रवसन, नगरीय रोजगार तथा जातिरहित पेशे के कारण जाति आधारित अर्थव्यवस्था में व्यापक परिवर्तन हुआ है।

ओस्लो विश्वविद्यालय के विद्वान डागफिन सिवर्टसेन ने थ्यगा सामुथिरम नामक ग्राम का अध्ययन किया था। यह ग्राम मद्रास राज्य के तंजोर जिलांतर्गत सबसे बड़ा नगर कुम्बाकोनम से 6 मील की दूरी पर स्थित है। यह ग्राम कावेरी नदी के तट पर स्थित है। इसकी जनसंख्या 786 थी। इस ग्राम में कुल 10 जातियां साथ-साथ रहती थीं जिसमें ब्राह्मण जाति के पास संख्यात्मक शक्ति थी। आपने परंपरागत शक्ति संरचना में परिवर्तन का विवरण दिया है। ब्राह्मणों की शक्ति कमजोर पड़ रही थी। अन्य जातियों के पास शक्ति जा रही थी। प्रत्येक जाति के लिए अलग-अलग मंदिर थे। सभी मंदिरों की देख-रेख चुने गए व्यक्तियों के पास थी। वे लोग समाज की राजनीतिक शक्ति का भी नियंत्रण करते थे। आपने दर्शाया है कि अर्थव्यवस्था में परिवर्तन के कारण राजनीतिक संघ में भी परिवर्तन हो गया है।

भारतीय ग्राम की विशेषताएँ

भारत के विभिन्न क्षेत्रों में किए गए ग्राम अध्ययनों के आधार पर भारतीय ग्राम की निम्नलिखित विशेषताओं को प्रस्तुत किया जा सकता है—

1. भारतीय ग्राम बृहत भारतीय समाज के अभिन्न अंग हैं।
2. भारतीय ग्राम एकता एवं विस्तार के अनोखे उदाहरण हैं।
3. ग्राम की परंपरा लघु परंपरा होती है। लेकिन नगर की महान परंपरा से उनका घनिष्ठ संबंध बना रहता है।
4. भारतीय ग्राम लोक-नगरीय सातत्य का उदाहरण प्रस्तुत करते हैं।
5. भारतीय ग्राम में महान परंपरा का स्थानीयकरण होता है तथा नगरों में लघु परंपरा का सार्वभौमिकीकरण होता है।

6. प्रत्येक भारतीय ग्राम की अपनी सीमा एवं अपना रकबा होता है।
7. गांव में प्रत्येक जाति के लोग अलग-अलग टोले में रहते हैं।
8. गांव में रहने वाले लोगों की मुख्य जीविका खेती अथवा खेती पर आधारित पेशा होती है।
9. ग्राम में कृषि भूमि का वितरण एक समान रूप से नहीं होता है।
10. भूमिहीन मजदूरी करके अपनी जीविका चलाते हैं।
11. कारीगर जातियां अपनी सेवा प्रदान कर अपनी जीविका चलाती हैं।
12. जिन जातियों के पास भूमि कम रहती है, वे बंटाईदारी करके अपनी जीविका चलाते हैं।
13. जजमानी प्रथा के द्वारा कृषक एवं कारीगर जातियां सामाजिक तथा आर्थिक रूप से जुड़े रहते हैं।
14. जजमानी प्रथा में वर्ष में दो बार अनाज के माध्यम से भुगतान कारीगर जातियां पाती हैं।
15. भारतीय ग्राम अंश एवं समग्रता के समुचित उदाहरण हैं। एक ओर वे स्वावलंबी हैं, तो दूसरी ओर वे अन्य गांवों, राज्य तथा राष्ट्र से जुड़े होते हैं।
16. भारतीय गांव में प्रबल जाति की अवधारणा पाई जाती है। संख्या बल, धार्मिक स्थान, आर्थिक एवं राजनीतिक शक्ति, शिक्षा तथा पेशे के आधार पर समाज में एक जाति को प्रबल स्थान प्राप्त होता है।
17. गांव में परंपरागत ग्राम पंचायत के माध्यम से सामाजिक नियंत्रण किया जाता है।
18. गांव में जाति पंचायत का भी प्रचलन है।
19. भारतीय ग्राम की पहचान जाति व्यवस्था से होती है।
20. जातियों के मध्य सामाजिक संस्तरण पाया जाता है।
21. सामाजिक संस्तरण विशुद्धता एवं अशुद्धता की धारणा पर आधारित होता है।
22. प्रत्येक गांव का अपना-अपना इतिहास एवं देवी-देवता होते हैं, जिनके कारण गांव की एकता बनी रहती है।
23. भारतीय गांव के अपने-अपने पुजारी होते हैं।
24. गांवों में कुछ जातीय त्योहार भी मनाए जाते हैं।
25. गांवों में सभी त्योहार सामूहिक रूप से मनाए जाते हैं।
26. ग्रामवासी तीर्थाटन हेतु बड़े-बड़े नगरों एवं महानगरों का भ्रमण करते हैं।
27. उत्तर भारत में ग्रामबहिर्विवाही नियम का पालन किया जाता है, लेकिन दक्षिण भारत में अंत:ग्रामविवाही प्रथा का प्रचलन पाया जाता है।
28. अधिकांश गांव बहुजातीय होते हैं। एक जातीय गांव विरले होते हैं।

29. बहुजातीय ग्राम में जनजाति तथा मुसलमान भी जाति के समान कार्य करते हैं। उनके बीच जाति–जनजाति सातत्य पाया जाता है।
30. भारतीय ग्राम परिवर्तनशील होते हैं। आधुनिकीकरण, धर्मनिरपेक्षीकरण, शहरीकरण, औद्योगीकरण तथा पश्चिमीकरण के कारण ग्राम समाज की सामाजिक, आर्थिक एवं राजनीतिक संरचना में अनेक तरह के परिवर्तन आए हैं।
31. परिर्वतन प्रक्रियाओं के कारण अछूत प्रथा, विशुद्धता एवं शुद्धता की धारणा, भूमि स्वामित्व, परंपरागत पेशा, शक्ति संरचना तथा प्रबल जाति की अवधारणा में व्यापक परिवर्तन हुआ है।

ग्राम अध्ययन का बृहत योगदान

ग्राम अध्ययन के बृहत योगदान निम्नलिखित हैं—

1. ग्राम अध्ययन के द्वारा सामुदायिक विकास योजना को दिशा–निर्देश देने में सहायता मिली है।
2. ग्राम अध्ययन के माध्यम से मानवशास्त्रियों को ग्राम अध्ययन के संबंध में अपनी कार्यप्रणाली, अनुसंधान, दृष्टिकोण, अवधारणा, विधि, तकनीक एवं सिद्धांतों को विकसित करने तथा परीक्षण करने में सहायता मिली है।
3. भारतीय सभ्यता की लघु इकाई के रूप में गांवों को अपनी पहचान प्राप्त हुई है।
4. अनेक मानवशास्त्रीय अवधारणाओं—लघु परंपरा, महान परंपरा, स्थानीयकरण, सार्वभौमिकीकरण, प्रबल जाति, जनजाति–जाति सातत्य, लोक नगरीय सातत्य, कृषक–नगरीय सातत्य, ऊर्ध्वाधर एकता एवं क्षैतिज एकता, धार्मिक संकुल, इत्यादि—को जन्म दिया गया तथा उनका परीक्षण किया गया।
5. अनेक परिवर्तन प्रक्रियाओं—संस्कृतीकरण, हिन्दुकरण, ईसाईकरण, आधुनिकीकरण, पश्चिमीकरण, धर्म निरपेक्षीकरण, शहरीकरण, औद्योगीकरण, जनजातीयकरण, जनजातीयताक्षयन इत्यादि का अध्ययन किया गया।
6. भारतीय ग्राम के अध्ययन करने हेतु अमरीका तथा इंग्लैंड से अनेक विद्वान भारत आए तथा भारतीय ग्राम समाज के चरित्र से परिचित हुए।
7. विश्व समुदाय के लोग भारतीय ग्राम के चरित्र से अवगत हुए।

4

भारत में जाति के ऊपर अध्ययन

CASTE STUDIES IN INDIA

जाति, जाति प्रथा एवं जाति व्यवस्था भारतीय समाज की पहचान है। यही कारण है कि सामाजिक मानवशास्त्रियों एवं समाजशास्त्रियों द्वारा जाति का अध्ययन विभिन्न दृष्टिकोणों के आधार पर किया जाता रहा है। जाति के ऊपर प्रकाशित पुस्तकों एवं शोधपत्रों की संख्या करीब 6000 है। बी.एन. वर्मा ने अपनी संपादित पुस्तक *कंटेम्पोरेरी इंडिया* (1964) में कार्य प्रणालीय दृष्टिकोण के आधार पर जाति अध्ययन के पुनरावलोकन को तीन भागों में विभाजित किया है—(i) शास्त्रीय धर्म ग्रंथ सम्मत, (ii) सांस्कृतिक-मानव शास्त्रीय तथा (iii) समाज शास्त्रीय। शास्त्रीय धर्म ग्रंथ सम्मत विचार वेदों से लिया जा सकता है। साथ ही साथ ब्राह्मण साहित्य, स्मृति तथा पौराणिक कथाएं जाति की उत्पत्ति एवं प्रकार्य के विषय में हमें जानकारी प्रदान करते हैं। सांस्कृतिक-मानवशास्त्रीय अध्ययन के आधार पर जाति के संगठनात्मक, संरचनात्मक संस्थागत एवं संबंधात्मक पहलुओं को समझा जा सकता है। समाजशास्त्रीय दृष्टिकोण के आधार पर जाति की अवधारणा, स्तरीकरण एवं समाजकीय पहलुओं का अध्ययन किया जाता है। इसके अंतर्गत सामाजिक परिवर्तन प्रक्रिया तथा समस्या का अध्ययन किया जाता है।

एस.सी. सिन्हा ने अपने शोधपत्र 'कास्ट इन इंडिया : इट्स इसेंसियल पैटर्नस ऑफ सोसियो कल्चरल इंटिग्रेशन' (1967) में सामाजिक मानवशास्त्रीय तथा समाजशास्त्रीय दृष्टिकोणों को साथ-साथ लेकर जाति अध्ययन का सुझाव दिया है। जाति के साथ संस्कृति एवं सामाजिक संरचना दोनों जुड़े हुए हैं। अतः जाति मानवशास्त्रीय एवं समाजशास्त्रीय दोनों प्रकार के अध्ययनों के लिए आवश्यक है। जाति को प्रजाति से भ्रमित नहीं किया जाना चाहिए क्योंकि जातीय संस्तर एवं प्रजातीय संस्तर में बहुत अंतर है।

जाति के ऊपर किए गए अध्ययनों को प्रस्तुतीकरण की सुविधा से तीन अवस्थाओं में विभाजित किया जा सकता है—

(1) आरंभिक अवस्था,

(2) निर्माण अवस्था, तथा
(3) विश्लेषणात्मक अवस्था।

आरंभिक अवस्था में जाति अध्ययन

आरंभिक अवस्था में जनजातियों एवं जातियों के ऊपर अनेक पुस्तिकाएं प्रकाशित की गईं थीं। उनमें से हिन्दू जनजातियों एवं जातियों के ऊपर शेरिंग (1879) द्वारा लिखित तीन पुस्तकों को विशेष स्थान प्राप्त है। प्रथम पुस्तक में बनारस की जनजातियों एवं जातियों का विवरण दिया गया है। दूसरी तथा तीसरी पुस्तकों में बॉम्बे महाप्रांत तथा सिंध प्रांत की जनजातियों एवं जातियों का विवरण दिया गया है। इन तीनों पुस्तकों में संबंधित प्रांतों एवं महाप्रांतों की जनजातियों एवं जातियों की सामाजिक रीति-रिवाज, विश्वास एवं व्यवहारों का संक्षिप्त में वर्णन किया गया है। शेरिंग के प्रयास के बाद ब्रिटिश विद्वान प्रशासकों द्वारा भारत की जनजातियों एवं ज्ञातियों के ऊपर पुस्तकें लिखी जाने लगीं। रिजले महोदय द्वारा ट्राइब्स एंड कास्ट्स इन बंगाल की रचना 1861 ई. में की गई। क्रुक्स महोदय द्वारा *ट्राइब्स एंड कास्ट्स इन नार्थ वेस्टर्न प्रोविंसेस एंड अवध* शीर्षक पुस्तक की रचना 1896 में की गई। यह पुस्तक चार खंडों में प्रकाशित की गई थी। रस्सेल तथा हिरालाल द्वारा *ट्राइब्स एंड कास्ट्स ऑफ सेंट्रल प्रोविंसेस* (1866) का प्रकाशन चार खंडों में किया गया था। थ्रस्टन महोदय द्वारा *कास्ट्स एंड ट्राइब्स ऑफ साउथ इंडिया* (1909) का प्रकाशन सात खंडों में किया गया था। आर.ई. एनथोरेन महोदय ने *ट्राइब्स एंड कास्ट्स ऑफ बॉम्बे* (1920-22) का प्रकाशन तीन खंडों में किया। इन खंडों में बॉम्बे महाप्रांत की जातियों एवं जनजातियों की रीति-रिवाजों, सामाजिक प्रतिमान, उत्पत्ति, पेशा इत्यादि का संक्षिप्त में विवरण दिया गया है। एल.के.ए. कृष्णा अय्यर के द्वारा *ट्राइब्स एंड कास्ट्स ऑफ ट्रैवेनकोर, कोचीन तथा मैसुर* का प्रकाशन कई खंडों में 1924 से 1937 के बीच में किया गया। अय्यर की पुस्तक ब्रिटिश प्रशासकों की तुलना में ज्यादा गहराई में सूचना प्रदान करती है।

इन पुस्तिकाओं एवं शब्दावलियों के अतिरिक्त हिन्दू जाति के ऊपर कुछ सामान्य पुस्तकों की भी रचना की गई थी जिनके आधार पर जाति प्रथा पर अध्ययन करने वाले बाद के विद्वानों को अपने सिद्धांत निर्माण में सहायता प्राप्त हुई थी। भट्टाचार्य द्वारा लिखित पुस्तक *हिन्दू कास्ट्स एंड सेक्ट्स* (1896) में हिन्दू जातियों एवं संप्रदायों के संबंध में जानकारी प्रदान की गई है। उत्तर एवं दक्षिण भारत की ब्राह्मण जाति, बीर जाति, लेखक जाति, व्यापारी जाति एवं अशुद्ध शूद्र जाति के संबंध में यह पुस्तक हमें जानकारी प्रदान करती है। टी.एम. नाथुभाई द्वारा प्रकाशित पुस्तक *हिन्दू कास्ट, सेरेमोनिज, कस्टम्स एंड इनहेरिटेंस* (1896) में हिन्दू जातियों के उत्सव एवं रीति-रिवाजों के संबंध में सूचनाएं प्रदान की गई हैं। इसमें हिन्दू जातियों, उत्तराधिकार, धर्म, विवाह, मृत्यु संस्कार तथा जातियों की सीमा के ऊपर चर्चा विभिन्न अध्यायों में की गई है। धर्म एवं दर्शन दृष्टिकोण

का अनुसरण करते हुए यह पुस्तक हिन्दू रीति-रिवाजों एवं नियमों को समझने में सहायता प्रदान करती है।

ब्रिटिश अफसरों द्वारा भारत के विभिन्न क्षेत्रों में रहने वाली विभिन्न जातियों के ऊपर लघु पुस्तिका लिखने की आवश्यकता महसूस की गई। सैनिक ऑफिसरों को भी विभिन्न क्षेत्रों की जातियों के ऊपर लघु पुस्तिका के प्रकाशन हेतु लगाया गया था। 1857 के विद्रोह के पश्चात सेना तथा प्रशासन में स्थानीय लोगों की नियुक्ति को ध्यान में रखकर विभिन्न जातियों की रीति-रिवाज एवं व्यवहार को जानकर महत्त्वपूर्ण जातियों के ऊपर लघु पुस्तिकाओं की रचना सैनिक पदाधिकारियों द्वारा की गई थी। सैनिक ऑफिसर ए.एच. बिंग्लेय एवं निकोल्ला द्वारा ब्राह्मण जाति (1897), राजपूत जाति (1899), जाट जाति, गूजर जाति एवं अहीर जाति (1904) के ऊपर लघु पुस्तिकाओं की रचना की गई थी। सैनिक पदाधिकारी मैकेंजी द्वारा कोमती जाति (1879) के ऊपर शोधपत्र का प्रकाशन किया गया था। इस अनुसंधान पत्र में कोमती जाति की विवाह प्रथाओं की चर्चा की गई है तथा कोमती जाति का संबंध मदीगा जाति के साथ दर्शाया गया है।

मानवशास्त्रीय दृष्टिकोण से कतिपय आरंभिक लेखनों का विशेष महत्त्व है, क्योंकि उनसे भारत में जाति प्रथा की उत्पत्ति के संबंध में आरंभिक विद्वानों के विचार हमें प्राप्त हो जाते हैं। भारत के विभिन्न भागों में पाई जाने वाली विभिन्न ज़ातियों के संबंध में सूचना एकत्रित कर जनगणना आयुक्त एवं कुछ विद्वानों द्वारा जातियों के स्वभाव, जाति की उत्पत्ति, जाति प्रथा, जाति व्यवस्था इत्यादि के संबंध में अपने-अपने विचार पुस्तकों के रूप में प्रकाशित किए गए हैं। डेंजिल ईब्बेटसन ने पंजाब के जनगणना प्रतिवेदन (1881) में जाति की उत्पत्ति के संबंध में पेशाई एवं धार्मिक सिद्धांतों के ऊपर प्रकाश डाला। आपने अपनी पुनर्प्रकाशित खंड पंजाब कास्ट (1916) में बारंबार जोर देकर कहा कि जातीय विविधता का संपूर्ण आधार पेशाई विविधता है।

जे. नेस्फिल्ड ने प्रकार्यात्मक सिद्धांत को और आगे बढ़ाते हुए स्पष्ट किया कि एकमात्र प्रकार्य के कारण ही जाति व्यवस्था अस्तित्व में बनी हुई है। उत्तर-पश्चिम सीमा प्रांतों एवं अवध की जातियों के ऊपर प्रकाशित अपनी पुस्तिका (1885) में आपने भारतीय लोगों के बीच सामाजिक एकता को स्वीकार करते हुए आर्य एवं अनार्य के विभाजन को नकार दिया। हालांकि आपने यह स्वीकार किया कि व्यवहार में यह स्वीकार करना कठिन है कि भारत में केवल एक भारतीय प्रजाति अथवा जाति है, लेकिन वर्तमान में जो जातियां अस्तित्व में हैं उनकी उत्पत्ति प्रकार्यात्मक अथवा पेशात्मक रही है।

हैनरी हबर्ट रिजले, जिन्होंने बंगाल में जनगणना आयुक्त के रूप में कार्य किया था, ने अपनी पुस्तक द *पिपुल ऑफ इंडिया* (1905) में जाति प्रथा की उत्पत्ति हेतु प्रजातीय एवं उच्च जाति विवाही सिद्धांत को प्रकाश में लाया। आपके अनुसार जाति के निर्धारण में प्राथमिक कारक प्रजाति है। मानव भित्तीय प्रमाणों के आधार पर आपने भारतीय लोगों को सात शारीरिक प्रकारों में विभाजित किया। आपने सात प्रजातीय प्रकार एवं सात पृथक

जातीय प्रकार के बीच घनिष्ठ संबंध स्थापित किया। आपने अपने अवलोकन के आधार पर इसे प्रदर्शित किया कि जातियों के सामाजिक पदानुक्रम अपने सदस्यों के औसत नासीय सूचकों के अनुसार बदलता है। इस प्रकार आपने जाति का प्रजातीय आधार प्रस्तुत किया। इस प्रकार के जाति का प्रजातीय सिद्धांत जाति के मानव जातीय सिद्धांत का समर्थन नहीं करता है। हालांकि जाति एवं प्रजाति के बीच कुछ घनिष्ठ संबंध पाया जाता है, विशेषकर उत्तर भारत के लिए यह सत्य दिखता है। रिजले महोदय ने स्वयं इसे स्वीकार किया है कि कुछ उदाहरणों में आदिम पुजारियों को ब्राह्मण तथा आदिम मुखियाओं को क्षत्रिय का स्थान प्राप्त हुआ था। कुछ उदाहरणों में आदिम जनजातियां एवं विदेशी प्रजातीय समूहों को भी हिन्दूवाद के ध्रुव में शामिल किया गया था तथा वे भी हिन्दू जाति का निर्माण किए। उनमें से अनेक ब्राह्मण एवं क्षत्रिय के रूप में उच्च जाति का पद प्राप्त किए। इस प्रकार उत्तर भारत में जाति पद एवं शारीरिक प्रकार में अंतर बहुत कम दिखाई पड़ता है।

एक अन्य विद्वान एम. इमायल सेनार्ट ने अपनी पुस्तक *लेस कास्ट्स डांसी* (1896) में जाति उत्पत्ति के पारिवारिक अथवा आनुवांशिक सिद्धांत का प्रतिपादन किया है। इस फ्रेंच प्राच्यविद के अनुसार भारतीय जाति व्यवस्था परिवार, गोत्र तथा समुदाय नामक आर्य संस्थाओं के सामान्य विकास के कारण अस्तित्व में आई। इन्हीं प्राचीन आर्य संस्थाओं से परिवार, गोत्र तथा जाति की अवधारणा हिन्दुओं के मध्य विकसित हुई। आपने प्राचीन यूनान एवं रोम में भारत की जाति अंत:विवाही तथा गोत्र बहिर्विवाही प्रथा के समान विवाह प्रतिबंधों का भी उदाहरण प्रस्तुत किया।

एक भारतीय विद्वान एस.वी. केटकार ने अपनी पुस्तक *हिस्ट्री ऑफ कास्ट्स इन इंडिया* प्रथम खंड का प्रकाशन 1909 ई. में किया। आपने अपनी पुस्तक के दूसरे खंड का प्रकाशन 1911 ई. में किया। आपने प्रथम खंड में इसे स्थापित करने का प्रयास किया है कि ऋग्वैदिक आर्यों के आगमन के पूर्व भारत में अनेक जनजातियां एवं प्रजातियां निवास करती थीं। समय व्यतीत होने पर गंगा नदी की उच्च घाटी में ब्राह्मण का उदय एक जाति के रूप में हुआ। इस जाति ने बाद में चलकर पुरोहित जाति का स्थान प्राप्त किया। धीरे-धीरे ब्राह्मण जाति के लोग पूरे भारत में फैल गए। उनके द्वारा भारत में चार वर्ण व्यवस्था को जन्म दिया गया। चार वर्ण व्यवस्था के माध्यम से संपूर्ण भारतवर्ष में एक समान सामाजिक व्यवस्था लागू की गई। कालांतर में जाति व्यवस्था का मुख्य आधार विशुद्धता एवं अशुद्धता बना।

एडवार्ड गेट ने भारतीय जनगणना 1911 के प्रतिवेदन में उन कारकों को प्रकाश में लाया है जिनके संयुक्त प्रयास से जाति प्रथा का जन्म एवं विकास हुआ। प्रकार्यात्म समूहों में जातिगत रूढ़िवादिता का विकास जाति पंचायत द्वारा शक्ति नियंत्रण के कारण हुआ। आपके अनुसार जाति व्यवस्था का पूर्ण विकास आर्यों के प्रथम निवास स्थान पंजाब में न होकर मगध साम्राज्य में हुआ होगा। आपके अनुसार जाति प्रथा ब्राह्मणों द्वारा आविष्कृत की गई थी। ब्राह्मणों के द्वारा ही विभिन्न जातियों का पदानुक्रम स्थापित किया जाता है,

क्योंकि उनके ही हाथों में सामाजिक शक्ति थी। लेकिन उन ब्राह्मणों का जाति व्यवस्था के आंतरिक कार्य–कलापों से विशेष संबंध नहीं था। आज की जातियों की उत्पत्ति विखंडन एवं विलयीकरण प्रक्रियाओं के कारण हुई है।

निर्माण अवस्था में जाति अध्ययन

भारतीय जनगणना (1931) के आयुक्त जे.एच. हट्टन ने अपनी पुस्तक *कास्ट इन इंडिया* (1946) में माना या प्रेतात्मावाद की अवधारणा के आधार पर जाति व्यवस्था की उत्पत्ति को समझने का प्रयास किया है। इस पुस्तक में भारत के विभिन्न भागों में प्रचलित जाति प्रथा की संरचना एवं प्रकार्य के ऊपर विवरण प्रस्तुत किया गया है। आपने अपने विस्तृत क्षेत्र अनुभव एवं साहित्यिक ज्ञान के आधार पर जाति प्रथा की उत्पत्ति एवं विकास का वर्णन किया है। आपके अनुसार भारत में जाति व्यवस्था की उत्पत्ति एवं विकास में भौगोलिक, सामाजिक, आर्थिक, राजनीतिक एवं अन्य कारकों का योगदान रहा। आपने माना सिद्धांत का प्रचलन बौद्ध धर्म में सिद्धि, इस्लाम धर्म में कुदरत तथा हिन्दू धर्म में शक्ति के रूप में पाया। आपने जाति व्यवस्था की उत्पत्ति में माना सिद्धांत का प्रतिपादन जाति प्रथा की उत्पत्ति के संबंध में प्रचलित ईश्वरीय सिद्धांत को समझकर किया था। आपके अनुसार जाति प्रथा की उत्पत्ति एवं विकास से जुड़े हुए अनेक प्रमुख कारक निम्नलिखित हैं—

(1) भारतीय उपमहाद्वीप का भौगोलिक अलगाव तथा इसके अंतर्गत विभिन्न व्यक्तिगत क्षेत्रों का अस्तित्व
(2) भोजन शक्ति के संबंध में प्राचीन विचार
(3) टोटम, निषेध, आत्मा, जीवन, मरण इत्यादि के संबंध में प्राचीन विचार
(4) आनुष्ठानिक बलि, विशुद्धता, अशुद्धता इत्यादि के संबंध में विचार
(5) विशेष परिवार, पूर्वज पूजा एवं उत्सविक भोजन के संबंध में विचार
(6) कर्म एवं पुनर्जन्म सिद्धांत में विश्वास
(7) डायन एवं जादू में विश्वास
(8) वंशानुगत पेशा, व्यापार एवं कारीगरी
(9) वंशानुगत पेशा तथा व्यापार संबंधी संघ, नियमावली तथा संगठन
(10) पितृपक्षीय एवं मातृपक्षीय वंश समूहों में संघर्ष
(11) विभिन्न प्रजातियों के बीच संघर्ष
(12) व्यक्तिगत जनजातियों का अलगाव
(13) दोषपूर्ण आर्थिक एवं प्रशासनिक व्यवस्था
(14) धर्मतंत्र व्यवस्था द्वारा शोषण

जे.एच. हट्टन के समय ही एक अन्य विद्वान ई.ए.एच. ब्लंट ने अपनी पुस्तक *कास्ट सिस्टम ऑफ नार्दर्न इंडिया* (1931) की रचना की। आपने अंत:विवाही प्रथा को जाति व्यवस्था का आवश्यक सिद्धांत बतलाया। आपने ब्राह्मण नेतृत्व को हिन्दू समाज को एक सूत्र में बांधे रखने के लिए आवश्यक बतलाया। आपके अनुसार जातियों के मध्य भोजन-पानी संबंध के ऊपर प्रतिबंध आत्मावादी निषेधों के परिणाम थे। इन निषेधों को आनुष्ठानिक विशुद्धता के ब्राह्मणवादी सिद्धांत द्वारा बलपूर्वक थोप दिया गया था।

ब्लंट की पुस्तक जातियों के ऊपर अनेक जनगणना प्रतिवेदनों तथा क्रुक्स की पुस्तक *द ट्राइब्स एंड कास्ट्स ऑफ नार्थ-वेस्टर्न प्रोविंसेस एंड अवध* पर आधारित थी। इसमें जाति की उत्पत्ति, स्वभाव, रीति-रिवाज, जातियों के मध्य समानता एवं विभिन्नता के ऊपर वर्णन प्रस्तुत किया गया है। ब्लंट संयुक्त प्रांत के जनगणना अधीक्षक थे। आपने जाति व्यवस्था के ऊपर प्राप्त सूचनाओं को कुल 16 अध्यायों के माध्यम से प्रस्तुत किया है। आपने जातियों को कई प्रकारों में विभाजित किया है, जैसे—सांप्रदायिक जातियां, पहाड़ी जातियां, मुसलमान जातियां तथा नवीन जातियां।

एन.के. दत्ता ने अपनी पुस्तक *ओरिजिन एंड ग्रोथ आफ कास्ट इन इंडिया* (1931) में जाति व्यवस्था की उत्पत्ति एवं विकास के संबंध में विस्तारपूर्वक जानकारी प्रदान की है। आपके अनुसार जाति के विकास में सबसे महत्वपूर्ण कारक आर्य एवं अनार्यों के मध्य संघर्ष था। श्रम विभाजन के कारण जाति व्यवस्था स्थापित हुई। अनार्यों के बीच श्रम विभाजन स्थापित नहीं हुआ था। जाति व्यवस्था की उत्पत्ति एवं विकास के अन्य महत्त्वपूर्ण कारकों में पुजारी का सर्वोच्च स्थान, भूत-प्रेत भगाने वालों का विशिष्ट स्थान तथा वंशानुगत पेशा महत्त्वपूर्ण स्थान रखते हैं।

जी.एस. घुर्ये ने अपनी पुस्तक *कास्ट्स एंड रेसेस इन इंडिया* (1932) में जाति प्रथा की उत्पत्ति के संबंध में सबसे प्रामाणिक विवरण प्रस्तुत किया है। आपने जाति व्यवस्था की उत्पत्ति हेतु आर्य सिद्धांत को स्वीकार किया है।

जी. डब्ल्यू ब्रिग्स ने चमार जाति के ऊपर अपना मोनोग्राफ *द चमार्स* का प्रकाशन 1920 में किया था। यह पहली पुस्तक थी जिसमें किसी एक जाति के ऊपर अध्ययन कर महत्त्वपूर्ण सूचनाएं प्रदान की गई थीं।

फ्रेंच विद्वानों द्वारा भी जाति एवं जाति व्यवस्था के ऊपर अध्ययन कर अपना मत प्रकाशित किया गया है। सी. बाउगल ने अपनी पुस्तक *कास्ट सिस्टम* (1971) में जाति से संबंधित तीन विशेषताओं का वर्णन किया है—(1) वंशानुगत विशिष्टता, (2) धर्मतंत्र तथा (3) पारस्परिक विकर्षण। आपके अनुसार जाति मनोदशा इन तीनों विशेषताओं को अपने साथ जोड़े रहती है। अत: जाति प्रथा की पूर्ण परिभाषा प्रदान करते समय एक विद्वान को जाति संबंधित इन तीनों प्रवृत्तियों पर विशेष रूप से ध्यान देना चाहिए। आपके अनुसार विकर्षण की अवधारणा उन तमाम विशेषताओं को शामिल करती है जिनके आधार पर एक जाति दूसरी जाति से अपने आपको पृथक करती है। इसके अंतर्गत सहभोजीय प्रतिबंध

तथा अंतरजातीय विवाह संबंध निषेध आते हैं। यह पुस्तक तीन भागों में विभाजित है। पहले भाग के अंतर्गत जाति व्यवस्था की जड़ के ऊपर विवरण दिया गया है। पुस्तक के दूसरे भाग में जाति व्यवस्था की वैधता पर प्रकाश डाला गया है। पुस्तक के तीसरे भाग में जाति व्यवस्था के प्रभाव का विश्लेषण किया गया है। आपने जाति व्यवस्था के किसी एक निर्णायक को पृथक करने का प्रयास नहीं किया है, न ही आपने जातियों को पेशाई समूह अथवा वंश समूह के रूप में अवतरित होते हुए दर्शाया है। आपने जातियों का वर्ण माडेल से भी संबंध नहीं दर्शाया है। आपने जाति व्यवस्था की उन विशेषताओं को प्रकाश में लाया है जिनके आधार पर विभिन्न जातियां अपना पृथक अस्तित्व रखते हुए भी एक-दूसरे से अपना संबंध बनाए रखती हैं। आपकी यह पुस्तक फ्रेंच विद्वान ए.एम. होकार्ट तथा लुइस ड्युमांट के जाति के ऊपर अध्ययन करने में प्रेरणा का स्रोत बनी थी।

विश्लेषणात्मक काल में जाति अध्ययन

ए.एम. होकार्ट ने अपनी पुस्तक *कास्ट : ए कंपेरेटिव स्टडी* (1950) में बाउगल के समान जाति व्यवस्था में शामिल विभिन्न जातियों के बीच तुलनात्मक अध्ययन प्रस्तुत किया है। आपने यह प्रस्तुत किया है कि प्रत्येक जाति खान-पान तथा विवाह पर प्रतिबंध लगाकर अपनी-अपनी अलग पहचान बनाए हुए है। लेकिन इसका अर्थ यह नहीं कि सभी जातियां एक-दूसरे से बिल्कुल पृथक में रहते हैं। वरन् सभी जातियों के बीच जाति व्यवस्था में आपसी निर्भरता बनी रहती है।

एक अन्य फ्रेंच विद्वान लुई ड्यूमांट ने अपनी पुस्तक *होमो हिरारचिकस : एन ऐसे आन कास्ट सिस्टम* (1970) में जाति व्यवस्था के अंतर्गत निहित सम धर्मतंत्रीय व्यवस्था पर प्रकाश डाला है। आपने इस पुस्तक में यह प्रस्तुत करने का प्रयास किया है कि जाति व्यवस्था कई जातियों को साथ-साथ जोड़े रहती है। जाति व्यवस्था में शामिल सभी जातियां खान-पान तथा विवाह के संबंध में निषेधों का पालन करती हुई अपनी-अपनी अलग पहचान बनाए रखती हैं। लेकिन समान धर्म का पालन करते हुए वे एक-दूसरे पर निर्भर तथा एक-दूसरे से संबंधित रहती हैं। यानी समान धार्मिक व्यवस्था के माध्यम से वे संरचनात्मक एवं प्रकार्यात्मक एकता बनाए रखती हैं। जाति व्यवस्था के अंतर्गत विभिन्न जातियों को सम धर्मतंत्रीय व्यवस्था के माध्यम से संरचनात्मक एवं प्रकार्यात्मक एकता प्रदान की जाती है।

स्वतंत्रता प्राप्ति के पश्चात् भारतीय मानवशास्त्र का विश्लेषणात्मक काल आरंभ होता है। इस काल में जाति एवं जाति व्यवस्था का अनुभवाश्रित अध्ययन ग्राम अध्ययन के माध्यम से प्रारंभ हुआ। मानवशास्त्रियों ने ऐसा अनुभव किया कि जाति व्यवस्था क्या है? यह कैसे कार्य करती है? इन प्रश्नों का समाधान अनुभवाश्रित ढंग से भारतीय ग्रामों के ऊपर अध्ययन कर ढूंढा जा सकता है। अनेक अमरीकी, ब्रिटिश तथा भारतीय मानवशास्त्रियों ने

भारतीय ग्रामों का अध्ययन कर जाति व्यवस्था की सरचनात्मक प्रकार्यात्मक विशेषताओं को प्रकाश में लाया है। इन विद्वानों में ओस्कार लेविस, मैक्कीम मैरियट, ए.सी. मेयर, बी.एस. कोन, एम.एन. श्रीनिवास, डी.एन. मजूमदार, बी.एस. माथुर, जी.एस. घुर्ये, कथलिन गाउफ तथा ईरावती कार्वे इत्यादि नाम अग्रगण्य है। इन सभी विद्वानों के योगदान की चर्चा इसी अध्याय में ग्राम अध्ययन उप शीर्षक के अंतर्गत विस्तारपूर्वक की गई है, अत: यहां पर उन अध्ययनों को पुन: प्रस्तुत करना उचित नहीं प्रतीत होता है। अत: पाठकों से सादर अनुरोध है कि इन विद्वानों के जाति व्यवस्था के ऊपर अध्ययन को समझने के लिए ग्राम अध्ययन के अंतर्गत प्रस्तुत उनके योगदानों का अध्ययन करें।

जाति की विशेषताएं

भारतीय मानवशास्त्र के प्रारंभिक, निर्माण तथा विश्लेषणात्मक कालों में जाति व्यवस्था के ऊपर किए गए अध्ययन के आधार पर जाति तथा जाति व्यवस्था की निम्नलिखित विशेषताएं प्रकाश में आती हैं—

(1) जाति एक जन्म पर आधारित आनुवंशिक अवधारणा है।

(2) भारतीय गांवों में जाति व्यवस्था एक सार्वभौमिक सच्चाई है।

(3) जाति व्यवस्था में प्रत्येक जाति का स्थान निश्चित होता है, इसके कारण जाति व्यवस्था में सामाजिक संस्तरण पाया जाता है।

(4) जाति व्यवस्था में ब्राह्मण जाति का स्थान सर्वोपरि होता है। इसके बाद क्रमश: क्षत्रिय, वैश्य एवं शूद्र वर्ण की जातियों का स्थान आता है।

(5) जाति विवाह तथा खान-पान संबंधी निषेधों का पालन करती है।

(6) जाति व्यवस्था में विशुद्धता एवं अशुद्धता की धारणा पाई जाती है।

(7) ब्राह्मण, क्षत्रिय तथा वैश्य हिन्दू जातियों को द्विज (Twice-born) कहा जाता है। इन जातियों को उपनयन संस्कार करने का धार्मिक एवं सामाजिक अधिकार प्राप्त होता है।

(8) स्थान, भूमि स्वामित्व तथा संख्या बल के आधार पर कुछ जातियों को प्रबल जाति के रूप में स्थान प्राप्त होता है।

(9) हालांकि प्रत्येक जातियां अपनी-अपनी पृथक पहचान एवं स्थान रखती हैं, लेकिन उनमें जजमानी प्रथा के माध्यम से आपसी निर्भरता बनी रहती है।

(10) जाति व्यवस्था में सम धर्मतंत्रीय व्यवस्था पाई जाती है।

(11) प्रजातांत्रिक संस्थाओं के अस्तित्व में आ जाने के कारण प्रबल जाति के निर्धारण में संख्या बल महत्त्वपूर्ण कारक सिद्ध हुआ है।

(12) जाति व्यवस्था में मुसलमान तथा ईसाई जाति के लोग भी जजमानी व्यवस्था में शामिल पाए जाते हैं।

(13) जजमानी प्रथा के अंतर्गत सेवा प्रदान करने वाली जातियों का जजमानिका गांव होता है। इन गांवों में उनके जजमान रहते हैं जिनके घरों में वे सेवा प्रदान करती हैं तथा बदले में साल में दो बार अनाज में भुगतान पाती हैं।

(14) जाति व्यवस्था में संघर्ष, प्रतियोगिता एवं सहयोग तीनों प्रकार की सामाजिक प्रक्रियाएं शामिल रहती हैं।

(15) जजमानी प्रथा में जजमान, पुरोहित एवं पवनियां के बीच उत्सविक अवसरों पर सेवा, भोजन एवं उपहार का विनिमय होता है।

(16) जाति व्यवस्था में जाति पदानुक्रम के अनुसार संवाद विनिमय एवं संप्रेषण में संबोधन शब्दों का प्रयोग किया जाता है।

(17) जाति व्यवस्था के अंतर्गत दलबंदी भी पाई जाती है।

(18) भारतीय गांवों में परंपरागत नेतृत्व का आधार जाति व्यवस्था ही है।

(19) कुछ जातियाँ संवाद वाहक के रूप में अपनी सेवा प्रदान करती हैं।

(20) समाज में संस्कृतीकरण प्रक्रिया द्वारा निम्न तथा मध्य स्थान की जातियों में सामाजिक परिवर्तन लाया जा रहा है।

(21) उच्च जातियों द्वारा असंस्कृतीकरण प्रक्रिया को अपनाया जा रहा है।

(22) जाति की उत्पत्ति के संबंध में ईश्वरीय सिद्धांत भी पाया जाता है।

(23) जाति की उत्पत्ति के संबंध में पेशाई, प्रकार्यात्मक तथा आनुवंशिक सिद्धांत विशेष रूप से स्वीकार योग्य हैं।

(24) गांव में विभिन्न जाति के लोग आयु एवं यौन के अनुसार नातेदारी संबोधन शब्दों का प्रयोग करते हुए आपस में व्यवहार करते हैं।

(25) जातियों के बीच ऊर्ध्वाधर एवं क्षैतिज एकता पाई जाती है।

(26) आधुनिकीकरण तथा धर्म निरपेक्षीकरण के माध्यम से जातीय गतिशीलता एवं पेशाई गतिशीलता प्रकाश में आई है।

5

भारत में नगरीय एवं औद्योगिक समाज के ऊपर अध्ययन

URBAN AND INDUSTRIAL STUDIES IN INDIA

मानव इतिहास में नगरीकरण एक प्राचीन प्रक्रिया है। प्रागैतिहासिक अध्ययनों एवं अनुसंधानों के माध्यम से यह स्थापित किया जा चुका है कि भारत में नगर की उत्पत्ति सिन्धु घाटी सभ्यता की देन है। सिन्धु घाटी सभ्यता को प्रागैतिहासिक मानवशास्त्री हड़प्पा संस्कृति की संज्ञा प्रदान करते हैं। मोहन जोदड़ो एवं हड़प्पा के साथ-साथ अनेक प्रागैतिहासिक नगर भारतवर्ष में अस्तित्व में थे। इन नगरों की नगर निर्माण योजना तथा नागरिक एवं प्रशासनिक व्यवस्था बड़ी सुदृढ़ थी। इन प्रागैतिहासिक नगरों के पश्चात् प्राचीन भारत में गया, वाराणसी, प्रयाग, मथुरा, अयोध्या, पाटलीपुत्र, राजगीर तथा अन्य कई नगर अस्तित्व में आए। इन नगरों की उत्पत्ति धार्मिक या धार्मिक-प्रशासनिक नगर के रूप में हुई थी। इन धार्मिक नगरों के अपने-अपने प्रभाव क्षेत्र थे तथा कई अवसरों पर वे संपूर्ण भारत से जुड़ जाते थे। अमेरिकी मानवशास्त्री राबर्ट रेडफिल्ड के शब्दों में इन प्राचीन धार्मिक, प्रशासनिक एवं व्यावसायिक नगरों की उत्पत्ति नियत विकासीय (Orthogenetic) रही थी। इन नगरों की उत्पत्ति से नगरीकरण की प्राथमिक अवस्था का निर्माण भारतीय सभ्यता में हुआ। इसीलिए नगरीकरण की इस आरंभिक प्रक्रिया को प्राथमिक नगरीकरण (Primary Urbanisation) कहा जाता है।

मध्य युग विशेषकर अकबर महान एवं शेरशाह के शासनकाल में अनेक नगरों का निर्माण हमारे देश में हुआ। उदाहरण के लिए आगरा, दिल्ली, फिरोजपुर, दौलताबाद, फतेहपुर सीकरी, फरूखाबाद, सासाराम इत्यादि। इन नगरों का निर्माण प्रशासनिक दृष्टि से किया गया था। किला, मस्जिद, मकबरा, गुंबज तथा राजमहल इन नगरों की विशेषता प्रदर्शित करते थे।

जब ब्रिटिश का आगमन भारत की भूमि पर हुआ, तब वैज्ञानिक ज्ञान एवं व्यावसायिक भावना के साथ हमारे देश की नगरीकरण प्रक्रिया में एक निश्चित मोड़ आया। इस नगरीकरण को उद्योगों पर आधारित नगरीकरण कहा जाता है। नगरीकरण की इस अवस्था की पहचान खनिज पर आधारित उद्योगों की स्थापना तथा खनिज संसाधनों के शोधन से की जाती है।

उन नगरों का निर्माण विदेशी पूंजी निवेश एवं विदेशी तकनिशियन की सेवा द्वारा किया गया था। यही कारण है कि इस अवस्था में अनेक खनिज, औद्योगिक, व्यावसायिक, प्रशासनिक एवं परिवहन नगर अस्तित्व में आए। परंपरागत नगरों की उत्पत्ति समतल क्षेत्र के नदियों के किनारे हुई थी। लेकिन आधुनिक नगरों की उत्पत्ति पहाड़ी, पठारी तथा जंगल में स्थित क्षेत्रों में भी हुई। उद्योग पर आधारित नगरों की उत्पत्ति को द्वितीयक नगरीकरण की देन कहा जाता है। अमेरिकी मानवशास्त्री राबर्ट रेडफिल्ड ने खनिज तथा उद्योग पर आधारित नगरीकरण की प्रक्रिया को द्वितीयक नगरीकरण (Secondary Urbanisation) की संज्ञा प्रदान की है। इस प्रक्रिया के कारण नगरों की उत्पत्ति बहुविकासीय (Heterogenetic) रही है।

आजादी प्राप्ति के पश्चात नगरीकरण की प्रक्रिया में और गति आई है। इस अवधि में कई देशों के सहयोग से बृहत पैमाने पर नगरीकरण का कार्य संपन्न हुआ है। यही कारण है कि हमारे देश की शहरी जनसंख्या में बढ़ोतरी होती जा रही है।

हमारे देश के परंपरागत नगरों द्वारा आरंभ से ही महत्त्वपूर्ण धार्मिक भूमिका निभाई गई है तथा वर्तमान में आधुनिक नगरों द्वारा औद्योगिक भूमिका सक्रिय रूप से निभाई जा रही है। लेकिन उनके ऊपर मानवशास्त्रीय अनुसंधान का शुभारंभ बहुत बाद में हुआ है। हालांकि ब्रिटेन में औद्योगिक क्रांति बहुत पहले शुरू हो गई थी, लेकिन चार्ल्स बुथ का महत्त्वपूर्ण अध्ययन *लाइफ ऑफ पिपुल ऑफ इंग्लैंड* का प्रकाशन 1902 में हुआ। भारत में सबसे पहले पूना नगर का सर्वेक्षण डी.आर. गाडगिल द्वारा 1936–37 में किया गया था जिसका प्रकाशन 1945 एवं 1962 में हुआ था। गाडगिल गोखले इंस्टिच्युट ऑफ पोलिटिक्स एंड इकोनामिक्स से जुड़े हुए थे। इस प्रकार भारतवर्ष में डी.आर. गाडगिल के अध्ययन (1945 एवं 1952) को नगर अध्ययन के शुभारंभ के रूप में याद किया जाता है। इसके पश्चात भूगोलवेत्ता, अर्थशास्त्री, जनसंख्याशास्त्री, समाजशास्त्री तथा मानवशास्त्री द्वारा नगर का अध्ययन हमारे देश में आरंभ हुआ। अनेक संगठनों—योजना आयोग, यूनेस्को रिसर्च सेंटर, विश्वविद्यालयों एवं व्यक्तिगत विद्वानों के सहयोग से नगरीय केन्द्रों के ऊपर विस्तारपूर्वक अध्ययन किया गया।

प्रारंभिक काल

भारत के नगरों के संबंध में हमें कुछ संक्षिप्त जानकारी भारत के साम्राज्यिक एवं जिला स्थान विवरणिकाओं (Gazetteers) में उपलब्ध होती है। भारत सरकार के जनगणना प्रतिवेदनों में भी हमें भारतीय नगरों के संबंध में लघु विवरण प्राप्त होता है। हालांकि साम्राज्यिक एवं जिला विवरणिकाओं तथा जनगणना प्रतिवेदनों की अपनी-अपनी सीमाएं होती हैं, लेकिन उनके अध्ययन से भारत में नगरीकरण प्रक्रिया का विवरण हमें अवश्य प्राप्त हो जाता है।

भारत के नगरीय जीवन के संबंध में हमें जानकारी एम.ए. शेरिंग्स (Sherrings) की पुस्तक, *द सैकरेड सिटी ऑफ हिन्दू : एन एकाउंट ऑफ बनारस इन एंशियंट एंड मार्डन टाइम्स* (1868) लंदन में उपलब्ध होती है। आपने प्राचीन भारतीय धर्म ग्रंथों के अध्ययन एवं अपने अनुसंधान के आधार पर बनारस नगर की नगरीय जीवनशैली पर प्रकाश डाला है।

एक अन्य विद्वान जे.आर. ब्लैक वुड ने अपनी पुस्तक *कलकत्ता : टाउन एंड सबर्ब्स* (1902) में कलकत्ता नगर के सामाजिक-आर्थिक जीवन की रूपरेखा प्रस्तुत की।

एक अन्य विद्वान एच.टी. सोर्ले ने अपनी पुस्तक *सिटी ऑफ बॉम्बे प्रेसिडेंसी* (1933) में बॉम्बे नगर का तथ्यपरक विवरण प्रस्तुत किया है।

उपरोक्त सभी अध्ययनों को भारत में नगर अध्ययन की आरंभिक अवस्था के अंतर्गत रखा जा सकता है।

निर्माण काल

भारत में नगर अध्ययन निर्माण काल की अवस्था में 1950 के बाद प्रवेश किया। 1950 के पश्चात हमारे देश में नगर अध्ययन के लिए अनुकूल वातावरण का निर्माण हुआ। अनुकूल वातावरण निर्माण के लिए निम्नलिखित कारक महत्त्वपूर्ण थे—

1. आजादी प्राप्ति के पश्चात हमारी सरकार द्वारा नगरीकरण प्रक्रिया एवं नगर विकास की समस्या को अध्ययन करने की आवश्यकता महसूस की गई ताकि पंचवर्षीय योजनाओं के सूत्रीकरण में नगर विकास को उचित स्थान दिया जा सके। इस उद्देश्य की प्राप्ति हेतु योजना आयोग, भारत सरकार द्वारा अनुसंधान कार्यक्रम समिति का गठन जुलाई 1952 में किया गया। इस समिति का मुख्य कार्य भारतीय नगरों के ऊपर विभिन्न प्रकार के सर्वेक्षणों को वित्त सहित प्रोत्साहित करना था। चार वर्षों की अल्प अवधि में 21 शहरों एवं नगरों के ऊपर सर्वेक्षण कार्य आरंभ किए गए थे। इन सर्वेक्षणों का उद्देश्य मुख्य रूप से निम्नलिखित थे—
   - (i) जनसंख्या वृद्धि, व्यावसायिक तथा औद्योगिक संस्थानों की जानकारी प्राप्त करना,
   - (ii) संगठित, असंगठित तथा व्यावसायिक क्षेत्रों में रोजगार के अवसरों का पता लगाना,
   - (iii) प्रवसन के स्वभाव एवं विस्तार को प्रकाश में लाना,
   - (iv) नगरीय रोजगार का पता लगाना,
   - (v) गृह, परिवहन, ऊर्जा आपूर्ति, पेयजल आपूर्ति तथा नागरिक सुविधाओं

को बढ़ावा देने वाले या रुकावट पैदा करने वाले कारकों का पता लगाना।

चूंकि इस प्रकार के सर्वेक्षणों के लिए वित्तीय सहायता योजना आयोग भारत सरकार द्वारा उपलब्ध कराई जा रही थी, अतः अनेक विश्वविद्यालयों एवं अनुसंधान संस्थानों द्वारा भारतीय नगरों के सामाजिक-आर्थिक सर्वेक्षण में परियोजना निर्माण के माध्यम से अपनी सहभागिता प्रदर्शित की गई। हालांकि इन सर्वेक्षणों में सर्वाधिक भागीदारी अर्थशास्त्रियों द्वारा प्रदर्शित की गई, लेकिन कतिपय समाजशास्त्रियों, भूगोल विषय के विद्वानों एवं सामाजिक मानवशास्त्रियों द्वारा भी भारतीय नगरों के ऊपर अध्ययन किए गए थे।

2. सन् 1952 ई. में यूनेस्को के तत्वावधान में अनेक दक्षिण एशियाई देशों को नगरीकरण के तुलनात्मक अध्ययन के लिए प्रोत्साहित किया गया था। इस अध्ययन केन्द्र का कार्यालय कलकत्ता में स्थित था। यूनेस्को अनुसंधान केन्द्र द्वारा बैंकाक, बॉम्बे, ढाका, दिल्ली, जकार्ता तथा भारतीय स्टील नगरों के ऊपर उद्योगीकरण के सामाजिक प्रभाव का अध्ययन किया गया था। अनुसंधान कार्य में अपनी दक्षता एवं अनुसंधान राशि की उपलब्धता के आधार पर यूनेस्को द्वारा नगर अध्ययन के ऊपर श्रेष्ठ कार्य किए गए। इसके द्वारा अनेक विश्वविद्यालयों एवं अनुसंधान संस्थानों को भी नगर के ऊपर अध्ययन के लिए प्रोत्साहित किया गया।
3. शिकागों विश्वविद्यालय अमेरिका के सामाजिक-सांस्कृतिक मानवशास्त्र से प्रभावित होकर भारत में नगरों की सांस्कृतिक भूमिका तथा भारतीय सभ्यता के विकास में उनके योगदानों को अध्ययन करने की आवश्यकता महसूस की गई। साथ ही साथ सभ्यता के विस्तार को भी जानने की आवश्यकता महसूस की गई। इसी आवश्यकता को ध्यान में रखकर परंपरागत एवं औद्योगिक नगरों के ऊपर हमारे देश में अध्ययन आरंभ हुआ। नगर को जटिल समाज के रूप में मान्यता प्रदान की गई। गया, प्रयाग, बनारस, मथुरा, अयोध्या, पुरी, हरिद्वार, रामेश्वरम, भुवनेश्वर, नासिक, देवघर, राजगीर, कलकत्ता, लखनऊ, मद्रास, जमशेदपुर, नगरों के ऊपर अध्ययन किए गए।
4. भारतीय समाजशास्त्रीय संघ, बॉम्बे तथा भारतीय अर्थशास्त्रीय संघ द्वारा भी भारतीय नगरों के ऊपर अध्ययनों में अभिरुचि प्रदर्शित की गई तथा अनेक सेमिनारों का आयोजन किया गया।

उपरोक्त वर्णित क्रियाकलापों के फलस्वरूप भारत में नगर अध्ययन को बल मिला। अनेक संस्थाओं, संगठनों, विद्यार्थियों, विद्वानों द्वारा भारत के विभिन्न नगरों का अध्ययन विभिन्न दृष्टिकोणों के आधार पर किया जाने लगा।

नगरीय भूगोलवेत्ताओं का अध्ययन

भूगोलवेत्ताओं का मुख्य उद्देश्य मानव को पर्यावरण के संबंध में अध्ययन करना रहा है। अतः अनेक भूगोलवेत्ताओं द्वारा नगरों के वितरण, आकार, विस्तार एवं प्रकार्य का अध्ययन किया गया है तथा पुस्तकों की रचना की गई है।

आर.एल. सिंह ने अपनी पुस्तक *बनारस : ए स्टडी इन अर्बन जियोग्राफी* (1955) तथा *मिर्जापुर : ए स्टडी इन अर्बन जियोग्राफी* (1960) में बनारस एवं मिर्जापुर नगरों का भौगोलिक विवरण प्रस्तुत किया है। डी. मजूमदार ने अपनी पुस्तक *अर्बन पैटर्नस ऑफ सिलीगुड़ी* (1957) में सिलीगुड़ी नगर के नगरीय प्रतिमान का विवरण प्रस्तुत किया है। ए.आर. तिवारी ने अपने शोधपत्र, 'अर्बन रिजंस ऑफ आगरा' (1958) में आगरा नगर के नगरीय क्षेत्रों का विवरण दिया है। ए.बी. चैटर्जी ने अपने शोधपत्र 'डिमोग्राफिक फीचर्स ऑफ हावड़ा सिटी' (1958) में हावड़ा शहर की जनसांख्यिकीय विशेषताओं का वर्णन प्रस्तुत किया है। ए.के. दत्ता ने अपने अनुसंधान पत्र 'द नेबरहुड यूनिट प्लान एंड इट्स इंपैक्ट आन जमशेदपुर' (1962) में जमशेदपुर नगर के नगरीय प्रतिमान का विवरण दिया है। उजागर सिंह ने अपने शोधपत्र (1966) में कानपुर, इलाहाबाद, वाराणसी, आगरा तथा लखनऊ नगरों का विवरण प्रस्तुत किया है।

इनायत अहमद ने अपने शोधपत्र टाउंस इन इंडिया : ए केस ऑफ उत्तर प्रदेश (1958) में उत्तर प्रदेश के नगरों एवं शहरों के आकार एवं प्रकार्य के ऊपर विवरण प्रस्तुत किया है। आपने अपने एक अन्य शोधपत्र 'बिहार : फिजिकल, इकोनामिक एंड रिजनल जियोग्राफी' (1965) में दर्शाया है कि बिहार राज्य में नगरों की उपस्थिति उन स्थानों पर अधिक है जहां गंगा नदी बिहार को छोड़ती है तथा सोन एवं गंडक प्रवेश करती हैं। गंगा, सोन एवं गंडक नदियों से निर्मित त्रिभुज को अतीतकाल से बिहार का सांस्कृतिक हृदय कहा जाता है। इसी क्षेत्र में चीनी, सीमेंट एवं तंबाकू उद्योग अवस्थित हैं। राज्य की सर्वाधिक ग्रामीण जनसंख्या भी इसी क्षेत्र में स्थित है। इस त्रिकोण के एक-तिहाई भाग में बिहार राज्य के नगरों की आधी संख्या पाई जाती है। आपने अपने अध्ययन में सात नगरों—मुजफ्फरपुर, दरभंगा, भागलपुर, पटना, गया, राँची तथा जमशेदपुर—का उल्लेख किया है। इन नगरों में जमशेदपुर शहर का स्वभाव बिल्कुल विपरीत पाया गया। यहां पर नगरीकरण प्रक्रिया के कारण कृषि कर्म बिल्कुल लुप्त पाया गया। जबकि गंगा नदी के मैदानी भाग में स्थित नगरों का स्वभाव विकसित गांवों के समान पाया गया।

उपरोक्त सभी अध्ययनों में क्षेत्रीय नगरीकरण के ऊपर विशेष ध्यान दिया गया है तथा क्षेत्रीय विकास के पारिस्थितिकीय कारकों पर विशेष बल दिया गया है। लेकिन एक व्यक्तिगत शहर का विस्तारपूर्वक अध्ययन नहीं किया गया है।

अर्थशास्त्रियों द्वारा नगरों का अध्ययन

गोखले इंस्टिच्युट ऑफ पॉलिटिक्स एंड इकोनामिक्स के विद्वान डा. डी.आर. गाडगिल द्वारा सन् 1936-37 में पूना नगर के ऊपर किए गए अध्ययन को अर्थशास्त्री द्वारा नगरीय केन्द्रों के सामाजिक-आर्थिक सर्वेक्षण का शुभारंभ माना जाता है। गोखले इंस्टिच्युट ऑफ पोलिटिक्स एंड इकोनामिक्स के द्वारा शोलापुर (1948) एवं कोल्हापुर (1957) नगरों के ऊपर भी सामाजिक-आर्थिक सर्वेक्षण किए गए थे। जब योजना आयोग, भारत सरकार द्वारा अनुसंधान कार्यक्रम समिति का गठन किया गया तब पूना अध्ययन की पृष्ठभूमि में अनेक अर्थशास्त्री नगरीय समस्याओं के अध्ययन में आगे आए। अनुसंधान कार्यक्रम समिति के आर्थिक सहयोग द्वारा पूना नगर का पुनर्सर्वेक्षण एन.वी. सोवानी तथा अन्य (1956) ने किया। 1936-37 एवं 1954 में पूना नगर के ऊपर किए गए सर्वेक्षणों के आधार पर पूना नगर के परिवर्तित प्रतिमान को प्रकाश में लाया गया।

हैदराबाद-सिकंदराबाद शहर का सामाजिक-आर्थिक सर्वेक्षण केशवे अय्यंगर (1957) ने किया था। इस सर्वेक्षण में हैदराबाद-सिकंदराबाद नगर की जनसंख्या, प्रवसन, पेशा, उद्योग, आय, व्यय, रोजगार, गृह की समस्या एवं सामाजिक जीवन के ऊपर आंकड़े संकलित किए गए। सामान्य सर्वेक्षण से हटकर इस सर्वेक्षण में 493 महिलाओं के अध्ययन के आधार पर परिवार नियोजन एवं प्रजनन के संबंध में भी आंकड़े एकत्रित किए गए थे। शहर में ग्रामों से आकर बसने वाले लोगों की जाति, धर्म, भाषा, वर्ग के ऊपर सूचनाएं संकलित नहीं की गईं थीं।

बड़ौदा नगर का सामाजिक-आर्थिक सर्वेक्षण (1957) एच.सी. मलकानी द्वारा किया गया था। इस सर्वेक्षण में 4202 परिवारों में से 10 प्रतिशत परिवारों को शामिल किया गया था। इस सर्वेक्षण के आधार पर बड़ौदा नगर के प्रवसन एवं बेरोजगारी को प्रकाश में लाने का प्रयास किया गया था।

जमशेदपुर नगर का अध्ययन बी.आर. मिश्रा द्वारा (1959) किया गया था। आपने इस सर्वेक्षण में आर्थिक विचारों के ऊपर अपना विशेष ध्यान केन्द्रित किया। आपने इस सर्वेक्षण के आधार पर तीव्रगति से जारी नगरीकरण के परिणामों एवं नगरीकरण की विशेषताओं को प्रकाश में लाने का प्रयास किया है। लेकिन आपने सामाजिक विचारों को अपने सर्वेक्षण में स्थान नहीं दिया है।

एन.बी. देसाई ने सूरत नगर (1958) का सामाजिक-आर्थिक सर्वेक्षण करके परिवार नियोजन एवं प्रजनन को प्रकाश में लाने की चेष्टा की है। उसी अवधि में आपने गोरखपुर नगर का भी सामाजिक-आर्थिक सर्वेक्षण करके परिवार नियोजन के प्रभाव को प्रकाश में लाया है।

हुबली नगर का सामाजिक-आर्थिक सर्वेक्षण बी.सी. ढेकनेरा (1959) द्वारा किया गया था। आपने अपने सर्वेक्षण में हुबली नगर के प्रवसन, पेशा एवं रोजगार प्रतिमान को प्रकाश में लाया था।

कलकत्ता महानगर का सामाजिक-आर्थिक सर्वेक्षण एस.एन. सेन द्वारा (1961) किया गया था। आपने अपने सर्वेक्षण में कलकत्ता महानगर के प्रवसन, आय, पेशा, विस्थापित प्रवसन एवं जनसंख्या वृद्धि का मुख्य रूप से वर्णन किया है। एक अन्य महानगर बॉम्बे का सामाजिक-आर्थिक सर्वेक्षण (1962) लक्दावाला द्वारा किया गया था। आपने भी अपने सर्वेक्षण में बॉम्बे महानगर की आर्थिक विशेषताओं—प्रवसन, पेशा, रोजगार, आय, जनसंख्या इत्यादि का विवरण प्रस्तुत किया है।

पी.सी. मल्होत्रा (1964) ने भोपाल नगर का सामाजिक-आर्थिक सर्वेक्षण किया। हालांकि आपने अपने सर्वेक्षण में पेशा, आय, पारिवारिक संरचना एवं मकान की समस्या पर भी प्रकाश डाला है, लेकिन आपने जनसंख्या प्रवसन एवं बेरोजगारी का वर्णन विशेष ढंग से किया है।

वी.के.आर.वी. राव तथा पी.बी. देसाई (1965) ने बृहत दिल्ली का सामाजिक-आर्थिक सर्वेक्षण करके द्वितीय विश्वयुद्ध के समय दिल्ली की जनसंख्या में अत्यधिक वृद्धि को प्रकाश में लाया। अन्य क्षेत्रों से भारी मात्रा में जनसंख्या के आगमन के कारण दिल्ली नगर की अर्थव्यवस्था को उन्हें समायोजित करने में अनेक प्रकार की समस्याओं का सामना करना पड़ा था। डी.एस. चौहान ने (1965) आगरा नगर का सामाजिक-आर्थिक सर्वेक्षण किया तथा प्रवसित जनसंख्या के अनुकूलन प्रक्रिया को प्रकाश में लाया।

सामाजिक मानवशास्त्रियों एवं समाजशास्त्रियों का अध्ययन

अनुसंधान कार्यक्रम समिति, योजना आयोग, भारत सरकार द्वारा कुछ नगरों के ऊपर समस्यापरक अध्ययन हेतु कतिपय समाजशास्त्रियों को आमंत्रित किया गया तथा अनुसंधान परियोजना को सफल बनाने के लिए उन्हें वित्तीय सहायता प्रदान की गई। इसी क्रम में मद्रास नगर के भिखारियों की समस्याओं का अध्ययन (1956) के.एन. जार्ज द्वारा किया गया। आपने अपने अध्ययन में भिखमंगी की अवस्थाओं तथा भिखारियों की समस्याओं के स्वभाव का विवरण विस्तारपूर्वक प्रस्तुत किया है।

दिल्ली नगर के भिखारियों एवं उनकी समस्याओं का अध्ययन दिल्ली स्कूल ऑफ सोशल वर्क्स के विद्वान एम.एस. गोरे (1956) द्वारा किया गया था। आपने अपने अध्ययन में भिखारियों के प्रकार, उनकी समस्याएं एवं सामुदायिक जीवन के संबंध में विवरण प्रस्तुत किया है। साथ ही साथ आपने उनकी समस्याओं के समाधान हेतु सुझावों को भी अभिव्यक्त किया है। आपने भिखमंगी के पीछे निहित गरीबी, पारिवारिक पेशा, घर में दुर्व्यवहार, शारीरिक एवं मानसिक यातना, बाल्यावस्था में अनाथ हो जाना, जैसे कारकों को प्रकाश में लाया है। आपने अपने अध्ययन में दर्शाया है कि मद्रास नगर के समान दिल्ली नगर के भिखारियों को सामाजिक पृथकता की समस्या का सामना नहीं करना पड़ता है। क्योंकि वे परिवार अथवा मित्रों के साथ रहते हैं। समान भाषा एवं रोग के आधार

पर वे साथ-साथ रहते हैं। आपने भिखारियों की समस्याओं को ऐतिहासिक परिप्रेक्ष्य में जानने का प्रयास किया तथा दर्शाया कि भिखमंगी को दमनकारी, निषेधकारी एवं पुनर्वासकारी मापदंड के आधार पर समझने का प्रयास किया जाना चाहिए।

एम.एस. गोरे द्वारा दिल्ली नगर में स्थित बाल कल्याण सेवा संस्थानों के ऊपर भी अध्ययन उसी अवधि में किया गया था।

श्रीमती पी. सेन गुप्ता द्वारा टीटागढ़ नगर के जूट उद्योग में कार्यरत महिला कर्मचारियों का समाजशास्त्रीय अध्ययन (1960) किया गया। इस अध्ययन में आपने जूट उद्योग में काम करने वाली महिलाओं की विभिन्न समस्याओं को प्रकाश में लाया है।

डा. एस.डी. पुनेकर तथा मिस कमालिया राव द्वारा बॉम्बे नगर की वेश्याओं के ऊपर समाजशास्त्रीय अध्ययन (1962) किया गया। इस अध्ययन में केवल सहनशील क्षेत्रों में रहने वाली वेश्याओं को शामिल किया गया है। क्योंकि उस क्षेत्र में उनका रहना एवं धंधा करना आम जनता एवं पदाधिकारी की नजरों में सहनशील माना जाता है। अध्ययन में वेश्याओं के आरंभिक सामाजिक, भावनात्मक एवं आर्थिक पहलुओं को प्रकाश में लाने का प्रयास किया गया है। वेश्याओं की समस्याओं एवं इस पेशे की ओर उनके नजरिये को भी प्रकाश में लाया गया है।

अनुसंधान कार्यक्रम समिति के वित्तीय सहयोग से लखनऊ नगर का अध्ययन आर.के. मुखर्जी एवं बलजीत सिंह (1961) द्वारा किया गया था। इस अध्ययन में कुल परिवारों में से 15 प्रतिशत परिवारों को अध्ययन में शामिल किया गया था। इस अध्ययन में लखनऊ नगर के नागरिक सुविधाओं, प्रवसन के लिए जिम्मेवार कारकों, संगठित एवं असंगठित क्षेत्रों में बेरोजगारी, परिवार संरचना, गृह की समस्या, परिवार नियोजन एवं प्रजनन का वर्णन किया गया है। इस प्रकार लखनऊ नगर के जीवन के समाजशास्त्रीय पहलुओं को प्रकाश में लाने का प्रयास किया गया है।

योजना आयोग, भारत सरकार के अनुसंधान कार्यक्रम समिति (आर.पी.सी.) के वित्तीय सहयोग से डा. डी.एन. मजूमदार ने कानपुर नगर का अध्ययन (1960) किया। आपने अपने अध्ययन में औद्योगिक महानगर कानपुर की जटिल नगरीय जीवनशैली को प्रकाश में लाया है। आपने अपने इस अध्ययन में कानपुर नगर का सामाजिक-आर्थिक सर्वेक्षण प्रस्तुत नहीं किया है। वरन् आपने मानवशास्त्रीय तकनीक एवं विधि से कारखाना जीवन के विभिन्न पहलुओं को प्रकाश में लाया है। आपने इस औद्योगिक नगर की सामाजिक एवं सांस्कृतिक विशेषताओं को समझने के लिए प्रश्नावली तकनीक का सहारा लिया था। आपने अपने अध्ययन में 2000 व्यक्तियों को शामिल किया था। अपने अध्ययन के आधार पर आपने अपनी पुस्तक *सोशल कंटुर्स ऑफ एन इंडस्ट्रीयल सिटी* (1960) का प्रकाशन किया था।

यह पुस्तक तीन भागों में विभाजित है। प्रत्येक भाग में कई अध्याय हैं। पुस्तक की समाप्ति नगरीकरण की सांस्कृतिक विषयवस्तु से होती है। पुस्तक के प्रथम भाग में

कानपुर औद्योगिक नगर के विकास, वर्तमान में नागरिक सुविधाओं, औद्योगिक रोजगार के स्वभाव एवं बेरोजगारी की समस्या के ऊपर विवरण प्रस्तुत किया गया है। आपने अपने अध्ययन में दर्शाया है कि कानपुर नगर में बिजली की आपूर्ति 1909 में आरंभ हुई। कारखानों की संख्या में वृद्धि हुई जिसके कारण रोजगार के अवसर लोगों को मिले। सन् 1906 में कानपुर नगर की मजदूरी जनगणना की गई थी जिसके अनुसार एक मजदूर की मासिक मजदूरी 5 रुपये से साढ़े सात रुपये तक थी। फायरमैन की मासिक मजदूरी 8 रुपये से 12 रुपये थी, जबकि लोहार की मासिक मजदूरी 14 रुपये से 22 रुपये थी। बढ़ई तथा मिस्त्री की मासिक मजदूरी 15 रुपये से 30 रुपये थी। कानपुर नगर में उन्नति न्यास की स्थापना 1919 में हुई थी।

नागरिक सुविधाओं का पुनरावलोकन करते हुए आपने दर्शाया है कि कानपुर नगर गंदी बस्ती, शौचालय एवं सफायी, निर्धन लोक स्वास्थ्य, पेयजल एवं आवागमन की समस्या से भरा पड़ा है। वहां पर बाजार केन्द्र योजनाबद्ध ढंग से नहीं बनाए गए हैं। नगर के समान मुहल्लेवासियों को नागरिक सुविधाएं उपलब्ध नहीं होती हैं।

आपने दर्शाया है कि सन् 1953 में कानपुर नगर में 273 कारखाने थे जिसमें 68,832 लोग कार्यरत थे। आपने कानपुर नगर के युवाजनों के बीच व्याप्त बेरोजगारी की समस्या पर भी प्रकाश डाला है। आपने शिक्षित युवाजनों के लिए व्यवसाय आधारित प्रशिक्षण पर बल दिया है ताकि उनकी बेरोजगारी की समस्या को समाप्त किया जा सके। आपने नियोजन केन्द्रों को प्रभावशाली बनाने पर भी बल दिया।

पुस्तक के द्वितीय भाग में आपने नमूना सर्वेक्षण विधि का प्रयोग करते हुए प्रवासियों एवं गैरप्रवासियों के ऊपर आंकड़े संकलित किए हैं। ज्यादातर ग्रामीण क्षेत्रों से पुरुष लोग काम की खोज एवं रोजगार के लिए कानपुर आए। यही कारण है कि कानपुर नगर में पुरुषों की संख्या अधिक पाई गई। व्यवसाय एवं उद्योग की चर्चा करते हुए आपने 63 प्रकार के पेशों का उल्लेख किया है जिन्हें आगे विश्लेषण के लिए 29 वर्गों में विभाजित किया है।

प्रजनन एवं परिवार नियोजन की चर्चा करते हुए आपने दर्शाया है कि अध्ययन में शामिल कुल विवाहित महिलाओं में केवल 5 प्रतिशत महिलाएं परिवार नियोजन विधि का प्रयोग करती थीं। शिशु जन्म, शिशु मृत्यु, मातृत्व प्रतिमान, लिंग नैतिकता, जुड़वां का जन्म, परिवार आकार एवं निरोध तथा कंडोम के प्रति मनोभाव का विवरण भी यहां प्रस्तुत किया गया है।

पुस्तक के तृतीय भाग में नगरीकरण की सांस्कृतिक विषयवस्तु की चर्चा की गई है। इसके अंतर्गत विवाह प्रतिमान, पति-पत्नी संबंध, पति की नजर में पत्नी की स्थिति, जाति समूहीकरण तथा प्रवासियों के सामाजिक जीवन संबंधी सांख्यिकीय आंकड़े एवं विश्लेषण प्रस्तुत किए गए हैं। कानपुर नगर का समीपस्थ ग्रामों के ऊपर प्रभाव का भी वर्णन इस खंड के अंतर्गत प्राप्त होता है। कानपुर नगर में आने के बाद अछूतों को अछूत

प्रथा का शिकार नहीं होना पड़ता है। गांव की उच्च जातियां अपने सामाजिक एवं धार्मिक महत्त्व खो दी हैं। कानपुर नगर आस-पास स्थित गांवों की तस्वीर को नहीं बदल सका है। कुछ पढ़े-लिखे गांव के लोग नगरीय मूल्य से परिचित अवश्य हुए हैं।

डी 'सुजा ने अपनी पुस्तक *सोशल स्ट्रक्चर ऑफ ए प्लांड सिटी— चंडीगढ़* (1965) में चंडीगढ़ नगर की सामाजिक संरचना का विवरण प्रस्तुत किया है। उनके अनुसार चंडीगढ़ नगर एक समुदाय के रूप में सामाजिक संरचना प्रदर्शित करता है। अपने अध्ययन में चडीगढ़ नगर के संबंध में अनेक असाधारण विशेषताओं का पता लगाया है। चंडीगढ़ नगर का निर्माण योजनाबद्ध ढंग से किया गया था अत: कोई स्थायी सामाजिक संरचना के संबंध में उम्मीद करना जल्दबाजी होगा। यह नगर जल्द ही अस्तित्व में आया था जिसका निर्माण पंजाब तथा देश के अन्य भागों से आए लोगों द्वारा हुआ था। चूंकि शहर का निर्माण योजनाबद्ध ढंग से हुआ था, अत: सामुदायिक संगठन की स्वाभाविक प्रक्रिया प्रभावित हुई थी।

यह अध्ययन शहर के कुल परिवारों में से 10 प्रतिशत नमूना परिवारों के अध्ययन पर आधारित है। सामाजिक संगठन के आधारों, पेशाई संरचना, शैक्षणिक अवसर, गृह क्षेत्रों इत्यादि का अर्थपूर्ण विवरण यहां प्रस्तुत किया गया है। प्रवसन, गंदी बस्तियों एवं नगर निर्माण योजना का वर्णन भी रोचक ढंग से किया गया है।

आपने अपने अध्ययन के माध्यम से उन सूचकों को प्रकाश में लाया है जिनके कारण चंडीगढ़ में सामुदायिक जीवन का एकीकरण नहीं हो पाया है। क्षेत्र एवं शहर दोनों स्तर पर संगठित सामुदायिक जीवन के कोई निशान नहीं उपलब्ध होते हैं। सांस्कृतिक, धार्मिक एवं राजनीतिक क्षेत्र में नेतृत्व का अभाव पाया गया। स्वयंसेवी संगठन का भी अभाव देखा गया। अनेक लोग अपने-अपने गांवों से घनिष्ठ संबंध बनाए हुए थे। क्योंकि उनके बच्चे, पत्नी, संपत्ति, रिश्तेदार इत्यादि गांव में रहते थे। वे लोग अक्सर ही अपने घर आया-जाया करते थे। अत: शहर में रहते हुए भी अपने पड़ोसी के साथ उनमें हम की भावना नहीं पनप पाई थी। आपने इस नगर को अध्यारोपित (Super imposed) नगर की संज्ञा प्रदान की है। आपने स्पष्ट रूप से यह दर्शाया है कि अमेरिकी पड़ोसी का सेक्टर सिद्धांत भारतीय नगर के संबंध में सही नहीं दिखाई पड़ता है। अमेरिकी पड़ोसी का सेक्टर सिद्धांत के अंतर्गत कई परिवारों के समूह को शामिल किया गया है। इन परिवारों के बीच सामाजिक संस्तरण की भावना नहीं पाई जाती है। उनके लिए सामान्य स्कूल, सामुदायिक सेंटर तथा मनोरंजन क्लब होते हैं। लेकिन भारतीय नगर में रहने वाले परिवारों के बीच सामाजिक संस्तरण की भावना पाई जाती है। वे आम स्कूल से जुड़े नहीं होते। उनके बीच सामुदायिक भवन का अभाव पाया जाता है तथा वे किसी मनोरंजन क्लब के सदस्य नहीं होते। विभिन्न सामाजिक एवं आर्थिक वर्गों में सामंजस्य स्थापित नहीं हो पाता जिसके कारण सामाजिक दूरी बनी रहती है। आपने नगरीय जीवन में एकता, प्रगतिशीलता, प्रजातंत्र एवं समाजवाद के लिए मिश्रित पास-पड़ोस के निर्माण का सुझाव व्यक्त किया है ताकि असमानता को समाप्त कर लोगों के बीच अंत:क्रिया स्थापित की जाये।

एल.पी. विद्यार्थी ने अपनी पुस्तक *कल्चरल कंफिग्रेशन आफ राँची* (1969) में राँची नगर की सांस्कृतिक रूपरेखा की चर्चा की है। आपने राँची नगर का अध्ययन राँची नगर की उत्पत्ति, स्वरूप, प्रभाव एवं प्रकार्य को अनुभवाश्रित ढंग से जानने के लिए किया था। साथ ही साथ आपने राँची नगर के संबंध को गांवों तथा लोक समाजों से भी दर्शाने का प्रयास किया। जनजातीय एवं गैर-जनजातीय लोगों के बीच संबंध को भी आपने प्रकाश में लाने का प्रयास किया। आपके अनुसार राँची नगर की जनसंख्या वृद्धि राँची नगर के आस-पास औद्योगिक, प्रशासनिक, व्यावसायिक एवं शैक्षणिक संस्थाओं के अस्तित्व में आ जाने के कारण हुई है। राँची नगर के अध्ययन के पीछे आपका दूसरा दृष्टिकोण था। क्षेत्रीय केन्द्र के रूप में राँची नगर की भूमिका को प्रकाश में लाना, क्योंकि राँची नगर के अस्तित्व में आ जाने के बाद आस-पास के जनजातीय क्षेत्रों में रहने वाले जनजातियों के जीवन में अनेक परिवर्तन लाए गए हैं। आपने अपने अध्ययन में राँची नगर को एक जनजातीय नगर के रूप में समझने का प्रयास किया है। क्योंकि राँची शहर का विकास आस-पास के गांवों में रहने वाली जनजातियों को काफी प्रभावित किया है। अगर सच कहा जाये तो आपने राँची नगर के ऊपर मोनोग्राफिक अध्ययन प्रस्तुत किया है। आपने अपने अध्ययन में राँची नगर के ऐतिहासिक, भौगोलिक, जनसांख्यिक, सामाजिक, आर्थिक, धार्मिक, राजनीतिक एवं प्रशासनिक विशेषताओं को समग्रता के रूप में जानने का प्रयास किया है।

इस अध्ययन के लिए आपको योजना आयोग, भारत सरकार की अनुसंधान कार्यक्रम समिति की ओर से वित्तीय सहायता प्रदान की गई थी। संपूर्ण अनुसंधान परियोजना को तीन अवस्थाओं में विभाजित किया गया था—(i) मार्गदर्शी सर्वेक्षण, (ii) क्षेत्र कार्य तथा (iii) आंकड़ों का विश्लेषण एवं प्रतिवेदन लेखन। मार्गदर्शी अध्ययन एवं क्षेत्र कार्य के लिए क्रमशः दो माह एवं दस माह निर्धारित किए गए थे। आंकड़ों के विश्लेषण एवं प्रतिवेदन लेखन के लिए चार माह की अवधि निर्धारित की गई थी। लेकिन प्रतिवेदन लेखन तथा आंकड़ों के विश्लेषण में अधिक समय लग गया था।

आंकड़े संकलन हेतु प्रश्नावली एवं अनुसूची के अतिरिक्त सहभागी एवं गैर-सहभागी अवलोकन, वंशावली सारिणी, केस अध्ययन एवं जीवन वृत्त तकनीकों का प्रयोग किया गया था। आपने अपने अनुसंधान में चार इलाकों तथा उसके समीपस्थ चार गांवों का गहन रूप से अध्ययन किया था। आपके अध्ययन के निम्नलिखित उद्देश्य थे:

(1) नमूना सर्वेक्षण विधि से प्राप्त सूचनाओं को आंतरिक आंकड़ों से पूरा करना,
(2) विभिन्न जनजातीय एवं गैर-जनजातीय समूहों के बीच संबंध को जानना,
(3) भीतरी प्रदेश के ऊपर राँची नगर के प्रभाव का मूल्यांकन करना,
(4) नगरीय, उपनगरीय एवं ग्रामीण इलाकों के जनजातियों के मध्य सांस्कृतिक परिवर्तन की दिशा एवं प्रक्रिया को समझना, और
(5) राबर्ट रेडफिल्ड द्वारा प्रतिपादित लोक-नगरीय सातत्य की अवधारणा का परीक्षण कर परिष्कृत करना।

दस प्रतिशत नमूना आकार के ऊपर प्रश्नावली का प्रयोग कर तथा चार इलाकों एवं गांवों का गहन क्षेत्र कार्य करके आपने राँची नगर का ऐतिहासिक, भौगोलिक, आर्थिक, पेशाई तथा जनसंख्यात्मक विवरण प्रस्तुत किया है। आपने राँची नगर के धर्म, पर्व-त्योहार, छुट्टी वक्त एवं मनोरंजन तथा नगर की राजनीतिक भूमिका का भी बड़ा रोचक ढंग से वर्णन किया है। सामाजिक वर्ग, नगर की जातियां एवं लोकनगरीय सातत्य का विवरण भी बड़ा ही रोचक ढंग से किया गया है। विभिन्न जनजातियों एवं जातियों के सामाजिक जीवन तथा महिलाओं के सामाजिक जीवन का भी उल्लेख आपकी पुस्तक में प्राप्त होता है। इस प्रकार आपने राँची नगर का मोनोग्राफिक विवरण प्रस्तुत किया है। प्रथम बार आपने एक नगर का समग्रता में अध्ययन कर नगर अध्ययन में नयी कार्यप्रणाली का विकास किया है।

डा. एल.पी. विद्यार्थी की दूसरी पुस्तक *सोशियो कल्चरल इंप्लिकेशंस ऑफ इंडस्ट्रीयलाइजेशन इन इंडिया : ए केस स्टडी ऑफ ट्रायबल बिहार* (1970) बिहार के जनजातियों के ऊपर औद्योगिक नगरीकरण के प्रभाव का विवरण प्रस्तुत करती है। इसमें हाटिया औद्योगिक संकुल के प्रभाव का वर्णन प्राप्त होता है। इस अध्ययन में नगरीकरण की विभिन्न अवस्थाओं का देशांतरीय (Longitudinal) विश्लेषण प्रस्तुत किया गया है। नगरीकरण की प्रथम अवस्था में जनजातीय लोगों के सामाजिक एवं सांस्कृतिक आधार पर ध्यान केन्द्रित किया गया है। नगरीकरण की द्वितीय अवस्था में लोक एवं जनजातीय समाज के विस्थापन एवं पुनर्वास की समस्या का वर्णन किया गया है। नगरीकरण की तृतीय अवस्था में उद्योग की स्थापना, नगर निर्माण योजना, व्यावसायिक नेटवर्क इत्यादि का वर्णन प्रस्तुत किया गया है। नगरीकरण की अंतिम अवस्था में उत्पादन के औद्योगिक साधन तथा नगरीय जीवन शैली को प्रकाश में लाया गया है। इस प्रकार आपने हाटिया औद्योगिक संकुल की नगरीकरण प्रक्रिया को चार देशांतरीय अवस्थाओं के माध्यम से प्रस्तुत किया है। इस प्रकार नगरीकरण प्रक्रिया एवं औद्योगिक नगर के ऊपर आपका अध्ययन पहले के विद्वानों द्वारा किए गए अध्ययनों से भिन्न है।

आपने अपने इस अध्ययन में बहुकालिक दृष्टिकोण का सहारा लिया तथा क्षेत्र कार्य की शुरुआत 1958 में की गयी। सबसे पहले तटमा तथा सतरंगी गांवों का अध्ययन किया गया क्योंकि नगरीकरण की प्राथमिक अवस्था में इन्हें विस्थापित किया जाना था। इनके साथ-साथ विस्थापित हाटिया ग्राम का भी अध्ययन किया गया तथा एथनोग्राफिक आंकड़े संकलित किए गए। औद्योगिक संकुल की स्थापना पर ग्रामीण लोगों की प्रतिक्रिया का भी अध्ययन किया गया। जब सभी ग्राम विस्थापित हो चुके थे तथा पुनर्वास की समस्या सामने आई तब पुनः अध्ययन किया गया। सबसे आरंभ में सामाजिक समायोजन में कई तरह की समस्याएं लोगों के सामने आईं। लेकिन जब कारखानों में कार्य आरंभ हो गया, तब समस्याएं कम होती गईं। इस प्रकार बहुकालिक दृष्टिकोण के आधार पर नगरीकरण की आरंभिक, निर्माण, उत्पादक एवं विस्तृत अवस्थाओं को प्रकाश में लाया गया है।

औद्योगिक संकुल के स्थानीय प्रसार एवं प्रभाव के ऊपर ध्यान केन्द्रित करते हुए इस अध्ययन में यह दर्शाने का प्रयास किया गया है कि समय के साथ औद्योगिक कोर का भी भौगोलिक विस्तार हुआ है। नगरीकरण की दूसरी अवस्था में प्रभाव एवं विस्तार के तीन सांद्रण केन्द्र स्थापित किए गए हैं, जो निम्नलिखित हैं—

1. औद्योगिक संकुल का कोर
2. औद्योगिक संकुल का सीमा प्रांत
3. औद्योगिक संकुल का किनारा

प्रथम चक्र के अंतर्गत 5 मील तक की त्रिज्या में आने वाले नगर, उद्योग, बांध, रेलवे स्टेशन, कार्यालय भवन, आठ उजड़े हुए गांवों तथा हाटिया ग्राम को शामिल किया गया है। औद्योगिक संकुल का दूसरा चक्र पहले चक्र से ज्यादा विस्तृत है तथा औद्योगिक मूल से 10 मील की त्रिज्या तक आने वाले 150 गांवों को शामिल करता है। इन 150 गांवों में 5 गांवों का चयन विस्तृत एवं गहन अध्ययन के लिए किया गया था। इन गांवों के ऊपर नगरीकरण के प्रभाव को अभिलेखित किया गया। औद्योगिक संकुल का तीसरा चक्र औद्योगिक कोर से 20 मील की त्रिज्या के अंतर्गत आने वाले 200 गांवों को शामिल करता है। इसका संबंध औद्योगिक संकुल के किनारों से है। इस क्षेत्र में औद्योगिक संकुल का कम प्रभाव व्याप्त था। इस क्षेत्र से चार गांवों का चुनाव गहन अध्ययन के लिए किया गया था। इन चारों गांवों की दूरी औद्योगिक मूल से भिन्न थी।

विद्यार्थी की यह पुस्तक तीन भागों में विभाजित है। प्रथम भाग के अंतर्गत तीन अध्याय हैं जिनमें हाटिया औद्योगिक संकुल के अस्तित्व में आने से पहले तथा अस्तित्व में आने के बाद के समाजों का विवरण दिया गया है। इसमें उन गांवों की लोक एवं कृषक संस्कृति का विवरण मिलता है जिनका उन्मूलन उद्योगीकरण के लिए किया जा चुका था। यहां नगरीकरण के आरंभिक एवं निर्माण अवस्थाओं का विवरण प्रस्तुत किया गया है। औद्योगिक संबंध एवं श्रमिक संघ आंदोलन का भी विवरण यहां प्राप्त होता है।

पुस्तक के द्वितीय भाग के अंतर्गत 6 अध्याय आते हैं। इनमें गंदी बस्तियों में रहने वाले श्रमिकों तथा कारखानों में काम करने वाले अन्य श्रमिकों के समाज का विवरण प्रस्तुत किया गया है। श्रमिक की आय, व्यय का भी विवरण दिया गया है। पेशाई गतिशीलता तथा प्रवसन का वर्णन भी हमें यहां प्राप्त होता है। कामकाजी महिलाओं की स्थिति पर भी प्रकाश डाला गया है।

इस पुस्तक के तृतीय भाग में सात अध्याय शामिल हैं जिनमें विभिन्न प्रकार के गांवों के ऊपर नगरीकरण के प्रभावों का वर्णन मिलता है। इन गांवों के सामाजिक, आर्थिक, राजनीतिक एवं मनोवैज्ञानिक परिवर्तन के स्वभाव एवं विस्तार का विवरण दिया गया है। नवीन जीवनशैली का भी विवरण हमें यहां प्राप्त होता है। यहां बेरोजगारी की समस्या पर भी प्रकाश डाला गया है।

इस प्रकार इस पुस्तक में विद्यार्थी ने एक जनजातीय क्षेत्र में उद्योग की स्थापना के कारण पड़ने वाले नगरीकरण के प्रभाव के संबंध में अनेक सैद्धांतिक एवं कार्य प्रणालीय अवधारणाओं का विकास एवं परीक्षण किया है। एक औद्योगिक शहर तथा उसके प्रभाव के ऊपर प्रो. विद्यार्थी का यह एक अनोखा योगदान है।

बी.आर. चौहान ने अपनी पुस्तक *टाउंस इन ट्राइबल सेटिंग* (1970) में जनजातीय क्षेत्रों में नगरीकरण की प्रक्रिया का विस्तारपूर्वक विवरण प्रस्तुत किया है। आपने जनजातियों के ऊपर नगरीकरण के प्रभावों के अध्ययन हेतु राजस्थान के जनजातीय जिला बंसवारा का चुनाव किया। आपने अपने अध्ययन में चार गांवों एवं दो शहरों से 377 परिवारों का चुनाव किया। इस प्रकार इस अध्ययन में कुल 2387 व्यक्तियों को शामिल किया गया। इस अध्ययन में नगरीय तत्वों का प्रसार जनजातीय गांवों में दर्शाया गया है। ग्रामीण तथा नगरीय संस्थाओं के तुलनात्मक अध्ययन के आधार पर आपने ग्रामीण-नगरीय अंत:क्रिया (Rural-urban interaction) को समझने का प्रयास किया है।

जी.एस. अरोरा ने अपनी पुस्तक *ट्राइब कास्ट क्लास एनकाउंटर : आस्पेक्ट्स ऑफ फोक-अर्बन रिलेशंस इन अलिराजपुर तेहसिल* (1972) में लोक-नगरीय संबंधों का परीक्षण किया है।

अमेरिकी मानवशास्त्री राबर्ट रेडफिल्ड द्वारा नगर अध्ययन के संदर्भ में अनेक अवधारणों का विकास किया गया। आपकी लोक-नगरीय सातत्य एवं लघु परंपरा एवं महान परंपरा की अवधारणा नगर अध्ययन में नए आयाम का योगदान प्रदान करती है। आपने लोक समाज एवं नगरीय समाज को पृथकता के रूप में नहीं देखा। आपके अनुसार नगरीय समाज लोक समाज का ही रूपांतरित स्वरूप है तथा दोनों समाज ध्रुवीय विपरीत होने के बावजूद भी एक-दूसरे पर निर्भर तथा एक-दूसरे से घनिष्ठ रूप से जुड़े हुए रहते हैं।

इस प्रकार लोक समाज एवं नगरीय समाज में निरंतरण (सातत्य) बना रहता है। लोक नगरीय निरंतरण प्रक्रिया में एक लोक समाज का रूपांतरण पहले कृषक समाज के रूप में होता है। उसके पश्चात कृषक समाज का रूपांतरण नगरीय समाज में होता है। इस प्रकार नगर निर्माण की प्रक्रिया को लोक समाज से अलग करके नहीं समझा जा सकता है। इस प्रकार राबर्ट रेडफिल्ड द्वारा प्रतिपादित लोक-नगरीय सातत्य की अवधारणा ने मानवशास्त्र में नगर अध्ययन को एक नयी दिशा तथा नया विस्तार प्रदान किया। इस अवधारणा के परीक्षण हेतु भारतीय मानवशास्त्रियों द्वारा भी अनेक अध्ययन किए गए।

राबर्ट रेडफिल्ड ने लोक एवं नगरीय सभ्यता तथा उनके बीच अंतरसंबंधों को जानने के लिए लघु परंपरा एवं महान परंपरा की अवधारणा का विकास किया। आपके अनुसार सांस्कृतिक परंपरा की दृष्टि से सभ्यता लघु परंपरा एवं महान परंपरा की जटिल संरचना है। आपने लोक समाज की सांस्कृतिक परंपरा को लघु परंपरा की संज्ञा प्रदान की व नगरीय समाज की परंपरा को महान परंपरा बतलाया। नगर से जुड़े धार्मिक विश्वास एवं धार्मिक केन्द्रों के माध्यम से इन दोनों परंपराओं के बीच अंत:क्रिया होती है तथा अंतर

संबंध बना रहता है। इस प्रकार लघु परंपरा एवं महान परंपरा दोनों एक दूसरे के पूरक हैं तथा सभ्यता को बनाए रखने में दोनों की समान भूमिका होती है।

राबर्ट रेडफिल्ड तथा मिल्टन सिंगर ने अपने शोधपत्र 'कल्चरल रोल ऑफ सिटी' (1954) में नगर की सांस्कृतिक भूमिका की चर्चा विस्तारपूर्वक की। इस शोधपत्र के प्रकाशन के बाद भारतीय मानवशास्त्रियों द्वारा नगर की सांस्कृतिक भूमिका को अपने अध्ययन का विषय बनाया गया।

मिल्टन सिंगर ने अपने शोधपत्र 'ग्रेट ट्रेडिशन इन मेट्रोपोलिटन सेंटर ऑफ मद्रास' (1958) में एक सीमित क्षेत्र के अंतर्गत एक महान परंपरा को स्थानीय बनाने संबंधी तीन विधियों का उल्लेख किया, जो निम्नलिखित हैं—

(1) धार्मिक भूगोल के माध्यम से
(2) पेशागत विशिष्टता एवं उनके सामाजिक संगठन के माध्यम से
(3) पूजा-पाठ, भजन, कीर्तन, तीर्थाटन, त्योहार एवं उत्सव जैसे सांस्कृतिक अनुष्ठानों के माध्यम से।

मद्रास नगर के अध्ययन में सिंगर ने मद्रास के धार्मिक भूगोल तथा पेशाई विशिष्टता एवं उनके संगठन की रूपरेखा प्रस्तुत की है। आपने मद्रास नगर के सांस्कृतिक अनुष्ठान के ऐतिहासिक एवं तुलनात्मक विवरण के साथ-साथ क्षेत्रीय विस्तार की भी चर्चा की है।

राबर्ट रेडफिल्ड तथा मिल्टन सिंगर द्वारा नगर अध्ययन के लिए प्रतिपादित अवधारणों को ध्यान में रखकर एल.पी. विद्यार्थी ने महान परंपरागत नगर गया धाम का अध्ययन किया। उनकी पुस्तक *सैकेरेड काम्प्लेक्स इन हिन्दू गया* (1961) हिन्दू सभ्यता के अध्ययन से संबंधित है। इसमें महान परंपरागत नगर के अध्ययन के लिए तीन प्रकार की अवधारणाओं का विकास किया गया है, जिन्हें धार्मिक भूगोल, धार्मिक विशेषज्ञ एवं धार्मिक अनुष्ठान के रूप में जाना जाता है। इन तीनों अवधारणाओं के एक साथ मिल जाने से धार्मिक संकुल का निर्माण होता है। इस प्रकार धार्मिक संकुल की अवधारणा के अंतर्गत राबर्ट रेडफिल्ड तथा मिल्टन सिंगर द्वारा प्रतिपादित अवधारणाओं का परीक्षण नए संदर्भ में किया गया है।

आपने अपने इस अध्ययन में निम्नलिखित परिकल्पनाओं का सूत्रीकरण एवं परीक्षण किया था—

(1) धार्मिक संकुल धार्मिक भूगोल, धार्मिक विशेषज्ञ एवं धार्मिक अनुष्ठान का सुखद संश्लेषण है।
(2) एक हिन्दू तीर्थ स्थान या धाम महान परंपरा एवं लघु परंपरा के बीच निरंतरण, संगठन एवं समझौता प्रदर्शित करता है।
(3) हिन्दू तीर्थ स्थान के धार्मिक विशेषज्ञ अपनी विशिष्ट जीवन शैली के माध्यम से महान परंपरा का प्रसार भारतीय ग्रामीण समाज के मध्य करते हैं।
(4) धार्मिक संकुल परिवर्तन एवं रूपांतरण प्रक्रिया के अधीन रहा है।

आप धार्मिक संकुल की अवधारणा विकसित करते समय बिल्कुल अपनी स्पष्ट सोच रखते थे। आपने भारतीय सभ्यता के स्थान पर हिन्दू सभ्यता का प्रयोग किया। आपने संस्कृति के स्थान पर धार्मिक शब्दों को प्रयोग किया। धार्मिक शब्द का प्रयोग करते हुए आपने धार्मिक भूगोल, धार्मिक विशेषज्ञ तथा धार्मिक अनुष्ठान की अवधारणा विकसित की। इन तीनों अवधारणाओं को एक साथ लेते हुए आपने धार्मिक संकुल की अवधारणा विकसित की। इस प्रकार आपने धार्मिक तत्वों के बीच समाकलनात्मक प्रतिमान की खोज की।

विद्यार्थी के बाद जनकपुर, काशी, देवघर, राजगीर, अयोध्या, मथुरा, रामेश्वरम, पुरी इत्यादि धार्मिक नगरों के धार्मिक संकुल का अध्ययन मानवशास्त्रियों द्वारा किया गया है।

मार्टिन उरांव ने अपने शोधपत्र 'ट्राइबल पिपुल इन एन इंडस्ट्रियल सैटिंग इन इंडिया' (1958) में जमशेदपुर स्टील नगर का अध्ययन प्रस्तुत किया है। आपने जमशेदपुर औद्योगिक परिवेश में रह रहे संथाल के जीवन जीने के तरीकों में हो रहे परिवर्तनों का परीक्षण किया है। आपने जमशेदपुर नगर को अत्यधिक आधुनिक तथा सबसे कम महान परंपरागत बतलाया। जमशेदपुर स्टील नगर के आस-पास बस्ती में रह रहे संथाल अपनी पृथक जीवन शैली को बनाए हुए हैं तथा वे हिन्दू समाज में अपने आपको शामिल नहीं कर पाए हैं। इस प्रकार वे महान परंपरा से अपने आपको नहीं जोड़ पाए हैं।

हारवार्ड विश्वविद्यालय के कोराडु-बोआस (1965) ने भुवनेश्वर नगर के ऊपर अपने अनुसंधान निष्कर्ष को प्रकाशित किया। आप भुवनेश्वर नगर में परंपरा एवं आधुनिकता के बीच सामंजस्य को देखकर बहुत प्रभावित हुई थीं। जहाँ प्राचीन भुवनेश्वर नगर की पहचान परंपरागत धार्मिक संकुल से होती है, वहीं नवीन भुवनेश्वर नगर आधुनिकता से परिपूर्ण है।

आपने अपने ग्यारह सहयोगियों के साथ भुवनेश्वर नगर का अध्ययन किया। आपके भुवनेश्वर नगर के अध्ययन के पीछे निम्नलिखित उद्देश्य थे—

(1) लिंगराज मंदिर के अनुष्ठान एवं प्रशासन में परिवर्तन का अध्ययन करना,
(2) भुवनेश्वर नगर के अन्य मंदिरों का सर्वेक्षण करना,
(3) मठ-विषयक संस्थाओं के संबंध में जानकारी प्राप्त करना,
(4) भुवनेश्वर नगर के पास स्थित श्रीपुर, नुआपाली तथा लक्ष्मीसागर गांवों का अध्ययन करना,
(5) मंदिर ग्राम कपिलेश्वर के संबंध में जानकारी अर्जित करना,
(6) भुवनेश्वर नगर में रह रहे अनेक समुदायों के संबंध में ज्ञानार्जन करना।

के.के. वेंकटारयप्पा ने अपनी पुस्तक *बंगलौर : ए सोशियो-इकोनामिक स्टडी* (1957) में बंगलौर नगर का सामाजिक पारिस्थितिकीय अध्ययन प्रस्तुत किया है। इस

अध्ययन में पर्यावरणीय परिवेश में सामाजिक घटनाओं को समझने का प्रयास किया गया है। आपने अपने अध्ययन द्वारा बंगलौर नगर का विस्तारपूर्वक अध्ययन किया है तथा इस नगर को अन्य क्षेत्रों से जोड़कर देखने का प्रयास किया है।

ए. बोपेमगामे ने अपनी पुस्तक *दिल्ली : ए स्टडी इन अर्बन सोशियोलोजी* (1957) में दिल्ली नगर के नगरीय प्रतिमान को समाजशास्त्रीय सिद्धांत के आलोक में समझने का प्रयास किया है। आपने दिल्ली नगर का विवरण दो भागों—प्राचीन दिल्ली तथा नई दिल्ली—में विभाजित करके किया है। प्राचीन दिल्ली नगर बिना किसी योजना के अस्तित्व में आया। जबकि नई दिल्ली नगर का निर्माण योजनाबद्ध ढंग से किया गया। आपने दिल्ली नगर की ऐतिहासिक, जनसांख्यिकीय, गृह, परिवहन, उद्योग तथा मनोरंजन संबंधी विशेषताओं का वर्णन प्रस्तुत किया है।

एन.के. बोस ने अपनी पुस्तक *कलकत्ता : ए सोशल सर्वे* (1968) में कलकत्ता नगर के निवासियों के सामाजिक एवं सांस्कृतिक जीवन का विवरण प्रस्तुत किया है। आपने यह दर्शाने का प्रयास किया है कि सामाजिक एवं सांस्कृतिक ताकत औद्योगिक संबंध को प्रभावित करती है। आपने कलकत्ता नगर के सामाजिक तथा सांस्कृतिक जीवन को ऐतिहासिक संदर्भ में प्रस्तुत किया है। आपने महानगरीय जीवन में जाति एवं अन्य ग्रामीण तत्वों के प्रकार्य को भी प्रकाश में लाया है।

आपमें कलकत्ता नगर के अध्ययन की अभिरुचि उस समय जागृत हुई जब आप एंथ्रोपोलोजिकल सर्वे ऑफ इंडिया के निदेशक थे। आपने एक सांस्कृतिक भूगोलवेत्ता मीरा गुहा के साथ कलकत्ता नगर के सामाजिक-आर्थिक सर्वेक्षण की योजना सन् 1962 में बनाई। उसी अध्ययन के आधार पर आपने अपनी पुस्तक *कलकत्ता : ए सोशल सर्वे का* प्रकाशन 1968 में किया। आपके द्वारा कलकत्ता नगर के अध्ययन में निम्नलिखित उद्देश्यों की पूर्ति की गई थी—

(1) कलकत्ता महानगर के विभिन्न भागों में भाषाई समूहों के वितरण को जानना।
(2) वर्तमान समय में विभिन्न भाषाई समूहों के मध्य हो रहे परिवर्तन को समझना।
(3) उन भाषाई समूहों द्वारा अपनाए गए पेशों के संबंध में जानकारी अर्जित करना।
(4) विभिन्न भाषाई समूहों की स्वयंसेवी संस्थाओं के संबंध में जानकारी प्राप्त करना तथा आजादी प्राप्ति के पश्चात उनकी भूमिकाओं का पता लगाना।
(5) कलकत्ता नगर निगम के 1911 तथा 1961 वर्षों के अभिलेखों की जांच करना।
(6) भूमि प्रयोग मानचित्र का निर्माण करना।

अपने सर्वेक्षण से प्राप्त आंकड़ों के आधार पर आपने दर्शाने का प्रयास किया है कि बंगाली समुदाय को छोड़कर अन्य सभी समुदाय के लोगों का अपना-अपना पृथक निवास

स्थान कलकत्ता महानगर में है। अपने समुदाय में वे अपनी भाषा का प्रयोग करते हैं। प्रत्येक भाषाई समूह के अपने-अपने स्कूल हैं। पंजाबी, गुजराती, सिंधी, उड़ीसा तथा हिन्दी भाषा के प्रयोग करने वालों के अपने-अपने स्कूल भी थे। बंगाली समुदाय के बीच बड़ी ही मजबूत स्थानीय देशभक्ति की भावना व्याप्त थी। एक बंगाली उन लोगों के साथ घनिष्ठ रूप से रह लेता है जिसको वह चाहता है तथा जिसके साथ वह सहमति व्यक्त करता है। वैचारिक मतभेद वालों के साथ रहना वह पसंद नहीं करता है। एक बंगाली बंगाली एकता पर न तो बल देता है और न ही मतभेद को सहन करता है।

कलकत्ता नगर में आस-पास के जिलों तथा समीपस्थ राज्यों के लोग आकर ज्यादातर बसे हैं। यहां दूर के राज्यों से भी लोग आकर विभिन्न समय में बस गए हैं, जैसे पंजाब, दिल्ली, राजस्थान एवं गुजरात। इन प्रवासियों द्वारा जाति संगठन का निर्माण किया गया है तथा जाति प्रथा को बनाए रखने में महत्त्वपूर्ण भूमिका निभाई जाती हैं। उन्होंने जाति आधारित निवास स्थान एवं पेशों का भी उल्लेख किया है। इस प्रकार कलकत्ता महानगर के नागरिक समुदाय की अधिसंरचना में सांस्कृतिक बहुलवाद अस्तित्व में आया। इसके साथ ही सांप्रदायिक मतभेद भी प्रकाश में आया। आपने कलकत्ता को नगरीकरण की अप्रौढ़ अवस्था में दर्शाया है। आपने आशा व्यक्त की है कि जनसंख्या वृद्धि, रोजगार के अवसर में वृद्धि, नागरिक सुविधाओं में वृद्धि तथा श्रमिक संगठनों के विकास के साथ कलकत्ता नगरीकरण की प्रौढ़ावस्था में पहुंच जायेगा।

पुस्तक मात्र 85 पृष्ठ की है, लेकिन विभिन्न नगरों एवं वार्डों से संबंधित मानचित्रों को 210 पृष्ठों में प्रस्तुत किया गया है।

आर.एन. सक्सेना ने अपनी पुस्तक *चेंजिंग एटिच्यूडस एंड कल्चरल एसिमिलेशंस इन रिफ्यूजिज ऑफ देहरादून* (1961) में पश्चिमी पाकिस्तान से आकर रहने वाले शरणार्थियों की मनोदशा में परिवर्तन का विवरण प्रस्तुत किया है। ये शरणार्थी स्वेच्छा से देहरादून नहीं आए थे। राजनीति, धार्मिक एवं सांप्रदायिक कारणों से इन्हें यहां आना पड़ा था। अतः परिवर्तित स्थान पर उनकी मनोदशा का अध्ययन किया गया। अध्ययन के आधार पर यह दर्शाया गया कि शरणार्थी अपने भविष्य को सुरक्षित नहीं मान रहे थे। हिंसा एवं हानि उनकी मनोदशा में व्याप्त थी। वे अन्य लोगों से बहुत अधिक सहायता की उम्मीद करते थे। इस अध्ययन में देहरादून के नगरीय जीवनशैली में शरणार्थियों के समाकलन को नहीं दर्शाया गया है।

आई.पी. देसाई ने अपनी पुस्तक *हाई स्कूल स्टुडेंट्स इन पूना* (1957) में पूना उच्च विद्यालय में अध्ययनरत विद्यार्थियों की आचारशास्त्रीय, आर्थिक एवं धार्मिक समायोजन की चर्चा विस्तारपूर्वक की है। इस अध्ययन में आंकड़ों का संकलन प्रश्नावली एवं साक्षात्कार तकनीक से किया गया है।

आई.पी. देसाई ने अपनी दूसरी पुस्तक *सम आस्पेक्ट्स ऑफ फैमिली इन मालवा* (1964) में मालवा नगर की संयुक्त परिवार प्रथा पर प्रकाश डाला है। वैसे नाभिकीय

परिवार जो संपत्ति के कारण नहीं वरन् पारस्परिक दायित्व के कारण आपस में बंधे हुए थे, उन्हें निम्न डिग्री का संयुक्त परिवार कहा गया। लेकिन जो नाभिकीय परिवार संपत्ति एवं दायित्व के कारण आपस में जुड़े हुए थे, उन्हें उच्च डिग्री का संयुक्त परिवार कहा गया। वैसे संयुक्त परिवार जिनमें सदस्यों की संख्या बढ़ती-घटती रहती थी, उन्हें सीमांत संयुक्त परिवार कहा गया। वैसे संयुक्त परिवार जिसमें तीन या चार पीढ़ी के परिवार साथ-साथ रहते थे, उन्हें परंपरागत संयुक्त परिवार कहा गया। आपने यह दर्शाया है नगरों में भी परिवारों का साथ-साथ रहना जारी है।

जैकार ने अपनी पुस्तक *रूरल स्वीपर्स इन द सिटी* (1952) में रानीताल के भंगी समुदाय के मध्य संस्कृति परिवर्तन को दर्शाने का प्रयास किया है। आपने जबलपुर नगरपालिका क्षेत्र में स्थित रानीताल के भंगी के बीच अछूत प्रथा का पालन होते हुए पाया। स्थानीय भंगी जो नगरपालिका क्षेत्र में शौचालय एवं पेशाबखाना की सफाई नहीं करते थे, उन कामों को करने वाले भंगियों को अछूत कहते थे तथा उनके साथ अछूत जैसा व्यवहार करते थे। उनसे शादी-विवाह एवं भोजन पानी का संबंध नहीं रखते थे। इस प्रकार नगरपालिका क्षेत्र में कार्यरत भंगियों को मनोवैज्ञानिक रुकावट का सामना करना पड़ता था। समाज में उनकी स्थिति निम्न समझी जाती थी। हालांकि वे त्योहार साथ-साथ मनाते थे।

पी.सी. विश्वास ने अपनी पुस्तक *एक्स क्रिमिनल ट्राइब्स ऑफ दिल्ली स्टेट* (1956) में शांसी जनजाति के ऊपर महत्त्वपूर्ण सूचना प्रदान की है। आपके इस अध्ययन के निम्नलिखित उद्देश्य थे—

(1) विभिन्न कल्याण योजनाओं का मूल्यांकन प्रस्तुत करना।
(2) अपराधिक अधिनियम, 1952 के द्वारा लाए गए परिवर्तन का अध्ययन करना।
(3) अपराध की घटनाओं को अभिलेखित करना।
(4) आर्थिक क्षेत्र में हो रहे परिवर्तनों को दर्शाना।

अपने अनुसंधान के आधार पर आपने दर्शाया कि शांसी को अपराधी जनजाति के रूप में सामाजिक कलंक का सामना करना पड़ता है। उनमें सुधार आने के बावजूद भी अपराधी ही माना जाता है क्योंकि लोगों के अनुसार एक बार का अपराधी सदा के लिए अपराधी हो जाता है।

जी.एस. भट्ट (1962) ने अपने अनुसंधान पत्र 'अर्बन इंपैक्ट एंड स्टेट्स मोबिलिटी इन चमार्स ऑफ लखनऊ' में लखनऊ के चमार के मध्य नगरीकरण प्रक्रिया के कारण स्थिति गतिशीलता की चर्चा की है। आपने दर्शाया है कि चमार समुदाय के लोग अपना परंपरागत पेशा त्याग कर शहर में आ गए हैं। शहर में अन्य तरह के रोजगार में लग गए हैं। इससे उनकी स्थिति में परिवर्तन हुआ है।

हेमलता आचार्या ने अपने अनुसंधान पत्र 'एन एमिग्रेंट आर्टिजन कम्यूनिटी' (1955) में यह दर्शाने का प्रयास किया है कि किस प्रकार एक कारीगर जाति नगर में अपने भौतिक, सांस्कृतिक एवं सामाजिक पर्यावरण में परिवर्तन लाती है। आपने जाति एवं संयुक्त परिवार में हो रहे परिवर्तन को दर्शाया है। आपने दर्शाया है कि जाति प्रथा एवं संयुक्त परिवार प्रथा में हो रहे परिवर्तन एक-दूसरे को प्रभावित कर रहे हैं।

अपने दूसरे अनुसंधान पत्र 'अर्बेनाइजिंग रोल ऑफ वन लाख सिटी' (1956) में उन कारणों को प्रकाश में लाया है जिससे नासिक नगर ने अपना वर्तमान स्वरूप एवं आकार प्राप्त किया है। यह नगर हिन्दुओं का एक धाम रहा है। यहां भारतवर्ष के प्रत्येक भाग से तीर्थ यात्री आते हैं। समय के अंतराल में यहां अनेक मंदिर बन गए हैं तथा अब इसे मंदिरों का नगर कहा जाता है। इस शहर का भौगोलिक क्षेत्र भी संपन्न है। इसे आदर्श नगर भी कहा जाता है।

डी.ए. चेक्की ने अपनी पुस्तक *माडर्नाईजेशन एंड किन नेटवर्क* (1974) में कर्नाटक के धारवाड़ नगर का अध्ययन प्रस्तुत किया है। आपने दर्शाया है कि किस प्रकार आधुनिकीकरण प्रक्रिया के कारण किनशिप नेटवर्क प्रभावित हुआ है।

के.एम. कपाड़िया तथा एस. देवदास पिल्लाई ने अपनी पुस्तक *इंडस्ट्रीयलाइजेशन एंड रूरल सोसायटी* (1972) में नगरीकरण के कारण ग्रामीण समाज में हो रहे परिवर्तनों का उल्लेख किया है। ग्रामीण समाज के सभी वर्गों—कृषक, कारीगर एवं श्रमिक, नौजवान प्रौढ़ एवं महिलाएं ने उद्योग की स्थापना का स्वागत किया तथा इसे नए-नए रोजगार उपलब्ध कराने वाला बतलाया। उद्योग की स्थापना से ग्रामीण महिलाओं को भी रोजगार मिला तथा उनके हाथ में पैसा आने लगा। इसके कारण महिलाओं का मान-सम्मान बढ़ा। हालांकि कुछ ग्रामीण समाज के लोग नगरीकरण के कारण महिलाओं के रोजगार एवं विधवा विवाह को समाज के लिए अच्छा नहीं मान रहे थे।

विद्यार्थी ने अपनी हिन्दी माध्यम में प्रकाशित पुस्तक *भारतीय नगर* (1966) में भारत के नगरीय केन्द्रों के ऐतिहासिक विकास का पुनरावलोकन प्रस्तुत किया है। आपने भारतीय नगरों को कई दृष्टि से वर्गीकृत किया है। आपने अपने दो प्रमुख नगर गया तथा राँची का अध्ययन कर नगर के सांस्कृतिक जीवन को प्रकाश में लाया है। आपने ग्रामीण जीवन तथा नगरीय जीवन का तुलनात्मक अध्ययन प्रस्तुत किया है। ए.आर. देसाई तथा मीरा देसाई द्वारा इस पुस्तक का गुजराती में अनुवाद प्रस्तुत किया गया है।

आशीष बोस ने अपनी पुस्तक *स्टडीज इन इंडियाज अर्बेनाइजेशन* (1966) में नगरीय जनसंख्याशास्त्र, नगरीय विकास प्रतिमान, नगरीय योजना एवं नगरीय ग्रंथ विज्ञान के ऊपर प्रचुर मात्रा में लेखों का संकलन किया है।

जे.एस. टंडन ने अपने शोध पत्र 'सोशल प्रोसेस इन द इंडस्ट्रीयलाइजेशन ऑफ राउरकेला' (1970) में राउरकेला के उद्योगीकरण की आरंभिक अवस्था को प्रकाश में लाया है। आपने विस्थापित गांवों तथा पुनर्वासित कालोनी के सामाजिक एवं आर्थिक पहलुओं पर प्रकाश डाला है।

रिचार्ड सी. फोक्स ने अपनी संपादित पुस्तक *अर्बन इंडिया* (1970) में भारत में नगरीकरण से संबंधित सामाजिक, आर्थिक, सांस्कृतिक, शैक्षणिक एवं मानवशास्त्रीय दृष्टिकोणों को प्रकाश में लाया है। इन पहलुओं पर विभिन्न विद्वानों द्वारा लिखे गए शोधपत्रों का संपादन बहुत सही ढंग से किया गया है। विद्वानों द्वारा लिखे गए शोधपत्रों को तीन भागों में विभाजित किया गया है—(1) नगरीय समाज, (2) नगरीय स्थान तथा (3) नगरीय स्वरूप।

वेद प्रकाश ने अपनी पुस्तक *न्यू टाउंस इन इंडिया* (1970) में 9 राज्यों के 17 नए नगरों का विवरण प्रस्तुत किया है। आपने नए नगरों की नगर निर्माण योजनाओं, नगर विकास कार्यक्रमों एवं आर्थिक विकास प्रक्रियाओं को प्रकाश में लाने का प्रयास किया है।

आर. त्रिवेदी ने अपनी पुस्तक *अर्बेनिज्म : ए न्यू आउट लूक* (1976) में नगरीयवाद को नवीन ढंग से प्रस्तुत किया है। यह एक संपादित पुस्तक है। पुस्तक में कुल सात अध्याय हैं जिन्हें तीन भागों में बांटा गया है। आपने इस पुस्तक के परिचय एवं अपने द्वारा लिखित शोधपत्र में अर्धनगरीय पॉकेट की अवधारणा का विकास किया है। आपके अनुसार अर्धनगरीय पॉकेट तृतीय सामाजिक सच्चाई है। इसका निर्माण नगरीय एवं ग्रामीण विश्व में असंतुलन के कारण हुआ है। आपके अनुसार पांच प्रकार के उपनगर पाकेट्स निम्नलिखित हैं—

(i) प्राचीन सैनिक छावनी या पुलिस छावनी
(ii) नगर के प्राचीन एवं नवीन उपनगर
(iii) शरणार्थी कालोनी
(iv) रेलवे कालोनी
(v) औद्योगिक-नगरीय शहर

इस प्रकार आपने अर्धनगरीय पॉकेट के माध्यम से ग्रामीण-नगरीय सातत्य पर प्रकाश डालने का प्रयास किया है।

विश्व मोहन मिश्रा ने अपनी पुस्तक *कम्युनिकेशन एंड माडर्नाइजेशन इन अर्बन सलम्स* में दिल्ली नगर की गंदी बस्तियों के संदर्भ में आधुनिकीकरण, जनसंप्रेषण एवं नगरीकरण प्रक्रियाओं को प्रकाश में लाया है।

देवव्रत बैनर्जी ने अपनी पुस्तक *पर्सनालिटी कैरेक्टरस्टिक्स ऑफ अनइंप्लाइड यूथ इन कलकत्ता* में कलकत्ता नगर के बेरोजगार युवकों की चारित्रिक विशेषताओं पर प्रकाश डाला है। आपने दर्शाया है कि बेरोजगारी की समस्या के कारण कलकत्ता के युवाजन के मध्य कई प्रकार की मनोवैज्ञानिक समस्या एवं कुंठा का विकास हो गया है, सरकार, धर्म, नैतिकता एवं समाज के प्रति उनमें नकारात्मक सोच का विकास हो रहा है।

सतीश सैबरवाल ने अपनी संपादित पुस्तक *बियोंड द विलेज* (1972) में नगरीय केन्द्रों से जुड़ी हुई अनेक समस्याओं पर प्रसिद्ध विद्वानों द्वारा लिखे गए शोधपत्रों का

संकलन प्रस्तुत किया है। इस संपादित पुस्तक में अपने शोधपत्र से योगदान देने वाले विद्वानों में योगेश अटल, टी.एन. मदन तथा सतीश सैबरवाल के नाम प्रमुख हैं। इस पुस्तक में एक शहरी निर्वाचन क्षेत्र के मतदान व्यवहार, एक नगर के व्यावसायिक समूह तथा एक नगर के शिक्षकों का आधुनिकीकरण जैसे विषयों पर लेख प्रस्तुत किए गए हैं।

माइकेल एम. एम्स ने अपने शोध पत्र *स्ट्रक्चरल डायमेंशंस ऑफ फैमिली लाइफ इन स्टील सिटी ऑफ जमशेदपुर* (1973) में स्टील नगरी जमशेदपुर में पारिवारिक जीवन के संरचनात्मक विस्तार पर प्रकाश डाला है। आपने जमशेदपुर नगरी का अध्ययन सितंबर 1967 से जून 1968 तक की अवधि में किया था। आपने कर्मचारियों एवं प्रबंधन के ऊपर अपना अध्ययन किया था। आपने अपने सर्वेक्षण में 334 बिहारी, बंगाली एवं पंजाबी कर्मचारियों को शामिल किया था। आपके अनुसार जमशेदपुर नगर के कर्मचारियों के परिवार उद्योगवाद के प्रति लचीला एवं सृजनात्मक व्यवहार प्रदर्शित करते हैं। उद्योग में लगे कर्मचारियों के परिवार में दो प्रमुख तरह के व्यवहार पाए जाते हैं, जो निम्नलिखित हैं—

(i) परिवार के कल्याणार्थ हर तरह की परिस्थिति से सामंजस्य स्थापित करना।
(ii) उपयुक्त परिस्थितियों के साथ सामंजन अथवा परिवर्तन को नियंत्रित करना।

इस प्रकार पारिवारिक सीमा लचीली पाई गई तथा पारिवारिक दायित्व को विनिमेय बनाया गया। नातेदारी नेटवर्क सहायता प्रदान करने वाली संस्था बन गई। भारतीय संयुक्त परिवार प्रथा नए अनुकूलन में सहयोग प्रदान करती है, व्यवधान उपस्थित नहीं करती है। संयुक्त परिवार अपने सदस्य को नगर में काम के लिए भेजते हैं तथा उस परिस्थिति से निपटने के लिए अपने आपको अनुकूलित करते हैं।

नगर की विशेषताएं

विभिन्न भूगोलवेत्ताओं, अर्थशास्त्रियों, समाजशास्त्रियों एवं मानवशास्त्रियों द्वारा भारतीय नगर के ऊपर किए गए अध्ययनों के पुनरावलोकन से भारतीय नगर के संबंध में निम्नलिखित विशेषताएं प्रकट होती हैं—

1. आद्य ऐतिहासिक सिन्धु घाटी सभ्यता के निर्माताओं द्वारा भारत की भूमि पर नगरों का निर्माण किया गया।
2. आर्य सभ्यता के निर्माताओं द्वारा अनेक नगरों का निर्माण धार्मिक, प्रशासनिक एवं व्यापारिक केन्द्रों के रूप में किया गया।
3. मुगल शासकों द्वारा अनेक प्रशासनिक एवं राजधानी से संबंधित नगर बनाए एवं बसाए गए।
4. ब्रिटिश शासन काल में प्रशासन के साथ-साथ खनिज संपदा के शोषण एवं उद्योग की स्थापना हेतु नगर का निर्माण किया गया।

5. स्वतंत्रता प्राप्ति के बाद खनिज एवं वन संपदा के शोषण के लिए हमारे देश में अनेक औद्योगिक नगर अस्तित्व में आए।
6. वर्तमान समय में हमारे देश में अनेक महानगर, नगर एवं अर्ध-नगर हैं।
7. हमारे देश के नगरों को जनसंख्या के आधार पर महानगर, वर्ग-I, वर्ग-II, वर्ग-III तथा वर्ग-IV श्रेणियों में विभाजित किया गया।
8. नगर की अर्थव्यवस्था गैर-कृषि अर्थव्यवस्था पर आधारित होती है।
9. काम एवं रोजगार की खोज में ग्राम से आकर लोग शहर में बसते गए हैं। अतः शहर की जनसंख्या ग्राम की जनसंख्या से बहुत अधिक होती है।
10. शहर में भी सामाजिक एवं सांस्कृतिक विविधता पाई जाती है। क्योंकि विभिन्न जाति एवं समुदाय के लोग शहर में आकर बस गए हैं। वे अपने साथ अपनी संस्कृति एवं विश्वास को भी लाए हैं। अतः वे शहर में अपने-अपने देवी-देवता की स्थापना किए हैं तथा अपनी संस्कृति के अनुसार पर्व-त्योहार एवं उत्सव मनाते हैं।
11. नगर का पर्यावरण प्राकृतिक न होकर मानव निर्मित होता है। मानव योजनाबद्ध ढंग से नगर का निर्माण करता है। अतः नगर का पर्यावरण स्वाभाविक नहीं रह जाता है।
12. नगरीय समाज का पेशा उद्योग एवं कारखाने के उत्पादन, व्यापार, वाणिज्य एवं व्यावसायिकता पर आधारित होता है।
13. नगर में भी जाति प्रथा ग्राम के समान कार्य करते पाई जाती है। प्रत्येक जाति एवं समुदाय के अपने-अपने निवास स्थान या मुहल्ले होते हैं। वे अपनी भाषा का प्रयोग कर भाषाई समूह का निर्माण करते हैं तथा प्रत्येक समुदाय का अपना-अपना संगठन होता है। उनके अपने-अपने स्कूल भी होते हैं।
14. नगर में परंपरागत जाति पेशा का बंधन नहीं होता है। हालांकि कुछ जातीय पेशे शहर में भी पाए जाते हैं। जैसे भंगी, चमार, धोबी, नाई, लोहार, बढ़ई, कुम्हार इत्यादि। लेकिन यहां इनका भुगतान ग्राम समाज के समान अनाज में न होकर नकद में होता है। यहां ये जजमानी बंधन में नहीं बंधे होते हैं।
15. नगरीय समाज में सामाजिक गतिशीलता के कारण वर्ग आधारित समाज का भी निर्माण होता है।
16. नगरीय समाज में औपचारिक सामाजिक नियंत्रण पाया जाता है। यहां सामाजिक नियंत्रण औपचारिक संस्थाओं जैसे थाना-पुलिस, कचहरी तथा प्रशासन से जुड़े व्यक्तियों द्वारा होता है।
17. नगरीय समाज में प्राथमिक संपर्क का अभाव पाया जाता है। यहां द्वितीयक संपर्क पाया जाता है। दूसरे शब्दों में कहा जा सकता है कि शहर में व्यक्ति से व्यक्ति एवं चेहरे से चेहरे का संबंध नहीं संभव है।

18. नगरीय समाज के पास नगरीय जीवनशैली पाई जाती है। नगरीय जीवनशैली की पहचान औपचारिक अंत:क्रिया, अवैयक्तिक व्यवहार, गैर-नातेदारी संबंध, सांस्कृतिक प्रदर्शन, कामांग प्रदर्शन प्रवृत्ति, क्लब, पार्क, सिनेमा हाल, होटल एवं बाजार में अवकाश का समय व्यतीत करने से होती है।
19. नगरीय समाज का सामाजिक संगठन बाजार एवं मुद्रा व्यवस्था पर पूर्णत: आधारित होता है।
20. नगर में सड़क, बिजली, पीने का पानी, अस्पताल, स्कूल, कॉलेज, आवागमन के साधन, पार्क, क्लब, भोजनालय, बाजार इत्यादि नागरिक सुविधाएं उपलब्ध कराई जाती हैं।
21. ग्राम समाज एवं नगरीय समाज के बीच निरंतर अंत:क्रिया बनी रहती है। क्योंकि दोनों एक-दूसरे के पूरक, एक दूसरे पर आश्रित तथा एक-दूसरे से संबंधित हैं। इसे लोक-नगरीय सातत्य अथवा निरंतरण कहा जाता है।
22. धार्मिक दृष्टि से नगर सभ्यता के केन्द्र होते हैं जहाँ धार्मिक भूगोल, धार्मिक विशेषज्ञ एवं धार्मिक अनुष्ठान का सुखद संश्लेषण पाया जाता है।
23. परंपरागत नगर ग्राम समाज की लघु परंपरा एवं नगरीय समाज की महान परंपरा के बीच अंतर संबंध एवं अंत:क्रिया दर्शाते हैं।
24. भारत में नगरीकरण की प्रक्रिया दो अवस्थाओं से होकर गुजरी है—प्राथमिक नगरीकरण एवं द्वितीयक नगरीकरण। धर्म एवं प्रशासन के चलते नियत विकासीय नगरों को प्राथमिक नगरीकरण प्रक्रिया की उपज माना जाता है। जबकि उद्योग, कारखाना, वाणिज्य, व्यवसाय, प्रशासन इत्यादि के कारण बहुविकासीय नगर को द्वितीयक नगरीकरण का परिणाम माना गया है। गया, प्रयाग, काशी, मथुरा, पुरी, रामेश्वरम, द्वारिका, जनकपुर, हरिद्वार, ऋषिकेश, बद्रीनाथ, केदारनाथ इत्यादि नगर प्राथमिक नगरीकरण प्रक्रिया की देन हैं। जबकि हाटिया, जमशेदपुर, बोकारो, राउरकेला, भिलाई, दुर्गापुर एवं अनेक प्रशासनिक तथा व्यावसायिक नगर द्वितीयक नगरीकरण प्रक्रिया की देन हैं।
25. नगरीकरण के कारण गंदी बस्तियाँ अस्तित्व में आई हैं तथा उनसे जुड़ी समस्याएं भी अस्तित्व में आई हैं।
26. नगर में भी वेश्याओं, कारीगरों, कर्मचारियों, श्रमिकों, व्यापारियों, व्यवसायियों, भंगी, चमार, धोबी, नाई, महिलाओं एवं बेरोजगारों की अपनी-अपनी समस्याएं हैं।
27. नगरवासियों को भी नागरिक सुविधाओं से जुड़ी अनेक समस्याओं का सामना करना पड़ता है।
28. हमारे देश में नगर निर्माण एवं नगर विकास योजना आयोग, भारत सरकार का एक महत्त्वपूर्ण कार्यक्रम रहा है।

6

नगर की उत्पत्ति एवं विकास

ORIGIN AND DEVELOPMENT OF CITY

प्रागैतिहासिक काल

प्रागैतिहासिक प्रमाणों के आधार पर प्रस्तुत किया गया है कि मानव एक प्रगतिशील प्राणी है। वह अपने अनुभव, ज्ञान, विज्ञान तथा तकनीकी के सहारे सदा प्रगति पथ पर अग्रसर रहा है। इस धरा-धाम पर अवतरित होने के बाद से अब तक वह अनेक प्रकार के निवास स्थानों का विकास कर चुका है। अपने ज्ञान, विज्ञान एवं तकनीकी के आधार पर अब वह अंतरिक्ष में बसने के लिए प्रयास कर रहा है। जब मनुष्य इस पृथ्वी पर आया तब उसके पास ज्ञान-विज्ञान का पूर्णतः अभाव था। इसीलिए उसने अपना प्रारंभिक जीवन एक पशु के समान आरंभ किया। आरंभिक अवस्था में वह उत्पादनकर्त्ता नहीं, वरन् प्रकृति भोगी था। अन्य प्राणियों की भांति वह अपने अस्तित्व के लिए प्रकृति पर पूर्णतः आश्रित था। खाद्य संकलन एवं शिकार के माध्यम से अपना पेट भर लेता था। नदी या झरने से पानी पी लेता था। पेड़ के ऊपर, पेड़ के नीचे अथवा गुफा में रात्रि विश्राम कर लेता था। खूंखार जंगली जानवरों से बचने के लिए उसके पास एक मात्र अस्त्र अग्नि था। अग्नि के आविष्कार ने प्रागैतिहासिक मानव के जीवन को सरल अवश्य बना दिया था। अग्नि के सहारे वह अपनी भोजन सामग्री (वन उपजों एवं शिकार) को पकाकर खा लेता था। इसी अस्त्र के सहारे वह दृढ़ एवं जंगली जानवरों से अपने आपको बचाया करता था।

अग्नि ने मानव को सामाजिक एवं सांस्कृतिक प्राणी बनाया। अग्नि ने एक मानव को दूसरे मानव से जोड़ा। आग तापने तथा खाना पकाने के लिए मानव अग्नि के प्रकाश के पास पहुंचे। इस प्रकार उनमें सामूहिक जीवन की शुरुआत हुई। अब मानव छोटे-छोटे झुंडों में रहने लगा। प्रत्येक झुंड में आदमी, औरत एवं बच्चे हुआ करते थे। खाद्य संकलन एवं शिकार सामूहिक रूप से किया जाता था। जब तक किसी स्थान पर वन उपज एवं शिकार उपलब्ध होते थे, एक मानव झुंड वहीं पर रहता था। लेकिन जब भोजन और शिकार में कमी होने लगती थी, मानव झुंड वहां से दूसरे स्थान पर चला जाता था। मानव

झुंड का वास स्थान नदी तट, झरना तट, तालाब तट या समुद्र तट पर हुआ करता था ताकि पीने के पानी की समस्या को सुलझाया जा सके। नए स्थान पर झुंड के मानव आस-पास के पर्यावरण में उपलब्ध लकड़ी, बांस, घास, टहनी, पत्ती इत्यादि के सहारे झुग्गी-झोपड़ी बना लिया करते थे।

इस प्रकार संपूर्ण पूर्व पाषाणकाल एवं मध्य पाषाण काल में मानव ने अपना जीवन घुमंतु समूह के रूप में व्यतीत किया। इन दोनों प्रागैतिहासिक कालों में वह या तो गुफा में रह लेता था या घने वृक्ष के नीचे जीवन व्यतीत कर लेता था।

नव पाषाण युग को क्रांति युग कहा जाता है। नव पाषाण युग में मानव जीवन में क्रांतिकारी परिवर्तन हुए। इस युग में घुमंतु मानव स्थायी ग्राम निवासी बने। खाद्य संकलनकर्त्ता मानव अनाज उत्पादनकर्त्ता बने। गुफा में रहने वाले मानव घर बनाकर रहने लगे। नंगे रहने वाले या पत्ती और चमड़ा पहनने वाले मानव वस्त्र बनाने तथा पहनने लगे। इस युग में मानव मृतक संस्कार करने लगे। चाक के सहारे मानव मिट्टी के बरतन बनाने लगे तथा उन्हें आग में पकाकर उनकी कठोरता को बढ़ा दिए। इसके कारण उनमें पानी रखा जा सकता था तथा अग्नि के सहारे खाना पकाया जा सकता था।

नव पाषाण कालीन मानव सीढ़ी, घिरनी और चूल का आविष्कार कर लिए थे। इनसे स्थायी मकान बनाने में काफी सहायता मिली। मिश्र में मकान बनाने में रीड (नरकुल) का प्रयोग होता था। पश्चिम एशिया तथा यूरोप में घर प्रारंभ में मिट्टी और टट्टर के सहारे बनाए जाते थे। बाद में घर कच्ची इंटों से सहारे बनाए जाते थे। स्विट्जरलैंड में झीलों पर बनाए गए मकान विशेष उल्लेखनीय हैं। इनका निर्माण कुशल बढ़ई किए होंगे। जलगृह के अवशेष फ्रांस, स्कॉटलैंड, आयरलैंड, इटली, रूस, दक्षिणी और उत्तरी अमरीका तथा भारत में भी पाए गए हैं। आजकल भी जावा, सुमात्रा और न्यू गिनी में इनका प्रचलन है। सुरक्षा एवं सफाई की दृष्टि से ये मकान निश्चित रूप से उत्तम थे।

नवपाषाण युग के बाद मानव ताम्र पाषाण युग एवं कांस्य युग में प्रवेश करता है। इन युगों में नगर क्रांति एवं सभ्यता का जन्म हुआ। आज से लगभग 4000 वर्ष ईसा पूर्व मानव निश्चित रूप से नगर-क्रांति एवं नगरीय सभ्यता को जन्म देकर नगर निवासी बन गया था। चतुर्थ सहस्राब्दी ईसा पूर्व सुमेर, मिश्र और सिंधु प्रदेश में ताम्रकालीन ग्रामों के स्थान पर कांस्यकालीन नगरों का उदय हो चुका था। इस संक्रांति काल पर सबसे अच्छा प्रकाश सुमेरियन साक्ष्य से पड़ता है। इस प्रदेश के इरिडू, उर, इरेक, लगाश और लारसा इत्यादि नगरों में विकास की क्रमिक अवस्थाएं लगभग एक सी हैं। इसलिए इरेक नगर का विवरण उदाहरण स्वरूप दिया जा सकता है। इस नगर के प्राचीनतम अवशेष हलफियन और अलउबेद युग के हैं। अलउबेद और ऐतिहासिक युग के प्रारंभ के अवशेषों में 50 फुट का अंतर है। इसे पुरातत्वशास्त्री उरूक तथा जम्देतनस्र दो सांस्कृतिक युगों में विभाजित करते हैं। उरूक युग में इरेक ग्राम नगर का रूप धारण कर लेता है। इस युग का अंत 3500 ईसा पूर्व हो जाता है। दूसरे सांस्कृतिक युग जम्देतनस्र में नगर का वैभव और बढ़ जाता है।

विदेशों से बहुमूल्य पाषाण अधिक मात्रा में मंगवाए जाते हैं। काचन किए हुए उपकरण तथा हल्के रथों का निर्माण भी होने लगता है। लिपि और अंकों का आविष्कार भी हो जाता है। इससे विद्वानों एवं साहित्यकारों को अपनी रचनाओं, व्यापारियों के लिए अपना हिसाब-किताब, पुजारियों के लिए मंदिर का हिसाब-किताब तथा जादू-टोना तथा राजाओं के लिए अपनी उपलब्धियों को लिपिबद्ध करना संभव हो जाता है। 3000 वर्ष ई.पू. तक सुमेर में प्रागैतिहासिक युग का अंत एवं ऐतिहासिक युग का शुभारंभ हो जाता है।

सुमेर तथा अन्य स्थानों पर नागरिक जीवन का मूल आधार समाज का सुसंगठित होना था। प्रत्येक नगर की सफलता इस बात पर निर्भर करती थी कि उसके नागरिक सामूहिक रूप से सार्वजनिक निर्माण-कार्यों में कितना भाग लेते हैं। जैसे नहर बनाना, बांध बनाना, मंदिर, जिगुरत तथा अन्य प्रकार के भवनों का निर्माण करना। इसके लिए यह आवश्यक था कि सार्वजनिक निर्माण कार्यों की योजना बनाई जाए। उस योजना को कार्यान्वित करने के लिए आवश्यक जनशक्ति और साधन हो। श्रमिकों को वेतन एवं मजदूरी देने के लिए भंडारों में अन्न तथा अन्य सामग्री हो। इन योजनाओं तथा नागरिकों के ऊपर नियंत्रण रखने वाली कोई केन्द्रीय शक्ति हो।

सुमेर में नगरों में व्यवस्था बनाए रखने का उत्तरदायित्व सिद्धांततः नगर के प्रधान मंदिर के देवताओं और व्यवहार में प्रधान पुजारी का था। यहां भूमि को देवताओं की संपत्ति, मंदिर को देवताओं का महल और पुजारी को उसका प्रतिनिधि माना जाता था। प्रधान पुजारी देवता की आज्ञानुसार और अन्य पुजारियों की सहायता से नगर की व्यवस्था करता था। प्रत्येक नागरिक देवताओं का दास होता था। अतः उसे नगर के सार्वजनिक निर्माण कार्य में अन्य नागरिकों के साथ सहयोग करना पड़ता था। बड़ी संख्या में दस्तकार, कृषक, कलाकार, सेवक और लिपिक पुजारी वर्ग के अनुशासन में रहकर कार्य करते थे। पुजारी मिट्टी की पटियों पर मंदिर के आय-व्यय का हिसाब-किताब रखते थे। सुमेर में यह व्यवस्था तब तक चलती रही, जब तक देश का राजनीतिक एकीकरण नहीं हो गया। सारगोन प्रथम के नेतृत्व में राजनीतिक एकीकरण हो जाने पर व्यवस्था में परिवर्तन होना आवश्यक था।

नगरों के उदय के कारण

ताम्र तथा कांस्य का उत्पादन, उनसे उपकरण का निर्माण एवं प्रयोग की विधि, हल, पहिया, बैलगाड़ी और पालदार नाव का आविष्कार क्रांतिकारी संभावनाओं से परिपूर्ण थे। लेकिन समाज के पुनर्गठन के बिना इन आविष्कारों का समुचित लाभ उठाना संभव नहीं था। इसका प्रमाण सीरिया, ईरान तथा मेडीट्रेनियन के तटवर्ती प्रदेश तथा बलूचिस्तान में रहने वाली जातियां हैं। ये लोग उपरोक्त सभी प्रकार के आविष्कारों से परिचित रहने के बावजूद भी विशेष प्रगति नहीं कर पाए थे। इसका प्रमुख कारण उनकी सामाजिक व्यवस्था का यथावत बना रहना था।

नील, दजला, फरात तथा सिंधु की घाटियों में परिस्थितियां बिल्कुल भिन्न थीं। यह विशाल भू-भाग होलोसीन युग के आरंभ से ही अधिकाधिक शुष्क होता जा रहा था। इस समय मनुष्य वैसे स्थान पर बसना पसंद करता था जहां उसकी व्यक्तिगत आवश्यकताओं की पूर्ति और कृषि कर्म के लिए पर्याप्त जल मिल सके। यह सुविधा केवल नील, दजला, फरात तथा सिंधु नदियों की घाटियों में उपलब्ध थी। इसी चतुर्थ सहस्राब्दी ई.पू. मिश्र, सुमेर तथा सिंधु प्रदेश में निवास करने वाले मनुष्यों की संख्या में वृद्धि होने लगी है। जनसंख्या वृद्धि के साथ बड़े-बड़े नगर अस्तित्व में आने लगे हैं। ये नगर आधुनिक काल के लंदन, न्यूयार्क, दिल्ली, इत्यादि नगरों की तुलना में बहुत छोटे थे, लेकिन ताम्रकालीन ग्रामों की तुलना में काफी बड़े थे। इसीलिए वी. गर्डन चाइल्ड ने इस युग को नगर क्रांति युग कहा है।

मिश्र एक छोटा-सा देश है। यह देश चारों ओर से समुद्र, पर्वत, और रेगिस्तानों से घिरा है। सहस्रों वर्षों में नील नदी की बाढ़ द्वारा लायी गई मिट्टी से इसके मध्य एक अत्यंत उर्वरक भूखंड निर्मित हो गया है। यह भूखंड 30 फुट मोटी उर्वरक मिट्टी की तहों से निर्मित है। इसकी लंबाई 750 मील तथा चौड़ाई 10 से 30 मील है। प्राचीनकाल में यह प्रदेश इतना उपजाऊ था कि यहां एक ही वर्ष में तीन-तीन फसलें उगाना असंभव नहीं था। सुमेर भौगोलिक दृष्टि से उस उर्वरक अर्धचन्द्र का दक्षिण-पूर्व सिरा है, जो मेडीट्रेनियन के पूर्वी तट पर पैलेस्टाइन से प्रारंभ होता है और सीरिया तथा असीरिया होते हुए दक्षिण-पूर्व में फारस की खाड़ी के तट तक चला गया है। जिस प्रकार मिश्र नील नदी द्वारा लाई गयी मिट्टी से बना था, उसी प्रकार सुमेर दजला तथा फरात द्वारा लाई गयी मिट्टी से। यहां की भूमि की उर्वरता भी विश्व विख्यात थी। यहां उपज साधारणत: बीज की छियासी गुणा होती थी। कोई-कोई उदाहरण में सौ गुणी उपज भी असंभव नहीं थी। यहां नदी, झील और तालाब में मछली और जमीन पर खजूर के वृक्ष बहुतायत संख्या में मिलते थे। इस प्रकार मिश्र और सुमेर दोनों ही मनुष्य को आकर्षित करने वाले प्रदेश थे। लेकिन इनको आवास योग्य बनाने के लिए कठिन श्रम करना आवश्यक था। इन दोनों प्रदेशों में वर्षा नाममात्र की होती थी। यह ठीक है कि यहां प्रतिवर्ष बाढ़ आती थी, लेकिन बाढ़ उतरने के बाद भूमि सूखकर कठोर हो जाती थी। अत: कृत्रिम सिंचाई किए बिना कृषि कर्म में सफलता मिलना कठिन था। दूसरी बात थी बाढ़ को नियंत्रित करना। सुमेर में एक कठिनाई और थी। यह दलदलों से भरा हुआ था जिसके कारण नरकुल के घने जंगल काफी मात्रा में अस्तित्व में थे। दलदलों को सुखाने और नरकुल के जंगल को साफ किए बिना यहां की भूमि की उर्वरता निरर्थक थी। परंतु जंगल साफ करना, बांध बनाकर बाढ़ को नियंत्रित करना तथा नहरों द्वारा सिंचाई की व्यवस्था करना ताम्र पाषाण कालीन छोटे-छोटे गांव के निवासियों के लिए संभव नहीं था। इसके लिए मनुष्य को विशालतर मानव समूहों में संगठित होना आवश्यक था। एक बार बांध और नहर बना लेने के बाद उनकी रक्षा के लिए भी प्रयत्न करते रहना भी उतना ही आवश्यक था। इसलिए मिश्र एवं सुमेर में विशाल मानव समूह

को एक स्थान पर स्थायी रूप से रहना आवश्यक हो गया था। इसी तरह की मिलती-जुलती परिस्थिति मिश्र में भी थी। वहां भी उसी समय नगर सभ्यता अस्तित्व में आई।

सुमेर मिश्र तथा सिंधु प्रदेश, इन तीनों ही स्थानों पर कृषकों को अतिरिक्त उत्पादन करना पड़ता था। इसका कारण था समाज में ऐसे वर्गों का बढ़ जाना जो उत्पादन में प्रत्यक्ष रूप से भाग नहीं लेते थे। ये सभी प्रदेश ऐसे थे जहां आवश्यकता की सभी चीजें उपलब्ध नहीं थी। सुमेर में ताम्र नहीं मिलता था और न पत्थर। भवन निर्माण के लिए लकड़ी भी बाहर से मंगानी पड़ती थी। मिश्र में पत्थर मिल जाता था। लेकिन लकड़ी, मेलेचाइट, ताम्र, बहुमूल्य पत्थर तथा राल का आयात करना पड़ता था। मोहनजोदड़ो और हड़प्पा के नागरिक देवदार और बहुमूल्य धातुएं बाहर से मंगवाते थे। इस प्रकार कांस्यकालीन नगर ताम्रकालीन गांव के समान आत्मनिर्भर नहीं थे। उन्हें अपनी आवश्यकताओं की पूर्ति हेतु बाहर से मंगाए गए माल पर निर्भर करना पड़ता था। यह तथ्य नागरिक जीवन के विकास की दृष्टि से बहुत महत्त्वपूर्ण थे। क्योंकि बाहर से माल मंगाने के लिए उन्हें अधिक खाद्यान्न का उत्पादन करना पड़ता था।

सुमेर में विदेशी व्यापार बहुत कुछ मंदिरों के सदस्य व्यापारियों के हाथ में था। मिश्र में भी स्वतंत्र व्यापारियों का एक वर्ग के रूप में अस्तित्व बना हुआ था। यही स्थिति सिंधु प्रदेश में भी थी। सिंधु प्रदेश के नागरिकों का व्यापारिक संबंध सुमेर के नागरिकों से अवश्य स्थापित हो चुका था। इन प्रदेशों के व्यापारी सौदागरों के माध्यम से माल का आयात और निर्यात किया करते थे। शीघ्र ही इन सौदागरों के काफिलों की सुविधा हेतु जगह-जगह पर व्यापार केन्द्र स्थापित हो गए। विभिन्न देशों के व्यापारियों के हितों की रक्षा हेतु उन देशों के शासकों ने सैनिकों की नियुक्ति की। तीसरी सहस्राब्दी में अनेक राजाओं को व्यापारियों के हितों की रक्षा हेतु युद्ध करते चित्रों में प्रदर्शित किया गया है। अब देश के राजाओं के लिए यह आवश्यक हो गया था कि वे व्यापारियों, सौदागरों, कृषकों और अन्य वर्गों के पारस्परिक झगड़ों के निपटारे हेतु न्यायालय की स्थापना करें और राज्यकर्मियों की नियुक्ति करें। आरंभ में रीति-रिवाज के अनुसार न्याय करने का प्रयास किया गया। कालांतर में विविध समाज की रीति-रिवाजों में समरूपता लाने के लिए विधि संहिताओं की रचना की गई।

मंदिर के पुजारियों एवं व्यापारियों को संपत्ति और व्यापार संबंधी आंकड़े रखने पड़ते थे। इस प्रकार नगरों के उदय के साथ-साथ लिपि का भी जन्म हुआ। इसी तरह बही खाता की विद्या (Accountancy), अंक, भार और नाप के पैमाने, ज्यामिति के नियम अस्तित्व में आए। लिपि के आविष्कार से प्रचलित लोककथाओं एवं ज्ञान को लिपिबद्ध करना संभव हुआ। इसी से साहित्य की रचना और रक्षा हो सकी। कृषकों की सहायता के लिए नक्षत्रों का अध्ययन कर सौर पंचांग की रचना की गई। बाद में खगोल विद्या तथा ज्योतिष संबंधी ज्ञान में प्रगति हुई।

व्यापारियों द्वारा माल बाहर भेजे जाते हैं। बाहर भेजे जाने वाली गांठों पर चिह्न अंकित करने के लिए मुद्राओं का आविष्कार हुआ। मुद्रा विद्या तथा कांचन विद्या का

विकास हुआ। स्थायी जीवन हो जाने पर मानव ने सुख-सुविधा की ओर ध्यान देना शुरू किया। सबसे पहले उसने अपने लिए भवनों का निर्माण किया। नवपाषाणकाल तथा ताम्रकाल के प्रारंभ में मानव मिश्र तथा मेसोपोटामिया में नरकुल और मिट्टी की झोपड़ियां बनाने लगा था। कांस्यकाल यानी 3000 ई.पू. से कुछ पहले उसने ईंटों का आविष्कार किया। कच्ची ईंटें मिट्टी को सांचे में ढालकर तथा धूप में सुखाकर बनायी जाती थीं। सिंधु प्रदेश में पक्की ईंटों का प्रयोग बहुतायत में किया जाता था। ईंटों के आविष्कार से झोपड़ियों के स्थान पर मकान बनाना संभव हो सका। ईंटों के आविष्कार से तरह-तरह के डिजाइनों में मकान बनाना संभव हो सका।

तीसरी सहस्राब्दी की प्रारंभिक शताब्दियों में ऐतिहासिक युग का सूत्रपात हो चुका था। इसके पहले कांस्यकाल में नगर क्रांति के कारण मनुष्य के जीवन में आमूल परिवर्तन हो गया था। अब सभ्य मनुष्य नदियों की घाटियों में नगर निवासी बन गया था। ये नगर विस्तार तथा जनसंख्या दोनों की दृष्टि से ताम्रकालीन गांवों की तुलना में बहुत बड़े थे। मोहनजोदड़ो का क्षेत्रफल एक वर्ग मील से अधिक था। सुमेर के उर नगर में कम से कम 150 एकड़ में भवन बने हुए थे जिसमें करीब 24000 व्यक्ति रहते होंगे। लगाश सुमेर का छोटा नगर था परन्तु इसकी आबादी 19,000 से कम नहीं थी। ये नगर कच्ची ईंटों, पक्की ईंटों तथा प्रस्तर खंड से बने भवनों से सुसज्जित थे। सिंधु प्रदेश के नगरों को ऐसी योजना के अनुसार बनाया गया था कि सफाई और जल की समुचित व्यवस्था रखने में सुविधा मिले। यहां सफाई और जल की इतनी अच्छी व्यवस्था थी उतनी अच्छी व्यवस्था मध्यकालीन यूरोप के अधिकांश नगरों में नहीं मिलती है। बहुत से भारतीय नगरों में आजकल भी ऐसी व्यवस्था नहीं पाई जाती है। इन नगरों में कृषक ऐसे हलों तथा कुम्हार ऐसे चाकों का प्रयोग करते थे जिनमें औद्योगिक क्रांति होने तक कोई सुधार नहीं हो सका। इन नगरों का आर्थिक आधार विदेशी व्यापार था। यहां के सौदागरों के काफिले पशुओं, बैलगाड़ियों और नावों पर माल लादकर दूरस्थ देशों की यात्रा करते थे। माल से भरी उनकी नावें नील, दजला, फरात तथा सिंधु नदियों में देखी जा सकती थीं। इन नगरों के बाजारों को देश-विदेश से आए व्यापारी उसी प्रकार शोभा बढ़ाते थे जिस प्रकार परवर्ती युगों में अलैक्जैंड्रिया, रोम तथा बगदाद नगरों में। इन नगरों के शासक प्राचीनकाल के शासकों के समान मंदिर, नहर, राजमहल, समाधियां इत्यादि बनवाने तथा युद्धों द्वारा अपने राज्य का विस्तार करने में गर्व का अनुभव करते थे। अपनी उपलब्धियों को मिट्टी की पटियों पर उत्कीर्ण करवाते थे। इस युग के स्थलों के उत्खनन से राज समाधियां, भव्य राजप्रसाद, मंदिर, जिगुरात, मूर्तियां, फर्नीचर, मुद्राएं और अभिलेख इत्यादि प्राप्त हुए हैं।

संक्षेप में यह कहा जा सकता है कि ताम्र और कांस्यकाल में तीसरी सहस्राब्दी की प्रारंभिक शताब्दियों तक नगर अस्तित्व में आ चुके थे। आगामी दो सहस्र वर्षों में वर्णमाला तथा लोहे का उत्पादन एवं उपकरण निर्माण विधि को छोड़कर मनुष्य इन सुख-सुविधाओं को और अधिक नहीं बढ़ा पाया। इसीलिए कांस्यकालीन नगर क्रांति के युग को सभ्यता जन्म का युग कहा जाता है।

भारतीय संदर्भ में नगर की उत्पत्ति एवं विकास

जैसा कि पहले वर्णन किया जा चुका है, भारत में मिश्र तथा सुमेर के समान नगर की उत्पत्ति सिंधु प्रदेश में कांस्यकालीन युग में हो चुकी थी। आज से करीब 5000 वर्ष पहले सिंधु प्रदेश के निवासियों द्वारा सिंधु घाटी में नगर निर्माण द्वारा नगरीय सभ्यता का उदय किया जा चुका था। ताम्रकालीन गांवों की तुलना में कांस्यकालीन सिंधु प्रदेश के नगर जनसंख्या एवं विस्तार में बहुत ज्यादा बड़े थे। सिंधु प्रदेश के मुख्य नगर हड़प्पा, मोहनजोदड़ो, कलिबंगन, चांहुदारो, लोथल तथा कोटदिजी थे। सिन्धु प्रदेश की नगर निर्माण योजना विश्व के प्रागैतिहासिक प्रदेशों में महत्त्वपूर्ण स्थान रखती है। सिंधु प्रदेश के नगरों के भवन, बहुमंजिले मकान, मजदूरों के मुहल्ले, नालियों की व्यवस्था, पीने के पानी की व्यवस्था, स्नानागार, सार्वजनिक भवन, किलाबंदी इत्यादि तत्कालीन भारतीय नगर सभ्यता पर पूर्ण प्रकाश डालते हैं। सिन्धु सभ्यता के निवासियों का आर्थिक जीवन विशिष्टीकरण और स्थानीयकरण पर आधारित था। प्रत्येक व्यवसायी एक ही प्रकार का व्यवसाय करता था। समान व्यवसाय वाले एक ही मुहल्ले में रहते थे। यह सभ्यता व्यापार प्रधान सभ्यता थी। यहां बड़े-बड़े नगरों का निर्माण किया गया था तथा विदेशों से व्यापार संबंध स्थापित किया गया था।

प्राचीन भारत के नगर

प्राचीन भारत के नगरों का उल्लेख हमें धार्मिक साहित्यों, बौद्ध साहित्यों एवं जैन साहित्यों में मिलता है। छठी शताब्दी ईसा पूर्व तक भारत में कश्मीर से बंगाल तक सोलह राज्य थे जिन्हें महाजनपद कहा जाता था। ये महाजनपद थे काशी, कौशल, अंग, मगध, वज्जि, मल्ल, चेदि, वत्स, कुरू, पांचाल, मत्स्य, सूरसेन, अश्मक, अवन्ति, गांधार और कंबोज। इन जनपदों के राजधानियों का विवरण नीचे दिया जा रहा है।

1. काशी—उत्तर प्रदेश राज्य के दक्षिण-पूर्व में काशी जनपद स्थित था। इसकी राजधानी वाराणसी स्थित थी। यह नगर उत्तर भारत के नगरों में प्रमुख स्थान रखता था। यह अपने वैभव, ज्ञान, वाणिज्य-व्यापार एवं शिल्प के लिए प्रसिद्ध था। काशी की प्रसिद्धि का एक और कारण तीर्थ स्थान के रूप में इसकी धार्मिक महत्ता था। वेदों में इस नगर का देवाधिदेव महादेव भोलेनाथ एवं देवताओं की नगरी के रूप में विवरण प्राप्त होता है।

2. कौशल—यह जनपद उत्तर प्रदेश के मध्य उत्तरी भाग में स्थित था। महाकाव्य युग में इसकी राजधानी अयोध्या थी। आगे चलकर इसकी राजधानी श्रावस्ती हो गयी थी। बौद्ध ग्रंथों से पता चलता है कि श्रावस्ती नगर ताप्ती नदी के किनारे स्थित था तथा वाणिज्य-व्यवसाय की दृष्टि से काफी समृद्ध था। यह नगर प्राचीन व्यापार मार्ग पर बसा हुआ था।

3. अंग—अंग जनपद बिहार राज्य के पूर्वी भाग में स्थित था। वर्तमान भागलपुर का चंपानगर इसकी राजधानी थी। उस युग में चंपानगर व्यापार तथा वाणिज्य का महत्त्वपूर्ण केन्द्र था। यह बहुत ही समृद्धशाली नगर था। यह व्यापार के साथ-साथ कला, संस्कृति तथा सभ्यता के क्षेत्रों में आगे बढ़ा हुआ था।

4. मगध—मगध का राज्य वर्तमान बिहार के प्राचीन गया तथा पटना जिलों तक फैला था। गिरिबज्र या राजगृह या राजगिर इसकी प्रथम राजधानी थी। मौर्यकाल में इसकी राजधानी पाटलीपुत्र वर्तमान पटना नगर थी। बृहदरथ तथा जरासंध यहां के प्रसिद्ध राजा थे। बिंबिसार एवं अजात शत्रु के समय यह राज्य अपने उत्कर्ष की चरम सीमा पर पहुंच गया था।

5. चेदि—यह प्राचीन जनपद दक्षिण में स्थित था। इसकी राजधानी केन नदी के तट पर स्थित शक्तिमती नगरी थी। महाभारत में चेदि नरेशों का उल्लेख मिलता है। शिशुनाग के समय इस राज्य ने विशेष प्रगति किया था। शिशुनाग का वध श्रीकृष्ण ने किया था। इस वंश की एक शाखा ने कलिंग देश में प्रवेश कर स्वतंत्र राज्य की स्थापना की थी। मौर्यवंश के शासक अशोक ने कलिंग नरेश को पराजित किया था।

6. वज्जि—इस जनपद में कुल आठ कबीले सम्मिलित थे। इनमें लिच्छवि, विदेह और ज्ञात्रिक महत्त्वपूर्ण थे। विदेह की राजधानी मिथिला, लिच्छवि की राजधानी वैशाली और ज्ञात्रिक की राजधानी कुंडल ग्राम थी। ये सारे राज्य आधुनिक बिहार के अंतर्गत आते थे।

7. मल्ल—यह राज्य एक संघीय प्रजातंत्रात्मक राज्य था। इस राज्य में मल्लों की दो शाखाएं थीं। एक कुशीनगर की मल्ल शाखा तथा दूसरी पावा की मल्ल शाखा। गोरखपुर के निकट कसिया ही तत्कालीन कुशीनगर था तथा यहां से 12 मील उत्तर की ओर स्थित पद्रौण ही तत्काली पावा था। पावा नगरी में बुद्ध ने अंतिम भोजन किया था तथा कुशीनगर में उनकी मृत्यु हुई थी।

8. वत्स—यह चेदि राज के उत्तर-पूर्व में यमुना नदी के किनारे स्थित था। इसकी राजधानी कौशांबी थी, जो इलाहाबाद से लगभग 80 मील दूर स्थित थी। यह एक मुख्य व्यापारिक केन्द्र था।

9. कुरू—कुरू राज्य के अंतर्गत वर्तमान दिल्ली और मेरठ के पड़ोस के प्रदेश आते थे। इसकी राजधानी इन्द्रप्रस्थ थी। इन्द्रप्रस्थ संभवत: महाभारत काल का हस्तिनापुर था।

10. पांचाल—आधुनिक रुहेलखंड तथा उसके कुछ जिले पांचाल राज्य में आते थे। यह राज्य दो भागों में विभक्त था—(i) उत्तरी पांचाल तथा (ii) दक्षिणी पांचाल। उत्तरी पांचाल की राजधानी अहिच्छत्र और दक्षिणी पांचाल की राजधानी कांपिल्य थी।

11. मत्स्य—यह राज्य कुरूराज्य के दक्षिण और यमुना नदी के पश्चिम में था। इसकी राजधानी विराट नगर थी।

12. सूरसेन—मतस्य राज्य के दक्षिण में सूरसेन राज्य था। इसकी राजधानी मथुरा थी।

13. अस्सक—यह राज्य गोदावरी नदी के तट पर स्थित था। इसकी राजधानी पोतन या पोतली थी। इसे अवंति में मिला लिया गया था।

14. अवंति—प्राचीन काल का अवंति वर्तमान भारत का मालवा प्रांत था। इसके दो भाग थे—(i) उत्तरी अवंति तथा (ii) दक्षिणी अवंति। उत्तरी अवंति की राजधानी उज्जयिनी तथा दक्षिणी अवंति की राजधानी महिरमति थी।

15. गांधार—यह आधुनिक अफगानिस्तान का पूर्वी भाग था। इस राज्य में तक्षशिला, कश्मीर तथा पश्चिमोत्तर प्रदेश शामिल थे। इसकी राजधानी तक्षशिला थी। इसका व्यापारिक एवं सांस्कृतिक महत्त्व था।

16. कंबोज—गांधार और कंबोज का नाम साथ-साथ आता है। यह गांधार का पड़ोसी राज्य था। इसकी सीमा गांधार के उत्तरी पश्चिमी भाग पर थी। इसकी राजधानी हाटक या राजपुर थी।

धार्मिक साहित्यों में अनेक ऐसे नगरों का भी उल्लेख मिलता है जिनकी स्थापना तत्कालीन शासकों द्वारा महान परंपरा के केन्द्र के रूप में की गई थी तथा जिन्हें ग्रामीण समाज की लघु परंपरा से तीर्थाटन, दान-पुण्य, पूजा-पाठ, मोक्ष इत्यादि से घनिष्ठ रूप से जोड़ दिया गया था। उदाहरण के लिए गया, प्रयाग, हरिद्वार, मथुरा, अयोध्या, काशी, केदारनाथ, बदरीनाथ, द्वारिका, पुरी, रामेश्वरम, तिरुपति, पुष्कर, बैजनाथ धाम इत्यादि।

इस प्रकार प्राचीन भारत में तत्कालीन राजाओं, महाराजाओं एवं प्रशासकों द्वारा प्रशासन, वाणिज्य-व्यापार एवं धार्मिक विशिष्टता के आधार पर नगरों का निर्माण समस्त भारतवर्ष में किया गया।

मध्यकाल के नगर

मध्यकाल में मुगलकालीन राजाओं द्वारा भी अनेक राजधानी नगरों, उपवन नगरों तथा पर्यटन नगरों का विकास किया गया। उदाहरण के लिए आगरा, दिल्ली, जोधपुर, फिरोजपुर, दौलताबाद, फतेहपुर सिकरी, फरूखाबाद इत्यादि। ये मुख्यत: प्रशासनिक केन्द्र थे। किला, गुंबज, मस्जिद, उपवन तथा राजप्रासाद इनकी विशिष्टता थी।

ब्रिटिश काल के नगर

जब ब्रिटिश सरकार की स्थापना भारतवर्ष में हुई, तब ब्रिटिश शासकों द्वारा अपने विकसित शिल्पशास्त्र तथा वैज्ञानिक ज्ञान तथा वाणिज्यिक उद्देश्यों की पूर्ति हेतु उद्योगों की स्थापना की गयी। इस प्रकार औद्योगीकरण प्रक्रिया के माध्यम से नगरों की उत्पत्ति आरंभ हुई। भारत में संगठित उद्योग का इतिहास अधिक पुराना नहीं है। फैक्टरी उद्योग एक सूती मिल

के द्वारा बंबई प्रांत में 1853 में स्थापित हुई। 1921 में जमशेदपुर में टाटा स्टील वर्क्स की स्थापना हुई। आजादी प्राप्ति के पहले तक राजधानी नगर, कार्यालय नगर, सैनिक छावनी नगर तथा यातायात नगर की स्थापना की जा चुकी थी। दिल्ली तथा प्रत्येक राज्यों में राजधानी नगरों की स्थापना की जा चुकी थी। कलकत्ता, बंबई, मद्रास बंदरगाह तथा यातायात नगर की स्थापना भी हो चुकी थी। जमशेदपुर तथा चितरंजन जैसे नगरों की स्थापना हो चुकी थी। देहरादून, श्रीनगर, दानापुर, रामगढ़ जैसे सैनिक छावनी नगर भी अस्तित्व में आ गए थे।

स्वतंत्र भारत के नगर

आजादी के बाद भारत में औद्योगिक एवं खनिज विकास, शिक्षा विकास तथा विज्ञान एवं तकनीकी विकास पर विशेष ध्यान दिया गया था। इसके फलस्वरूप हाटिया (राँची), बोकारो, जमशेदपुर, गिरिडीह, धनबाद, राउरकेला, घाटशिला, भिलाई, दुर्गापुर, विलासपुर इत्यादि औद्योगिक एवं खनिज नगरों की स्थापना हुई। दामोदर घाटी निगम की स्थापना के साथ चंद्रपुरा नामक नगर की स्थापना हुई।

आजादी प्राप्ति के बाद हमारे देश में लोहा एवं स्टील उद्योगों, जूट उद्योगों, वस्त्र उद्योगों, चीनी उद्योगों एवं सीमेंट उद्योगों की स्थापना बृहत स्तर पर की गई। उद्योगीकरण के फलस्वरूप हमारे देश में अनेक नगर अस्तित्व में आए। वर्तमान झारखंड राज्य में जमशेदपुर, बोकारो तथा हाटिया (राँची) जैसे नगर लौह एवं स्टील उद्योग की स्थापना के कारण अस्तित्व में आए। उसी प्रकार उड़ीसा का राउरकेला, पश्चिम बंगाल का दुर्गापुर तथा मध्य प्रदेश का स्टील नगर भिलाई लौह एवं स्टील उद्योग की स्थापना के कारण अस्तित्व में आए। तमिलनाडु के सलेम, कर्नाटक का विजय नगर तथा आंध्र प्रदेश का विशाखापत्तनम जैसे नगरों की उत्पत्ति भी स्टील उद्योगों की स्थापना के कारण हुई।

यों तो कलकत्ता नगर की स्थापना बंदरगाह नगर के रूप में हुई, लेकिन जूट उद्योग की स्थापना के साथ कलकत्ता (कोलकाता) औद्योगिक नगर के रूप में अपना स्थान बनाने में सफल हुआ। कलकत्ता, बम्बई, अहमदाबाद, कानपुर, शोलापुर, सूरत, इंदौर तथा कोयंबतूर जैसे नगरों की उत्पत्ति के पीछे वस्त्र उद्योगों की स्थापना की भूमिका महत्त्वपूर्ण थी।

उत्तर प्रदेश, बिहार, आंध्र प्रदेश, कर्नाटक तथा तमिलनाडु राज्यों में कई नगर चीनी उद्योग की स्थापना के कारण अस्तित्व में आए। उदाहरण के लिए बिहार का डालमिया नगर, महाराष्ट्र का औरंगाबाद, उत्तर प्रदेश का बलिया, गाजीपुर, सहारनपुर, मिर्जापुर इत्यादि।

आजादी के बाद हमारे देश में बड़े पैमाने पर सीमेंट उद्योगों की स्थापना की गयी। इसके फलस्वरूप कई नगर अस्तित्व में आए। उदाहरण के लिए झारखंड का जपला तथा बिहार का बौलिया, तिलौथु इत्यादि।

आजादी के बाद हमारे देश में अब तक 28 राज्य तथा सात केन्द्र शासित प्रदेश हैं। सभी राज्यों की राजधानियों का विकास नगर के रूप में किया गया है। साईंस तथा तकनीकी विकास के कारण हमारे देश में आयुद्ध कारखाना, परमाणु ऊर्जा संयंत्र, सूचना तकनीकी इत्यादि का विकास हुआ है। इसके कारण कई नए नगरों का विकास हुआ है। बंगलौर को साइंस सीटी कहा जाता है। सरकार द्वारा कई नए-नए नगरों की स्थापना की जा रही है। इसके फलस्वरूप आज हमारे देश में कुल जनसंख्या का 27.78 प्रतिशत भाग नगरों में निवास करता है।

सारिणी 6.1 : भारत की नगरीय जनसंख्या 1901-2001

वर्ष	*नगरीय जनसंख्या (प्रतिशत में)*
1901	10.8
1911	10.3
1921	11.2
1931	12.0
1941	13.9
1951	17.3
1961	18.0
1971	19.9
1981	23.3
1991	25.75
2001	27.78

भारतीय नगरीय समुदायों की विशेषताएं—1971, 1981 तथा 1991 के जनगणना प्रतिवेदनों में भारतीय नगरीय समुदायों की निम्नलिखित विशेषताएं निर्धारित की गई हैं—

1. नगरीय समुदायों के पास नगरपालिका, नगर निगम, छावनी बोर्ड या अधिसूचित नगर क्षेत्र समिति आवश्यक रूप से होना चाहिए।

2. कम से कम 5000 की आबादी होनी चाहिए।

3. कम से कम 75 प्रतिशत कामकाजी पुरुष गैर-कृषि व्यवसाय द्वारा अपनी आजीविका चलाते हों।

4. जनसंख्या घनत्व प्रति वर्ग किलोमीटर 400 होना चाहिए।

5. औद्योगिक क्षेत्र तथा हाउसिंग कालोनी जैसी सुविधाएं होनी चाहिए।

6. पर्यटन केन्द्र, मनोरंजन केन्द्र तथा नागरिक सुविधाएं—बिजली, पानी, सड़क, नाली, यातायात, संचार, स्कूल, अस्पताल इत्यादि की सुविधाएं होनी चाहिएं।

सारिणी 6.2 : भारत में नगरों की संख्या

वर्ष	*नगरों की संख्या (प्रति दस वर्ष में)*
1951	3060
1961	2700
1971	3126
1981	4029
1991	4689

भारतीय नगरों का वर्गीकरण

भारत सरकार के जनगणना प्रतिवेदनों में नगरों को निम्नलिखित सात वर्गों में विभाजित किया जा सकता है—

नगर का वर्ग	*जनसंख्या आकार*
1. महानगर	दस लाख
2. वर्ग I नगर	एक लाख से ऊपर
3. वर्ग II नगर	50,000—99,999
4. वर्ग III नगर	20,000—49,999
5. वर्ग IV नगर	10,000—19,999
6. वर्ग V नगर	5000—9999
7. वर्ग VI उपनगर या कस्बा	5000 से कम जनसंख्या

हमारे देश में बारह महानगर हैं जिनकी आबादी दस लाख से ऊपर है। उदाहरण के लिए कलकत्ता, बॉम्बे, दिल्ली, मद्रास, बंगलौर, हैदराबाद, अहमदाबाद, कानपुर, पूना, नागपुर, लखनऊ तथा जयपुर। कलकत्ता सबसे अधिक जनसंख्या वाला महानगर है।

नगर विकास की अवस्थाएं (Phases of Urban Development)

ममफोर्ड ने नगरीय विकास की 6 अवस्थाओं का उल्लेख किया है। उनके अनुसार नगरीय विकास एवं पतन की छ: अवस्थाएं निम्नलिखित हैं—

1. प्रथम अवस्था
2. द्वितीय अवस्था
3. तृतीय अवस्था (मेट्रोपोलिस)
4. चतुर्थ अवस्था (मेगालोपोलिस)

5. पंचम अवस्था (टाइरैनोपोलिस)

6. छठी अवस्था (नेक्रोपोलिस)।

प्रथम अवस्था—नगरीय विकास की प्रथम अवस्था में ग्राम समुदाय की स्थापना हो जाती है। ग्राम स्थापना के साथ-साथ कृषि एवं पशुपालन का विकास हो जाता है। व्यावसायिक समूहों में अंतर होने लगता है। जैसे कृषि, पशुपालन, मत्स्य मारण, कारीगरी इत्यादि। इसके साथ ही प्राथमिक समूहों में वृद्धि होने लगती है तथा गांव की जनसंख्या का आकार बढ़ने लगता है। इस प्रकार प्रथम अवस्था में ग्राम निर्माण तथा बड़े-बड़े ग्राम अस्तित्व में आए।

द्वितीय अवस्था—द्वितीय अवस्था में गांवों में सामान्य संगठन की स्थापना हुई। ये संगठन रक्त समूह पर आधारित थे। जैसे वंश समूह, गोत्र समूह, जनजाति/जाति समूह इत्यादि। इन संगठनों द्वारा लोग आक्रमण के समय अपने आपको सुरक्षा प्रदान करते थे। उनके अपने देवी-देवता तथा पंचायतें थीं। छोटे-बड़े उद्योगों की स्थापना हो चुकी थी। कारीगरी, पुरोहितगिरी तथा श्रम विभाजन विकसित हो चुका था। मशीनीकरण का विकास भी हो चुका था। शिक्षा के क्षेत्र में गणितशास्त्र, दर्शनशास्त्र तथा ज्योतिषशास्त्र का विकास होने लगा था। संगीत तथा चित्रकला की सृष्टि होने लगी। इस अवस्था में नगर को स्थापित करने के लिए एक मजबूत नींव रखी गई। इस युग में कृषि, व्यापार, शिक्षा, कला, यंत्रीकरण, प्रशासन, सड़क और मार्ग-यातायात ऐसे कार्य हुए जिनसे नगरों की स्थापना में विशेष योगदान दिया गया।

तृतीय अवस्था—जिन स्थानों पर जीवन जीने की अधिकतम सुविधाएं हुईं, उन स्थानों का जनसंख्या घनत्व बढ़ता गया। जहां पर जल सुविधा तथा कृषि सुविधा उपलब्ध हुई, वहां पर नगर बसने लगे। नगरों में खाद्यान्न की आपूर्ति के लिए बाजार केन्द्र बने जहां आस-पास के गांवों से उत्पादित अन्नों को लाकर बेचा जाने लगा। नगर के व्यापारी भी आस-पास के गांवों में जाकर अन्नों को खरीदने लगे। एक नगर के व्यापारी दूसरे नगर में भी जाने लगे। इससे संस्कृति का परस्पर आदान-प्रदान होने लगा। अंतर-नगरीय व्यापार, शिक्षा, आविष्कार में वृद्धि हुई। अंतर-नगरीय संपर्कों के कारण अंत: क्रियाओं एवं अंतर संबंधों में वृद्धि हुई। तर्क की अभिव्यक्ति आरंभ हुई। तर्क की अभिव्यक्ति से विज्ञान की उत्पत्ति हुई। व्यक्ति चीजों पर विचार करता तथा उसका पुनर्मूल्यांकन करता। इस संस्कृति ने अनेक दुर्बलताओं को जन्म दिया। सामाजिक संबंधों की कड़ी को कमजोर किया। परस्पर संघर्ष उत्पन्न हुए। प्रतिस्पर्धाएं जन्मी। उद्योगपतियों एवं श्रमिकों के मध्य संघर्ष प्रारंभ हुए। नए मूल्यों की स्थापना हुई। प्राचीन व्यवस्था को आघात पहुंचने से सामाजिक विघटन भी आरंभ हुआ।

चतुर्थ अवस्था—इस अवस्था में पूंजीवादी विचारधारा का उदय हुआ तथा पूंजीवादी व्यवस्था स्थापित हुई। व्यक्ति अधिक से अधिक धन अर्जित करने में लिप्त हो गया। प्रतिस्पर्धा संघर्ष अस्तित्व में आया। धन संचय इस अवस्था की प्रधानता बनी। नैतिकता

पतन इस युग का विशेष लक्षण बना। पूंजीपति शक्तिशाली बने। शोषण एवं उत्पीड़न अस्तित्व में आया। महानगर विभिन्न संस्कृतियों के केन्द्र बने। तर्क और वैज्ञानिकता का महत्त्व बढ़ गया। भौतिकवादी संस्कृति के विकास ने व्यक्ति को भावनाहीन बना दिया। व्यक्ति अपने निजी स्वार्थों की पूर्ति में लीन हो गए तथा सामाजिक भावना को तिलांजलि देने लगे। सामाजिक विघटन भी होने लगा। अभिजात वर्ग और पूंजीपति वर्ग कभी-कभी समाज सुधार का दावा भी करते थे। लेकिन उनका मूल उद्देश्य अपने स्वार्थों की पूर्ति था। इस अवस्था में महानगरों की नींव रखी जा चुकी थी।

पंचम अवस्था—इस अवस्था में नगरों में पूंजीवादी व्यवस्था एवं वर्ग व्यवस्था चरम पर पहुंच गई थी। प्रतिस्पर्धा और संघर्ष जीवन के अंग बन चुके थे। व्यक्ति आर्थिक दृष्टि से दूसरों पर पूर्णरूपेण निर्भर हो गया था। समाज में भ्रष्टाचार चरम पर पहुंच गया। नैतिक दृष्टि से समाज भ्रष्ट हो गया था। मनुष्य सुविधा भोगी बन गया। वर्गों में पद और स्थिति स्पष्ट हो गई। इनसे सामाजिक, आर्थिक और राजनीतिक संबंधों में खाई उत्पन्न हो गई। पूंजीपतियों की शक्ति में वृद्धि से भुखमरी, बेरोजगारी तथा निर्धनता जैसी समस्याएं उत्पन्न हुईं। जनता के मध्य असंतोष फैला तथा अपराधों की संख्या में वृद्धि हुई। इसे दबाने के लिए तानाशाही प्रवृत्तियां अस्तित्व में आईं।

छठी अवस्था—यह नगर विकास की अंतिम अवस्था थी। इस अवस्था में व्यक्ति तथा पूंजीवादी इतने पतित हो गए कि नगरों में अनेक रोग उत्पन्न हो गए। संपूर्ण समाज अर्थहीन बन गया। समाज के आर्थिक एवं सामाजिक संगठन मूल्यहीन हो गए। व्यक्ति लूट-पाट, हत्या, अपराध इत्यादि में लिप्त हो गए। चारों ओर समाज में अराजकता फैल गई तथा संपूर्ण समाज विनाश के अंधकार में डूब गया।

ममफोर्ड की नगर विकास की छः अवस्थाएं नगर विकास एवं पतन के चक्र पर प्रकाश डालती हैं। लेकिन ये चक्र सभी देशों के नगरों पर समान रूप से लागू नहीं होते हैं।

नगर विकास के कारण

इसमें दो मत नहीं हैं कि जनसंख्या घनत्व, नदी एवं समुद्र तट की उपजाऊ भूमि, सैनिकों के शिविर, उद्योग और व्यापार महत्त्वपूर्ण पोषक कारक रहे हैं। लेकिन समय-समय पर अनेक कारकों ने नगरों की उत्पत्ति में अपनी महान भूमिका निभाई है। प्रत्येक युग में नगर विकास के कारणों को हम दो भागों में विभाजित कर सकते हैं:

(i) प्राचीन काल में नगरों के विकास के कारण

(ii) आधुनिक काल में नगरों के विकास के कारण

प्राचीनकाल में नगरों के विकास के कारण—प्राचीनकाल में नगरों के विकास से संबंधित निम्नलिखित कारण हो सकते हैं—

1. अनुकूल भौगोलिक सुविधाएं—विश्व के नगर एवं महानगर आज भी समुद्र

एवं नदी तटों पर दिखाई पड़ते हैं। इससे ज्ञात होता है कि प्राचीन काल में भी नगरों का विकास समुद्र तट एवं नदी तट पर हुआ होगा। नदी तटों एवं समुद्र तटों पर भौगोलिक सुविधाएं उपलब्ध हुई होंगी। इसके कारण एक ही स्थान पर अधिक लोग बस गए होंगे। जहां कहीं भी अच्छी और उपजाऊ भूमि, पर्याप्त वर्षा, सरदी और गरमी का मौसम, सिंचाई के साधन उपलब्ध हुए होंगे , वहां छोटे-बड़े नगर बस गए होंगे। प्राचीनकाल में पहाड़ों एवं रेगिस्तानों में नगरों की संख्या न के बराबर थी।

2. कृषि की सुविधाएं—जहां बृहत स्तर पर कृषि कर्म करने के लिए उपजाऊ भूमि, सिंचाई के साधन तथा अनुकूल मौसम उपलब्ध हुए, वहां लोग नगर का निर्माण किए। यही कारण है कि प्राचीनकाल में समतल एवं मैदानी भागों में अधिक संख्या में नगर का निर्माण हुआ था।

3. आवागमन की सुविधा—प्राचीनकाल में आवागमन की सुविधाएं नहीं थीं। इसलिए लोगों ने उस स्थान पर नगर का निर्माण नहीं किया जहां सुगमता से नहीं जाया जा सकता था तथा जीवन की आवश्यक आवश्यकताओं की पूर्ति नहीं की जा सकती थी। साधारणतया नदियां ही आवागमन का माध्यम थीं। इसलिए प्राचीनकाल में नदियों के किनारे ही नगर बने और बसे।

4. सैनिक छावनियां—प्राचीनकाल में सैकड़ों छोटी-छोटी रियासतें और राज्य थे। इनके पास अपनी सेनाएं थीं। बड़े-बड़े किलों और सैनिक छावनियों के स्थान पर नगर बस गए। क्योंकि सैनिकों की आवश्यकता पूर्ति हेतु व्यापारी तथा शिल्पकार वहां एकत्रित होने लगे। झांसी, ग्वालियर, चितौड़गढ़ इत्यादि इनके उदाहरण हैं।

5. राजधानी—अनेक राजाओं की राजधानियां कालांतर में नगर का रूप धारण कर लीं। राजधानी होने के कारण राजा द्वारा वहां पर जनता को विशेष सुविधाएं उपलब्ध करायी गईं तथा उन्हें सुंदर बनाया गया। अंततः वे राजधानियां नगर में परिवर्तित हो गईं। जैसे वाराणसी, पाटलीपुत्र, मथुरा, राजगिर इत्यादि।

6. धार्मिक महत्त्व के स्थान—प्राचीनकाल से ही भारत एक धार्मिक देश रहा है। यहां धर्म से संबंधित अनेक ग्रामीण स्तर की लघु परंपराएं, क्षेत्र स्तर की क्षेत्रीय परंपराएं तथा राष्ट्र स्तर की महान राष्ट्रीय परंपराएं विकसित हुई हैं। क्षेत्रीय स्तर एवं राष्ट्र स्तर की महान परंपराओं को स्थापित करने के उद्देश्य से कई देवस्थल, मंदिर, मस्जिद, गुरुद्वारा तथा गिरजाघरों का निर्माण किया गया। उन स्थानों पर महान परंपरा पुजारियों एवं शासक वर्ग द्वारा स्थापित की गई। अनेक पौराणिक कथाओं के प्रचार-प्रसार द्वारा उन स्थानों को धाम की मान्यता प्रदान की गई। तीर्थाटन की परंपरा स्थापित की गई। पुजारी, शासक वर्ग तथा ग्रामीण तीर्थयात्रियों के मिलने से आपस में सांस्कृतिक आदान-प्रदान हुआ। धीरे-धीरे वहां लोग धार्मिक महत्त्व तथा व्यवसाय के लिए बसने लगे। कालांतर में उन स्थानों का विकास नगर के रूप में हुआ। उदाहरण के लिए हरिद्वार, ऋषिकेश, काशी, मथुरा, द्वारका, गोवा, आगरा इत्यादि।

7. शिक्षा केन्द्र—प्राचीनकाल में अनेक स्थानों का विकास शिक्षा केन्द्रों के रूप में हुआ था। उन स्थानों पर देश-विदेश के विद्यार्थी तथा विद्या-अर्जन के जिज्ञासु व्यक्ति वहां अध्ययन करने आते थे। कालांतर में राजा तथा महाराजाओं द्वारा उन स्थानों का विकास नगर के रूप में किया गया। उदाहरण के लिए नालंदा, तक्षशीला, विक्रमशीला इत्यादि।

8. शिल्प केन्द्र—प्राचीन समय में कुछ स्थानों का विकास शिल्प केन्द्र के रूप में किया गया था। कालांतर में उन स्थानों पर नगर का विकास हुआ। उदाहरण के लिए कन्नौज, मुरादाबाद, फिरोजाबाद इत्यादि।

9. व्यापार केन्द्र—प्राचीनकाल में कुछ स्थानों का विकास व्यापार केन्द्र के रूप में हुआ था। नदी तथा समुद्र तटों पर ऐसे स्थानों का निर्माण किया जाता था। कालांतर में उन स्थानों का विकास नगर के रूप में हो गया।

आधुनिक नगर के निर्माण के कारण

प्राचीन काल में जिन कारणों से नगरों की उत्पत्ति हुई थी, अब वे नगर निर्माण में इतनी भूमिका नहीं निभा रहे हैं। आधुनिक नगरों के निर्माण के निम्नलिखित कारण हो सकते हैं—

1. औद्योगिक क्रांति—आधुनिक नगरों के विकास में सबसे महत्त्वपूर्ण भूमिका औद्योगिक क्रांति की रही है। नगरों में सैकड़ों की संख्या में फैक्ट्री, मिल, कारखाने उद्योग आदि स्थापित हो रही हैं। लोह उद्योग, स्टील उद्योग, जूट उद्योग, वस्त्र उद्योग, दवा उद्योग, रासायनिक उद्योग, सीमेंट उद्योग, चीनी उद्योग, कागज उद्योग, प्लास्टिक उद्योग, चर्म उद्योग इत्यादि की स्थापना हो रही है। इन उद्योगों में काम करने के लिए श्रमिकों एवं पदाधिकारियों की आवश्यकता हुई, श्रमिकों एवं पदाधिकारियों के रहने के लिए भवनों एवं कॉलोनी का निर्माण हुआ। कच्चे माल लाने तथा उत्पादित वस्तुओं को बाहर भेजने के लिए सड़क का निर्माण हुआ। लोगों को पेय जल की सुविधा प्रदान की गई। स्कूल, अस्पताल, कालेज, बाजार इत्यादि खोले गए। इस प्रकार नगर का निर्माण हुआ। उद्योगीकरण के फलस्वरूप उद्योगों पर आधारित नगर अस्तित्व में आए।

2. आवागमन के साधनों में विकास—आवागमन के साधन एक क्षेत्र को दूसरे क्षेत्र से जोड़ने का काम करते हैं, आज हमारे पास रेल, बस, ट्रक, जल जहाज, हवाई जहाज इत्यादि ऐसे साधन हैं जिनके द्वारा माल को लाने तथा ले जाने का कार्य किया जाता है। वहां माल को ले जाने तथा ले आने में समय एवं धन दोनों ही कम लगता है। आवागमन के साधनों से संपन्न स्थानों में धीरे-धीरे नगर का विकास हुआ। उदाहरण के लिए कलकत्ता, बंबई, अहमदाबाद इत्यादि।

3. संदेशवाहन के साधनों में विकास—डाक, तार, टेलीफोन, रेडियो, समाचार पत्र, पत्रिका के माध्यम से आज व्यापार, शिक्षा तथा नौकरी की उपलब्धता के संबंध में

जानकारी देश के कोने-कोने में मिल जाती है। इन साधनों के विकास से किसी क्षेत्र में उद्योग एवं व्यापार स्थापित करने में सहायता मिलती है। व्यापार एवं उद्योग की स्थापना से नगर का निर्माण होता है।

4. जनसंख्या में वृद्धि—जनसंख्या में वृद्धि के फलस्वरूप भी नगर का निर्माण होता है। जनसंख्या वृद्धि के कारण गांव कस्बे बन गए, कस्बे उपनगर बन गए, उपनगर नगर बन गए तथा नगर महानगर बन गए। उद्योग की स्थापना एवं रोजगार की उपलब्धता के कारण जनसंख्या में वृद्धि हुई। बाजार का निर्माण हुआ। व्यवसाय के अनेक मार्ग खुल गए, ये सभी कारण संयुक्त रूप से नगर निर्माण में सहायक बने।

5. राजनैतिक कारण—विश्व के सभी देशों एवं राज्यों की राजधानियों का विकास नगर एवं महानगर के रूप में हुआ है। राजधानियों को सरकार अथवा राजा की ओर से सुंदर एवं आकर्षक बनाया जाता है। इससे उस देश एवं राज्य की छवि बनती है। उदाहरण के लिए दिल्ली, टोक्यो, लंदन इत्यादि।

6. नगरीय सुविधाएं—सड़क, नाली, गली, पेयजल, विद्युत, सफाई, चिकित्सा, शिक्षा, रोजगार, प्रशासन इत्यादि नगरीय सुविधाएं होती हैं। इनकी प्राप्ति हेतु लोग गांवों से नगर की ओर जाते हैं। जिन स्थानों पर नागरिक सुविधाएं उपलब्ध होती हैं, उन स्थानों पर नगर का विकास हो जाता है।

7. शिक्षा केन्द्र—उच्च शिक्षा एवं तकनीकी संस्थानों की स्थापना से भी नगरों का निर्माण होता है। जिन स्थानों पर उच्च शिक्षा केन्द्रों एवं तकनीकी शिक्षण संस्थानों की स्थापना की जाती है, वहां देश-विदेश के विद्यार्थी आने लगते हैं। उनके रहने के लिए छात्रावास का निर्माण किया जाता है। शिक्षकों की नियुक्ति की जाती है। उनके रहने के लिए आवासीय कॉलोनी का निर्माण किया जाता है। इन केन्द्रों के आस-पास बाजार लग जाते हैं। क्लब, सिनेमाघर, खेल मैदान, पार्क इत्यादि की स्थापना हो जाती है। तरह-तरह के पेशे वाले लोग आकर बस जाते हैं। इससे कालांतर में नगर का विकास होता है। उदाहरण के लिए देहरादून।

8. सुरक्षा की भावना—गांवों की अपेक्षा नगरों में जीवन अधिक सुरक्षित है। नगरों में प्रशासन सभी व्यक्तियों की जान-माल की सुरक्षा करता है। यहां चिकित्सा सुविधा भी आसानी से उपलब्ध हो जाती है। नक्सली आंदोलन, जातीय दंगा इत्यादि के कारण भी लोग गांव छोड़कर शहर की ओर आकर बस रहे हैं।

9. कृषि क्रांति—आज मशीनों के माध्यम से कृषि उद्योग में क्रांति लायी गई है। जुताई, बोआई, कटाई, दवाई तथा ढोआई सभी प्रकार के कृषि कर्म मशीनों के सहारे किए जा रहे हैं। अधिक अन्न उत्पादन के लिए रासायनिक खाद तथा कीटनाशक दवाओं का प्रयोग किया जा रहा है। कृषि उत्पादों को दूर-दूर बाजारों में भेजा जा रहा है। इन सामानों की आपूर्ति हेतु नगरों का निर्माण हो रहा है।

10. आर्थिक आकर्षण—नगर का आर्थिक आकर्षण लोगों को नगर में आकर बसने का निमंत्रण देता है। यहां की शान, चमक-दमक, महल, होटल, सिनेमाघर, चिड़िया खाना, जगमगाता बाजार, फैशन इत्यादि लोगों को शहर में बसने तथा काम करने का निमंत्रण देते हैं।

कस्बा या उपनगर (Town) की अवधारणा

कस्बा या उपनगर मानवीय निवास स्थान का ऐसा स्वरूप है जहां ग्रामीण एवं नगरीय दोनों प्रकार के समाजों की विशेषताएं पाई जाती हैं। इस क्षेत्र को पूरी तरह से न तो गांव और न ही नगर कहा जा सकता है। जब बड़े गांव में नगरीय प्रवृत्तियां और गतिविधियों का समावेश होता है तथा इनके क्रियाकलापों का स्वरूप व्यापक होने लगता है, तब ऐसे गांवों को कस्बा या उपनगर कहा जाता है। ग्रामीण क्षेत्र की विभिन्न आवश्यकताओं को कस्बा या उपनगर पूर्ति करने में सहायक होता है।

कस्बे की अवधारणा को जनगणना में विशेष स्थान प्रदान किया गया है। 1901 की जनगणना में इंपेरियल सेंसस कोड के अनुसार कस्बे की अवधारणा को निर्धारित किया गया है। इसके अनुसार कस्बा उसे कहा जाता है जिनके पास निम्नलिखित विशेषताएं हों—

(1) जहां नगरपालिका स्थापित हो,

(2) सिविल लाइन के क्षेत्र नगर पालिका के अंदर न हों,

(3) स्थायी रूप से सभी प्रकार के निवासी हों,

(4) कम से कम 5,000 जनसंख्या हो, तथा

(5) स्थायी रूप से आवास व्यवस्था हो।

सन् 1921 की जनगणना में कस्बे की अवधारणा को और व्यापक बनाया गया। इसमें स्थायी निवास, बाजार, व्यापार और जनसंख्या घनत्व को प्राथमिकता प्रदान की गयी।

सन् 1931 की जनगणना में 10,000 आबादी वाले क्षेत्र को नगर तथा इससे कम जनसंख्या वाले क्षेत्र को कस्बा कहा गया है। 1941 की जनगणना में कस्बे की अवधारणा को और व्यापक बनाया गया। इसमें 2000 की जनसंख्या वाले क्षेत्र को कस्बे में शामिल किया गया, विशेष वहां जहां नगरीय विशेषताओं में वृद्धि हुई थी।

सन् 1951 की जनगणना में उपनगर अथवा कस्बा के निर्धारण में निम्नलिखित बातों पर विशेष ध्यान दिया गया—

(1) नगर पालिका, (2) अधिसूचित क्षेत्र, (3) टाउन क्षेत्र, (4) छावनी क्षेत्र तथा (5) 5000 से अधिक जनसंख्या वाले क्षेत्र।

सन् 1961 एवं सन् 1971 की जनगणना में उन्हीं आधारों को स्वीकार किया गया है। उसके बाद की जनगणनाओं में भी उन्हीं आधारों पर कस्बे की पहचान की गई है।

कस्बे की विशेषताएं—एक कस्बे की निम्नलिखित विशेषताएं पाई जाती हैं—

(1) ग्रामीण तथा नगरीय विशेषताओं का साथ-साथ अस्तित्व

(2) औद्योगिकीकरण एवं व्यापारीकरण प्रक्रिया में तीव्रता

(3) निकटवर्ती गांवों के व्यक्तियों की आवश्यकताओं का पूर्ति केन्द्र

(4) बड़ी जनसंख्या का स्थायी निवास

(5) 5,000 से अधिक जनसंख्या।

नगर की अवधारणा

नगर का जीवन भीड़भाड़ तथा चहल-पहल से भरपूर होता है। वहां संदेशवाहन और यातायात के साधनों का जाल बिछा होता है। व्यावसायिक, वाणिज्य एवं मनोरंजन के केन्द्र होते हैं। शिक्षा, धर्म तथा व्यवसाय की अनेक संस्थाएं होती हैं। वहां एक बृहत जनसंख्या निवास करती है। व्यक्तियों के बीच औपचारिक संबंध पाए जाते हैं। पड़ोस में रहते हुए भी लोग एक-दूसरे को नहीं जानते हैं। ऐसी अनेक विशेषताओं के होते हुए भी नगर को परिभाषित करना आसान कार्य नहीं है। सभी लोगों के मस्तिष्क में नगर का एक दृश्य उपस्थित होता है, लेकिन नगर की परिभाषा देना बड़ा ही कठिन है।

प्रशासन की दृष्टि से नगर वह स्थान है जहां निश्चित संख्या से अधिक व्यक्ति निवास करते हों, जहां एक निश्चित सीमा के अंतर्गत नगरपालिका अपने प्रदत्त अधिकारों का प्रयोग करती हो।

पारिस्थितिकीय दृष्टि से नगर उस स्थान को कहा जाता है जहां एक विशेष प्रकार का मानवनिर्मित परिवेश विद्यमान हो।

जनसंख्या की दृष्टि से नगर कहलाने के लिए किसी स्थान विशेष की जनसंख्या कम से कम 5,000 होनी चाहिए। यह जनसंख्या विभिन्न जाति, धर्म, संप्रदाय, प्रजाति द्वारा निर्मित होनी चाहिए।

ऐतिहासिक दृष्टि से नगर की व्याख्या सभ्यता के विकास के संदर्भ में की जाती है।

तुलनात्मक दृष्टि से नगर की व्याख्या बृहत परंपरा के सामाजिक संगठन के रूप में की जाती है।

नगर की विशेषताएं—प्रत्येक नगर की अपनी एक पहचान होती है। उसके पास विशेषताएं होती हैं जिनके आधार पर एक नगर की पहचान की जाती है। उदाहरण के लिए वाराणसी, इलाहाबाद, लखनऊ, आगरा इत्यादि। नगरों की अपनी विविध विशेषताएं होते हुए भी उनकी विशेषताओं में कुछ समानताएं पाई जाती हैं। एक नगर की सामान्य विशेषताएं निम्नलिखित हैं—

1. गैर-काश्तकारी व्यवसाय—नगर का व्यवसाय कृषि पर आधारित न होकर गैर-कृषि व्यवसाय पर आधारित होता है। इसी आधार पर गांव और शहर में अंतर स्पष्ट किया जाता है। ग्रामीण जीवन का मुख्य आधार कृषि व्यवसाय है। संपूर्ण ग्रामीण

अर्थ-व्यवस्था कृषि पर आधारित होती है। नगर में एक व्यक्ति के जीविकोपार्जन के साधन नौकरी, व्यवसाय अथवा निजी उत्पादन के कार्यक्षेत्र होते हैं। इस प्रकार नगरीय जीवन का आधार गैर-काश्तकारी पेशा है।

2. जनसंख्या का घनत्व—नगरों में जनसंख्या का घनत्व प्रति वर्ग किलोमीटर ग्रामीण क्षेत्रों से कहीं अधिक होता है। नगरीय व्यवसायों को जितने सीमित स्थान में संपन्न किया जाता है, उतने कम स्थान पर कृषि करना संभव नहीं है। नगर के मोहल्ले और कालोनी पास-पास होते हैं। इन मोहल्ले और कालोनी में लाखों लोग साथ-साथ रहते हैं। इसीलिए नगर का जनसंख्या घनत्व अधिक होता है।

3. जनसंख्या और नगर का विस्तार—नगर में समय के साथ उद्योगीकरण एवं व्यावसायीकरण में निरंतर वृद्धि होती है। इसके कारण जनसंख्या वृद्धि होती है। बढ़ी हुई जनसंख्या के लिए नई-नई कालोनियों का निर्माण किया जाता है। इस प्रकार नगर का निरंतर विस्तार होता रहता है।

4. जनसंख्या में विविधता—नगर में विभिन्न जाति, धर्म, संप्रदाय, पेशा, व्यवसाय इत्यादि के लोग साथ-साथ रहते हैं। वे लोग उच्च वर्ग, मध्य वर्ग तथा निम्न वर्गों में विभाजित रहते हैं। इस प्रकार नगर की जनसंख्या में विविधता पाई जाती है।

5. सामाजिक संबंधों का नगरीय स्वरूप—नगर में जातीय, प्रजातीय, भाषाई, धार्मिक तथा पेशाई विविधता पाई जाती है। इसके कारण नगर संस्कृतियों का संगम बन जाते हैं। नगर में संस्कृतियों का संगम स्थापित होने पर भी विभिन्न संस्कृति के लोगों के बीच भावनात्मक संबंध नहीं बन पाता है। नगरीय सामाजिक संबंध की निम्नलिखित विशेषताएं होती हैं—

(i) अवैयक्तिक संबंध—नगर में व्यक्ति-व्यक्ति के बीच संबंध का विकास नहीं हो पाता है। लोग आस-पास रहते हुए भी एक-दूसरे को नाम, चेहरा तथा पते से नहीं जानते हैं।

(ii) औपचारिक संबंध—नगर में व्यक्तियों के बीच औपचारिक संबंध होता है। यहां भावनात्मक संबंध का अभाव होता है। विभिन्न जाति, धर्म, भाषा इत्यादि के लोग साथ-साथ रहते हैं लेकिन उनमें हम की भावना नहीं पाई जाती है। लोग विवाह, मरण, जन्म, संस्कार, उत्सव इत्यादि के वक्त एक दूसरे के यहां आते-जाते हैं तथा औपचारिक संबंध का निर्वहन करते हैं।

(iii) व्यक्तिवादी प्रवृत्ति—नगर में व्यक्तिवादी प्रवृत्ति हावी रहती है। प्रत्येक व्यक्ति अपने स्वार्थ, अहं एवं महत्त्वाकांक्षा के संसार में जीवन जीता है। वह अपनी खुशी, संपन्नता तथा वैभवता के लिए स्वयं प्रयत्न करता है। वह अपने स्वार्थ पूर्ति के लिए कुछ भी कर सकता है। वह अपने सिवा किसी और के बारे में नहीं सोचता है। यहां मानवीय मूल्य गौण हो जाता है तथा वैयक्तिक मूल्यों की प्रधानता बढ़ जाती है।

(iv) जटिल सामाजिक संबंध—नगर में व्यक्ति जटिल सामाजिक संबंध के जाल में फंसा होता है। यहां एक व्यक्ति के व्यवहारों को समझना आसान नहीं है। क्योंकि एक

व्यक्ति प्राथमिक संस्था के साथ-साथ कई द्वितीयक संस्थाओं से जुड़ा होता है। इन संस्थाओं में उसका पद एवं स्थिति भिन्न-भिन्न होते हैं। वह परिवार का मुखिया, जाति समाज का अध्यक्ष, भाषाई समाज का कोषाध्यक्ष, सर्वधर्म सद्भाव समिति का सदस्य, श्रमिक संघ का उपाध्यक्ष, राजनीतिक दल का पदाधिकारी, स्वयंसेवी संस्था का सचिव, किसी संस्था का निदेशक इत्यादि हो सकता है। इन सभी पदों एवं स्थितियों के अनुसार उसे अपनी भूमिका निभानी पड़ती है। इस प्रकार की स्थिति सामाजिक संबंध को जटिल बना देती है।

6. आंतरिक संगठन—प्रत्येक नगर का आंतरिक संगठन होता है। ये आंतरिक संगठन नगर के स्वरूप को दर्शाते हैं। नगर के आंतरिक संगठन निम्नलिखित हैं—

(i) स्थान संबंधी—एक नगर कई छोटे-छोटे क्षेत्रों में बंटा होता है। प्रत्येक क्षेत्र की अपनी विशेषता होती है। औद्योगिक क्षेत्र, बाजार क्षेत्र, व्यापार क्षेत्र, नौकरी क्षेत्र, यातायात क्षेत्र, संचार क्षेत्र, आवासीय क्षेत्र, रेलवे क्षेत्र, नगर बस अड्डा, पर्यटन क्षेत्र, मनोरंजन क्षेत्र, कार्यालय क्षेत्र इत्यादि।

(ii) सामान्य जीवन पद्धति—नगर विविधताओं का केन्द्र होता है, फिर भी कुछ सामान्य चीजें सभी पर लागू होती हैं। जैसे नौकरी की कार्य अवधि, अवकाश, बाजार, होटल, सिनेमा, स्कूल, कॉलेज, डाकघर, बैंक इत्यादि खुलने तथा बंद होने का एक निश्चित समय निर्धारित होता है। इस प्रकार क्रियात्मक एकता नगरीय जीवन पद्धति की परिचायक है।

(iii) आवासीय स्थायित्व—आवासीय स्वायित्व नगर का स्वरूप प्रदर्शित करता है। नगर में कालोनी, कार्यालय, रेलवे स्टेशन, बस पड़ाव, बाजार स्थल, दुकान, स्कूल, कॉलेज, डाकघर, टेलीफोन एक्सचेंज, आकाशवाणी, दूरदर्शन, सिनेमाघर, चिड़ियाघर, अजायबघर, अस्पताल इत्यादि की अपनी-अपनी संरचनाएं होती हैं जिन्हें एक स्थान से दूसरे स्थान पर स्थानांतरित नहीं किया जा सकता है।

7. गतिशीलता की तीव्र प्रवृत्ति—नगर में गतिशीलता की तीव्र प्रवृत्ति पाई जाती है। एक व्यक्ति नौकरी, व्यापार, व्यवसाय इत्यादि के संबंध में एक नगर से दूसरे नगर में जाने के लिए स्वतंत्र रहता है। असंतुष्ट होने या असफल होने पर एक नौकरी से दूसरी नौकरी अथवा एक व्यवसाय से दूसरे व्यवसाय में जाने के लिए स्वतंत्र होता है।

8. एकांकी जीवन—नगर में लोग एकांकी जीवन व्यतीत करने के आदी हो जाते हैं। प्रत्येक दिन व्यक्ति की आस-पास के लोगों से बातचीत नहीं होती है। विशेष अवसर पर लोग एकत्रित होकर औपचारिकता का निर्वाह करते हैं।

9. नगरीय आर्थिक ढांचे में विभिन्नताएं—नगर की ऊँची-ऊंची इमारतें वैभव की कहानी कहती हैं। पांच सितारा होटल तथा वातानुकूलित कमरा अभिजात्य वर्ग के लिए ऐश-आराम के साधन होते हैं। दूसरी तरफ नगर में गंदी या मलीन बस्तियां भी अस्तित्व में रहती हैं जहां के लोग भोजन, वस्त्र तथा आवास जैसी मौलिक आवश्यकताओं

की पूर्ति नहीं कर पाते हैं। यहां पूंजीपति एवं गरीबी रेखा के नीचे रहने वाले लोग पाए जाते हैं।

महानगर की अवधारणा

जनसंख्या की दृष्टि से 10 लाख एवं उससे अधिक जनसंख्या वाले नगर को महानगर की श्रेणी में रखा गया है। महानगर शब्द की उत्पत्ति ग्रीक साहित्य से हुई है। आरंभ में इसका अर्थ मातृनगर से था। ग्रीक के लगभग सभी प्राचीन नगर इसी भावना पर आधारित थे। ये नगर सांस्कृतिक, आर्थिक और राजनीतिक विशेषताओं के आधार पर संगठित थे। कालांतर में उच्च राष्ट्रीयता का विकास हुआ तथा इन नगरों की विशेषताओं का प्रसार हुआ। आधुनिक महानगर की अवधारणा में 10 लाख या अधिक जनसंख्या, उच्च राष्ट्रीयता, बहुउद्देशीय कार्य तथा अंतरराष्ट्रीय महत्त्व को शामिल किया गया है। सामान्यतः महानगर की स्थापना वहीं होती है जहां अनेक प्रकार के विशाल व्यवसायिक केन्द्र होते हैं। इनका संबंध केवल देश की सीमाओं तक ही सीमित नहीं होता। इनका संबंध विश्व के अनेक देशों से होता है। ये वे क्षेत्र होते हैं जहां जनसंख्या का घनत्व अधिक होता है। नगर का वहां निरंतर विस्तार होता रहता है। छोटे-छोटे स्थानों पर बहुखंडीय कार्यालय होते हैं। यातायात एवं संदेशवाहन की अत्यधिक सुविधा पाई जाती है। महानगर अनेक राष्ट्रीय एवं अंतर्राष्ट्रीय कार्यकलापों का केन्द्र होता है। भारत में 12 महानगर हैं जिनकी जनसंख्या 10 लाख से अधिक है। दिल्ली, कलकत्ता, बम्बई, मद्रास, बंगलौर, हैदराबाद, अहमदाबाद, कानपुर, पूना, नागपुर, लखनऊ तथा जयपुर महानगर की श्रेणी में आते हैं।

महानगर की प्रमुख विशेषताएं

1. 10 लाख या इससे अधिक जनसंख्या,
2. जनसंख्या घनत्व में निरंतर वृद्धि,
3. उच्च राष्ट्रीय तत्वों का अस्तित्व में होना,
4. आवागमन एवं संदेशवाहन के सर्वोत्तम साधन,
5. विशाल औद्योगिक एवं वाणिज्यिक केन्द्र,
6. कला, साहित्य, विज्ञान, तकनीकी, चिकित्सा, उच्च शिक्षण एवं प्रबंधन संस्थाएं,
7. अनेक सरकारी संस्थाएं,
8. अनेक अंतर्राष्ट्रीय संस्थाएं,
9. स्वयंसेवी एवं गैर सरकारी संगठन,
10. मनोरंजन, पार्क, क्लब इत्यादि की व्यवस्था,
11. पांच सितारे होटलों की व्यवस्था,
12. पर्यटन एवं तीर्थाटन स्थल।

7

नगरीकरण की अवधारणा एवं इसके परिणाम

CONCEPT OF URBANISATION AND ITS CONSEQUENCES

नगरीकरण की अवधारणा

नगरीकरण एक प्रक्रिया है जिसके माध्यम से नगरीय जीवन पद्धति का विकास होता है। यह एक निरंतर चलने वाली प्रक्रिया है। इस प्रक्रिया की शुरुआत प्रागैतिहासिक कांस्यकालीन युग में हुई थी तथा यह प्रक्रिया आज भी जारी है। इस प्रक्रिया के माध्यम से ग्रामीण क्षेत्रों का परिवर्तन नगरीय क्षेत्रों में होता है। नगरीकरण प्रक्रिया के कारण ही नगरीय समुदाय एवं संस्कृति अस्तित्व में आते हैं तथा ग्रामीण समुदाय से अपनी पृथक पहचान बनाते हैं। नगरीय जीवन पद्धति को विकसित करने में नगरीकरण प्रक्रिया महत्वपूर्ण योगदान देती आई है, दे रही है तथा देती रहेगी।

नगरीकरण की अवधारणा को स्पष्ट रूप से समझने के लिए हमें नगर, नगरीयता एवं नगरीयवाद के बीच अंतर को समझना चाहिए। क्योंकि नगरीकरण प्रक्रिया का संबंध घनिष्ठ रूप से नगर, नगरीयता एवं नगरीयवाद से है। नगर एक समुदाय के रूप में अस्तित्व में आता है। इस समुदाय की अर्थव्यवस्था गैर-कृषि पेशे पर आधारित होती है। इस समुदाय के पास सुख-सुविधा के सभी आधुनिक साधन होते हैं। यहां यातायात एवं संदेशवाहन व्यवस्था विकसित होती है। शिक्षा, ज्ञान, विज्ञान, चिकित्सा इत्यादि से संबंधित अनेक संस्थाएं होती हैं। यहां कार्य अवधि एवं अवकाश संबंधी नियमों का पालन अनिवार्य रूप से किया जाता है। आधुनिक भवन तथा बहुमंजिली इमारतें इसकी विशिष्टता होती हैं। जगह-जगह आवासीय कालोनी होती हैं। जल आपूर्ति, बिजली आपूर्ति, स्वास्थ्य, सफाई, यातायात इत्यादि की देखरेख प्रशासन द्वारा की जाती है।

नगरीयता एक जीवन पद्धति है। इसका संबंध नगर में निवास करने वाले लोगों के वस्त्र, आभूषण, खान-पान, बात-चीत, संबंध, व्यवहार, पेशा, कार्यकला इत्यादि से है।

नगरीयवाद एक विचारधारा है जिसके द्वारा नगर की उत्पत्ति एवं विकास की घटना को समझने का प्रयास किया जाता है।

नगरीकरण एक प्रक्रिया है जिसका संबंध नगर, नगरीयता एवं नगरीयवाद सभी से है।

नगरीकरण के प्रकार

अमरीकी मानवशास्त्री राबर्ट रेडफिल्ड तथा मिल्टन सिंगर ने अपने शोधपत्र 'कल्चरल रोल ऑफ सिटी' (1954) में नगरीकरण की प्रक्रिया को दो भागों में विभाजित किया है— (i) प्राथमिक नगरीकरण (Primary Urbanisation) तथा (ii) द्वितीयक नगरीकरण (Secondary Urbanisation)। इन दोनों मानवशास्त्रियों ने नगरीय सांस्कृतिक विकास एवं परिवर्तनों को ऐतिहासिक परिप्रेक्ष्य में समझने का प्रयास किया है। इन विद्वानों के अनुसार संस्कृति के विकास एवं परिवर्तन में नगर द्वारा महत्त्वपूर्ण भूमिका निभाई गयी है।

इन विद्वानों के अनुसार नगर का निर्माण लोक समाज द्वारा परसंस्कृतिग्रहण की प्रक्रिया को अपनाए जाने के कारण हुआ है। लोक समाज एक आदर्श प्रकार के रूप में वैसे सामाजिक तत्वों के योग का प्रतिनिधित्व करता है जिसकी पहचान अतीत में स्थापित समांग गैर-शिक्षित समेकित समुदाय के रूप में होती है। इस तरह के समुदाय जनजातीय एवं ग्रामीण समाजों में पाए जाते हैं, शहरों में नहीं।

नगरीय समाज एक आदर्श प्रकार के रूप में वैसे समुदाय का प्रतिनिधित्व करता है जिसमें लोक समाज का नियत विकासीय (Orthogenetic) एवं बहुविकासीय (Heterogenetic) परिवर्तन पूर्णरूप से हो गया है।

लोक समाज का नगरीय समाज के रूप में नियत विकासीय परिवर्तन महान परंपरा एवं इसके विशिष्ट बौद्धिक साहित्यिक वर्ग को जन्म दिया है। इस परिवर्तन के कारण प्रशासकीय पदाधिकारी वर्ग एवं नियम कानून अस्तित्व में आए। इन सभी तत्वों की उत्पत्ति स्थानीय संस्कृति के भौतिक एवं धार्मिक जीवन से हुई। विकसित आर्थिक संस्थाएं भी स्थानीय सांस्कृतिक परिवर्तन की आज्ञाकारी रही हैं।

लोक समाज का नगरीय समाज के रूप में बहुविकासीय परिवर्तन ने बौद्धिक, सौंदर्यपरख, आर्थिक एवं राजनीतिक जीवन को स्थानीय नैतिक मूल्यों से स्वतंत्र कर दिया। इस स्वतंत्रता के फलस्वरूप एक तरफ व्यक्तिगत आकांक्षाओं का विकास हुआ तथा व्यक्तिगत हितों की ओर लोग उत्प्रेरित हुए। दूसरी तरफ इस परिवर्तन के फलस्वरूप क्रांतिकारी देशीय तथा मानवतावादी दृष्टिकोण का विकास हआ। इस दृष्टिकोण के कारण सुधार, प्रगति तथा इच्छित परिवर्तन संभव हुआ।

प्राथमिक नगरीकरण कोर संस्कृति के रूप में स्थान प्राप्त करता है जिसके कारण एक देशज नगरीय सभ्यता का विकास होता है। यहां प्राक् सभ्यता लोक समाज का रूपांतरण कृषक समाज के रूप में होता है। कृषक समाज अपनी मिश्रित संस्कृति के साथ नगरीय केन्द्रों से जुड़ जाते हैं। इस प्रक्रिया में सर्वप्रथम एक धार्मिक संस्कृति का विकास

होता है। इस धार्मिक संस्कृति को नगरीय साक्षर वर्ग द्वारा महान परंपरा की संज्ञा एवं रूप प्रदान कर दिया जाता है।

द्वितीयक नगरीकरण में एक प्राक् सभ्यता कृषक समाज विविध संस्कृति वाले नगरीय समाज के संपर्क में आता है। इसके परिणामस्वरूप नई जीवनशैली का विकास होता है। यह नई नगरीय जीवन पद्धति परंपरागत नगरीय जीवन पद्धति से बिल्कुल भिन्न होती है। यह परंपरागत प्रतिमान के विपरीत होती है। यही कारण है कि द्वितीयक नगरीकरण में नवीन जीवन की शुरुआत होती है। महानगरीय लोग, बौद्धिक वर्ग तथा कुछ सीमांत लोग यहां अस्तित्व में आते हैं।

प्राथमिक एवं द्वितीयक नगरीकरण की कोई सार्वभौमिक अवस्थाएं चिह्नित नहीं की गई हैं। लेकिन इनका निर्माण तकनीकी विकास एवं अन्य संस्कृतियों के संपर्क के कारण हुआ है।

प्राथमिक नगरीकरण तथा द्वितीयक नगरीकरण के परिणाम महत्त्वपूर्ण रहे हैं। प्राथमिक नगरीकरण के कारण महान परंपरा का विकास होता है। महान परंपरा की अभिव्यक्ति धार्मिक पुस्तकों, शिल्पकला, मूर्तिकला, मंदिर कला, चित्रकला, भवन निर्माण कला तथा सौंदर्यीकरण के द्वारा होती है। महान परंपरा देशज नगरीय सभ्यता का कोर बन जाती है। महान परंपरा चेतन ढंग से अपने नैतिक, सौंदर्यपरक, वैधिक तथा अन्य सांस्कृतिक मूल्यों को परिभाषित करती है। इस प्रकार महान परंपरा धार्मिक, नैतिक, सौंदर्य विषयक तथा सांस्कृतिक मूल्यों का स्रोत बन जाती है। यहां शिक्षित एवं साहित्यिक वर्ग का उदय अपने आप में महत्त्वपूर्ण होता है। इस वर्ग के लोग नवीन विचारधाओं की उत्पत्ति में महत्त्वपूर्ण योगदान देते हैं। स्थानीय संस्कृति द्वारा नियंत्रित नवीन नियम-कानून अस्तित्व में आते हैं। आर्थिक क्षेत्र में संसाधनों का बंटवारा परंपरागत पद एवं नैतिक नियमों के अनुसार होता है। यह उत्पादन एवं वितरण दोनों के लिए सत्य होता है। इस प्रकार प्राथमिक नगरीकरण में राजनीतिक, आर्थिक, बौद्धिक तथा सौंदर्य विषयक क्रियाकलापों का समन्वय महान परंपरा के अनुसार होता है।

द्वितीयक नगरीकरण में ऐसी मानसिकता का निर्माण होता है जो स्थानीय संस्कृति के संगत नहीं होती है। ऐसी स्थितियां निम्नलिखित हो सकती हैं—

(i) तकनीकी व्यवस्था के अनुकूल एक उपयुक्त सामंजस्य,
(ii) समूहों के प्रति आम भावना का विकास,
(iii) विविध सांस्कृतिक पृष्ठभूमि वाले समूहों की उत्पत्ति,
(iv) पूर्व प्रभावी दृष्टिकोण के स्थान पर सापेक्ष महत्त्व वाले दृष्टिकोण का विकास।

इस प्रकार हम पाते हैं कि प्राथमिक नगरीकरण में व्यवस्था के विभिन्न पहलुओं का विकास महान परंपरा के अनुसार होता है। इसी परंपरा का अनुसरण करते हुए वे अस्तित्व में बने रहते हैं।

द्वितीय नगरीकरण में ऐसे संदर्भों का अभाव रहता है। द्वितीयक नगरीकरण में व्यवस्था के विभिन्न पहलुओं का स्वतंत्र रूप से विकास होता है।

भारत में प्राथमिक तथा द्वितीयक नगरीकरण

मानव सभ्यता के इतिहास में नगरीकरण की प्रक्रिया महत्त्वपूर्ण स्थान बनाये हुए है। प्रागैतिहासिक भारत के ऊपर किए गए अनुसंधानों से पता चलता है कि आज से करीब 5000 वर्ष पहले भारत में प्रागैतिहासिक नगर अस्तित्व में आ गए थे। मोहनजोदड़ो, हड़प्पा, चांहुदारो, लोथल, कलिबंगम इत्यादि नगर सिन्धु घाटी संस्कृति एवं सभ्यता के चरमोत्कर्ष की कहानी हमारे सामने प्रस्तुत करते हैं।

प्रागैतिहासिक नगरों के पश्चात भारत की भूमि पर वाराणसी (काशी), प्रयाग (इलाहाबाद), अयोध्या, मथुरा, हरिद्वार, पुरी, द्वारिका, रामेश्वरम, बद्रीनाथ, बैजनाथ धाम, गया, राजगिर, पाटलिपुत्र इत्यादि जैसे प्राचीन नगर अस्तित्व में आए। इन नगरों की उत्पत्ति या तो धार्मिक केन्द्रों या धार्मिक-प्रशासकीय नगरों के रूप में हुई। इन नगरों की संपूर्ण व्यवस्था महान परंपरा के अनुसार विकसित हुई। इन नगरों की महान परंपरा की अभिव्यक्ति पौराणिक कथाओं, धार्मिक साहित्यों, शिल्पकला, मंदिर निर्माण कला, वास्तुकला, मूर्त्तिकला, चित्रकला, सौंदर्यकला इत्यादि के माध्यम से हुई। महान परंपरा के अनुसार ही इन नगरों के नैतिक, धार्मिक, बौद्धिक, वैधिक, सौंदर्यपरक एवं सांस्कृतिक मूल्यों का विकास हुआ। इस प्रकार इन नगरों की उत्पत्ति एवं विकास दोनों ही नियत विकासीय थी। अमरीकी मानवशास्त्री राबर्ट रेडफिल्ड तथा मिल्टन सिंगर ने नियत विकासीय नगरों की उत्पत्ति को प्राथमिक नगरीकरण का परिणाम माना है। इस प्रकार प्राथमिक नगरीकरण प्रक्रिया के माध्यम से भारत में वैसे नगर अस्तित्व में आए जिनकी संपूर्ण व्यवस्था महान परंपरा पर आधारित थी। इसके द्वारा क्षेत्र विशेष या कभी-कभी संपूर्ण देश को एकसूत्र में बांधने का प्रयास किया जाता है।

नगर निर्माण की प्रक्रिया निरंतर जारी रहती है। प्राचीनकाल के बाद हमारा देश मध्ययुग में प्रवेश करता है। मध्ययुगीन मुसलमान शासकों द्वारा अनेक नगरों का निर्माण किया गया। जैसे दिल्ली, आगरा, दौलताबाद, आगरा, फिरोजपुर, फरूक्काबाद, सासाराम, औरंगाबाद, फतेहपुर सीकरी इत्यादि। इन नगरों की उत्पत्ति धार्मिक कारणों से नहीं हुई थी, न ही इनकी कोई महान परंपरा थी। इन नगरों को मुसलमान शासकों द्वारा कला, सौंदर्य, यादगारी, उपवन, राजधानी, महल इत्यादि के प्रतीक के रूप में विकसित किया गया था। आज भी ये नगर देश विदेश के पर्यटकों को अधिक संख्या में आकर्षित करते हैं।

जब विकसित शिल्पशास्त्र तथा आधुनिक वैज्ञानिक ज्ञान के साथ ब्रिटिश का आगमन भारत में हुआ तथा ब्रिटिश शासन की स्थापना हुई, तब राजधानी, व्यापारिक सैनिक तथा यातायात से संबंधित अनेक नगरों का निर्माण हुआ। इस युग का सबसे

महत्त्वपूर्ण योगदान उद्योगों एवं मशीनों की स्थापना है। इस प्रकार औद्योगीकरण प्रक्रिया के कारण भी अनेक नगर अस्तित्व में आए। जैसे जमशेदपुर टाटा, चितरंजन।

जब हमारा देश आजाद हुआ तब औद्योगीकरण प्रक्रिया को और बल मिला। इसके फलस्वरूप लोहा एवं स्टील उद्योग, पटुआ उद्योग, वस्त्र उद्योग, चीनी उद्योग, सीमेंट उद्योग, रासायनिक एवं खाद उद्योग, कृषि उद्योग, पशुपालन उद्योग, कोयला उद्योग, ताम्र उद्योग, एल्युमीनियम उद्योग तथा ज्ञान उद्योग प्रकाश में आए हैं। इन उद्योगों की स्थापना के फलस्वरूप आज हमारे देश में अनेक उद्योगों पर आधारित नगर तथा महानगर अस्तित्व में आ गए हैं। आज हमारे देश की करीब 30 प्रतिशत जनसंख्या नगर का निवासी बन गई है।

औद्योगीकरण के कारण राँची, बोकारो, जमशेदपुर, चंद्रपुरा, दुर्गापुर, राउरकेला जैसे नगर अस्तित्व में आए हैं। इस प्रकार खनिज, औद्योगिक, वाणिज्य, व्यापार, यातायात तथा प्रशासन के कारण जिन नगरों की उत्पत्ति हुई है, उन्हें द्वितीयक नगरीकरण का परिणाम माना जाता है। द्वितीयक नगरीकरण में नगरों की उत्पत्ति एवं विकास नियत विकासीय न होकर बहुविकासीय होता है। इसमें व्यवस्था की स्थापना महान परंपरा के धार्मिक तथा नैतिक मूल्यों के अनुसार न होकर धर्म निरपेक्ष दृष्टिकोण का अनुसरण करते हुए स्वतंत्र रूप से होती है। इस प्रकार महान परंपरा के मूल्यों से स्वतंत्र होकर नगरों का निर्माण द्वितीयक नगरीकरण के कारण संभव हुआ। इसके कारण क्रांति, प्रगति तथा विकास हुआ। लोग व्यक्तिगत हितों की ओर आकर्षित हुए। साथ ही साथ देशीय तथा मानवतावादी दृष्टिकोण का विकास हुआ। यह भारत में नगरीकरण की दूसरी अवस्था थी जिसे रेडफिल्ड तथा मिल्टन सिंगर ने द्वितीयक नगरीकरण प्रक्रिया की संज्ञा प्रदान की है।

प्राथमिक नगरीकरण तथा द्वितीयक नगरीकरण में अंतर

प्राथमिक नगरीकरण

1. इस प्रक्रिया द्वारा नगरों की उत्पत्ति नियत विकासीय होती है।
2. इस प्रक्रिया में एक लोक समाज का परसंस्कृतीग्रहण द्वारा रूपांतरण कृषक समाज में होता है जिसका संबंध परंपरागत नगरों से होता है।
3. इस प्रक्रिया के कारण एक महान परंपरा का विकास होता है।
4. इस प्रक्रिया में महान परंपरा की अभिव्यक्ति पौराणिक कथा, धार्मिक साहित्य, वास्तुकला, मंदिर कला, चित्रकला, मूर्तिकला, सौंदर्य कला इत्यादि के माध्यम से होती है।
5. इस प्रक्रिया द्वारा धार्मिक संस्कृति का विकास होता है।
6. इस प्रक्रिया में संपूर्ण सामाजिक, धार्मिक, सांस्कृतिक, आर्थिक तथा राजनीतिक व्यवस्थाओं का नियंत्रण महान परंपरा के मूल्यों द्वारा होता है।
7. इस प्रकिया में नैतिक मूल्यों की प्रधानता होती है।

8. इस प्रक्रिया के कारण लोक समाज एवं नगरीय समाज के बीच अंत:क्रिया होती है।
9. इसके कारण लघु परंपरा एवं महान परंपरा के बीच अंतर संबंध स्थापित होता है।
10. इस प्रक्रिया के माध्यम से परंपरागत नगरीय शैली का विकास होता है।
11. इस प्रक्रिया के माध्यम से दार्शनिक दृष्टिकोण का विकास होता है।
12. इस प्रक्रिया द्वारा यथास्थिति को बनाए रखने में सहायता मिलती है।
13. प्राथमिक नगरों को धाम की मान्यता प्राप्त है।
14. इसका संबंध देशज संस्कृति एवं सभ्यता से है।
15. इसमें अर्थव्यवस्था का विभाजन परंपरागत पद एवं नैतिक मूल्यों के अनुसार होता है।

द्वितीयक नगरीकरण

1. इसके द्वारा नगरों की उत्पत्ति बहुविकासीय होती है।
2. इस प्रक्रिया में एक लोक समाज का परसंस्कृतीग्रहण प्रक्रिया के माध्यम से रूपांतरण कृषक समाज में होता है जिसका संबंध आधुनिक नगरों से होता है।
3. इस प्रक्रिया के माध्यम से जटिल नगरीय जीवन पद्धति का विकास होता है।
4. इस प्रक्रिया में जटिल नगरीय जीवन पद्धति की अभिव्यक्ति अवैयक्तिक संबंध, स्वतंत्र विचार, धर्म निरपेक्ष व्यवहार, कार्य अवधि, अवकाश, समय-सूची, व्यक्तिगत हितों की पूर्ति, समय ही धन इत्यादि के माध्यम से होती है।
5. इस प्रक्रिया द्वारा जटिल धर्म निरपेक्ष संस्कृति का विकास होता है।
6. इस प्रक्रिया में समस्त सामाजिक, आर्थिक, धार्मिक, सांस्कृतिक तथा राजनीतिक व्यवस्थाओं का नियंत्रण तकनीकी, मशीनी एवं वाणिज्य व्यवस्था द्वारा होता है।
7. इसमें नैतिक मूल्यों की प्रधानता नहीं होती है।
8. इस प्रक्रिया के कारण लोक समाज के लोग प्रवसित होकर नगर जाते हैं तथा नगरवासी बन जाते हैं।
9. इसके कारण लोक समाज एवं नगरीय समाज के बीच पेशाई एवं व्यापारिक अंतरसंबंध स्थापित होता है।
10. इस प्रक्रिया के माध्यम से आधुनिक नगरीय जीवन शैली का विकास होता है।
11. इस प्रक्रिया के माध्यम से मानवतावादी दृष्टिकोण का विकास होता है।
12. इस प्रक्रिया द्वारा क्रांति, सुधार, प्रगति तथा इच्छित परिवर्तन पर बल दिया जाता है।
13. द्वितीयक नगरों को नौकरीपेशा, ज्ञान, विज्ञान का केन्द्र माना जाता है।
14. इसका संबंध बाह्य संस्कृति एवं सभ्यता से रहता है।

15. इसमें अर्थव्यवस्था का विभाजन योग्यता, क्षमता, तकनीकी ज्ञान इत्यादि के अनुसार होता है।

नगरीकरण के कारण

नगरीकरण के प्रमुख कारण निम्नलिखित हैं—

1. कृषि क्रांति—कृषि क्रांति नगरीकरण का एक प्रमुख कारण रहा है। कृषि व्यवसाय में प्रगति एवं विकास के साथ नगरों की स्थापना हुई। कृषि उत्पादन में वृद्धि से व्यक्ति की आवश्यक आवश्यकताओं की पूर्ति हुई। औद्योगिक क्रांति के फलस्वरूप कृषि उत्पादन में गुणात्मक परिवर्तन हुआ। मशीनों का प्रयोग कृषि उत्पादन में बृहत स्तर पर होने लगा। सिंचाई के साधनों का विकास हुआ। मशीनों के प्रयोग तथा सिंचाई साधनों के विकास से अधिक मात्रा में अन्न का उत्पादन होने लगा। अधिक अन्न का उत्पादन ने कृषि कार्य में लगे व्यक्तियों को औद्योगिक क्षेत्र की ओर आकर्षित किया। इस प्रकार कृषि क्रांति द्वारा नगरीकरण के विकास में पर्याप्त बल मिला।

2. उपयुक्त जलवायु—भारत जलवायु की दृष्टि से एक धनी देश है। प्रकृति ने इसे जलवायु की दृष्टि से महान बनाया है। संपूर्ण भारत में नदियों का प्रवाहित होना, खनिज के प्रचुर भंडार, ऊँचे-नीचे पर्वत भारत माता की अक्षुण्ण संपत्ति हैं। उपजाऊ भूमि इसकी धरोहर है। नदियों तथा समुद्र के किनारे हमारे देश में अनेक नगर स्थापित हैं जिनकी नींव हजारों वर्ष पूर्व पड़ी थी।

3. आवागमन के साधन में विकास—नगरों के विकास में आवागमन के साधनों द्वारा महत्त्वपूर्ण भूमिका निभाई गई है। व्यापारीकरण, बाजारीकरण तथा विभिन्न प्रकार की मंडियों का विकास आवागमन के साधनों के अभाव में संभव नहीं था। तकनीकी विकास ने आवागमन के साधनों को और समृद्ध बनाया है। अब हमारे पास व्यापार करने के लिए केवल जल मार्ग ही नहीं है, वरन् रेल, सड़क मार्ग, ट्रक, वायुयान, जल जहाज इत्यादि हैं। इन साधनों द्वारा कच्चे तथा तैयार माल को एक स्थान से दूसरे स्थान तक ले जाने तथा लाने में महत्त्वपूर्ण योगदान दिया गया है। इन साधनों ने नगर को उद्योग एवं व्यापार का केन्द्र बनाया। तार तथा टेलीफोन की सुविधा ने इसे और सुगम बनाया।

4. व्यापार प्रवृत्ति में वृद्धि—नगरों के विकास की पृष्ठभूमि में व्यापार प्रवृत्ति में वृद्धि भी महत्त्वपूर्ण रही है। नगरों में व्यापार करने की प्रवृत्ति ने अधिक से अधिक व्यक्तियों को नगर की ओर आकर्षित किया। नगरों में उन्हें व्यापार करने संबंधी सुविधाएं प्राप्त हुईं।

5. औद्योगीकरण तथा तकनीकी विकास—औद्योगीकरण तथा तकनीकी विकास द्वारा भी नगरीकरण को विशेष बल मिला है। विज्ञान ने असंख्य प्रकार की मशीनों का

आविष्कार किया है। आज छोटी से छोटी तथा बड़ी से बड़ी लाखों मिलें, कारखाने तथा फैक्टरियों में उत्पादन मशीनों तथा नई तकनीकी के माध्यम से हो रहा है। विज्ञान औद्योगीकरण तथा तकनीकी विकास का केन्द्र है। औद्योगीकरण ने नगरीकरण को गति प्रदान की है।

6. नगरीय कारण—नगरीकरण को गति प्रदान करने वाले अनेक नगरीय कारण भी रहे हैं। निम्नलिखित तथ्य इसकी पुष्टि करते हैं—

(i) धनी तथा संपन्न होने की भावना—नगर केवल व्यापार का ही केन्द्र स्थल नहीं है, वरन् यह जीविकोपार्जन के अनेक विकल्प भी प्रदान करता है। ग्रामीण लोग भी धनी तथा संपन्न होना चाहते हैं। क्योंकि कृषि कर्म में अत्यधिक श्रम करना पड़ता है तथा परिश्रम के अनुपात में लाभ नहीं मिलता है। लेकिन नगर के व्यापारी तथा अन्य पेशों में लगे लोग धनी तथा संपन्न हो जाते हैं। गांव के लोग भी उन्हें देखकर धनी तथा संपन होने का सपना देखने लगते हैं। इसी आकांक्षा की पूर्ति हेतु लोग नगर में व्यापार या नौकरी करने आते हैं।

(ii) सपनों का संसार—ग्रामीण तथा पिछड़े हुए अंचलों के लिए नगर परीलोक तथा दिव्यलोक के समान होता है। इसी धारणा ने भी नगरीकरण को जन्म दिया है।

(iii) जीविकोपार्जन के केन्द्र—कृषि व्यवसाय में लोगों को वर्ष भर काम नहीं मिलता है। इसके विपरीत नगरों में साल भर काम मिलता है। यहां काम के अनेक विकल्प रहते हैं। व्यक्ति यहां कोई न कोई कार्य अवश्य ढूंढ लेता है। जीविकोपार्जन के अनेक विकल्पों के कारण ही उपनगर नगर में तथा नगर महानगर में परिवर्तित होते जा रहे हैं।

(iv) नगरीय सुविधाओं के प्रति आकर्षण—नगरीय सुविधाओं के प्रति आकर्षण ने भी नगरीकरण को गति प्रदान की है। ग्रामीण समाज में सड़क, बिजली, आवागमन, अस्पताल, शिक्षण संस्थाओं इत्यादि सुविधाएं उपलब्ध नहीं हो पाती हैं। ठीक इसके विपरीत नगरीय समाज में नगरीय सुविधा के रूप में ये सारे तत्व विद्यमान रहते हैं। यहां स्कूल, कालेज, विश्वविद्यालय, अस्पताल, न्यायालय, स्वास्थ्य-सफाई, संचार साधन, तकनीकी संस्थान जैसी सुविधाओं का भंडार रहता है।

(v) मनोरंजन के केन्द्र—नगर में सिनेमाघर, नाट्यघर, सर्कस, सांस्कृतिक कार्यक्रम, पार्क, क्लब, चिड़ियाघर, खेल मैदान, होटल, बाजार, पर्यटन स्थल इत्यादि मनोरंजन के साधन उपलब्ध रहते हैं। मनोरंजन केन्द्र से आकर्षित होकर भी लोग नगर की ओर आते हैं।

(vi) सुरक्षा की भावना—नगर में ग्रामीण क्षेत्र की अपेक्षा लोग अधिक सुरक्षित अनुभव करते हैं। सुरक्षा की भावना से भी लोग गांव से आकर नगर में बस रहे हैं।

(vii) राजनीति केन्द्र स्थल—नगर राजनैतिक गतिविधियों का केन्द्र स्थल होता है। महानगरों एवं नगरों में ही राजधानियां रहती हैं। यहां राष्ट्रपति, प्रधानमंत्री, मंत्री, सांसद, राज्यपाल, मुख्यमंत्री, मंत्री तथा विधायक रहते हैं। यहां सत्ता पक्ष एवं विरोधी दल के नेता उपलब्ध रहते हैं। राजनैतिक गतिविधियों से भी नगरीकरण को बल मिला है।

(viii) शिक्षा का प्रचार-प्रसार—उपनगर, नगर तथा महानगरों में गुणवत्ता वाले शिक्षण एवं तकनीकी संस्थान होते हैं। यहां शिक्षा प्राप्त करने गांव से लोग आते हैं। शिक्षा प्राप्त करने के बाद वे लौटना नहीं चाहते। वे नगर में ही नौकरी या व्यापार करने लगते हैं।

नगरीकरण का प्रभाव

नगरीकरण की प्रक्रिया ने समाज को अनेक ढंग से प्रभावित किया है। नगरीकरण के प्रभाव को निम्नलिखित शीर्षकों के माध्यम से देखा जा सकता है—

(i) नगरीकरण का आर्थिक प्रभाव
(ii) नगरीकरण का सामाजिक प्रभाव
(iii) नगरीकरण का राजनैतिक प्रभाव
(iv) जाति व्यवस्था पर नगरीकरण का प्रभाव

(i) नगरीकरण का आर्थिक प्रभाव

आधुनिक नगरों की नींव आर्थिक साधनों के ऊपर रखी गई है। आर्थिक विकास एवं प्रगति का प्रभाव व्यक्ति के संपूर्ण जीवन पर पड़ता है। औद्योगिक प्रगति ने व्यक्ति को प्रगतिशील, व्यक्तिवादी, महत्त्वाकांक्षी और अवसरवादी बनाया है। नगरीकरण के आर्थिक प्रभाव का वर्णन हम निम्नलिखित शीर्षकों के अंतर्गत कर सकते हैं—

1. व्यवसाय में वृद्धि एवं प्रगति—नगर व्यवसाय एवं उद्योग का केन्द्र स्थल होता है। यहां जीविकोपार्जन के अनेक विकल्प उपलब्ध होते हैं। यहां एक व्यक्ति नौकरी या व्यवसाय करने के लिए स्वतंत्र होता है। नौकरी योग्यता एवं विशेषज्ञता पर आधारित होती है। अत: सभी व्यक्तियों को नौकरी नहीं मिल सकती है। इसीलिए अधिकांश लोग व्यवसाय को ही अपनाते हैं। उपभोक्ता को ध्यान में रखकर लोग व्यवसाय में जाते हैं तथा उत्पादन करते हैं।

2. धन ही जीवन है—नगर रुपये की धुरी पर घूमता है तथा व्यक्ति रुपये के चारों ओर चक्कर लगाता है। सवेरे से शाम तक व्यक्ति यहां काम करना तथा अधिक से अधिक धन अर्जित करना चाहता है। यहां रुपया ही सब कुछ होता है। नगरीय संबंध धन से ही बनते तथा बिगड़ते हैं। इसीलिए यहां व्यक्ति का महत्त्व न होकर धन का महत्त्व होता है। यहां सच्चरित्र व्यक्ति की उपेक्षा होती है तथा तस्करों, कालाबाजारियों, श्वेत वस्त्रधारी अपराधियों तथा घोटालाबाजों का सम्मान किया जाता है।

3. आर्थिक उलट-फेर—नगर में सट्टेबाजी का धंधा चरम पर होता है। यहां का व्यापारी क्षण भर में राजा से रंक तथा रंक से राजा बनता है। इसके कारण नगरों में भ्रष्टाचार, काला बाजार, घोटाला तथा अपराध को बढ़ावा मिलता है। बेरोजगारी तथा आर्थिक

अपराध में वृद्धि होती है। बाजार में उतार-चढ़ाव होने के कारण यहां का व्यापारी अत्यधिक भ्रष्ट हो गया है।

4. उत्पादन और विस्तृत बाजार—नगर में व्यापारियों का उद्देश्य अधिक से अधिक लाभ अर्जित करना है। इसके कारण वे दो नंबर की वस्तुओं का उत्पादन करते हैं। सामानों में मिलावट करते हैं ताकि अधिक से अधिक लाभ अर्जित किया जा सके। इसके लिए वे बाजारों का विस्तार भी करते हैं। वे अपने माल को अधिक से अधिक खपाना चाहते हैं।

5. आर्थिक क्षेत्र में असमानता—नगर असमानताओं का केन्द्र स्थल रहता है। एक ओर यहां आलिशान भवनों, अट्टालिकाओं, एयर कंडिशंड कमरों, पांच सितारा होटलों में लोग रहते हैं तथा ऐशोआराम का जीवन व्यतीत करते हैं, दूसरी ओर यहां लोग गंदी तथा मलिन बस्तियों में झुग्गी झोपड़ी बनाकर रहते हैं। इन्हें न भरपेट भोजन और न ही पीने के लिए स्वच्छ पानी उपलब्ध होता है। यहां गरीबी, बेकारी, भुखमरी, वेश्यागिरी, भिखमंगी, निर्धनता, शोषण एवं उत्पीड़न पाया जाता है। धनी व्यक्ति गरीबों से मुंह फेर लेते हैं। गरीबों का शोषण करना अपना परम धर्म मानते हैं।

(ii) नगरीकरण का सामाजिक प्रभाव

नगरीकरण के सामाजिक प्रभाव का वर्णन हम निम्नलिखित शीर्षकों के अंतर्गत कर सकते हैं—

1. संयुक्त परिवार का विघटन—नगरीकरण के कारण ग्राम समाज की संयुक्त परिवार प्रथा का विघटन होता जा रहा है। गांव में साल भर काम नहीं मिल पाता। कृषि में परिश्रम अधिक और लाभ कम होता है। अत: गांव से लोग नगर की ओर नौकरी, पेशा तथा काम के लिए आ रहे हैं। वे नगर में बस जाते हैं। अपनी पत्नी-बच्चों के साथ यहीं अपना घर बना लेते हैं। इस प्रकार गांव का उनका संयुक्त परिवार बिखर जाता है।

2. सांस्कृतिक विविधता एवं लेन-देन—नगर विभिन्न संस्कृतियों का गुच्छा होता है। यहां अनेक जाति, धर्म, संप्रदाय आदि के व्यक्ति साथ-साथ रहते हैं। उनमें संस्कृतियों का आदान-प्रदान भी होता है। लोग एक-दूसरे के भोजन, वस्त्र, भाषा, रहन-सहन इत्यादि से प्रभावित होते हैं। दिल्ली में व्यक्ति पंजाबी संस्कृति, कलकत्ता में बंगाली संस्कृति, पटना में बिहारी संस्कृति, गुजरात में गुजराती संस्कृति, महाराष्ट्र में मराठी संस्कृति इत्यादि से लोग प्रभावित हो जाते हैं।

3. सामाजिक मूल्यों में परिवर्तन—नगर प्रगतिशील संस्कृति का द्योतक होता है। यहां के लोगों पर शिक्षा एवं विज्ञान का प्रभाव व्यापक रूप से पड़ता है। परंपरागत मूल्यों से जुड़े अनेक विचार और धारणायें नगर में टूटती जा रही हैं। विज्ञान एवं तर्क के आधार पर अंध विश्वास को नकारा जा रहा है। सामूहिक मूल्यों के स्थान पर वैयक्तिक मूल्यों को

विशेष स्थान प्राप्त हुआ है। यहां लोग अपने लिए सब कुछ करते हैं, लेकिन समाज से मुंह मोड़ लेते हैं।

4. रूढ़िवादी धर्म का ह्रास—नगरीय समाज में धर्म की पारंपरिक मान्यताएं टूट रही हैं। कर्मकांडों में कमी आ रही है। पूजा-पाठ से या तो विश्वास उठता जा रहा है अथवा उसे सरल रूप में अपनाया जा रहा है। यहां सभी धर्म के लोग साथ-साथ काम करते हैं, साथ-साथ भोजन करते हैं तथा साथ-साथ कालोनी में रहते हैं। यहां धार्मिक कट्टरता समाप्त होती जा रही है। यहां व्यक्ति न तो रूढ़ियों से जुड़ना चाहता है और न ही अंध-विश्वासी परंपरा को स्वीकार करता है।

5. पारिवारिक नियंत्रण का ह्रास—ग्राम समाज में एक व्यक्ति का संपूर्ण व्यवहार परिवार द्वारा नियंत्रित होता है। लेकिन नगर में परिवार के सदस्यों के ऊपर परिवार का नियंत्रण समाप्त होता जा रहा है। यहां एक व्यक्ति स्वतंत्र होकर अपना कार्य करता है।

6. सामाजिक संबंधों में परिवर्तन—नगर में सामाजिक संबंध औपचारिक होता है। लोग अपने पड़ोसी, मित्र, रिश्तेदार, पेशा समूह के लोगों के साथ पारस्परिक संबंध की औपचारिकता पूरी करते हैं। लोग निमंत्रण मिलने पर कुछ समय के लिए उपस्थित होते हैं, नाश्ता या खाना खाने के बाद चल देते हैं। औपचारिकतावश उपहारों का आदान-प्रदान भी होता है। यहां के सामाजिक संबंध में दिखावा तथा औपचारिकता अधिक है, अपनापन तथा लगाव कम है।

7. सहिष्णुता—नगर सुविधाओं के साथ-साथ समस्याओं का केन्द्र स्थल है। यहां व्यक्ति भीड़ में अकेले रहता है। बड़ी से बड़ी समस्याओं का सामना भी वह अकेले ही करता है। यहां सुख और दुःख, धूप तथा छांव के समान साथ-साथ रहते हैं। वे व्यक्ति को सहनशील बनाते हैं।

8. स्त्रियों की स्थिति में परिवर्तन—नगरीय नारियों में अनेक प्रकार के परिवर्तन आए हैं। वे परदा प्रथा से मुक्त हैं। वे शिक्षा पा रही हैं तथा नौकरी एवं व्यापार में सम्मानजनक स्थान बना रही हैं। वे अपने परिवार के लिए बोझ नहीं हैं। वे अपने पति के लिए दासी नहीं वरन् जीवनसाथी, मित्र तथा संकट से उबारने वाली होती हैं। स्त्रियां स्वावलंबी बन गई हैं। सामाजिक तथा धार्मिक निषेधों का पालन करना उनके लिए अनिवार्यता नहीं होता है। वे प्रेम विवाह, अंतरजातीय तथा अंतरधर्म विवाह करने में भी नहीं हिचकती हैं। कई तो अविवाहित रहने का निर्णय भी ले लेती हैं। वे किसी के साथ बिना विवाह के भी जीवन व्यतीत कर सकती हैं।

9. मनोरंजन का व्यापारीकरण—नगरीय समाज में मनोरंजन का क्रय और विक्रय होता है। एक व्यक्ति यहां जितना व्यय करता है, उसी के अनुपात में उसे मनोरंजन प्राप्त होता है। होटल, क्लब, रेस्ट्रां, थियेटर, नाचघर इत्यादि इसके उदाहरण हैं। यहां मनोरंजन के नाम पर अश्लीलता बिकती है। कत्थक और भरतनाट्यम से लोग जी चुराते हैं, तथा नग्न युवती के नाम पर लोग पागल हो जाते हैं। यहां नग्नता तथा अश्लीलता का बाजारीकरण हुआ है। इसका प्रभाव युवक एवं युवतियों पर सरलता से देखा जा सकता है।

(iii) नगरीकरण का राजनैतिक प्रभाव

नगरीकरण के राजनैतिक प्रभावों की चर्चा निम्नलिखित शीर्षकों के अंतर्गत की जा सकती है—

1. राजनैतिक जागरूकता—ग्रामीण व्यक्ति देश तथा विश्व की राजनैतिक गतिविधियों से लगभग अंजान रहता है। उनमें जितनी राजनीतिक जागरूकता होनी चाहिए, उतनी जागरूकता आज भी उत्पन्न नहीं हुई है। इसके विपरीत नगर के व्यक्ति अपने अधिकार और कर्त्तव्य से परिचित हैं। वे राजनीतिक गतिविधियों में भाग लेते हैं। अपने अधिकारों के लिए संघर्ष करते हैं। नगर में राजनीतिक जागरूकता इतनी है कि छोटी-छोटी बातों के लिए बंद, जुलूस, हड़ताल इत्यादि आयोजित किए जाते हैं। यहां लोग अन्याय के प्रति संघर्ष करना अच्छी तरह से जानते हैं।

2. राजनैतिक सक्रियता—नगरीकरण के कारण नगरीय समाजों में सक्रियता बढ़ी है, देश के निर्माण में नगरवासी ज्यादा सक्रिय होते हैं। राष्ट्रीय एवं अंतरराष्ट्रीय समस्याओं पर वे खुले रूप से अपना विचार व्यक्त करते हैं। यहां पुरुष तथा स्त्री दोनों के बीच राजनैतिक सक्रियता पाई जाती है। राजनैतिक क्षेत्र में अनेक स्त्रियां विधायक, सांसद, नगरपालिका या नगर निगम की अध्यक्ष भी बन गई हैं। प्रधानमंत्री, मुख्यमंत्री, विधायक, सांसद इत्यादि बन गई हैं। यह सब राजनीतिक सक्रियता के कारण संभव हुआ है।

(iv) जाति व्यवस्था पर नगरीकरण का प्रभाव

जाति व्यवस्था पर नगरीकरण के प्रभाव का वर्णन निम्नलिखित ढंग से प्रस्तुत किया जा सकता है—

1. छुआछूत की भावना में कमी—नगरीकरण ने अस्पृश्यता की भावना को समाप्त करने में महत्त्वपूर्ण भूमिका अदा की है। आज सवर्ण और हरिजन साथ-साथ काम करते हैं। एक ही मोहल्ला या कालोनी में साथ-साथ रहते हैं। एक ही होटल में खाना खाते हैं। एक-दूसरे के सुख-दुख में साथ देते हैं। इससे छुआछूत की भावना में कमी आती है।

2. परंपरात्मक कार्यों में परिवर्तन—नगर में जाति आधारित पारंपरिक कार्यों में कमी आई है। यह आवश्यक नहीं कि नगर में धोबी, चमार, बढ़ई, लोहार, सोनार, हलवाई, नाई इत्यादि अपने पारंपरिक जाति आधारित कार्य करें। यहां किसी भी जाति का व्यक्ति कोई भी काम कर सकता है। यहां कार्य में जातीय बंधन मजबूत नहीं होता है।

3. जातीय धर्म और संस्कृति की कमी—नगर में जाति आधारित धर्म एवं संस्कृति में ह्रास हुआ है। यहां व्यक्ति जातीय बंधन से ऊपर उठ जाता है। यह आवश्यक नहीं की व्यक्ति अपने जातीय धर्म के अनुसार संस्कारों का पालन करे। वह संस्कार कर सकता है या नहीं। वह अपना धर्म परिवर्तन कर सकता है। नगरीय समाज के सदस्य रूढ़िवादी धर्म और जातिगत संस्कारों का परित्याग करते जा रहे हैं।

4. अंतरजातीय विवाह—नगरीकरण ने कई जाति एवं धर्म के युवक-युवतियों को साथ-साथ कार्य करने का अवसर प्रदान किया है। इससे युवक-युवतियां एक दूसरे के संपर्क में आए। उन्हें एक-दूसरे को जानने तथा समझने का अवसर प्राप्त हुआ। इस प्रकार के संपर्क अंतरजातीय विवाहों को प्रोत्साहित करते हैं। इसीलिए नगरीय समाज में अंतरजातीय विवाहों का अत्यधिक प्रचलन पाया जाता है।

उपरोक्त विवरण से ज्ञात होता है कि नगरीकरण का प्रभाव समाज पर व्यापक रूप से पड़ा है। नगरीकरण द्वारा अनेक प्रकार की गंभीर सामाजिक समस्याओं को जन्म दिया गया है। जैसे मलिन बस्तियां, बेरोजगारी, दुर्घटनायें, असंख्य बीमारियां, भ्रष्टाचार, अनैतिकता, अपराध, बाल अपराध, वेश्यावृत्ति, मद्यपान, श्रमिक आंदोलन इत्यादि। इन सभी समस्याओं का नकारात्मक प्रभाव भी नगरीय समाज को झेलना पड़ा है। ये सभी समस्याएं किसी न किसी रूप में व्यक्ति एवं समाज को विघटित कर रही हैं।

8

औद्योगीकरण की अवधारणा एवं प्रभाव

CONCEPT OF INDUSTRIALISATION AND ITS CONSEQUENCES

विश्व के सभी देशों द्वारा औद्योगीकरण को विकास के एक महत्त्वपूर्ण साधन के रूप में प्रयोग किया गया है। औद्योगीकरण को निर्धनता उन्मूलन के साधन के रूप में भी व्यवहार में लाया गया है। क्योंकि संसाधनों के उचित एवं पूर्णत: उपयोग बिना विकास एवं संपन्नता की कामना नहीं की जा सकती है। अत: औद्योगीकरण पर ही किसी देश की वास्तविक उन्नति निर्भर करती है। आजादी के पश्चात इस यथार्थ को हमारे प्रधानमंत्री पं. जवाहरलाल नेहरू द्वारा भी स्वीकार किया गया था। इसीलिए आजादी के बाद भारत में औद्योगीकरण प्रक्रिया को नेहरूकरण के नाम से जाना जाता है।

औद्योगीकरण वह मार्ग है जिसका अनुसरण करते हुए कोई भी देश अपने आर्थिक, तकनीकी एवं प्राकृतिक संसाधनों का अधिकतम प्रयोग कर सकता है। इसके द्वारा एक तरफ जीवन स्तर को उठाया जा सकता है तो दूसरी तरफ अर्थव्यवस्था के अनेक दोषों को समाप्त किया जा सकता है। यह अर्थव्यवस्था को सुदृढ़ बनाता है। यही कारण है कि विश्व के समस्त देश औद्योगीकरण को स्वीकार किए हैं। एक ओर जहां औद्योगीकरण आर्थिक व्यवस्था में गंभीर परिवर्तन लाया है, वहीं सामाजिक, सांस्कृतिक एवं धार्मिक प्रतिमानों में भी परिवर्तन लाया है।

आज वैश्वीकरण के माध्यम से यह प्रचारित तथा प्रसारित किया जा रहा है कि अब विश्व औद्योगीकरण के दौर से बाहर होकर सूचना एवं ज्ञान क्रांति के दौर में शामिल हो गया है। इस प्रकार 1990 के बाद संपूर्ण विश्व उत्तर आधुनिक बन गया है। जहां औद्योगीकरण का संबंध ब्रिटिश साम्राज्यवाद एवं मशीनीकरण से था, वैश्वीकरण का संबंध उत्तर आधुनिकवाद एवं अमरीकीकरण से है। अब माल उत्पादित करने वाले उद्योगों के स्थान पर संचार एवं ज्ञान संबंधित मशीनों एवं उपकरणों के उत्पादन पर जोर दिया जा रहा है। जहां औद्योगीकरण में सैकड़ों हजार लोगों को रोजगार मिलता था, वहां सैकड़ों व्यक्तियों का काम एक मशीन द्वारा एक व्यक्ति के सहयोग से किया जा रहा है। जहां औद्योगीकरण

वस्तुओं को बिकाऊ नहीं बनाता था, वहां वैश्वीकरण ने व्यक्ति को बिकाऊ बना दिया है। व्यक्ति बाजारू चीज बन गया है।

औद्योगिक क्रांति

16वीं और 18वीं शताब्दी में यूरोप में औद्योगिक क्रांति का शुभारंभ हुआ। औद्योगिक क्रांति की प्रक्रिया केवल एक स्थान पर नहीं हुई, वरन् अन्य देशों में भी सामान्यतः एक जैसा ही प्रसार हुआ। औद्योगिक क्रांति मूलतः इंग्लैंड की देन है। इस क्रांति के द्वारा आंतरिक आविष्कार हुए। इसने कम समय में अधिक उत्पादन क्षमता को जन्म दिया। इसके साथ ही एक मशीन कई श्रमिकों का कार्य करने लगी। इससे श्रम की बचत हुई। 1784 में कार्टराइट नामक एक व्यक्ति ने एक प्रकार की मशीन बनायी। यह मशीन पानी से चलती थी। इस पर बैठकर एक 15 वर्ष का लड़का 15 व्यक्तियों के बराबर कार्य कर सकता था। 1750 में कोयले के पत्थर का पता चला। इसने मशीनों की क्षमता को और बढ़ा दिया। 1765 में जेम्स वाट ने स्टीम इंजन बनाकर इस क्रांति को शक्ति एवं तीव्रता प्रदान की। इस प्रकार एक के बाद एक यांत्रिक आविष्कार होते गए। उन यांत्रिक आविष्कारों के फलस्वरूप एक नए युग का निर्माण हुआ।

भारत में औद्योगिक क्रांति की शुरुआत ब्रिटिश शासनकाल में हुई जिसे स्वतंत्रता प्राप्ति के बाद हमारे तत्कालीन प्रधानमंत्री पंडित नेहरू द्वारा और गति एवं तीव्रता प्रदान की गई। मुसलमान शासकों द्वारा कागज, रंग, विस्फोटक तथा दियासलायी के कारखाने स्थापित किए गए थे। भारत में संगठित उद्योग की स्थापना 1853 में एक सूती मिल के द्वारा बंबई प्रांत में हुई। प्रथम विश्वयुद्ध तक भारत में केवल सूती वस्त्र, जूट और कोयला उद्योग की स्थापना हो पाई थी। 1921 में जमशेदपुर में टाटा स्टील वर्क्स की स्थापना से यह आशा बन गयी कि देश में लौह एवं इस्पात के उत्पादनों में अवश्य प्रगति होगी। इस धीमी प्रगति का मुख्य कारण उस समय की राजनीति थी। ईस्ट इंडिया कंपनी का मुख्य उद्देश्य भारत में अपने व्यापार का प्रसार-प्रचार करना था। इस नीति द्वारा यहां से कच्चा माल ब्रिटेन ले जाया जाता था तथा वहां से उत्पादित माल को यहां लाकर बेचा जाता था।

1905 के बंगभंग और स्वदेशी आंदोलन से भारतीय उद्योगों को कुछ प्रोत्साहन मिला। उपभोक्ताओं में स्वदेशी वस्तुओं की मांग बढ़ने लगी। 1916 में उद्योग आयोग का गठन हुआ। इस आयोग के माध्यम से युद्ध अस्त्रों में काम आने वाले लोहे, इस्पात एवं रसायनों के उत्पादन करने वाले उद्योगों को प्रोत्साहित किया गया। उधर प्रथम तथा द्वितीय महायुद्ध के बीच औद्योगिक प्रगति डावाडोल होती रही। इससे काफी क्षति भी उठानी पड़ी। युद्ध समाप्ति के पश्चात देश को मिली विरासत बहुत दुखदायी थी। वस्तुओं की कीमतें बढ़ी। मशीन तथा पुर्जे के आयात में कठिनाई हुई। मजदूरों की छंटनी व्यापक रूप से हुई। राजनीतिक और सांप्रदायिक क्रांतियों में वृद्धि हुई। पूरे देश में अशांति फैल गई।

इससे औद्योगिक विकास को धक्का लगा। साथ ही इसमें अनेक गड़बड़ियां भी उत्पन्न हो गई।

स्वतंत्रता प्राप्ति के बाद हमारी सरकार पंचवर्षीय योजनाओं के माध्यम से छोटे पैमाने पर औद्योगिक क्रांति लाई। आज स्वयं हमारा देश बहुत प्रकार के यंत्रों को बनाने लगा है। पहले छोटे-छोटे पुर्जे भी बाहर से मंगाए जाते थे। लेकिन अब हमारा देश औद्योगीकरण के क्षेत्र में आगे बढ़ गया है। आज हम बड़ी से बड़ी मशीनों का निर्माण कर विदेशों में भी भेज रहे हैं।

औद्योगीकरण की परिभाषा

औद्योगीकरण की परिभाषा संकुचित एवं व्यापक दोनों अर्थ में दी जा सकती है। संकुचित अर्थ में औद्योगीकरण का तात्पर्य निर्माण उद्योगों को अधिक से अधिक स्थापित करने से है ताकि उत्पादन के साधन क्षमता में विकास हो, उनका अधिकतम उपयोग किया जाए और जनजीवन का स्तर ऊपर उठाया जाए। व्यापक अर्थ में औद्योगीकरण का तात्पर्य नवीनतम तकनीकी ज्ञान के आधार पर वैज्ञानिक ढंग से औद्योगिक संगठन से है ताकि बड़े पैमाने पर पूंजी का विनियोग किया जा सके। इसमें अंतत: श्रम विभाजन, वितरण एवं विनिमय प्रणाली आ जाती है।

अत: कहा जा सकता है कि औद्योगीकरण एक ऐसी प्रक्रिया है जिसमें आधुनिकतम तकनीकी ज्ञान के प्रयोग द्वारा उद्योगों की स्थापना कर विभिन्न प्रकार का उत्पादन किया जाता है तथा आर्थिक साधनों में सुधार द्वारा जनजीवन स्तर को ऊपर उठाने का प्रयास किया जाता है।

औद्योगीकरण की आधुनिक प्रवृत्तियां

औद्योगीकरण की नवीन प्रवृत्तियां निम्नलिखित हैं—

1. तकनीकी प्रगति—तकनीकी प्रगति द्वारा ही संपूर्ण विश्व में औद्योगिक क्रांति लाई गई है। नवीनतम से नवीनतम तकनीकी ज्ञान सभी देश प्राप्त करना चाहते हैं ताकि कम से कम लागत पर अधिक से अधिक गुणवत्ता वाली वस्तुओं का उत्पादन किया जा सके।

2. नियोजित औद्योगीकरण—आरंभ में नियोजित ढंग से औद्योगिक क्रांति नहीं लाई गयी थी। लेकिन आजकल योजनाबद्ध ढंग से उद्योगों की स्थापना की जाती है।

3. उत्पादकता आंदोलन—उत्पादकता आंदोलन के माध्यम से औद्योगीकरण को बढ़ावा मिला है। प्रत्येक देश कम से कम लागत पर अधिक से अधिक उत्पादन करना चाहता है।

4. सरकारी सहयोग—औद्योगीकरण को बढ़ावा देने में सरकार का भी पूर्ण सहयोग प्राप्त हुआ है। हमारे यहां सरकारी एवं निजी दोनों प्रकार के उद्योगों की स्थापना की गई है। दोनों क्षेत्रों के उद्योगों का बढ़ावा सरकार द्वारा दिया जा रहा है।

5. एकाधिकार का अंत—आज औद्योगीकरण में किसी एक देश का एकाधिकार नहीं रह गया है। विश्व के सभी देशों में औद्योगीकरण को अपनाया गया है।

औद्योगीकरण का प्रभाव

औद्योगीकरण के प्रभावों का वर्णन निम्नलिखित शीर्षकों के अंतर्गत किया जा सकता है—

(i) पारिवारिक जीवन पर प्रभाव
(ii) सामाजिक जीवन पर प्रभाव
(iii) आर्थिक जीवन पर प्रभाव

(i) पारिवारिक जीवन पर प्रभाव

औद्योगीकरण पारिवारिक जीवन को प्रभावित किया है। औद्योगीकरण के पारिवारिक जीवन पर प्रभाव की चर्चा हम निम्नलिखित ढंग से कर सकते हैं—

1. केन्द्रीय परिवारों का जन्म—औद्योगीकरण के कारण केन्द्रीय परिवार का जन्म हुआ। गांवों से लोग कारखानों में काम करने आए। अब वे अपने वंश समूह, गोत्र समूह तथा भूमि से बंधे नहीं रहे। इस प्रकार गांव के लोग विभिन्न शहरों में बिखर गए। संयुक्त परिवार टूट गया तथा केन्द्रीय परिवार का जन्म हुआ।

2. कार्यक्षेत्र और मकान में दूरी—पहले व्यक्ति अपने दरवाजे पर बैठकर तथा गांव के आस-पास अपने खेतों में काम करता था। इस प्रकार कार्यक्षेत्र और मकान में दूरी नहीं थी। आज लोगों को कारखानों में काम करने के लिए कोसों की दूरी तय करनी पड़ती है। मुंबई जैसे शहर में व्यक्ति प्रतिदिन 70-80 मील दूर कार्य करने के लिए जाते हैं। पुनः शाम को वे घर लौटते हैं। इसका प्रभाव परिवार पर पड़ता है।

3. पारिवारिक नियंत्रण में ह्रास—औद्योगीकरण के कारण पति-पत्नी दोनों को कामकाजी होना पड़ा है। एक निश्चित समय पर दोनों काम करने के लिए घर से निकल जाते हैं। वे पुनः शाम को घर लौटते हैं। ऐसे परिवार के बच्चे निरंकुश बन जाते हैं। परिवार में कोई बड़ा-बूढ़ा नहीं होता है। इसलिए पति-पत्नी पर भी कोई नियंत्रण नहीं रह जाता है। जिसकी जब इच्छा होती है, तब घर आता है, जो मन होता है, वही करते हैं। बच्चे अपने आपको उपेक्षित महसूस करते हैं।

4. व्यक्तिवादी दर्शन—औद्योगीकरण के कारण परिवार में व्यक्तिवादी दर्शन का विकास हुआ है। व्यक्तिवादी दर्शन ने संयुक्त परिवार की भावना को ठेस पहुंचाई तथा खत्म कर दिया। अब वह स्वयं का मालिक बन गया है। वह अपने बनाए हुए घेरे में रहता है। उसकी इच्छाएं, शक्तियां तथा दृष्टिकोण अपना होता है। उसे आस-पास या पड़ोस का भय नहीं रहता है।

5. दैनिक कार्यक्रम पर प्रभाव—औद्योगीकरण ने परिवार के सदस्यों का दैनिक कार्यक्रम प्रभावित किया है। औद्योगीकरण ने परिवार के कार्यों में परिवर्तन ही नहीं वरन् निर्धारित भी किया है। सभी सदस्य उद्योग के नियम का पालन करते हैं। सदस्य एक निश्चित समय पर काम करने जाते हैं। काम करके एक निश्चित समय पर लौटते हैं। नाश्ता एवं भोजन निश्चित समय पर करते हैं। साथ-साथ अवकाश का आनंद लेते हैं।

6. घरेलू काम-काज में श्रम विभाजन का ह्रास—औद्योगीकरण के कारण परिवार में आयु एवं यौन के अनुसार श्रम विभाजन का अभाव प्रकट हुआ है। पति पत्नी दोनों कामकाजी होते हैं। इसलिए दोनों मिलकर खाना बनाते हैं, कपड़ों की सफाई करते, घर आंगन की सफाई करते हैं, यहां घरेलू कामकाज पति विशिष्ट या पत्नी विशिष्ट नहीं रह गया है।

7. स्त्रियों के कार्यक्षेत्र में परिवर्तन—औद्योगीकरण के कारण परिवार की स्त्रियों का कार्यक्षेत्र केवल घर-आंगन ही नहीं रह गया। वरन् अब वे उत्पादन के अन्य क्षेत्र में कार्य करती हैं। वे नौकरी तथा व्यापार में भी आगे आ गई हैं। उनका राजनीतिक क्षेत्र में भी प्रवेश हुआ है। वे अब अपनी जीविका स्वयं अर्जित करने लगी हैं। इस प्रकार परिवार में स्त्रियों का कार्यक्षेत्र और विस्तृत होता जा रहा है। अब वे छोट पदों से लेकर बड़े-बड़े पदों पर बहुत ही जिम्मेदारी से कार्य कर रही हैं।

8. स्त्रियों की स्थिति में परिवर्तन—औद्योगीकरण स्त्रियों की सामाजिक स्थिति में परिवर्तन लाया है। औद्योगीकरण के कारण स्त्रियों का कार्य क्षेत्र बदल गया है। अब वे पढ़-लिखकर अपने ज्ञान का प्रयोग धन अर्जित करके परिवार की स्थिति को सदृढ़ करने में करती हैं। इससे समाज में उनको उच्च स्थान प्राप्त हुआ है। उनका नाम आदर एवं सम्मान के साथ जुड़ गया है। अब यह धारणा बदल गई है कि स्त्री केवल सास, ससुर तथा पति की सेवा हेतु बनी है। उनका कार्य केवल संतानोत्पत्ति एवं लालन-पालन तक ही सीमित नहीं रहा है। अपने परिश्रम, ज्ञान तथा शिक्षा के आधार पर वे समाज में अपने स्थान को उच्च बनाने में सफल हुई हैं।

9. प्रेम विवाह एवं अंतरजातीय विवाह—औद्योगीकरण के कारण प्रेम विवाह एवं अंतरजातीय विवाह पर आधारित परिवार का निर्माण हुआ है। उद्योग में युवक तथा युवती साथ-साथ काम करते हैं। लड़के-लड़कियां साथ-साथ स्कूल तथा कॉलेज में पढ़ते हैं। इसके कारण लड़का-लड़की या युवक-युवती के बीच प्रेम स्थापित होता है। यही प्रेम विवाह में बदल जाता है। प्रेम विवाह ने अंतरजातीय तथा अंतरधर्म विवाहों को जन्म दिया है। अभिजात तथा संभ्रांत परिवार के लोग विवाह विज्ञापन में यह स्पष्ट कर देते हैं कि लड़का या लड़की किसी भी जाति के हो सकते हैं।

10. विवाह आयु में परिवर्तन—औद्योगीकरण के कारण विवाह आयु में परिवर्तन हो गया है। अब लड़का तथा लड़की दोनों उच्च शिक्षा प्राप्त कर तथा नौकरी में आने के बाद विवाह बंधन में बंधना चाहते हैं। इसके कारण लड़का तथा लड़की दोनों के विवाह उम्र में परिवर्तन हुआ है। लड़कियों की विवाह उम्र 30 वर्ष के आस-पास तथा लड़कों की विवाह उम्र 35 वर्ष तक हो गई है।

11. तलाक—औद्योगीकरण के कारण पति-पत्नी के बीच तलाक की घटनाएं बढ़ी हैं। वे लोग प्रेम की भावना में बहकर विवाह कर लेते हैं। विवाह के पश्चात उन्हें दांपत्य जीवन का कटु अनुभव होता है। वे अपने आपको दूसरे के अनुकूल नहीं बना पाते। इससे पति-पत्नी के बीच तनाव होने लगता है तथा कटुता बढ़ने लगती है। पति-पत्नी दोनों अपने-अपने कार्य में व्यस्त रहने के कारण एक-दूसरे को पर्याप्त समय नहीं दे पाते। इससे दोनों के बीच तनाव उत्पन्न हो जाता है, जो बाद में चलकर तलाक की स्थिति उत्पन्न कर देता है।

12. धार्मिक मूल्यों का ह्रास—औद्योगीकरण के कारण परिवार के धार्मिक मूल्यों का दिन-प्रतिदिन ह्रास होता गया है। परिवार धार्मिक क्रियाकलापों का केन्द्र होता है। परिवार में ही धर्म, पाप, पुण्य, स्वर्ग, नरक, सुकर्म, दुष्कर्म इत्यादि की शिक्षा दी जाती है। कामकाजी दंपत्ति रुपये कमाना ही अपना धर्म मान लेते हैं। वे स्वर्ग-नरक, पाप-पुण्य, सुकर्म-दुष्कर्म, धर्म-अधर्म की अवधारणा को तर्क के आधार पर नकार देते हैं। इससे परिवार में धार्मिक मूल्य का ह्रास हो रहा है। इसका प्रभाव घर, गृहस्थी तथा बाल-बच्चों पर पड़ता है।

13. यौन नैतिकता में परिवर्तन—औद्योगीकरण का प्रभाव यौन नैतिकता पर पड़ा है। नौकरी पेशा के कारण पति-पत्नी अलग-अलग स्थानों में रहते हैं तथा अलग-अलग कार्य करते हैं। उन्हें एक-दूसरे से मिलने का पर्याप्त समय नहीं मिल पाता है। इसके कारण बच्चों पर नियंत्रण नहीं हो पाता। लड़के-लड़कियां बंधनहीन होकर स्वतंत्र रूप से विचरण करने लगते हैं। वे यौन अपराध के शिकार हो जाते हैं।

(ii) सामाजिक जीवन पर प्रभाव

औद्योगीकरण का प्रभाव सामाजिक जीवन पर पड़ा है। सामाजिक जीवन पर औद्योगीकरण के प्रभाव की चर्चा हम निम्नलिखित शीर्षकों के अंतर्गत कर सकते हैं—

1. प्रकृति से दूरी—औद्योगीकरण के कारण औद्योगिक नगरों का विकास हुआ है। औद्योगिक नगरों में सामाजिक जीवन प्रकृति से दूर हो गया है। यहां प्रकृति कारखानों के भवन, धुंआ, महलों, अट्टालिकाओं, कालोनी इत्यादि में सिमट कर रह गई है। यहां परिवार को स्वच्छ वायु के स्थान पर धूल तथा धुंआ मिलता है। उसे वायु प्रदूषण, जल

प्रदूषण, ध्वनि प्रदूषण इत्यादि का सामना करना पड़ता है। यहां लोग देर रात में सोते हैं तथा सूर्योदय होने के काफी बाद जागते हैं। यहां का जीवन प्रकृति से दूर रहता है। इसका प्रभाव सामाजिक जीवन पर पड़ता है।

2. कृत्रिम व्यवहार—नगरीय समाज में व्यक्तियों का व्यवहार कृत्रिम हो जाता है। उसका व्यवहार प्राकृतिक नहीं रह जाता है। कृत्रिम व्यवहार के कारण औपचारिकता प्रकाश में आई है। यहां जब हम से कोई मिलने आता है, हम मुस्कराहट के साथ हैलो कहते हैं, हाथ मिलाते हैं, बैठने के लिए कहते हैं, कुशलक्षेम पूछते हैं, आने का कारण पूछते हैं, चाय-पान करते हैं तब विदा करते हैं। यह हमारा व्यवहार प्राकृतिक न होकर कृत्रिम अथवा औपचारिक होता है। इसी तरह हम कृत्रिम व्यवहार के आदी हो जाते हैं।

3. भौतिकवादी दृष्टिकोण—औद्योगिक नगरीय समाज में भौतिकवादी दृष्टिकोण का विकास हुआ है। यहां का व्यक्ति आध्यात्मिक चिंतन से दूर होता जा रहा है। थोड़े में संतोष करने की प्रवृत्ति समाप्त होती जा रही है। हमारा लगाव समाज न होकर धन-संपत्ति से होता जा रहा है। समाज गौण हो गया है तथा धन-संपत्ति की भूमिका बढ़ गई है। पद एवं स्थिति का आकलन रुपये, धन, दौलत, मकान, संपत्ति इत्यादि से होने लगा है। हम विलासप्रिय हो गए हैं तथा ऐशोआराम के साधनों को प्राप्त करने के लिए दिन-रात प्रयत्नशील रहते हैं।

4. गंदी बस्तियां—औद्योगीकरण के कारण नगरों में मजदूरों की संख्या दिन प्रतिदिन बढ़ती जा रही है। उनकी आय कम होती है। उन्हें रहने के लिए मकान नहीं मिलता है। अत: वे पार्क, स्टेशन, बस स्टैंड आदि के आस-पास टेंट, बोरा, बांस, लकड़ी के सहारे झुग्गी-झोपड़ी लगाकर रहना शुरू करते हैं। इससे गंदी बस्तियों का निर्माण होता है। एक छोटे कमरे में अधिक से अधिक व्यक्ति साथ रहते हैं। यहां जुआ, शराब सेवन, यौन व्यापार सब प्रकार का अनैतिक धंधा होता है। इसका प्रभाव समाज पर पड़ता है।

5. नयी बीमारियों का जन्म—नयी मशीनों की दुनिया में नए-नए प्रकार के रोग भी उत्पन्न हो रहे हैं। ध्वनि प्रदूषण, वायु प्रदूषण, जल प्रदूषण, अनियंत्रित यौन संबंध के कारण अनेक नयी-नयी बीमारियों का जन्म हो रहा है।

6. मनोरंजन का क्रय-विक्रय—औद्योगीकरण के कारण मनोरंजन का क्रय-विक्रय आरंभ हो गया है। यहां मनोरंजन को खरीदा और बेचा जाता है। जिस व्यक्ति के पास जितना धन होता है, वह उतना ही मनोरंजन को खरीद सकता है। यहां पांच सितारा होटल, नृत्यगृह, सिनेमा, नाट्यगृह, ब्यूटी पार्लर, क्लब इत्यादि बिकने वाले मनोरंजनों को रुपये के आधार पर खरीदा जा सकता है।

7. जुआ, शराब तथा वेश्यावृत्ति—औद्योगीकरण के कारण जुआ, शराब तथा वेश्यावृत्ति की घटना प्रकाश में आई है। नगर में स्थित उद्योगों में काम करने श्रमिक आते हैं। वे अपना परिवार नहीं ला पाते हैं। परिवार के अभाव में वे जुआ, शराब तथा वेश्यावृत्ति में लीन हो जाते हैं। कुछ दंपत्ति अलग-अलग जगहों पर काम करते हैं। उन्हें एक दूसरे से

महीनों अलग रहना पड़ता है। इसके कारण भी व्यक्ति का झुकाव जुआ, शराब तथा वेश्यावृत्ति की ओर हो जाता है।

8. जनसंख्या वृद्धि—औद्योगिक नगरीय जनसंख्या में दिनोंदिन वृद्धि होती जा रही है। इसके कारण बेरोजगारी की स्थिति उत्पन्न हो गई है। बेरोजगारी, भिखमंगी, हत्या, चोरी, डकैती, यौन अपराध एवं यौन व्यापार को बढ़ावा देती है।

9. जनसंख्या में स्त्री-पुरुष का अनुपात—नगरीय समाज की जनसंख्या में स्त्री-पुरुष का अनुपात संतुलित नहीं होता है। गांव में लोग अपने परिवार तथा बच्चों को छोड़कर रुपये कमाने आते हैं। कम वेतन, काम की अनिश्चितता तथा अस्थायी नौकरी के कारण लोग भी पत्नी बच्चों को नहीं लाते हैं। इसके कारण नगरीय जनसंख्या का यौन अनुपात प्रभावित होता है। यौन अनुपात में असंतुलन जुआ, शराब तथा वेश्यावृत्ति जैसी सामाजिक बीमारियों को जन्म देता है।

10. जाति प्रथा में ह्रास—औद्योगीकरण के कारण जाति प्रथा में कमी आई है। प्रेम तथा अंतरजातीय विवाह ने भी जाति प्रथा को प्रभावित किया है। यहां विभिन्न जाति के लोग साथ-साथ रहते हैं, एक साथ काम करते हैं तथा साथ-साथ चाय, पान, नाश्ता, भोजन करते हैं। पर्व-त्योहार पर एक-दूसरे के यहां आने जाने की औपचारिकता निभाते हैं।

11. सामुदायिक जीवन का पतन—औद्योगीकरण के कारण सामुदायिक जीवन का पतन हुआ है। लोगों के बीच हम की भावना व्याप्त नहीं रहती है। लोग सामूहिक कार्यक्रम में उत्साहपूर्वक भाग नहीं लेते हैं। नगर की जिंदगी ने लोगों को चाय की प्याली तक सीमित रखा है। हम अकेले बैठकर चाय-पान, नाश्ता, भोजन, मनोरंजन, पूजा-पाठ करते हैं। यहां हम के स्थान पर मैं की भावना व्याप्त रहती है।

12. संघर्ष एवं प्रतिस्पर्धा—औद्योगीकरण के कारण समाज में संघर्ष एवं प्रतिस्पर्धा का जन्म हुआ है। लोगों को चीजें आसानी से प्राप्त नहीं होती। उन्हें कठिन संघर्ष करना पड़ता है। प्रगति करने के लिए उन्हें प्रतिस्पर्धा की दौड़ से गुजरना पड़ता है। दूसरों से प्रतियोगिता करके ही लोग आगे निकल सकते हैं। उद्योगपतियों तथा व्यापारियों को भी प्रतिस्पर्धा की दौड़ से गुजरना पड़ता है। यहां नौकरी, बाजार, व्यापार सभी प्रतियोगी होते हैं। प्रतिस्पर्धा में सफलता पाने के लिए उचित-अनुचित तथा नैतिक-अनैतिक सब कुछ करना पड़ता है।

13. अपराध तथा बाल अपराध—औद्योगीकरण के कारण अपराध तथा बाल अपराध की घटनाओं में बढ़ोतरी हुई है। नगर की अनेक संस्थाओं या संगठनों ने अपराध को जन्म दिया है। जिंदगी के झगड़े, संघर्ष, प्रतिस्पर्धा, बेकारी, गंदी बस्तियां आदि ऐसे कारण हैं जो अपराध तथा बाल अपराध को प्रेरित करते हैं।

14. शिक्षा की प्रगति—औद्योगीकरण के कारण शिक्षा में प्रगति हुई है। औद्योगिक नगरों में उच्च शिक्षा, व्यावसायिक शिक्षा, तकनीकी शिक्षा, प्रबंधन शिक्षा से संबंधित अनेक संस्थान खुले हैं। इसके कारण अधिक से अधिक व्यक्ति बुद्धिजीवी होता गया है।

15. नए मूल्यों का जन्म—औद्योगीकरण के कारण नए-नए मूल्यों का जन्म हुआ है। पद एवं रुपये के अनुसार मूल्य का विकास हुआ है। आज निम्न जाति का व्यक्ति अगर उच्च पद पर आसीन हो जाता है तब उसके साथ नए मूल्य जुड़ जाते हैं। उसे अछूत नहीं समझा जाता। उसका मान-सम्मान बढ़ जाता है। आज घर में बड़ों तथा बच्चों के साथ हर तरह का सीरियल तथा फिल्म देखना बुरा नहीं माना जाता। क्लब में दूसरी महिला के साथ नृत्य करना बुरा नहीं माना जाता। पर्व-त्योहार के अवसर पर विदेशी कीमती शराब पीना भी बुरा नहीं माना जाता। नृत्यगृह में व्यवसायी स्त्री का नृत्य सपरिवार देखना भी गलत नहीं माना जाता है। फैशन की दौड़ में अर्द्ध नग्नता को भी बुरा नहीं माना जाता है। लड़कियों द्वारा लड़कों के संग दोस्ती, लड़कों द्वारा लड़कियों के संग मित्रता को भी बुरा नहीं माना जाता। पति-पत्नी द्वारा बच्चों के सम्मुख शराब लेना भी खराब नहीं माना जाता है।

(iii) औद्योगीकरण का आर्थिक जीवन पर प्रभाव

औद्योगीकरण का आर्थिक जीवन पर व्यापक प्रभाव पड़ा है। औद्योगीकरण के आर्थिक प्रभाव का विवरण निम्नलिखित ढंग से दिया जा सकता है—

1. पूंजीवाद की उत्कृष्ट भूमिका—औद्योगीकरण के कारण पूंजीवाद की भूमिका महत्त्वपूर्ण हो गई है। नगरीय समाज में धन-संपत्ति की ही पूजा होती है। धन ही ईमान, सम्मान, मान, मर्यादा, देवी-देवता सब कुछ है। इसके बिना कारखानों की स्थापना नहीं हो सकती तथा श्रमिकों को रोजगार नहीं मिल सकता है। अतः औद्योगिक समाज में पूंजी का महत्त्व सबसे अधिक है। यहां पूंजी मानवीय संबंधों को मापती है। व्यक्ति का आदर संपत्ति की तराजू में तौल कर होता है। जो जितना धनी है, वह उतना ही सम्मान का पात्र है। उसे समाज उतना ही उच्च स्थान पर बैठाता है।

2. वर्गों की उत्पत्ति—औद्योगिक समाज में मुख्यतः दो वर्ग होते हैं—(1) पूंजीपति वर्ग या उद्योगपति वर्ग तथा (2) श्रमिक वर्ग। ये दोनों प्रकार के वर्ग पूंजीवादी अर्थव्यवस्था की देन हैं। इन दोनों प्रकार के वर्गों के अलावा नगर में व्यापारी तथा बुद्धिजीवी वर्ग भी पाया जाता है। आय के आधार पर नगर में निम्न आय वर्ग, मध्यम आय वर्ग तथा उच्च आय वर्ग पाए जाते हैं।

3. व्यवसायों की विविधता एवं विशेषीकरण—औद्योगिक समाज में प्रत्येक व्यक्ति प्रत्येक काम को स्वयं नहीं कर सकता है। यहां प्रत्येक कार्य का निष्पादन अलग प्रकार की मशीनों द्वारा किया जाता है। उन मशीनों को वही व्यक्ति चला सकता है जिनके पास मशीन चलाने की योग्यता होती है। विभिन्न प्रकार की मशीनों की उत्पत्ति से विभिन्न प्रकार के नौकरी के अवसर उपलब्ध हुए।

4. बेकारी—औद्योगीकरण के कारण बेकारी की समस्या भी प्रकाश में आई है। नगर के सभी कारखाने सालों भर नहीं चलते। उन कारखानों में कुछ ही महीने कार्य होता है। बाकी महीने कारखाने बंद रहते हैं। कई कारखाने बीमार होकर बंद हो जाते हैं। उन्हें फिर से चालू करना संभव नहीं हो पाता। इससे लोगों के सामने बेकारी की समस्या उत्पन्न हो गई है।

5. कुटीर उद्योग-धंधों का ह्रास—औद्योगीकरण के कारण कुटीर उद्योग-धंधों का ह्रास हुआ है। मशीनों द्वारा बनाई गयी वस्तुएं साफ-सुथरी तथा आकर्षक होती हैं। कुटीर उद्योग-धंधों से बनी वस्तुएं आकर्षक नहीं होती। उनकी कीमतें अधिक होती हैं। इसके कारण कारीगर जातियों तथा जनजातियों को अधिक नुकसान उठाना पड़ा है।

6. पूंजीपति-श्रमिक संघर्ष—औद्योगीकरण के कारण पूंजीपतियों एवं श्रमिकों के बीच संघर्ष उत्पन्न हुआ है। पूंजीपतियों द्वारा श्रमिकों का शोषण किया जाता है। श्रमिक संगठित होकर इसका विरोध करते हैं। श्रम संघवाद अस्तित्व में आता है। कारखाने में अनुशासनहीनता की स्थिति आ जाती है। पूंजीपति-श्रमिक के बीच संघर्ष होने लगता है। कारखानों में हड़ताल तथा तालाबंदी की घटना घटने लगती है। कभी-कभी समझौता नहीं होने पर कारखानों को पूंजीपति बंद कर देते हैं।

7. अमीर-गरीब के बीच खाई—औद्योगीकरण के कारण अमीर-गरीब के बीच खाई और बढ़ गई है। एक ओर पूंजीपति जहां ऐशोआराम का जीवन जीते हैं, अनेक लोग गरीबी रेखा के नीचे जीवन बसर करते हैं। औद्योगिक नगर में लोगों को भूख मिटाने के लिए भीख मांगते तथा अपना तन बेचते देखा जा सकता है।

8. यातायात तथा संचार साधनों में प्रगति—औद्योगीकरण के कारण यातायात तथा संचार साधनों में प्रगति हुई है। आज हमारे पास रेल, ट्रक, जलजहाज, हवाई जहाज, टेलीफोन, मोबाइल फोन, कम्प्यूटर, इंटरनेट जैसे यातायात एवं संचार साधन उपलब्ध हैं।

9. जटिल श्रम विभाजन—औद्योगीकरण के कारण आयु एवं यौन के अनुसार श्रम विभाजन के स्थान पर योग्यता एवं विशिष्टता के आधार पर श्रम विभाजन अस्तित्व में आया है।

9

सभ्यता अध्ययन का मानवशास्त्रीय दृष्टिकोण

ANTHROPOLOGICAL APPROACHES TO STUDY OF CIVILISATION

मानवशास्त्रियों द्वारा आरंभ से ही संस्कृति के साथ-साथ सभ्यता के अध्ययन पर विशेष ध्यान दिया गया है। मानवशास्त्र में उद्विकासवाद सिद्धांत की स्थापना के साथ-साथ सभ्यता एवं संस्कृति के उद्विकासीय स्वरूप एवं समग्रता को जानने का प्रयास किया गया है। उद्विकासवादी मानवशास्त्रियों तथा प्रसारवादी मानवशास्त्रियों द्वारा सभ्यता अध्ययन का ऐतिहासिक दृष्टिकोण विकसित किया गया था। उनके द्वारा सिंचाई व्यवस्था तथा कांस्यकालीन नगर व्यवस्था को सभ्यता का जन्मदाता माना गया। सामाजिक-सांस्कृतिक एकीकरण के आधार पर जीवनशैली के आधार पर सभ्यता को समझने का प्रयास किया गया। सभ्यता को संगठन तथा संरचना के आधार पर जानने का प्रयास किया गया। ग्राम-नगरीय सातत्य को ध्यान में रखकर सभ्यता के विस्तार को समझने का प्रयास किया गया। आरंभ से लेकर अब तक सभ्यता अध्ययन के निम्नलिखित दृष्टिकोणों का विकास विभिन्न मानवशास्त्रियों द्वारा किया गया है—

1. उद्विकासात्मक दृष्टिकोण
2. प्रसारात्मक दृष्टिकोण
3. सिंचाई व्यवस्था दृष्टिकोण
4. नगरीय क्रांति दृष्टिकोण
5. जीवनशैली दृष्टिकोण
6. ऊर्जा संचयन दृष्टिकोण
7. पारिस्थितिकीय दृष्टिकोण
8. संरचनात्मक दृष्टिकोण
9. संगठनात्मक दृष्टिकोण
10. लोक-नगरीय सातत्य दृष्टिकोण
11. धार्मिक संकुल दृष्टिकोण

1. उद्विकासात्मक दृष्टिकोण—उद्विकासवादी मानवशास्त्री ई.बी. टायलर तथा एल.एच. मार्गन के अनुसार सभ्यता संस्कृति का उद्विकसित स्वरूप है। मानव संस्कृति विकास की तीन प्रमुख उद्विकासीय अवस्थाओं से होकर गुजरी है—(i) आरण्यावस्था, (ii) असभ्यावस्था तथा (iii) सभ्यावस्था। संपूर्ण पूर्व पाषाण युग में मानव ने आरण्यावस्था में जीवन व्यतीत किया। इस अवस्था में मानव संस्कृति खाद्य संकलन एवं शिकार के इर्द-गिर्द भ्रमण करती रही। मध्य पाषाणकाल में मौसम का निर्माण होना शुरू हो गया था। लेकिन इस अवस्था में भी मानव संस्कृति शिकार तथा खाद्य संकलन पर ही आधारित थी। नव पाषाणयुग में मानव ने कृषि कर्म तथा पशुपालन संबंधी ज्ञान प्राप्त कर असभ्यावस्था में प्रवेश किया। इस अवस्था में मानव सिंचाई की व्यवस्था नहीं विकसित कर पाया था। कांस्यकालीन मानवों ने नदियों में बांध बनाकर सिंचाई पर आधारित कृषि सभ्यता का विकास किया। इसी समय कांस्य कालीन नगर सभ्यता, व्यापार सभ्यता, मजदूरी भुगतान की व्यवस्था, लेखन कला इत्यादि का विकास हुआ। लौह युग के मानवों द्वारा लेखन तथा वर्णाक्षरों का विकास कर सभ्यता को नया आयाम दिया गया। इस प्रकार उद्विकासवादी मानवशास्त्रियों के अनुसार सभ्यता संस्कृति की सबसे उद्विकसित अवस्था है। उद्विकासवादी मानवशास्त्रियों के अनुसार सभ्यता का उदय सर्वप्रथम नदियों की घाटियों में हुआ।

2. प्रसारात्मक दृष्टिकोण—प्रसारवादी मानवशास्त्रियों के अनुसार सभ्यता का विकास सर्वप्रथम मिस्र में हुआ। यहीं से सभ्यता संबंधी जटिल तत्व विश्व के विभिन्न भागों में पहुंचे। इस प्रकार के मत विशेषकर ब्रिटिश प्रसारवादी मानवशास्त्री एलियट स्मिथ द्वारा व्यक्त किए गए। स्मिथ के अनुसार सभ्यता के उदय हेतु सर्वप्रथम परिस्थितियां नील नदी की घाटियों में विकसित हुईं। नील नदी की घाटी उपजाऊ थी। इसके कारण मिस्रवासी इस घाटी की ओर आकर्षित हुए। सिंचाई की समुचित व्यवस्था नहीं थी। इसलिए नदियों में बांध बनाकर नहर निकालना आवश्यक हो गया ताकि वर्षा के मौसम के अतिरिक्त सिंचाई व्यवस्था स्थापित हो। नगर के निर्माण हेतु विशाल जनसंख्या, अधिकारी, श्रमिक वर्ग, भंडार, हिसाब-किताब इत्यादि की आवश्यकता थी। इसलिए इन सभी से संबंधित विभिन्न प्रकार का व्यवस्थित जीवन नील नदी की घाटी में शुरू हुआ। यहां जीवन के हर क्षेत्र में व्यवस्था स्थापित हुई। नगर निर्माण योजना बनी। केन्द्रीय सत्ता का विकास हुआ। व्यापार एवं वाणिज्य का विकास हुआ। जल मार्ग से यातायात व्यवस्था स्थापित हुई। मृतकों के संस्कार की व्यवस्था भी की गई। इस प्रकार मिस्र सभ्यता का जन्मदाता बना। यहीं से सभ्यता संबंधी जटिल संरचना पूरे विश्व में प्रसार एवं प्रवसन के माध्यम से पहुंची।

3. सिंचाई व्यवस्था दृष्टिकोण—ब्रिटिश मानवशास्त्री कार्ल विट्फोजेल ने सभ्यता के विकास हेतु केन्द्रीय सिंचाई व्यवस्था को जिम्मेदार माना है। आपके अनुसार सिंचाई की केन्द्रीय व्यवस्था से जलीय समाज की उत्पत्ति हुई तथा सभ्यता का विकास हुआ। आपके अनुसार आरंभ में मानव ने अपनी खेती के लिए नदी-घाटियों का चुनाव किया। नदी

घाटियों का निर्माण नदियों द्वारा लाई गई बाढ़ मिट्टी से हुआ था। लेकिन अभी भी सिंचाई की समुचित व्यवस्था हेतु नदियों में बांध बनाकर नहर निकालना आवश्यक था ताकि आस-पास के कृषक गांवों को सिंचाई के लिए पानी की व्यवस्था की जा सके। इस कार्य के लिए विशाल जनसंख्या की आवश्यकता थी। क्योंकि बांध का निर्माण मानवशक्ति से संभव था। इसके लिए विशाल मानव समूह को श्रम करना था। विशाल जनसमूह के रहने की व्यवस्था की गई। श्रमिक, अधिकारी तथा पदाधिकारी के लिए अलग-अलग भवन बनाए गए। नगर निर्माण योजना बनाई गई। श्रमिक तथा अधिकारियों के मजदूरी भुगतान की व्यवस्था की गई। इसके लिए भंडार गृह बनाया गया। लोगों के स्नान के लिए ग्रेट बाथ का निर्माण किया गया। हिसाब-किताब का विकास हुआ। पुरोहित वर्ग तथा व्यापारी वर्ग अस्तित्व में आए। दोंगियों का प्रयोग यातायात के रूप में नाव के सहारे किया जाने लगा। इस प्रकार सिंचाई व्यवस्था के कारण कृषि ग्राम सभ्यता तथा नगरीय सभ्यता का विकास हुआ। सिंचाई तथा व्यापार व्यवस्था ने इन दोनों प्रकार की सभ्यताओं को दो विभिन्न प्रकार के वातावरण में विकसित किया। इस प्रकार सिंचाई व्यवस्था ही सभ्यता की जन्मदाता है। मिस्र, मेसोपोटामिया, सुमेर, सिन्धु प्रदेशों में सभ्यता का विकास सिंचाई व्यवस्था के फलस्वरूप हुआ।

4. नगरीय क्रांति दृष्टिकोण—नव उद्‌विकासवादी वी.जी. चाइल्ड के अनुसार नगरीय क्रांति के कारण सभ्यता का विकास हुआ। आपके अनुसार नवपाषाण युग में मानव द्वारा कृषि का आविष्कार किया गया। छठी सहस्राब्दी में कृषकों के छोटे-छोटे गांव बनना शुरू हो गये थे। लेकिन सिंचाई की समुचित व्यवस्था नहीं थी। सिंचाई की समुचित व्यवस्था के अभाव में कृषि में क्रांतिकारी परिवर्तन नहीं लाया जा सकता है। नदी घाटियों में सिंचाई के लिए जब नहरों का निर्माण हो गया तब सिंचाई की व्यवस्था नहर किनारे स्थित ग्रामवासियों के लिए स्थापित हुई। इस व्यवस्था के कारण कृषि में क्रांतिकारी परिवर्तन हुआ। अब अधिक से अधिक अन्न का उत्पादन होने लगा। उन अनाजों को बेचने के लिए बाजार केन्द्रों की स्थापना की गई। बाजार के कारण व्यापारी वर्ग का उदय हुआ। व्यापारियों को सुरक्षा देने के लिए सत्ता वर्ग अस्तित्व में आया। व्यापारियों के हिसाब-किताब रखने के लिए लेखन का विकास हुआ। बाजार केन्द्रों पर नगर निर्माण की योजना बनी। जीवन के क्षेत्र में व्यवस्था स्थापित की गई तथा नगरीय सभ्यता का विकास हुआ। यह सभ्यता ग्रामीण सभ्यता के विपरीत थी। नगर क्रांति कांस्यकाल में लाई गई थी। इसलिए कांस्यकाल को नगर क्रांति कहा जाता है। औद्योगिक क्रांति के बाद उद्योगों की स्थापना के कारण नगरीय सभ्यता का विकास हुआ।

इस प्रकार चाइल्ड के अनुसार ग्रामीण कृषि सभ्यता, नगरीय सभ्यता तथा औद्योगिक सभ्यता क्रांति के परिणाम हैं। विश्व में तीन प्रमुख क्रांतियां हुई हैं—(i) कृषि क्रांति, (ii) नगरीय क्रांति तथा (iii) औद्योगिक क्रांति। इन तीनों प्रकार की क्रांतियों के कारण तीन प्रकार की सभ्यताओं—ग्रामीण, नगरीय तथा औद्योगिक नगरीय—का विकास विभिन्न कालों में हुआ है।

5. जीवनशैली दृष्टिकोण—अमरीकी मानवशास्त्री ए.एल. क्रोबर ने सभ्यता अध्ययन का जीवनशैली दृष्टिकोण विकसित किया। आपके अनुसार प्रत्येक सभ्यता की अपनी जीवनशैली होती है। जीवनशैली के आधार पर ही एक सभ्यता को दूसरी सभ्यता से अलग किया जा सकता है। प्रत्येक सभ्यता का एक खास समय में जन्म होता है, फिर उसका विकास होता है तथा अंततोगत्वा उसका अंत हो जाता है। इस प्रकार जन्म, विकास एवं अंत सभी सभ्यता के साथ जुड़ा हुआ है। इसी आधार पर एक सभ्यता की जीवन शैली को समझा जाता है।

6. ऊर्जा संचयन दृष्टिकोण—अमरीकी मानवशास्त्री लेस्ली वाइट ने सभ्यता अध्ययन हेतु ऊर्जा संचन दृष्टिकोण का विकास किया है। आपके अनुसार मानव द्वारा जैसे-जैसे तकनीकी विकास द्वारा ऊर्जा संचयन की क्षमता में विकास किया गया, वैसे-वैसे मानव सभ्यता की ओर बढ़ता गया। आरंभ में मानव ने सिंचाई व्यवस्था तथा कृषि उपकरण के निर्माण द्वारा ऊर्जा का प्रयोग उत्पादन के लिए किया। इससे कृषि ग्राम सभ्यता का विकास हुआ। धातु युग में मानव ने धातु को गलाकर मशीनों का निर्माण किया। इससे ऊर्जा को नियंत्रित करने में विशेष सहायता प्राप्त हुई। इसी के कारण धातु युगीन सभ्यता तथा नगर सभ्यता का विकास हुआ। जब मनुष्य कोयला तथा पानी से बिजली बनाने लगा, उनकी ऊर्जा से मशीनों को बनाने तथा चलाने लगा तब मानव ने आणविक ऊर्जा के युग में प्रवेश किया। यह औद्योगिक सभ्यता की चरमोत्कर्ष अवस्था दर्शाती है।

7. पारिस्थितिकीय दृष्टिकोण—अमरीकी मानवशास्त्री जूलियन एच. स्टीवर्ड ने सभ्यता अध्ययन के पारिस्थितिकीय दृष्टिकोण का विकास किया है। आपके अनुसार विभिन्न प्रकार की पारिस्थितिकी में विभिन्न प्रकार की सभ्यता का विकास हुआ है। आपके अनुसार नदी घाटियों में सिंचाई सभ्यता का विकास हुआ। मैदानी क्षेत्रों में कृषि ग्राम सभ्यता का विकास हुआ। नदी तटों, समुद्रों तथा संगमों पर बड़े-बड़े धार्मिक नगरीय सभ्यता का विकास हुआ। पहाड़ी तथा पठारी क्षेत्रों में विभिन्न प्रकार की औद्योगिक सभ्यता का विकास हुआ। जूलियन एच. स्टीवर्ड के अनुसार सभ्यता के विकास में पारिस्थितिकी द्वारा महत्त्वपूर्ण भूमिका निभाई गई है।

8. संरचनात्मक दृष्टिकोण—अमरीकी मानवशास्त्री राबर्ट रेडफिल्ड ने सभ्यता अध्ययन के संरचनात्मक दृष्टिकोण का विकास किया है। आपके अनुसार सभ्यता को लोक एवं कृषक समाज के संबंध में विशेषज्ञों की जटिल संरचना के रूप में समझा जाता है। आपके अनुसार लोक समाज में विशेषज्ञता का अभाव पाया जाता है। यहां श्रम का विभाजन विशेषज्ञता पर न होकर आयु एवं यौन के अनुसार होता है। लेकिन जब मानव कृषि सभ्यता में प्रवेश कर गया तब कृषकों की आवश्यकता पूर्ति हेतु अनेक विशेषज्ञ अस्तित्व में आए। उदाहरण के लिए कुम्हार, बढ़ई, लोहार तथा पुजारी। इन ग्रामीण विशेषज्ञों की व्यवस्था से ग्राम सभ्यता का विकास हुआ। ये सारे विशेषज्ञ अभी भी लोक एवं ग्रामीण समाज में पाए जाते हैं। इन ग्रामीण विशेषज्ञों द्वारा लोक एवं कृषक समाज की

विभिन्न आवश्यकताओं की पूर्ति की जाती है। कालांतर में विभिन्न प्रकार के वाणिज्य एवं व्यापार विशेषज्ञ भी बाजार केन्द्रों के माध्यम से लोक समाज के संपर्क में आए। इस प्रकार सभ्यता की एक जटिल संरचना लोक समाज के संबंध में अस्तित्व में आई। सभ्यता की यह जटिल संरचना लोक समाज के संदर्भ में विशेषज्ञ वर्ग के अस्तित्व में आने के कारण विकसित हुई थी। इसी आधार पर रेडफिल्ड ने सभ्यता को लोक समाज के संदर्भ में विशेषज्ञों की जटिल संरचना के रूप में परिभाषित भी किया है।

9. संगठनात्मक दृष्टिकोण—अमरीकी मानवशास्त्री राबर्ट रेडफिल्ड ने धार्मिक दृष्टि से सभ्यता के अध्ययन हेतु संगठनात्मक दृष्टिकोण का विकास किया है। आपके अनुसार सभ्यता को धार्मिक दृष्टि से भी देखा जाना चाहिए। आपके अनुसार धार्मिक दृष्टि में सभ्यता महान परंपरा तथा लघु परंपरा का जटिल संगठन प्रस्तुत करती है। इस प्रकार आपने सभ्यता को लघु परंपरा एवं महान परंपरा का जटिल संगठन बतलाया है।

रेडफिल्ड के अनुसार लघु तथा महान धार्मिक परंपराओं का विकास दो विभिन्न प्रकार के पर्यावरण में हुआ है। लेकिन दोनों परंपराएं एक-दूसरे की पूरक हैं। दोनों के बीच अंत:क्रिया होती है तथा दोनों के बीच अंतर संबंध एवं घनिष्ठता बनी रहती है। एक के बिना दूसरे का अस्तित्व में बना रहना संभव नहीं है।

लघु परंपरा लोक समाज एवं ग्राम समाज की धार्मिक परंपरा होती है। इसके साथ लोक समाज तथा ग्रामीण समाज के रीति-रिवाज, अनुष्ठान, विश्वास, विशेषज्ञ, जादू तथा पर्व-त्योहारिक क्रियाकलाप जुड़े रहते हैं। इस परंपरा का विकास अशिक्षित लोक समाज के सदस्यों के व्यवहार से हुआ है। प्रत्येक लोक समाज तथा ग्रामीण समाज की परंपराओं में थोड़ा बहुत अंतर अवश्य होता है। लेकिन उनके बीच धार्मिक परंपरा अवश्य पाई जाती है। क्योंकि उनके समाज में धर्म एवं जादू को विशेष स्थान प्राप्त होता है। लघु परंपरा लोक समाज के सदस्यों के बीच एकीकरण का भाव उत्पन्न करती है। उनके बीच सामूहिक एवं सामुदायिक भावना का विकास करती है। लोक एवं ग्राम समाज के लोग लघु परंपराओं का पालन सामूहिक रूप से करते हैं। लघु पंरपरा लोक तथा ग्रामीण समाज में मौखिक परंपरा द्वारा एक पीढ़ी से दूसरी पीढ़ी तक हस्तांतरित होती रहती है। लोक समाज एवं ग्रामीण समाज का उत्पादन, उपभोग, वितरण, सब कुछ लघु परंपराओं के अनुसार नियंत्रित होता है। यहां उत्पादन को भी ईश्वर की कृपा एवं आशीर्वाद का परिणाम माना जाता है। उत्पादन में ईश्वर एवं धार्मिक विशेषज्ञों का भी हिस्सा होता है। धार्मिक अनुष्ठान, पर्व-त्योहार तथा सामाजिक उत्सवों के अवसर पर देवी-देवताओं तथा धार्मिक विशेषज्ञों को उत्पादन का अपना हिस्सा मिल जाता है।

लघु परंपरा के विपरीत महान परंपरा नगरीय समाज की धार्मिक परंपरा होती है। इस परंपरा का विकास शिक्षित पुजारियों द्वारा किया गया है तथा इसे राजाश्रय प्राप्त होता रहा है। इस परंपरा के संबंध में अनेक प्रकार की पौराणिक कथाओं का प्रचार-प्रसार लिखित परंपरा के माध्यम से शिक्षित पुजारियों द्वारा किया जाता रहा है। इस परंपरा के

संबंध में धार्मिक साहित्य उपलब्ध रहता है। इस परंपरा की कलात्मक अभिव्यक्ति, वास्तुकला, मंदिर निर्माण कला, मूर्तिकला, चित्रकला इत्यादि के माध्यम से होती है। इस परंपरा के माध्यम से ऐसा विश्वास उत्पन्न किया जाता है कि देवी-देवता का अवतार इस पृथ्वी पर समय-समय पर होता है। देवी-देवताओं द्वारा असत्य के ऊपर सत्य की विजय स्थापित की जाती है। यह संपूर्ण पृथ्वी देवी-देवता की संपत्ति है। मंदिर देवी-देवताओं के निवास स्थान होते हैं। इसीलिए देवी-देवताओं के मंदिरों यानी निवास स्थानों को धार्मिक दृष्टि से धाम की मान्यता प्राप्त होती है। पुजारियों को देवी-देवताओं का सेवक माना जाता है। राजाओं को देवी-देवताओं का सहायक माना जाता है। इस तरह के धार्मिक विश्वास महान परंपरा के संबंध में प्रचारित तथा प्रसारित किए जाते रहे हैं। इस प्रचार-प्रसार के माध्यम से महान परंपरा का प्रभाव क्षेत्र स्थापित होता है। इस प्रभाव क्षेत्र में रहने वाले लोक तथा ग्रामीण समाजों के लिए महान परंपरा के धाम धार्मिक आदर्श होते हैं। इसकी यात्रा से लोक तथा ग्रामीण समाज के सदस्यों को अनेक तरह का धार्मिक लाभ होता है। उन्हें दैहिक, दैविक तथा भौतिक कष्टों से मुक्ति मिलती है तथा परलोक में स्वर्ग की प्राप्ति होती है। इस तरह महान परंपरा का अपना क्षेत्र होता है जिसके कारण क्षेत्रीय संस्कृति का विकास होता है। कभी-कभी महान परंपरा संपूर्ण देश के श्रद्धालुओं को आकर्षित करती है तथा राष्ट्रीय संस्कृति के विकास में महत्त्वपूर्ण भूमिका निभाती है। इस प्रकार महान परंपरा का स्थानीय, क्षेत्रीय, राष्ट्रीय एवं अंतर्राष्ट्रीय प्रसार होता है।

रेडफिल्ड के अनुसार लघु परंपरा एवं महान परंपराओं का विकास दो अलग-अलग परिस्थितियों में हुआ है। लेकिन इसका तात्पर्य यह कदापि नहीं है कि दोनों परंपराएं एक दूसरे से अलग हैं, उनमें किसी प्रकार का संबंध नहीं है। सच्चाई यह है कि दोनों परंपराएं दो विभिन्न प्रकार की परिस्थितियों में विकसित होने के बावजूद एक-दूसरे से संबंधित तथा परस्पर आश्रित हैं। दोनों एक-दूसरे की पूरक हैं। दोनों के बीच अन्योन्याश्रय संबंध है। धाम तथा तीर्थाटन की धारणा के माध्यम से दोनों परंपराओं के बीच अंत: क्रिया होती रही है तथा होती रहेगी। इसीलिए रेडफिल्ड ने सभ्यता को लघु परंपरा एवं महान परंपरा के जटिल संगठन के रूप में परिभाषित किया है।

लघु परंपरा एवं महान परंपरा के बीच अंतर

राबर्ट रेडफिल्ड के अनुसार लघु परंपरा एवं महान परंपरा के बीच निम्नलिखित अंतर स्पष्ट किए जा सकते हैं—

लघु परंपरा

1. यह लोक एवं ग्रामीण समाज की धार्मिक परंपरा है।
2. इसका विकास लोक तथा ग्रामीण समाज में हुआ है।

3. लघु परंपरा मौखिक परंपरा होती है।
4. यह गैर-शिक्षितों एवं गैर साहित्यिकों की परंपरा होती है।
5. इसे राजाश्रय प्राप्त नहीं होता है।
6. इसका प्रभाव क्षेत्र लोक समाज तथा ग्राम समाज रहता है।
7. प्रत्येक समाज की लघु परंपरा में थोड़ा अंतर हो सकता है।
8. इस परंपरा में कलात्मक अभिव्यक्ति की जटिल संरचना नहीं पाई जाती है।
9. लोक नृत्य, गीत तथा संगीत इस परंपरा के अभिन्न अंग हैं।
10. इस परंपरा में जादू का भी प्रचलन पाया जाता है।
11. इसकी अपनी जीवनशैली होती है।
12. इस परंपरा के द्वारा ग्रामीण कृषक समाज अपनी संस्कृति को पीढ़ी दर पीढ़ी हस्तांतरित करते हैं।
13. लघु परंपरा महान परंपरा को सम्मान की दृष्टि से देखती है।
14. महान परंपरा लघु परंपरा के लिए अनुकरणीय होती है।
15. इसकी उत्पत्ति लोक विश्वास के कारण हुई है।
16. यह परंपरा नगरीकरण की पूर्व की अवस्था दर्शाती है।
17. यह परंपरा लोक संस्कृति के विकास में महत्त्वपूर्ण योगदान देती है।
18. इसके लिए प्रशासनिक व्यवस्था की आवश्यकता नहीं होती।

महान परंपरा

1. यह नगरीय समाज की धार्मिक परंपरा है।
2. इसका विकास नदी या समुद्र के तट पर स्थित नगरों में हुआ है।
3. महान परंपरा लिखित परंपरा होती है।
4. यह शिक्षितों एवं साहित्यिकों की परंपरा होती है।
5. इसे राजाश्रय प्राप्त रहता है।
6. इसका प्रभाव क्षेत्र एक क्षेत्र विशेष अथवा संपूर्ण देश होता है।
7. प्रत्येक महान परंपरा की पौराणिक कथाएं तथा प्रभाव क्षेत्र अलग-अलग हो सकते हैं।
8. इस परंपरा की कलात्मक अभिव्यक्ति जटिल संरचना के माध्यम से होती है।
9. वास्तुकला, मंदिर निर्माण कला, मूर्ति कला, चित्र कला, लाउड स्पीकर द्वारा भजन, कीर्तन इत्यादि इस परंपरा के अभिन्न अंग हैं।
10. इस परंपरा में जादुई क्रियाकलाप का अभाव रहता है।
11. इसकी विशिष्ट जीवनशैली होती है।
12. इस परंपरा के द्वारा पुजारी वर्ग पीढ़ी दर पीढ़ी अपना मूल्य बनाए रखते हैं।

13. महान परंपरा लघु परंपरा को अपने पूरक के रूप में देखती है तथा इसे अपने साथ जोड़े रहती है।
14. लघु परंपरा महान परंपरा को बनाए रखने के लिए आवश्यक होती है।
15. इसकी उत्पत्ति नियत विकासीय हुई है।
16. यह परंपरा प्राथमिक नगरीकरण की प्रक्रिया से जुड़ी हुई है।
17. यह परंपरा क्षेत्रीय एवं राष्ट्रीय संस्कृति के विकास में महत्त्वपूर्ण योगदान देती है।
18. इसके लिए प्रशासनिक व्यवस्था की आवश्यकता पड़ती है।

स्थानीयकरण एवं सार्वभौमिकीकरण

लघु परंपरा एवं महान परंपरा दोनों के बीच क्या संबंध है तथा दोनों के बीच कैसे अंत:क्रिया होती रहती है, इन प्रश्नों के समाधान हेतु अमरीकी मानवशास्त्री मैक्कीम मैरियट ने स्थानीयकरण एवं सार्वभौमिकीकरण की अवधारणा का विकास किया है। मैरियट के अनुसार लघु परंपरा एवं महान परंपरा का विकास विभिन्न परिस्थितियों में हुआ है, लेकिन दोनों परंपराएं एक-दूसरे के पृथक नहीं वरन् पूरक हैं। एक के बिना दूसरे का अस्तित्व संभव नहीं है। एक के अस्तित्वहीन होने पर दूसरा स्वत: अस्तित्वहीन हो जायेगा। अत: दोनों के बीच पारस्परिक निर्भरता पाई जाती है। मानव सभ्यता में दोनों परंपराओं का अपना मूल्य है। दोनों के बीच अंत:क्रिया बराबर होते रहती है। इसलिए दोनों परंपराएं गतिशील हैं, स्थिर नहीं। लघु परंपरा एवं महान परंपरा की गतिशीलता एवं अंत:क्रिया की व्याख्या स्थानीयकरण एवं सार्वभौमिकीकरण की अवधारणा के आधार पर की जा सकती है।

मैरियट के अनुसार लघु परंपरा एवं महान परंपरा के बीच अंत:क्रिया तीर्थाटन, धार्मिक अनुष्ठान, पूजा-पाठ, धार्मिक मेला जैसे अवसरों पर होती है। इन अवसरों पर लोक तथा कृषक समाज के सदस्य महान परंपरा के केन्द्रों में स्थित देवी-देवता के दर्शन, पूजा-पाठ तथा धार्मिक अनुष्ठान करने जाते हैं। यहां उनका दर्शन अपने देवी-देवता से होता है। इन महान परंपरा केन्द्रों के धार्मिक पुजारी ग्रामीण जनता तथा देवी-देवता के बीच माध्यम का काम करते हैं, क्योंकि वे तीर्थ स्थल के धार्मिक विशेषज्ञ होते हैं। उनकी अपनी विशिष्ट जीवनशैली होती है। इन विशेषज्ञों का ग्रामीण जनता के साथ जजमानी संबंध होता है। तीर्थाटन पर आए अपने जजमानों का आदर-सत्कार पुजारी परिवार के सदस्यगण करते हैं। उन्हें धाम की महत्ता से अवगत कराते हैं तथा धाम आने तथा पूजा-पाठ करने से प्राप्त होने वाले लाभ को बतलाते हैं। ये लोग अपने जजमानों का पूजा-पाठ बड़ी श्रद्धा से करवाते हैं। जजमान पुरोहितों की सेवा से प्रसन्न होकर दान एवं दक्षिणा प्रदान करते हैं। पुजारियों को अपने गांव आने का निमंत्रण देते हैं। जब पुजारी अपने जजमानों के गांव पहुंचते हैं तब उन्हें श्रद्धा तथा सम्मान के साथ आदर-सत्कार किया जाता है। उन्हें अच्छा से अच्छा

भोजन कराया जाता है। उनकी सुविधाओं का पूर्ण ख्याल रखा जाता है। जाते वक्त उन्हें दान एवं दक्षिणा देकर विदाई की जाती है।

इस तरह लघु परंपरा एवं महान परंपरा के बीच अंत:क्रिया होती है तथा अंतर संबंध बना रहता है। अंत:क्रियाओं एवं अंतर संबंधों के कारण दोनों परंपराओं के बीच अपने-अपने तत्वों का आदान-प्रदान होता है। तत्वों के पारस्परिक आदान-प्रदान के कारण महान परंपरा के तत्व लघु परंपरा में शामिल होते रहते हैं तथा लघु परंपरा के तत्व महान परंपरा में अंगीकार किए जाते हैं। यानी अंत:क्रिया एवं अंतर संबंध के माध्यम से महान परंपरा को लघु परंपरा के अनुकूल तथा लघु परंपरा को महान परंपरा के अनुकूल बनाया जाता है। इसके फलस्वरूप महान परंपरा के तत्व लघु परंपरा में अपना महत्त्वपूर्ण स्थान पा लेते हैं तथा लघु परंपरा के तत्व महान परंपरा में अपना महत्त्वपूर्ण स्थान बना लेते हैं।

इस प्रकार लघु एवं महान परंपरा के बीच दो विपरीत प्रक्रियाएं साथ-साथ चलती रहती हैं। एक प्रक्रिया के माध्यम से लघु परंपरा के तत्वों को महान परंपरा में उचित स्थान प्रदान कर उसे पूर्ण रूपेन महान परंपरा में अंगीकार कर लिया जाता है। दूसरी प्रक्रिया ठीक इसके विपरीत है जिसमें महान परंपरा के तत्वों को लघु परंपरा में प्रमुख स्थान प्रदान किया जाता है तथा उसे लघु परंपरा के आवश्यक तत्वों के रूप में अंगीकार कर लिया जाता है। ये दोनों विपरीत प्रक्रियाएं निरंतर गतिशील रहती हैं। क्योंकि महान परंपरा एवं लघु परंपरा के बीच निरंतर संबंध बना रहता है। आपने उस प्रक्रिया को जिसके द्वारा लघु परंपरा के तत्वों को महान परंपरा में शामिल कर लिया जाता है उसे सार्वभौमिकीकरण प्रक्रिया की संज्ञा प्रदान की। जबकि इसके विपरीत उस प्रक्रिया को जिसके द्वारा महान परंपरा के तत्वों को लघु परंपरा में शामिल कर लिया जाता है उसे स्थानीयकरण नाम प्रदान किया है। स्थानीयकरण तथा सार्वभौमिकीकरण प्रक्रिया के कारण लघु एवं महान परंपराओं में समान पर्व-त्योहार, अनुष्ठान, संस्कार, रीति-रिवाज, व्यवहार इत्यादि पाए जाते हैं। यही कारण है कि महान परंपरा एवं लघु परंपरा में स्पष्ट रूप से विभाजन रेखा खींचना कठिन हो जाता है। क्योंकि दोनों परंपराओं में समान पर्व-त्योहार, उत्सव, संस्कार इत्यादि मिलते हैं। स्थानीयकरण तथा सार्वभौमिकीकरण प्रक्रियाओं के माध्यम से लघु परंपरा एवं महान परंपराएं गतिशील बनी रहती हैं।

स्थानीयकरण एवं सार्वभौमिकीकरण के बीच अंतर

स्थानीयकरण

1. यह प्रक्रिया महान परंपरा के तत्वों को स्थानीय मान्यता प्रदान कराती है।
2. यह महान परंपरा के प्रसार को लघु परंपरा तक ले जाती है।
3. यह दर्शाती है कि महान परंपरा भी लघु परंपरा में स्थान बनाती है।

4. यह महान परंपरा को लघु परंपरा का आवश्यक अंग बना देती है।
5. यह दर्शाती है कि लघु परंपरा महान परंपरा के लिए पृथक नहीं है।
6. यह महान परंपरा और लघु परंपरा के बीच अंत:क्रिया दर्शाती है।

सार्वभौमिकीकरण

1. यह प्रक्रिया लघु परंपरा के तत्वों को सार्वभौमिक मान्यता प्रदान कराती है।
2. यह लघु परंपरा के प्रसार को महान परंपरा तक ले जाती है।
3. यह दर्शाती है कि लघु परंपरा भी महान परंपरा में स्थान बनाती है।
4. यह लघु परंपरा को महान परंपरा का आवश्यक अंग बना देती है।
5. यह दर्शाती है कि महान परंपरा लघु परंपरा के लिए पृथक नहीं है।
6. यह लघु परंपरा एवं महान परंपरा के बीच अंत:क्रिया दर्शाती है।

10. लोक-नगरीय सातत्य दृष्टिकोण—अमरीकी मानवशास्त्री राबर्ट रेडफिल्ड ने सभ्यता अध्ययन के लिए लोक-नगरीय सातत्य दृष्टिकोण का विकास किया है। आपके अनुसार ग्रामीण सभ्यता एवं नगरीय सभ्यता सभ्यता के विस्तार दर्शाते हैं। दोनों सभ्यताएं दो विभिन्न प्रकार के पर्यावरण में जन्म पाई हैं। लेकिन दोनों के बीच पृथकता नहीं पाई जाती है। दोनों के बीच निरंतरता एवं सातत्य पाया जाता है। चूंकि ग्रामीण सभ्यता का ही रूपांतरण परसंस्कृतीग्रहण प्रक्रिया द्वारा नगरीय सभ्यता में हुआ है, अत: ग्रामीण एवं नगरीय सभ्यताएं एक-दूसरे पर आश्रित तथा पूरक रही हैं। इसीलिए दोनों सभ्यताओं के बीच सातत्य पाया जाता है। लोक-नगरीय सातत्य के संबंध में विस्तारपूर्वक वर्णन अगले अध्याय में किया गया है। अत: इसे यहां पुन: प्रस्तुत नहीं किया जा रहा है।

11. धार्मिक संकुल दृष्टिकोण—राबर्ट रेडफिल्ड तथा मिल्टन सिंगर नामक अमरीकी मानवशास्त्रियों से प्रभावित होकर भारतीय मानवशास्त्री एल.पी. विद्यार्थी ने भारतीय हिन्दू सभ्यता के अध्ययन हेतु धार्मिक संकुल दृष्टिकोण का विकास किया। आपने अपनी पुस्तक सैकरेड कंप्लेक्स इन हिन्दू गया (1961) में भारतीय हिन्दू सभ्यता को धार्मिक भूगोल, धार्मिक अनुष्ठान तथा धार्मिक विशेषज्ञ के माध्यम से समझने का प्रयास किया है। आपके अनुसार धार्मिक नगरों के तीर्थ स्थलों के केन्द्रों द्वारा धार्मिक भूगोल का निर्माण होता है। धार्मिक भूगोल का संबंध धार्मिक नगर के उस भूभागों से है जहां विभिन्न देवी-देवतओं के केन्द्र स्थापित हैं तथा जिन्हें लोग आदर एवं श्रद्धा की दृष्टि से पवित्र मानते हैं। धार्मिक केन्द्रों के साथ विभिन्न पुजारी जुड़े रहते हैं। पुजारियों की अपनी विशिष्ट जीवनशैली होती है। इसीलिए उन्हें धार्मिक विशेषज्ञ कहा जाता है। धार्मिक केन्द्रों पर विशेषज्ञों के माध्यम से विभिन्न अवसरों पर लोगों द्वारा पूजा-पाठ किया जाता है। इसे धार्मिक अनुष्ठान कहा जाता है। इस प्रकार धार्मिक भूगोल, धार्मिक अनुष्ठान तथा धार्मिक

विशेषज्ञ धार्मिक संकुल का निर्माण करते हैं। धार्मिक संकुल दृष्टिकोण भारतीय हिन्दू सभ्यता को जानने, समझने तथा व्याख्या करने के लिए एक महत्त्वपूर्ण दृष्टिकोण साबित हुआ है।

नगर की सांस्कृतिक भूमिका

अमरीकी मानवशास्त्री राबर्ट रेडफिल्ड तथा मिल्टन सिंगर ने अपने संदर्भिक अनुसंधान पत्र कल्चरल रोल ऑफ सिटी (1954) में नगर की सांस्कृतिक भूमिका पर प्रकाश डाला है। आप दोनों विद्वानों के अनुसार भारतीय नगर भारतीय क्षेत्रीय तथा राष्ट्रीय संस्कृति को बनाए रखने में महत्त्वपूर्ण भूमिका निभाते आए हैं। प्राथमिक नगरीकरण प्रक्रिया के कारण अनेक नगर अपने धार्मिक केन्द्रों के साथ अस्तित्व में आए। इन नगरों का विकास देशज सभ्यता केन्द्रों के रूप में हुआ। इस नगरीकरण प्रक्रिया के माध्यम से देशज संस्कृति की महान परंपरा एवं लघु परंपरा को संगठित करने का प्रयास किया गया। उनके बीच अंतर संबंध एवं अंत:क्रिया स्थापित किया गया। इन नगरों द्वारा किसी-किसी अवसर पर राष्ट्रीय संस्कृति का भी प्रचार-प्रसार किया गया। क्योंकि अनेक धार्मिक अवसरों पर संपूर्ण देश के तीर्थयात्री इन नगरीय धार्मिक केन्द्रों से जुड़ जाते थे। इस तरह इन नगरों के माध्यम से राष्ट्रीय संस्कृति का प्रसार-प्रचार संपूर्ण देश भर में होता आया है। इसके कारण देशीयता एवं राष्ट्रीयता की भावना जागृत हुई।

द्वितीयक नगरीकरण की अवस्था में नगरों में कई संस्कृतियों का मिलन हुआ। इन नगरों का स्वभाव धार्मिक न होकर धर्म निरपेक्ष हो गया। लेकिन इन नगरों में भी विभिन्न संप्रदाय के लोगों द्वारा अपने-अपने धार्मिक प्रतीकों का निर्माण किया गया। सभी संप्रदाय के लोग अपने-अपने पर्व-त्योहार को धूम-धाम से मनाते हैं। पर्व-त्योहार के अवसर पर विभिन्न प्रकार के पंडालों का निर्माण कराते हैं, विभिन्न प्रकार से सजावट कराते हैं, विभिन्न प्रकार के सांस्कृतिक कार्यक्रम आयोजित कराए जाते हैं, विभिन्न प्रकार के मनोरंजन के साधनों को स्थापित किया जाता है। रेडियो, टी.वी., पत्र-पत्रिकाओं के माध्यम से प्रचार कराए जाते हैं। इनके फलस्वरूप ग्रामीण समाज के लोग भी नगरों में आयोजित होने वाले कार्यक्रमों को देखने के लिए बड़ी संख्या में आते हैं। वे लोग सभी पंडालों में जा-जाकर देवी-देवताओं का दर्शन करते हैं, पूजा-पाठ करते हैं तथा प्रार्थना करते हैं। ये लोग अपने-अपने गांव जाकर कई दिनों तक पंडाल, सजावट, प्रतिमा, मेला, भीड़ इत्यादि की चर्चा करते हैं। ग्रामीण समाज के लोग भी विभिन्न पूजा-पाठ के अवसर पर पंडाल का निर्माण करते हैं तथा आधुनिक ढंग से सजावट करते हैं।

इस प्रकार आधुनिक नगर भी देशज संस्कृति को आधुनिक रूप प्रदान करने में अपनी महत्त्वपूर्ण भूमिका निभा रहे हैं।

दोनों प्रकार के नगरों—परंपरागत एवं आधुनिक—की सांस्कृतिक भूमिका रही है। इन दोनों प्रकार के नगरों द्वारा देशज एवं राष्ट्रीय संस्कृति का विकास किया जाता रहा है।

सांस्कृतिक समग्रता एवं सभ्यताई समग्रता

मानवशास्त्रियों द्वारा संस्कृति एवं सभ्यता को समग्रता के रूप में जानने एवं समझने का प्रयास किया गया है। जब संस्कृति एवं सभ्यता की समग्रता में बातचीत की जाती है, तब संस्कृति एवं सभ्यता को विभिन्न अंगों से निर्मित माना जाता है। वे सभी अंग अलग-अलग कार्य करते हुए भी अपनी समग्रता को बनाए रखते हैं। अंग के रूप में वे अपनी पृथक-पृथक पहचान रखते हैं, लेकिन समग्रता के रूप में वे अपनी पृथक पहचान मिटा देते हैं और वे एकीकरण प्रस्तुत करते हैं। इस प्रकार संस्कृति एवं सभ्यता एक भव्य व्यवस्था है जिसके अनेक अंग समग्रता प्रदर्शित करते हैं। इसी दृष्टिकोण के आधार पर ब्रिटिश उद्विकासवादी मानवशास्त्री ई.बी. टायलर ने अपनी पुस्तक *प्रिमिटिव कल्चर* (1871) में सभ्यता एवं संस्कृति को परिभाषित करते हुए कहा है कि संस्कृति या सभ्यता वह जटिल समग्रता है जिसके अंतर्गत ज्ञान, कला, विश्वास, मनोवृत्ति, आदतों तथा उन सारे गुणों का समावेश होता है जिन्हें मनुष्य सामाजिक सदस्य होने के नाते प्राप्त करता है।

टायलर की इस परिभाषा के अनुसार संस्कृति और सभ्यता जटिल समग्रता है। दोनों सामाजिक विरासत हैं। हम संस्कृति और सभ्यता को मां के पेट से लेकर नहीं आते, वरन् समाज में प्राप्त करते हैं। ज्ञान, कला, आदत, विश्वास, मनोवृत्ति तथा अन्य प्रकार के समाज से प्राप्त होने वाले गुण संस्कृति या सभ्यता के अंग हैं। ये सारे तत्व एकीकृत होकर ही समग्रता का निर्माण करते हैं।

लघु समुदाय को सांस्कृतिक एवं सभ्यताई समग्रता का उदाहरण माना जाता है। क्योंकि लघु समुदाय अपने आप में समग्र होते हैं। उनका समग्रता में अध्ययन मानव संस्कृति एवं सभ्यता को समझने में महत्त्वपूर्ण सूचना प्रदान करता है।

10

जटिल समाज की संस्थाएं

INSTITUTIONS OF COMPLEX SOCIETY

सरल समाज की भांति जटिल समाज की भी सबसे लघु इकाई परिवार है। यह एक प्राथमिक संस्था है। यह संस्था एक व्यक्ति की प्राथमिक आवश्यकताओं की पूर्ति करती है। ग्राम समाज में परिवार के अतिरिक्त रक्त संबंध पर आधारित वंश समूह एवं गोत्र समूह पाए जाते हैं। इनसे भी बड़ा जाति जनजाति समूह होता है। नगरीय समाज में ग्राम समाज जैसा वंश समूह साथ-साथ रहने तथा साथ-साथ काम करने वाला समूह नहीं होता है। नगरीय समाज में प्रेम विवाह, अंतरजातीय विवाह, अंतरधर्म विवाह, इत्यादि के कारण गोत्र समूह उतना शक्तिशाली नहीं रह गया है। नगरीय समाज में नगरपालिका, नगर निगम, बाजार समिति, अधिसूचित क्षेत्र, शहरी क्षेत्र जैसी संस्थाएं पाई जाती हैं।

नगरीय समाज में एक व्यक्ति अपने परिवार तथा रिश्तेदार तक ही सीमित नहीं रहता है। उसका सामाजिक नेटवर्क पेशाई संगठन, भाषाई संगठन, स्वयंसेवी संगठन, गैर-सरकारी संगठन, राजनीतिक दल, क्लब तथा अनेक प्रकार की संस्थाओं से होता है। अत: नगरीय समाज का सामाजिक नेटवर्क विश्लेषण बड़ा ही जटिल है।

जटिल समाज की सामाजिक संस्थाओं के अंतर्गत हम निम्नलिखित संस्थाओं एवं संगठनों का अध्ययन मुख्य रूप से करते हैं—

1. जटिल समाज में परिवार
2. जटिल समाज की नातेदारी व्यवस्था
3. जटिल समाज का धर्म
4. जटिल समाज की प्रशासनिक संस्थाएं
5. जटिल समाज का सामाजिक नेटवर्क

जटिल समाज में परिवार

मानव की एक आधारभूत संस्था के रूप में परिवार का स्थान अत्यंत महत्त्वपूर्ण है। यह

व्यक्ति एवं समाज दोनों को अनेक प्रकार से प्रभावित करता है। नगर और गांव दोनों दो प्रकार की संस्कृति का केन्द्र हैं। इन दोनों स्थानों की संस्थाओं में पर्याप्त अंतर पाया जाता है। ग्रामीण संस्थाओं की पृष्ठभूमि में अतीत का एक लंबा इतिहास समाहित है। जबकि नगर मूलतः औद्योगिक विकास की देन हैं। घनी आबादी, अनेक तरह के व्यवसाय, व्यापार, विशेषीकरण, औद्योगिक उत्पादन, मशीनी सभ्यता एवं संस्कृति, नगरीय जीवन का प्रतीक हैं। नगरीय जीवन पद्धति में अवैयक्तिक संबंध, औपचारिकता, कृत्रिमता, महत्त्वाकांक्षा एवं गंदी बस्तियां नगरीय जीवन के साथ घनिष्ठ रूप से जुड़ गए हैं। इन समस्त कारकों ने नगरीय समाज के परिवार को एक विशिष्ट स्वरूप प्रदान किया है। नगरीय परिवार परंपरागत परिवार से भिन्न हैं। नगरीकरण तथा औद्योगीकरण ने परिवार के स्वरूप को परिवर्तित कर दिया है। संयुक्त परिवार की तरह नगरीय परिवार में कई पीढ़ियों के व्यक्ति साथ-साथ नहीं रहते हैं। नगरीय परिवार में सामान्यतः पति, पत्नी और अविवाहित बच्चे रहते हैं।

नगरीय परिवार की विशेषताएं

नगरीय परिवार की मुख्य विशेषताएं निम्नलिखित हैं—

1. व्यक्तिवादी दृष्टिकोण—नगरीय परिवार में व्यक्ति पूर्णतया व्यक्तिवादी होता है। वह स्वयं अपनी इच्छाओं का मालिक होता है। वह वही करता है जो उसकी इच्छा होती है। उसकी सूची में अच्छा और खराब शब्द नहीं होता है। वह अपने स्वार्थ, इच्छाओं तथा महत्त्वाकांक्षाओं की पूर्ति के लिए कोई भी माध्यम अपना सकता है। उस पर किसी का दबाव, अंकुश और नियंत्रण नहीं होता है। इसीलिए वह अपने बनाए घेरे में जीता और मरता है।

2. स्वार्थी परिवार—नगरीय समाज में एक परिवार का दूसरे परिवार से संबंध स्वार्थ पर आधारित होता है। एक परिवार उन्हीं परिवारों से अपना संबंध रखता है जिनसे उनके स्वार्थ पूर्ति की आशा बनती है। एक परिवार का संबंध दूसरे से स्थायी नहीं होता। स्वार्थ एवं हितों को ध्यान में रखते हुए नगरीय परिवार के संबंध बनते तथा बिगड़ते हैं।

3. सीमित आकार—नगरीय परिवार का आकार छोटा होता है। नगरीय परिवार में परिवार के सदस्यों की संख्या अधिक नहीं होती है। नगरीय परिवार सदस्यों की सीमित संख्या पर अधिक जोर देते हैं ताकि उनका भरण-पोषण, पढ़ाई-लिखाई, घर-द्वार, रहन-सहन इत्यादि अच्छे से अच्छे ढंग से हो सके।

4. केन्द्रीय परिवार—नगरीय समाज में संयुक्त परिवार प्रथा नहीं पाई जाती है। यहां केवल पति, पत्नी तथा उनके अविवाहित बच्चे साथ-साथ रहते हैं। इसे केन्द्रीय, नाभिकीय अथवा एकांकी परिवार कहा जाता है।

5. अर्ध टूटे परिवार—नगरीय परिवारों में वे परिवार भी आते हैं जिनमें पति किसी दूसरे नगर में कार्य करता है तथा पत्नी किसी दूसरे नगर में। बच्चे या तो माता के साथ अथवा पिता के साथ रहते हैं। महानगरों में ऐसे परिवारों की संख्या अत्यधिक है।

6. स्त्री की समान स्थिति—नगरीय परिवार में पत्नी पति, सास, ससुर इत्यादि की दासी नहीं होती है। वह पति का मित्र, जीवनसाथी तथा परामर्शदातृ होती है। वह पति की सहभागी होती है। परिवार स्तर के निर्णय में वह महत्त्वपूर्ण भूमिका निभाती है। पति भी उसे सहभागी तथा मित्र के रूप में देखता है। निर्णय लेने के लिए पति पत्नी पर आश्रित होता है। उससे परामर्श लेने के बाद ही कोई निर्णय पर पहुंचते हैं।

नगरीय परिवार में लड़कियां शिक्षा के उद्देश्य से बाहर आती हैं। वे छात्रावास एवं लॉज में रहती हैं। माता-पिता से अलग रहकर अपनी पढ़ाई पूरी करती हैं। वे आज उच्च शिक्षा, तकनीकी शिक्षा, प्रबंधन शिक्षा, चिकित्सा शिक्षा, इंजीनियरिंग शिक्षा इत्यादि प्राप्त कर उच्च पदों पर आसीन हो रही हैं। नगरीय परिवार में लड़कियों को स्वयं जाकर पढ़ाई करना या होस्टल मे रहकर शिक्षा प्राप्त करना किसी प्रकार का संकट नहीं आमंत्रित करता है।

नगरीय परिवार में विवाह अब पारिवारिक कार्य न होकर व्यक्तिगत कार्य हो गया है। अब लड़के एवं लड़कियों को अपने जीवनसाथी चुनने की पूर्ण स्वतंत्रता है। उच्च वर्गीय परिवारों में रिश्तेदारों की ओर से नियंत्रण की प्रवृत्ति पाई जाती है।

नगरीय परिवारों में लड़कों तथा लड़कियों को अपनी शिक्षा एवं व्यवसाय को चुनने की स्वतंत्रता रहती है। ऊपर वर्णित सभी प्रकार के व्यवहार नगरीय समाज में स्त्री की समान स्थिति का परिचायक हैं।

7. पारिवारिक संबंधों में असंतुलन—नगरीय परिवार में परिवार के सभी सदस्य सामान्यतः व्यक्तिवादी होते हैं। प्रत्येक व्यक्ति का अपना दृष्टिकोण होता है। नगरीय परिवार में पिता का प्रभुत्व समाप्त हो गया है। पति, पत्नी तथा बच्चे अपनी इच्छानुसार कार्य करते हैं। पति-पत्नी दोनों ही आत्मनिर्भर होते हैं। अगर पत्नी कामकाजी नहीं होती है, तो भी वह निर्णय लेने के लिए स्वतंत्र होती है। स्वतंत्रता की भावना ने पारिवारिक संबंधों में असंतुलन उत्पन्न कर दिया है।

8. पारंपरिक पेशे का पतन—नगरीय परिवार अपने बच्चों को पारंपरिक पेशे की शिक्षा नहीं देते। वरन् वे उन्हें पढ़ा-लिखाकर नौकरी, व्यवसाय में लगाना चाहते हैं। इससे परिवार में पारंपरिक पेशे का पतन हो रहा है।

पहले कार्यस्थल घर हुआ करता था। इस परिस्थिति में परिवार अपने बच्चों को पारंपरिक हुनर की शिक्षा देकर उसे पारंपरिक पेशे में दक्ष बनाता था। लेकिन अब पति तथा पत्नी का कार्यस्थल अपने-अपने कार्यालयों में होता है। वे दिन भर अपने बच्चों से अलग रहते हैं। ऐसी स्थिति में पारंपरिक पेशे का पतन होना स्वाभाविक है।

9. दिनचर्या में अंतर—नगरीय परिवार के सदस्यों की दिनचर्या में अंतर पाया जाता है। पति के ऑफिस जाने का समय, पत्नी के ऑफिस जाने का समय तथा बच्चों के

स्कूल-कॉलेज जाने का समय अलग-अलग होता है। सभी सदस्यों के नाश्ता करने, दोपहर का भोजन करने, रात्रि का भोजन, रात्रि में सोने तथा सुबह जागने का समय अलग-अलग होता है।

10. विवाह-विच्छेद की संख्या में वृद्धि—नगरीय परिवार में स्त्री शिक्षित एवं कामकाजी होती है। वह आत्मनिर्भर होती है। उसका सोचने तथा रहने का अपना ढंग होता है। उसका अपना व्यक्तित्व होता है। यहां सजातीय एवं अंतरजातीय दोनों तरह के विवाह होते हैं। किसी भी परिस्थिति में स्त्री अब पुरुष की दासी बनकर रहना नहीं चाहती है। वह शोषण के विरुद्ध संघर्ष करती है। अत्याचार के विरुद्ध न्यायालय की शरण में जाती है। वह परस्पर मेल-मिलाप करके नहीं रहना चाहती है। इस परिस्थिति में वह तलाक ले लेना उचित समझती है। इसीलिए नगरीय परिवार में विवाह-विच्छेद की संख्या दिनोंदिन बढ़ती ही जा रही है।

11. धार्मिकता एवं आध्यात्मिकता में कमी—नगरीय परिवार प्रगतिशीलता का जामा पहने रहता है। धर्म पर बात करना पिछड़ेपन का प्रतीक माना जाता है। पाप-पुण्य, स्वर्ग-नरक, मोक्ष, नैतिक-अनैतिक, सुकर्म-दुष्कर्म इत्यादि के विषय में बातचीत करना नगरीय परिवार में अच्छा नहीं माना जाता है। सुविधा भोगी भौतिक संस्कृति ने इन्हें इतना प्रगतिशील बना दिया है कि नगरीय परिवार में धार्मिकता एवं आध्यात्मिकता में निरंतर कमी हो रही है।

12. औपचारिक एवं दिखावायुक्त व्यवहार—नगरीय परिवार के सदस्यों का व्यवहार दिखावायुक्त होता है। उनके बीच व्यवहार में औपचारिकता एवं कृत्रिमता की गंध होती है। समस्त व्यवहारों का जाल जो सुबह से शाम तक दिखाई देता है वह बनावटी होता है। गुडमार्निंग कहकर उठना, गुड डे कहकर मिलना, गुड नाइट कहकर रात्रि में विदा होना, कोई चीज किसी से लेने पर थैंक यू कहना, प्रशंसा सुनकर थैंक्स कहना, बैठो कहने पर थैंक यू कहना, मम्मी-पापा द्वारा बच्चों को बात-बात पर थैंक्स देना, बच्चों द्वारा भी मम्मी-पापा को बारंबार थैंक्स कहना, इत्यादि ऐसे नगरीय परिवार के व्यवहार हैं जिनसे कृत्रिमता की गंध आती है। डाइनिंग टेबल पर भोजन करना, हैलो-हाय करना इत्यादि औपचारिक संबंधों के प्रतीक हैं।

नगरीय परिवार में कुछ नवीन प्रवृत्तियां

नगरीय एवं महानगरीय परिवारों में तीव्र गति से परिवर्तन हो रहा है। इन परिवर्तनों के फलस्वरूप नगरीय एवं महानगरीय परिवारों में निम्नलिखित नवीन प्रवृत्तियां उत्पन्न हो गई हैं—

1. अन्य संस्थाओं द्वारा परिवार के कार्य—नगरीय समाज में कई ऐसी संस्थाएं स्थापित हो गई हैं जो परिवार द्वारा किए गए कार्यों को कर रही हैं। जैसे होटल, कारखाने,

शिशुशाला, वृद्धशाला इत्यादि। कई नगरीय परिवार ऐसे हैं जिनके यहां कई शामों तक चूल्हा नहीं जलता। पति, पत्नी तथा बच्चे होटल में जाकर या होटल से खाना मंगाकर खा लेते हैं। कामकाजी पति-पत्नी अपने बच्चों के लालन-पालन के लिए आया रखते हैं या उन्हें शिशुशाला में भर्ती करा देते हैं। कई नर्सिंग स्कूल भी खुल गए हैं जो कामकाजी दंपत्ति के शिशुओं की उचित ढंग से देख-रेख करते हैं। पहले अचार, पापड़, सत्तु इत्यादि परिवार की महिलाएं बनाती थीं। अब इसके लिए कई कारखाने खुल गए हैं जो इन घरेलू उपयोग में आने वाली वस्तुओं की आपूर्ति करते हैं। वृद्ध माता-पिता की देख-रेख करने का काम अब वृद्धशालाओं द्वारा किए जा रहे हैं। नगरीय परिवार में पति तथा पत्नी एक ही नगर अथवा भिन्न-भिन्न नगरों में रहकर कार्य करते हैं। वे अपने बच्चों को छात्रावास, शिशुशाला या नर्सिंग स्कूलों में रख देते हैं। अपने बूढ़े माता-पिता की देख-रेख करने का वक्त नहीं है। अत: वे उन्हें भी वृद्धशाला में रख देते हैं। अब बड़े गर्व से कहा जाता है कि माता-पिता हमें होस्टल में बचपन में रखे थे। अब हम उन्हें वृद्धावस्था में वृद्धशाला में रख दिए हैं।

2. यौन नैतिकता में ह्रास—नगरों एवं महानगरों में यौन संबंध स्थापित करने में जो स्वतंत्रता व्यक्तियों को प्राप्त हुई है उससे पति-पत्नी के संबंधों में कड़वाहट उत्पन्न हुई है। विवाह पूर्व यौन संबंध तथा विवाह पश्चात यौन संबंध में वृद्धि हुई है। महानगरों में कालगर्ल्स का धंधा चरम पर पहुंच गया है। इस प्रकार महानगरीय परिवार में यौन नैतिकता में कमी आई है।

3. पति-पत्नी के बीच समानता—नगरीय परिवार में पति-पत्नी दोनों को समान स्थिति प्राप्त होती है। समानता की भावना ने परिवार में स्त्री का सम्मानजनक स्थान दिलवाया है।

4. लघु परिवार आकार—नगरीय दंपत्ति अपने परिवार का आकार लघु रखना चाहते हैं। लड़का हो या लड़की दो से अधिक बच्चे नहीं पैदा करना चाहते हैं। अनेक दंपत्ति तो मात्र एक ही संतान उत्पन्न करना चाहते हैं। उनके लिए लड़का तथा लड़की दोनों का मूल्य समान होता है। नगरीय परिवार के अनुसार बृहत परिवार का आकार जीवन स्तर, खान-पान, रहन-सहन, शिक्षा, ऐश आराम के साधनों इत्यादि को प्रभावित करता है। नगरीय परिवार अधिक बच्चों का बोझ उठाना नहीं चाहते। वे अच्छा घर, कीमती गाड़ी, अच्छे से अच्छे स्कूल-कॉलेज में बच्चों की शिक्षा, ऐश आराम के हर साधन, खूब बैंक बैलेंस इत्यादि में विश्वास रखते हैं। उनके लिए बच्चे संपत्ति नहीं वरन् बोझ होते हैं। नगरीय परिवार योजनाबद्ध ढंग से परिवार का आकार सुनिश्चित करता है। नगरीय परिवार अपने बच्चों की योजना तक ही सिमट कर रह जाता है।

5. पति-पत्नी के बीच समझौता—नगरीय परिवार में पति-पत्नी का बंधन पवित्र न होकर मात्र समझौता रह गया है। इसे किसी भी समय तलाक द्वारा समाप्त किया जा सकता है। इसके कारण परिवार में अस्थिरता बढ़ी है।

6. मनोरंजन का केन्द्र—आज परिवार घर में खेले जाने वाले खेलों का केन्द्र बन गया है। प्रत्येक परिवार में कलर टी.वी., वीडियो, वी.सी.पी., रिकार्डिंग, वी.सी.डी, वीडियो खेल तथा अनेक प्रकार के खेले जाने वाले खेल उपलब्ध हैं। इस प्रकार व्यक्ति घर की चारदीवारी में कैद होकर रह गया है।

7. राजनैतिक जागरूकता—जटिल समाज में परिवार में राजनैतिक जागरूकता पाई जाती है। परिवार के सभी सदस्य—पति, पत्नी तथा बच्चे—स्थानीय, देश तथा विदेश की समस्याओं पर खुले रूप से बातचीत करते हैं। खाना खाते समय या अन्य समय पर परिवार के सदस्यों के बीच राजनीतिक बहस होने लगती है। इस प्रकार की राजनीतिक जागरूकता नगरीय परिवार में आसानी से देखी जा सकती है।

नगरीय परिवार में अस्थिरता एवं विघटन के कारण

नगरीय परिवार में अस्थिरता आ गई है तथा परिवार विघटन की घटनाओं में दिनों-दिन वृद्धि हो रही है। नगरीय परिवार में अस्थिरता एवं विघटन की व्याख्या निम्नलिखित ढंग से की जा सकती है—

1. प्रेम विवाह एवं अंतरजातीय विवाह—जटिल समाज की पाश्चात्य सभ्यता एवं संस्कृति प्रेम विवाह एवं अंतरजातीय विवाहों को प्रोत्साहित कर रही हैं। इस प्रकार के विवाहों में महत्त्वाकांक्षाएं दाम्पत्य जीवन का आधार होती हैं। जीवन के व्यावहारिक पक्ष पर ध्यान नहीं दिया जाता है। व्यावहारिक जीवन से जुड़ी हुई अनेक समस्याएं इनके सपनों के संसार को भंग करती हैं। इसके कारण पति-पत्नी के बीच मनमुटाव, अलगाव और तलाक जैसी घटनाएं घटित होती हैं।

2. कामकाजी महिलाएं—जटिल समाज में कामकाजी महिलाओं की संख्या में दिनों-दिन वृद्धि हो रही हैं। पति-पत्नी दोनों कार्य करते हैं। लेकिन पुरुष प्रधान समाज में पति यह चाहता है कि पत्नी नौकरी भी करे और परिवार के समस्त दायित्वों का निर्वहन भी पूर्ण रूप से करे। व्यवहार में यह संभव नहीं हो पाता है। पति का यह अहम् परिवार को विघटित कर रहा है। पत्नी जब समुचित ध्यान पति और बच्चों पर नहीं दे पाती है तो कलह, मनमुटाव, परस्पर व्यंग्य, छींटाकशी ऐसी चीजें उत्पन्न होती हैं जो परिवार की शांति को छिन्न-भिन्न करने के लिए पर्याप्त हैं।

3. यौन सामंजस्य की समस्या—कामकाजी महिलाओं से यह आशा नहीं की जा सकती है कि वह पुरुष की इच्छानुसार उसकी यौन इच्छा को भी संतुष्ट करती रहे। काम से थकी मांदी स्त्री कोई वस्तु नहीं वरन् एक जीवित प्राणी होती है। वह कोई वस्तु नहीं जिसका उपभोग अपनी इच्छानुसार किया जाये। काम की अधिकता, शारीरिक थकावट तथा अन्य कारणों से जब पुरुष की यौन इच्छा सुतुष्ट नहीं होती है, तब वह अनेक बुरी

आदतों का शिकार हो जाता है। वह शराब पीने लगता है तथा वेश्यागामी हो जाता है। इसके कारण परिवार अंततः विघटित हो जाता है।

4. विचारों में सामंजस्यता का अभाव—जटिल समाज के परिवार में पति, पत्नी और बच्चों के विचार में अंतर होता है। प्रत्येक परिवार का व्यक्ति अपने ढंग से सोचता और कार्य करता है। इससे परिवार में सामंजस्य की भावना को आघात पहुंचता है, जो परिवार के विघटन का कारण बनता है।

5. व्यक्तिवादी प्रवृत्ति—जटिल समाज की सभ्यता और संस्कृति ने पति, पत्नी और बच्चों को व्यक्तिवादी अधिक बनाया है। यहां किसी का किसी पर अंकुश नहीं रहता है। सबकी अपनी इच्छाएं हैं तथा कार्य करने का अपना ढंग है। किसी का किसी पर अंकुश नहीं रहता है। ये सब मिलकर परिवार में अशांति का वातावरण तैयार करते हैं। इसके कारण अंततः परिवार में टूटन उत्पन्न होती है।

6. अनुशासन का अभाव—जटिल समाज के परिवार में अनुशासन का अभाव पाया जाता है। पति और पत्नी साथ-साथ शराब सेवन करते हैं। वे अलग-अलग क्लब में जाते हैं। वे अपने-अपने मित्रों के साथ सिनेमा जाते हैं, पिकनिक मनाने जाते हैं। इनके बच्चे भी अलग राह पर चलने लगते हैं। अनुशासन का पाठ पढ़ाने वाला कोई नहीं रह जाता है। जब माता-पिता ही अनुशासनहीन होते हैं, तब वे बच्चों को अनुशासन की शिक्षा क्या दे सकते हैं। अनुशासनहीनता की स्थिति में परिवार टूटता है और बिखर जाता है।

7. उत्तरदायित्वों से भागना—नगरों में विलंब से विवाह करने का प्रचलन है। बच्चों को भार समझने के कारण जन्मदर में निरंतर कमी होती जा रही है। जो बच्चे हैं उनकी भी उपेक्षा अपने वैयक्तिक महत्त्वाकांक्षाओं के कारण की जाती है। जब माता-पिता बच्चों के ऊपर उचित ढंग से ध्यान नहीं देते हैं, तब बच्चे अनुशासनहीन हो जाते हैं। वे गलत रास्ते पकड़ लेते हैं। परिवार में कलह, तनाव, अलगाव जैसी प्रवृत्तियां उत्पन्न हो जाती हैं। इसके कारण परिवार टूटन का शिकार हो जाता है।

8. सुरक्षा का अभाव—जटिल समाज का परिवार सुरक्षा में कमी अनुभव करता है। यहां उसके साथ वंश समूह तथा गोत्र समूह जैसे संगठन नहीं होते। न ही परिवार में कोई वृद्धजन होते हैं। यहां सहारा देने के लिए कोई रिश्तेदार नहीं होते हैं। पति-पत्नी के बीच झगड़ा होने या पास-पड़ोसियों के साथ झगड़ा होने पर कोई समझौता कराने वाला नहीं होता। पारिवारिक संकट की अवस्था में वैयक्तिक विघटन की प्रक्रिया आरंभ होती है। यह प्रक्रिया परिवार को विघटन की ओर ले जाती है।

परिवार का भविष्य

जटिल समाज में परिवार अनेक प्रकार की समस्याओं का सामना कर रहा है। पाश्चात्य सभ्यता तथा संस्कृति इस पर हावी है। परिस्थितियां ऐसी बन रही हैं जिनसे परिवार में टूटन

एवं बिखरन की घटनाएं दिनों-दिन बढ़ती जा रही हैं। कृत्रिम जीवन जीने के लिए होड़ लग गई है। ऐशोआराम के साधनों की प्राप्ति हेतु परिवार के सभी सदस्य मशीन की भांति काम कर रहे हैं। वृद्ध माता-पिता तथा संतानों को महा बोझ समझा जा रहा है। बच्चों को शिशु सेवा-सदन तथा छात्रावास में डाला जा रहा है। वृद्ध माता-पिता को वृद्धाश्रम में रखा जा रहा है। कामकाजी दंपत्ति खाना न बनाकर होटल में ही खाना खा रहे हैं। आजकल बिना विवाह के पुरुष-स्त्री साथ रहने लगे हैं। वे साथ रह कर अपने तन की संतुष्टि कर लेते हैं, लेकिन विवाह बंधन में बंधकर संतानोत्पत्ति नहीं करना चाहते। बुढ़ापे में वृद्धाश्रम या वृद्धजन गृहों में रहने को सोचते हैं। साथ-साथ रहते हुए उनकी जैविक इच्छाओं की संतुष्टि तो हो जाती है। लेकिन सामाजिक आवश्यकताओं की संतुष्टि नहीं होती है। अनेक संस्थाओं द्वारा परिवार द्वारा किए जाने वाले कार्य किए जा रहे हैं। ऐसी स्थिति में यह प्रश्न उठने लगा है कि परिवार का भविष्य क्या होगा? क्या यह संस्था समाप्त हो जायेगी? या भविष्य में अपना अस्तित्व बचाए रहेगी?

यह ठीक है कि जटिल समाज के अनेक दंपत्ति संतानोत्पत्ति एवं वैवाहिक जीवन से भाग रहे हैं। वे अविवाहित रहना चाहते हैं या दो स्त्री-पुरुष साथ-साथ रह रहे हैं। लेकिन विवाह तथा संतानोत्पत्ति नहीं करना चाहते हैं। यह भी सही है कि जटिल समाज का परिवार अस्थिरता एवं विघटन का शिकार हो रहा है। लेकिन इसका अर्थ यह कदापि नहीं निकालना चाहिए कि विवाह एवं परिवार अस्तित्वहीन हो जायेंगे। वास्तव में परिवार के कुछ ऐसे महत्त्वपूर्ण और अद्वितीय कार्य हैं जिन्हें कोई अन्य संस्था पूर्ण नहीं कर सकती। परिवार के अद्वितीय कार्य निम्नलिखित हैं—

1. स्थायी यौन संतुष्टि
2. वंश नाम व्यवस्था
3. वैध संतान
4. भावनात्मक लगाव
5. स्थायी सुरक्षा भावना
6. स्थायी जीवन साथी

इन सभी अद्वितीय कार्यों के कारण परिवार सदैव अपना अस्तित्व बनाए रखेगा।

जटिल समाज की नातेदारी व्यवस्था

नातेदारी व्यवस्था रक्त संबंध तथा विवाह संबंध पर आधारित एक सामाजिक मॉडल होता है। सरल समाज नातेदारी पर आधारित होता है। इसमें एक व्यक्ति जन्म से मरण तक अपने रिश्तेदारों पर आश्रित होता है। यहां रक्त से संबंधित रिश्तेदार वंश समूह तथा गोत्र समूह के रूप में साथ-साथ निवास करते हैं। विवाह संबंध से जुड़े हुए रिश्तेदार आस-पास के गांवों

में बिखरे होते हैं। आवश्यकता पड़ने पर रक्त द्वारा निर्मित रिश्तेदार तथा विवाह द्वारा निर्मित रिश्तेदार इकट्ठे हो जाते हैं तथा समस्याओं का समाधान करते हैं।

सरल समाज के विपरीत जटिल समाज रिश्तेदारी पर आधारित नहीं होता है। यहां व्यक्ति केन्द्रीय परिवार में रहता है। यह परिवार अपने वंश समूह तथा गोत्र समूह से दूर रहता है। यहां पड़ोसी के रूप में गोत्र समूह, वंश समूह तथा जाति समूह के सदस्य नहीं रहते हैं। यहां विभिन्न जातियों एवं धर्मों के परिवार साथ-साथ रहते हैं।

सरल समाज में रिश्तेदारी का निर्माण अंतर्विवाही नियम तथा बहिर्विवाही नियम के आधार पर होता है। लेकिन जटिल समाज में रिश्तेदारी का निर्माण प्रेमविवाह तथा अंतर जातीय विवाहों के आधार पर होता है। इस तरह एक व्यक्ति के विवाह संबंधी उसी जाति के न होकर दूसरी जाति के होते हैं। यहां गोत्र समूह का बंधन भी उतना मजबूत नहीं होता। गैर-जातीय एवं सगोत्र विवाह भी हो जाते हैं।

जटिल समाज की नातेदारी की विशेषताएं

जटिल समाज की नातेदारी व्यवस्था की निम्नलिखित विशेषताएं प्रकाश में आती हैं—

1. केन्द्रीय परिवार—जटिल समाज में समरक्त समूह के रूप में केन्द्रीय परिवार होता है जिसमें पति, पत्नी और अविवाहित बच्चे होते हैं।

2. दूरस्थ वंश समूह—जटिल समाज में एक व्यक्ति के वंश समूह के सभी परिवार एक ही स्थान पर नहीं रहते। एक ही व्यक्ति से अवतरित विभिन्न व्यक्ति विभिन्न शहरों में जाकर अपने परिवार के साथ रहते हैं। अगर एक ही शहर में रहते हैं तब भी उनका निवास आस-पास नहीं होता है।

3. असहयोगी वंश समूह—जटिल समाज का वंश समूह सहयोगी रिश्तेदार समूह के रूप में कार्य नहीं करता है। उनमें ईर्ष्या एवं प्रतिस्पर्धा की भावना पाई जाती है। एक व्यक्ति से अवतरित सभी व्यक्तियों के परिवार एक-दूसरे को सहयोग नहीं करते। वे सब अपने-अपने स्वार्थ पूर्ति में व्यस्त रहते हैं।

4. भावनात्मक लगाव में कमी—वंश समूह में प्रतियोगिता की भावना आ जाने से भावनात्मक लगाव में कमी आ गई है। उनके बीच कृत्रिम संबंध रह जाते हैं, भावनात्मक संबंध का विकास नहीं हो पाता है।

5. औपचारिक संबंध—वंश समूह तथा अन्य रिश्तेदार समूह से केवल औपचारिक संबंध रह जाता है। विवाह, मृत्यु, जन्म, पर्व-त्योहार जैसे अवसर पर वे औपचारिक संबंध का निर्वाह करते हैं।

6. गोत्र समूह के बंधन में कमी—जटिल समाज का परिवार गोत्र समूह के बंधन से मुक्त हो जाता है। यहां तो जब वंश समूह का ही कोई नियंत्रण नहीं होता है, तब गोत्र

समूह अपना नियंत्रण कैसे रख सकता है। अब तो विवाह के वक्त भी गोत्र पर विशेष ध्यान नहीं दिया जा रहा है। इसके कारण सगोत्र विवाह धड़ल्ले से हो रहे हैं।

7. अंतरजातीय विवाह संबंधी—जटिल समाज में अंतरजातीय विवाह बड़ी सरलता से संपन्न हो रहे हैं। अंतरजातीय विवाह होने के कारण एक व्यक्ति के वैवाहिक रिश्तेदार सजातीय न होकर अंतरजातीय हो जाते हैं।

8. अंतरजातीय रक्त संबंधी—अंतरजातीय विवाह से उत्पन्न संतानों को अंतरजातीय रक्त संबंधी मिलते हैं। जैसे नाना, मामा, फूफा, मौसा इत्यादि।

9. रिश्तेदारों के बीच संघर्ष—जटिल समाज के रिश्तेदारों के बीच संघर्ष की स्थिति भी उत्पन्न हो जाती है। अंतरजातीय विवाह करने के कारण कई व्यक्तियों को पुश्तैनी संपत्ति से अपना हाथ धोना पड़ा है। उन्हें पिता की संपत्ति से वंचित कर दिया जाता है।

10. रिश्तेदार समूह का राष्ट्रीय फैलाव—नगरीय समाज के रिश्तेदार समूह का राष्ट्रीय फैलाव रहता है। इस समाज के लोगों के मातृक एवं पैतृक रिश्तेदार विभिन्न नगरों एवं महानगरों में फैले होते हैं।

11. रिश्तेदार समूह का अंतरराष्ट्रीय फैलाव—इस समाज के सदस्यों के रिश्तेदार विभिन्न देशों में नौकरी तथा व्यापार करने गये हैं और वहीं बस गए हैं।

जटिल समाज के धर्म

जटिल समाज में कई संस्कृति, जाति, संप्रदाय तथा धर्म के लोग साथ-साथ रहते हैं। सभी लोग अपने-अपने विश्वास के अनुसार अपने-अपने देवी-देवता की पूजा करते हैं। उनसे जुड़े हुए अपना पर्व-त्योहार मनाते हैं। देवी-देवताओं के स्थान—मंदिर, मस्जिद, गुरुद्वारा तथा गिरजाघर—को सौंदर्यीकरण के लिए चंदा देते हैं। अपने संप्रदाय के धार्मिक पंडितों का प्रवचन सुनते हैं। इस प्रकार नगरीय समाज के धार्मिक विश्वास, अनुष्ठान, परंपरा, रीति-रिवाज, संकेत इत्यादि में विभिन्नता पाई जाती है।

धर्म का सैद्धांतिक पक्ष जटिल समाज में ही दिखाई पड़ता है। यहां धार्मिक पंडित, मनीषी, विद्वान और चिंतक धर्म के विभिन्न पक्षों की विवेचना करते हैं। इन विवेचनाओं का आधार धार्मिक ग्रंथ होते हैं।

जटिल समाज में आस्तिक तथा नास्तिक दोनों साथ-साथ रहते हैं। यहां ऐसे भी लोग हैं जो अपने ईष्टदेव की साधना एवं आराधना करते हैं। कुछ व्यक्ति ऐसे भी हैं जो संपूर्ण मानव समाज के कल्याण को ही अपना धर्म मानते हैं। इस प्रकार जटिल समाज में धर्म के दो स्वरूप दिखाई देते हैं। एक पक्ष के विचारक संपूर्ण विश्व के कल्याण एवं हित को ही धर्म मानते हैं। इनका अपना संप्रदाय, जाति, क्षेत्र या देश नहीं होता है। संपूर्ण विश्व के मानव का कल्याण ही इनका धर्म है।

दूसरी तरफ अधिकांश व्यक्ति ऐसे हैं जो अपनी हितों एवं स्वार्थों को ध्यान में रखकर ही धार्मिक कृत्य करते हैं। इसे हम वैयक्तिक धर्म भी कह सकते हैं। जटिल समाज का धर्म बहुत कुछ वैयक्तिक है। एक व्यक्ति धर्म को स्वीकार करने या अस्वीकार करने के लिए स्वतंत्र होता है। यह पूर्णरूप से उस व्यक्ति पर निर्भर करता है। वह किसी भी धर्म को अंगीकार कर सकता है। वह किसी भी धर्म की आलोचना कर सकता है। इसलिए नगरीय समाज में धर्म निरपेक्षीकण का अपना महत्त्व होता है।

जटिल समाज धार्मिक आंदोलन के केन्द्र स्थल रहे हैं। यहां अनेक धार्मिक सिद्धांतों की स्थापना हुई। यहां धर्म संबंधी अनेक कुरीतियों का निदान भी हुआ। आर्य समाज, ब्रह्म समाज, प्रार्थना समाज, राम कृष्ण मिशन आदि इन धार्मिक आंदोलनों से उपजी धार्मिक संस्थाएं हैं।

नगरीय धर्म की विशेषताएं

धर्म के अंतर्गत अनेक प्रकार के विश्वास, कर्मकांड, संस्कार, अनुष्ठान तथा प्रतीकों का समावेश होता है। इसके माध्यम से धर्म की अभिव्यक्ति होती है। जटिल समाज के धर्म की विशेषताओं को निम्नलिखित ढंग से प्रस्तुत किया जा सकता है—

1. वैयक्तिक धर्म—जटिल समाज के धर्म की एक प्रमुख विशेषता यह है कि इसे वैयक्तिक धर्म कहा जा सकता है। एक व्यक्ति ईश्वर की आराधना करता है या नहीं यह उसका वैयक्तिक मामला होता है। पुन: एक व्यक्ति अपने ईश्वर की आराधना एवं पूजा-पाठ किस प्रकार से करता है यह उसकी व्यक्तिगत इच्छा पर निर्भर करता है। कर्मकांड तथा विभिन्न संस्कारों से जुड़े अनुष्ठानों को वह कैसे करे या न करे यह भी उस व्यक्ति विशेष की श्रद्धा-भक्ति पर निर्भर करता है। जटिल समाज में एक व्यक्ति अपने धार्मिक कृत्य के लिए पूर्णत: स्वतंत्र है। उससे जबरदस्ती तथा दबावपूर्वक कोई धार्मिक कृत्य नहीं करवाया जा सकता है।

2. सामूहिक भावना का अभाव—जटिल समाज के धर्म में सामूहिक भावना का अभाव रहता है। यहां समूह की हितों को ध्यान में रखकर पूजा-पाठ, आराधना, भजन-कीर्तन इत्यादि नहीं किए जाते हैं। प्रत्येक व्यक्ति अपने स्वार्थ की पूर्ति हेतु धार्मिक कृत्य करता है।

3. सामूहिक भागीदारी में कमी—जटिल समाज का धर्म वैयक्तिक होने के कारण सामूहिक भागीदारी नहीं दर्शा पाता है। कुछ विशेष अवसरों पर ही व्यक्ति धार्मिक कार्यों में सहभागी बनता है। जैसे यज्ञ, धार्मिक जुलूस इत्यादि। इसके विपरीत मुसलमान तथा ईसाई धर्म में सामूहिक भागीदारी के दर्शन होते हैं। जैसे जुम्मे की नमाज सामूहिक रूप से अदा की जाती है। ईद तथा बकरीद जैसे बड़े त्योहारों में बड़ी संख्या में मुसलमान भाई नमाज सामूहिक रूप से अदा करते हैं। इसी तरह ईसाई धर्म के अनुयायी भी सामूहिक

रूप से प्रार्थना करते हैं। लेकिन ऐसे अवसरों को प्रतिदिन के धार्मिक क्रियाकलापों से नहीं जोड़ा जा सकता है। कुछ विशेष अवसरों को छोड़कर जटिल समाज के सदस्य धार्मिक कार्य सामूहिक रूप से नहीं करते।

4. धर्म का सैद्धांतिक एवं व्यावहारिक पक्ष परिवर्तनशील—जटिल समाज के धर्म का सैद्धांतिक एवं व्यावहारिक पक्ष परिवर्तनशील होता है। जटिल समाज चेतना और वैज्ञानिक उपलब्धियों का केन्द्र स्थल होता है। यहां के व्यक्ति तार्किक और वैज्ञानिक दृष्टिकोण रखते हैं। भौतिकवादी सभ्यता और संस्कृति ने व्यक्ति को कहीं अधिक जागरूक एवं तर्कशील बना दिया है। इसीलिए व्यक्ति धर्म के सिद्धांतों को आंख बंद कर स्वीकार नहीं करता है। यही कारण है कि जटिल समाज का धर्म निरंतर परिवर्तनशील रहता है।

5. धार्मिक कृत्यों का संक्षिप्तिकरण—जटिल समाज के सदस्यों के पास धार्मिक अनुष्ठानों को संपन्न कराने के लिए न तो समय, धन और न ही धैर्य है। वह प्रत्येक कर्म को कम से कम समय में पूर्ण कर लेना चाहता है। इसीलिए वह धार्मिक कृत्यों का संक्षिप्तिकरण कर लेता है। उदाहरण के लिए कई दिनों में पूर्ण होने वाले विवाह अब कुछ ही घंटों में संपन्न हो जाते हैं। उसी प्रकार मृत्यु से संबंधित अनुष्ठान को तीन-चार दिनों में ही संपन्न कर दिया जाता है। अब व्यक्ति अनावश्यक समय तथा धन धर्म के नाम पर नहीं खर्च करना चाहता है।

6. धार्मिक कार्यों में साज तथा सज्जा का महत्त्व—जटिल समाज के धर्म में साज तथा सज्जा पर विशेष ध्यान दिया जाता है। यहां दिखावे को ध्यान में रखकर प्रतिस्पर्धा भी की जाती है। लोग दिखावे के लिए तरह-तरह का प्रदर्शन करते हैं। धार्मिक कृत्यों में भी दिखावा किया जाता है। दुर्गा पूजा पंडाल, धार्मिक प्रवचन, यज्ञ, हवन इत्यादि के लिए विशेष ढंग का पंडाल बनाया जाता है। बिजली की बत्तियों से तथा विभिन्न प्रकार की सजावट सामग्रियों से पंडालों, मूर्तियों तथा अन्य वस्तुओं को सजाया होता है। वहां आधुनिक गीत-संगीत के रिकार्ड बजाए जाते हैं। लोग वहां आधुनिक ढंग से नृत्य करते हैं। इन सभी चीजों की जानकारी विज्ञापनों के माध्यम से दी जाती है ताकि अधिक से अधिक लोग एकत्रित हो सकें। इस तरह जटिल समाज के पूजा-पाठ, पर्व-त्योहार तथा धार्मिक जुलूस में दिखावा अधिक रहता है।

7. भावनात्मक प्रतिबद्धता में कमी—जटिल समाज औपचारिकता का केन्द्र होता है। इस समाज के लोग अनेक धार्मिक कृत्यों में केवल औपचारिकतावश भाग लेते हैं। उन्हें निमंत्रण मिलता है, इसलिए आ जाते हैं। अगर निमंत्रण नहीं मिलता तो वे कभी नहीं आते। धार्मिक भावना से उत्प्रेरित होकर वे यज्ञ, पूजा-पाठ, प्रवचन इत्यादि में भाग नहीं लेते।

8. धर्मनिरपेक्षीकण—जटिल समाज में प्रत्येक धर्म धर्मनिरपेक्षता का पालन करता है। सभी धर्म के अनुयायी अपने-अपने धार्मिक कृत्यों को अपने-अपने विश्वासों, मान्यताओं एवं मूल्यों के अनुसार करते हैं।

9. धार्मिक कट्टरता में कमी—जटिल समाज में कम धार्मिक कट्टरता पाई जाती है। यहां के लोग प्रगतिवादी एवं तार्किक होते हैं। उनकी सोच में संकीर्णता कम तथा विशालता अधिक रहती है। वैज्ञानिक प्रगति, नगरीकरण तथा औद्योगीकरण ने जीवन पद्धति को पूर्णतया परिवर्तित कर दिया है। यहां होटल, कारखाना, कालोनी, होस्टल, सिनेमाघर इत्यादि में विभिन्न धर्म के लोग काम करते हैं तथा मनोरंजन भी। यहां छुआछूत की भावना नहीं पाई जाती है। यहां उच्च जाति तथा निम्न जाति के लोग साथ-साथ खाते हैं। एक-दूसरे के यहां आते जाते हैं। विभिन्न धर्म के लोग एक दूसरे से त्योहारों के अवसर पर गले-से-गले मिलते हैं। इस प्रकार जटिल समाज में धार्मिक कट्टरता में कमी पाई जाती है।

जटिल समाज में प्रशासन

जटिल समाज में प्रशासनिक व्यवस्था को बनाए रखने के लिए नगर पालिका, नगर निगम, नगर या अधिसूचित क्षेत्र समितियां तथा छावनी बोर्ड जैसी संस्थाएं होती हैं। इन संस्थाओं के माध्यम से नगरीय जटिल समाज की प्रशासनिक व्यवस्था को सुदृढ़ बनाए रखा जाता है। इन संस्थाओं के संबंध में संक्षिप्त विवरण नीचे दिया जा रहा है।

1. नगर पालिका

केवल बड़े-बड़े नगरों को छोड़कर अधिकांश नगरों में नगर पालिका नामक संस्था जटिल समाज की प्रशासनिक व्यवस्था का प्रमुख होती है। नगर पालिका की स्थापना हेतु निम्नलिखित शर्तों को आवश्यक बनाया गया है—

(i) नगर की आबादी कम से कम 5,000
(ii) प्रति वर्ग मील जनसंख्या घनत्व 1,000
(iii) कुल आबादी का 75 प्रतिशत लोग गैर कृषि रोजगार में व्यस्त।

नगरपालिका की स्थापना राज्य सरकार द्वारा की जाती है। नगरपालिका के निम्नलिखित प्रमुख अंग होते हैं—

(i) नगरपालिका परिषद्
(ii) अध्यक्ष एवं उपाध्यक्ष
(iii) समितियां।

प्रत्येक नगरपालिका में एक नगरपालिका परिषद् होती है जिसके सदस्यों को पार्षद् कहा जाता है। परिषद् के सदस्यों की संख्या कम से कम 10 तथा अधिक से अधिक 40 होती है। सदस्यों की संख्या नगर की जनसंख्या के आधार पर निर्धारित की जाती है। इन सदस्यों में 4/5 भाग जनता द्वारा निर्वाचित तथा शेष 1/5 भाग राज्य सरकार द्वारा मनोनीत होते हैं। नगरपालिका परिषद् की अवधि 5 वर्ष की होती है। इस अवधि के पूर्व भी इसे समाप्त किया जा सकता है। निर्वाचन के लिए नगर को कई वार्डों में विभाजित किया जाता

है। जनसंख्या के आधार पर प्रत्येक वार्ड से चुने जाने वाले व्यक्तियों की संख्या निर्धारित की जाती है। यह एक विचार-विमर्श करने वाली संस्था है। यह व्यवस्थापिका सभा की तरह कार्य करती है। परिषद् की बैठक महीने में एक बार होती है। काउंसिलरों द्वारा लिखित आवेदन पर विशेष बैठक बुलाई जाती है।

नगरपालिका परिषद् के सभी सदस्य मिलकर एक अध्यक्ष एवं एक उपाध्यक्ष का चुनाव करते हैं। इनका पद अवैतनिक होता है तथा कार्यकाल 5 वर्षों का होता है। परिषद् के 2/3 बहुमत से इन्हें हटाया जा सकता है। राज्य सरकार के आदेश नहीं मानने पर इन्हें पदच्युत किया जा सकता है। अध्यक्ष नगरपालिका के दैनिक कार्यकलाप की देख-रेख करता है। वह परिषद् द्वारा दिए गए आदेशों एवं प्रस्तावों को कार्यान्वित कराता है।

नगरपालिका के दिन-प्रति-दिन कार्यों को करने के लिए विभिन्न प्रकार की समितियों का गठन किया जाता है। इनमें शिक्षा समिति, वित्त समिति, लोक निर्माण समिति, स्वास्थ्य एवं सफाई समिति आदि विशेष रूप से उल्लेखनीय हैं। समितियों की बैठकों का सभापतित्व का कार्य अध्यक्ष करता है।

नगरपालिका के कार्यों को दो भागों में बांटा जा सकता है—(क) अनिवार्य कार्य तथा (ख) ऐच्छिक कार्य।

अनिवार्य कार्य—नगरपालिका के अनिवार्य कार्य निम्नलिखित हैं—

1. नगरों की सफाई की व्यवस्था
2. नगरों की सड़कों का निर्माण तथा मरम्मत
3. नगरों की सड़कों पर रोशनी की व्यवस्था
4. पीने के पानी का प्रबंध
5. सार्वजनिक स्थानों का गंदगी से बचाव
6. नालियों की व्यवस्था
7. प्रारंभिक शिक्षा का प्रबंध
8. सार्वजनिक बाजारों का प्रबंध
9. अस्पताल एवं चिकित्सालयों की व्यवस्था
10. श्मशान तथा कब्रगाह की व्यवस्था
11. बूचड़खाने का प्रबंध
12. जन्म एवं मरण का हिसाब-किताब
13. आग रोकने का प्रबंध

ऐच्छिक कार्य—ऐच्छिक कार्यों को नगरपालिका अपने स्रोतों से अपनी इच्छा के अनुसार करती है। नयी सड़क तथा नाली का निर्माण, गंदे स्थानों को रहने योग्य बनाना, नए भवन का निर्माण, गरीबों के लिए मकान निर्माण, दूध का प्रबंध, बाढ़ जैसी स्थिति में नागरिकों की सुरक्षा, यातायात, प्रदर्शनी की व्यवस्था, मनोरंजन के साधनों—पार्क, अजायबघर,

बगीचा इत्यादि की व्यवस्था। कमजोर तथा दुर्घटना वाले मकानों को तुड़वाने की व्यवस्था भी नगरपालिका कर सकती है।

नगरपालिका के आय के स्रोत चुंगी, कर, शुल्क, सरकारी अनुदान एवं कर्ज हैं। नगरपालिका को मकान कर, जल कर, पैखाना कर, रोशनी कर तथा पेशा कर लगाने का अधिकार है।

2. नगर निगम

बड़े-बड़े नगरों में नगर निगम की व्यवस्था है। नगर निगम के निम्नलिखित तीन प्रमुख अंग हैं—

1. निगम परिषद्
2. स्थायी समिति
3. प्रमुख प्रशासकीय पदाधिकारी

निगम परिषद् के सदस्यों की संख्या का निर्धारण नगर की जनसंख्या के आधार पर किया जाता है। निगम परिषद् के सदस्यों में निर्वाचित सदस्य, पदेन सदस्य, प्रतिनिधि सदस्य तथा संवाचित सदस्य होते हैं। परिषद् नगर की व्यवस्थापिका सभा की तरह होती है। यह निगम की नीति निर्धारण करने वाली संस्था है। परिषद् की साधारण एवं विशेष बैठक होती है। साधारण बैठक प्रत्येक माह में होती है। आवश्यकता पड़ने पर विशेष बैठक बुलाई जाती है।

परिषद् के सदस्य अपनी पहली बैठक में ही मेयर तथा डिप्टी मेयर का चुनाव कर लेते हैं। मेयर का चुनाव प्रत्येक वर्ष होता है। कोई भी व्यक्ति एक से अधिक बार इस पद के लिए चुना जा सकता है। इसका पद अवैतनिक होता है। मेयर निगम परिषद् की बैठक का संचालन करता है। उसे कोई प्रशासनिक कार्य नहीं होता है। फिर भी वह नगर का प्रथम नागरिक होता है। इसलिए उसको नगरीय समाज में विशेष स्थान प्राप्त रहता है।

स्थायी समिति निगम का दूसरा महत्त्वपूर्ण अंग है। इस समिति में मेयर, डिप्टी मेयर सहित 15 सदस्य होते हैं। स्थायी समिति निगम के शासन संबंधी कार्यों का संचालन करती है। प्रमुख पदाधिकारी को इस समिति से बहुत-सी बातों में स्वीकृति लेनी पड़ती है। इसकी बैठक महीने में एक बार अवश्य होती है।

राज्य सरकार मेयर की स्वीकृति से निगम के एक प्रशासकीय पदाधिकारी की नियुक्ति करता है। इसकी नियुक्ति 5 वर्षों के लिए की जाती है। राज्य सरकार इस अवधि को बढ़ा भी सकती है। वह मुख्यतः आई.ए.एस. की श्रेणी का पदाधिकारी होता है। वह निगम का मुख्य प्रशासक होता है। कारपोरेशन एक्ट के सभी उपबंधों के कार्यान्वयन का दायित्व उस पर रहता है।

नगर निगम के प्रमुख कार्य निम्नलिखित हैं—

1. नालियों एवं सार्वजनिक शौच गृहों का निर्माण एवं सफाई
2. जल एवं रोशनी की व्यवस्था
3. कूड़ा-कर्कट तथा गंदगी की सफाई व्यवस्था
4. कब्रगाह एवं श्मशान की निर्माण व्यवस्था
5. गंदी चालों एवं फसादों को रोकने का प्रबंध
6. जन्म एवं मरण की गणना
7. टीका, सूई आदि की व्यवस्था
8. संक्रामक रोगों को फैलने से रोकने का प्रबंध
9. सार्वजनिक औषधालयों के निर्माण का प्रबंध
10. पशु चिकित्सा की व्यवस्था
11. अस्पतालों, प्रसूति गृहों तथा कल्याण भवनों की निर्माण व्यवस्था
12. सड़क, पुल एवं नालियों के निर्माण एवं मरम्मत की व्यवस्था
13. प्राथमिक शिक्षा, पुस्तकालय एवं वाचनालयों के निर्माण
14. आग की रोकथाम व्यवस्था
15. सार्वजनिक पार्क, बागवानी, व्यायामशाला, तालाब, घाट इत्यादि की व्यवस्था
16. यातायात के साधनों की व्यवस्था
17. प्रदर्शनी तथा मेला की व्यवस्था
18. बाजार एवं बूचड़खाने की व्यवस्था।

इन कार्यों के अतिरिक्त निगम अपने क्षेत्र में जनहित के लिए कोई भी कार्य कर सकता है। संक्षेप में कहा जा सकता है कि नगर निगम नागरिक के जन्म से मरण तक प्राय: सभी कार्यों का निष्पादन करता है।

नगर निगम में मुख्य नगर अधिकारी के अतिरिक्त सहायक नगर अधिकारी, नगर अभियंता, स्वास्थ्य अधिकारी, सुरक्षा अधिकारी इत्यादि होते हैं।

नगर निगम की आय के साधन कर, अनुदान, फीस तथा जुर्माना एवं कर्ज होता है। नगर निगम मकानों पर होल्डिंग कर, जल कर, रोशनी कर, पैखाना कर, पेशा कर, सवारियों पर कर, रिक्शा कर, साइकिल कर, कुत्ता कर, क्रय-विक्रय समानों पर चुंगी, बाजार कर, घाट कर इत्यादि लगा सकता है।

3. छावनी बोर्ड—उन नगरों में जहां छावनी बोर्ड होता है, छावनी का क्षेत्र नगर पालिका के क्षेत्र से अलग होता है। इसकी व्यवस्था कैंटोनमेंट बोर्ड के अधीन रहती है। इस पर भारत सरकार के रक्षा विभाग का नियंत्रण रहता है। इसका अध्यक्ष फौजी अधिकारी होता है। इसके कुछ सदस्य निर्वाचित तथा कुछ सदस्य सरकार द्वारा मनोनीत होते हैं।

पोर्ट ट्रस्ट—बंदरगाह वाले नगरों में बंदरगाहों के प्रबंध हेतु पोर्ट ट्रस्ट की व्यवस्था रहती है। इसके कुछ सदस्य निर्वाचित तथा कुछ सरकार द्वारा मनोनीत होते हैं। इस ट्रस्ट का प्रमुख कार्य बंदरगाहों में स्वास्थ्य, सफाई, रोशनी तथा यात्रियों के ठहरने की व्यवस्था करना होता है।

अधिसूचित क्षेत्र समिति—जिन नगरों की आबादी 10,000 से अधिक तथा 20,000 से कम होती है वहां सरकार अधिसूचित क्षेत्र समिति की व्यवस्था करती है। इसमें मुख्यत: पांच से सात सदस्य रहते हैं। इसे लघु नगरपालिका भी कहा जाता है। इसके कुछ सदस्य चुनाव द्वारा तथा कुछ सदस्य सरकार द्वारा मनोनीत होते हैं। इसकी आय के प्रमुख साधन सीमित कर तथा सरकारी अनुदान होते हैं।

जटिल समाज का सामाजिक नेटवर्क

जटिल समाज में व्यक्ति केवल अपने परिवार एवं रिश्तेदार समूह तक ही सीमित नहीं रहता है। उसका संबंध नौकरी या व्यापार संस्थानों के लोगों, भाषाई समाज के सदस्यों, क्लब के सदस्यों, स्वयंसेवी संगठन के सदस्यों, सद्भावना समिति, कल्याण समिति इत्यादि से होता है। जटिल समाज में व्यक्ति केवल एक ही नगर से नहीं वरन् कई नगरों से जुड़ा होता है। अत: जटिल समाज के सामाजिक नेटवर्क का क्षेत्र विस्तृत होता है। जटिल समाज में एक व्यक्ति के सामाजिक नेटवर्क की व्याख्या निम्नलिखित ढंग से की जा सकती है—

1. ग्राम स्थित रिश्तेदार समूहों से नेटवर्क
2. एक ही नगर में स्थित रिश्तेदार समूहों से नेटवर्क
3. विभिन्न नगरों में स्थित रिश्तेदार समूह से नेटवर्क
4. विदेशों में स्थित रिश्तेदार समूह से नेटवर्क
5. पेशाई संस्थान के सदस्यों से नेटवर्क
6. पास-पड़ोस के सदस्यों से नेटवर्क
7. मित्र समूह से नेटवर्क
8. दुकानदारों से नेटवर्क
9. चिकित्सा के साथ नेटवर्क
10. अधिकारी पदाधिकारियों के साथ नेटवर्क
11. मनोरंजन क्लब के सदस्यों के साथ नेटवर्क
12. पर्व-त्योहार समिति के साथ नेटवर्क
13. सद्भावना समिति के साथ नेटवर्क
14. कल्याण समिति के साथ नेटवर्क
15. स्वयं सेवी संगठन के साथ नेटवर्क

16. जातीय समाज के साथ नेटवर्क
17. राजनीतिक दल के साथ नेटवर्क
18. संघ के साथ नेटवर्क

जटिल समाज में एक व्यक्ति जितनी ही अधिक संस्थाओं से जुड़ा रहता है, उसका सामाजिक नेटवर्क उतना ही विस्तृत होता है। सभी व्यक्तियों का सामाजिक नेटवर्क उतना विस्तृत नहीं है। कुछ व्यक्ति ऐसे हैं जिनका सामाजिक नेटवर्क बिल्कुल सीमित होता है, जैसे परिवार रिश्तेदार, पेशा समूह एवं पास-पड़ोस। इसके विपरीत कई व्यक्ति ऐसे हैं जिनका सामाजिक नेटवर्क काफी विस्तृत होता है। वे एक ही साथ कई संस्थानों एवं संगठनों से जुड़े रहते हैं। अधिक संगठनों से जुड़े रहने के कारण उनका सामाजिक नेटवर्क विस्तृत हो जाता है। उदाहरण के लिए कई व्यक्ति ऐसे हैं जो केवल अपने रिश्तेदार, पास-पड़ोस तथा पेशा समूह तक ही नेटवर्क सीमित नहीं रखते हैं। वे विभिन्न प्रकार के क्लब, राजनीतिक दल, अधिकारी-पदाधिकारी वर्ग, श्रेष्ठजन, प्रबुद्धजन, भाषाई समाज, जातीय समाज, धार्मिक संगठन, स्वयं सेवी संगठन, शांति एवं सद्‌भावना समिति इत्यादि से जुड़े रहते हैं।

जटिल समाज के कुछ सदस्यों का नेटवर्क देश के विभिन्न भागों तथा विदेशों तक पाया जाता है। जबकि कुछ सदस्यों का नेटवर्क उसी नगर तक सीमित रहता है।

जटिल समाज में एक व्यक्ति के सामाजिक नेटवर्क का विश्लेषण विवाह, मरण तथा सामाजिक उत्सव के अवसरों पर निमंत्रण वितरण तथा लोगों की सहभागिता के आधार पर किया जा सकता है। उसी आधार पर उस व्यक्ति के नेटवर्क विस्तार को भी समझा जा सकता है।

ग्राम समाज का सामाजिक नेटवर्क वंश समूह, गोत्र समूह, जाति समूह, जजमानी संबंध, मित्र समूह तथा आस-पास के गांवों में फैले वैवाहिक रिश्तेदाों के साथ रहता है। लेकिन नगरीय समाज का सामाजिक नेटवर्क ज्यादा विस्तृत हो जाता है। यहां रिश्तेदारी एवं पेशा समूह के अतिरिक्त उन सभी संस्थाओं, संघों एवं संगठनों को शामिल किया जाता है जिनका व्यक्ति सदस्य होता है।

11

नगर परियोजन

TOWN PLANNING

परिचय

नगर परियोजन का सामान्य अर्थ भविष्य में उत्पन्न होने वाले ज्ञात तथा अज्ञात नगरीय कठिनाइयों का सामना करने के लिए परियोजना निर्माण से है। इसका तात्पर्य समस्या को ध्यान में रखकर पहले से ही व्यवस्था करना है। नगर परियोजन का मूल उद्देश्य नगर में रहने वाले लोगों को अधिक से अधिक सुविधा प्रदान करना है। इसके माध्यम से नगरीय समाज के लोगों के हितों को ध्यान में रखा जाता है। इस प्रकार नगर परियोजन एक विशेष प्रकार की दृष्टि होती है जिसका सीधा संबंध नगरों के प्रत्यक्ष विकास एवं नागरिकों की सुविधाओं से होता है।

हमारे देश में जिस प्रकार से ग्रामीण विकास के लिए सामुदायिक विकास कार्यक्रम तथा ग्रामीण विकास कार्यक्रम चलाए जा रहे हैं, उसी प्रकार नगरीय विकास के लिए नगर परियोजन आजादी के बाद से कार्य कर रहा है। प्रथम पंचवर्षीय योजना से ही योजना आयोग, भारत सरकार ने नगर परियोजन के ऊपर विशेष ध्यान दिया है। हमारे देश में अनेक प्रकार के नगर हैं, जैसे धार्मिक नगर, ऐतिहासिक नगर, औद्योगिक नगर इत्यादि। सभी नगरों की समस्याएं एक समान नहीं हैं। अत: नगर परियोजन योजना का स्वरूप भी नगरों के स्वरूप पर निर्भर करता है।

औद्योगिक प्रगति के साथ-साथ हमारे देश में नगरों की संख्या एवं जनसंख्या में काफी वृद्धि हुई है। नगर में जनसंख्या का घनत्व एवं दबाव बढ़ता जा रहा है। नित्य मिल, फैक्टरी, कारखाने, बाजार इत्यादि स्थापित होने से नगरों में अनेक समस्याएं उत्पन्न हो रही हैं। ये सारी समस्याएं नगर के लिए चुनौती बन गई हैं। मकानों की समस्या, पेयजल की समस्या, मलिन बस्तियां, बढ़ते हुए गंभीर रोग, अपराध, बेकारी, बाल अपराध, नशाखोरी, स्वास्थ्य की समस्या, मनोरंजन स्थल की कमी, यातायात की समस्या, भिक्षावृत्ति, यौन व्यापार इत्यादि ऐसी समस्याएं हैं जिनसे नगर का जीवन नारकीय होता जा रहा है। प्रदूषण

की समस्या अलग है। अत: इन सभी समस्याओं के निदान हेतु नगर परियोजन आवश्यक है। आजकल कई नए-नए नगर बस रहे हैं। अगर उन्हें योजनाबद्ध ढंग से नहीं बसाया जायेगा, तब नगरवासियों को भविष्य में अनेक प्रकार की समस्याओं का सामना करना पड़ सकता है।

नगर परियोजन जहां नगर की विभिन्न समस्याओं को ध्यान में रख कर बनाया जाता है, वहीं नागरिकों को अधिक से अधिक नागरिक सुविधा देने के लिए भी होता है। नगरों का पुनर्निमाण नगर परियोजन का मुख्य अंग है। नगर में अच्छे यातायात के साधन, अच्छा चिकित्सालय, अच्छी शैक्षणिक संस्थाएं, मनोरंजन के साधन, क्रीड़ा स्थल, आवास व्यवस्था, मलिन बस्तियों का सुधार, झुग्गी-झोपड़ी की सफाई आदि नगर-परियोजन के अंतर्गत आते हैं। बाजार, बूचड़खाना, श्मशान, कब्रगाह इत्यादि की व्यवस्था भी नगर परियोजन का अभिन्न अंग हैं।

संक्षेप में हम कह सकते हैं कि नगर परियोजन के माध्यम से नगर की विभिन्न समस्याओं का जहां निराकरण किया जाता है, वहीं नगर के भौतिक ढांचे को इस रूप से तैयार किया जाता है ताकि नगर में स्वस्थ पर्यावरण प्राप्त हो सके।

आज नगर परियोजन को हमारी पंचवर्षीय योजनाओं में विशेष स्थान मिला है। नगर परियोजन के माध्यम से नगरों को सुनियोजित ढंग से संवारने तथा सुधारने का कार्य किया जा रहा है। आजकल विभिन्न पंचवर्षीय योजनाओं के माध्यम से नगरों का परियोजन मास्टर प्लान के अनुसार किया जा रहा है।

नगर परियोजन के मूल तत्व

नगर परियोजन का मुख्य उद्देश्य है नागरिकों को अधिक से अधिक सुविधा प्रदान करना ताकि वे मानसिक और शारीरिक रूप से स्वस्थ रह सकें। आरंभ में महानगरों तक ही नगर परियोजन को सीमित रखा गया था। लेकिन आज सभी बड़े तथा छोटे नगरों में नगर परियोजन को कार्यान्वित किया गया है। नगर परियोजन के मुख्य तत्व निम्नलिखित हैं—

1. यातायात व्यवस्था एवं नियंत्रण—नगरों में यातायात संबंधी समस्याओं का सामना करना पड़ता है। तंग, छोटी, संकरी, ऊबड़-खाबड़ गड्ढे वाली सड़कों पर न तो आम आदमी सुगमता से बाजार तक पहुंच पाता है और न ही विभिन्न प्रकार के वाहन सरलता से अपनी गति से चल पाते हैं। कम चौड़ी सड़कों पर दोनों ओर से सवारी एक साथ नहीं निकल पाती। चौक-चौराहों पर सड़क जाम की घटना प्रकाश में आती है।

नगर परियोजन सड़क एवं गलियों की न्यूनतम चौड़ाई निश्चित करता है। आवश्यक स्थानों पर नयी सड़कों एवं मार्गों का निर्माण किया जाता है। सड़कों का चौड़ीकरण किया जाता है। नयी ट्रैफिक व्यवस्था स्थापित की जाती है। बाई पास रोड का निर्माण किया जाता

है। टैक्सी स्टैंड, कार पार्क, ट्रेक्कर स्टैंड, विक्रम स्टैंड, बस स्टैंड, बाजार इत्यादि की व्यवस्था की जाती है। जल आपूर्ति, विद्युत आपूर्ति, संचार व्यवस्था इत्यादि स्थापित किए जाते हैं। नगर परियोजन में जल मार्गों को भी व्यवस्थित किया जाता है। जल, थल तथा वायु मार्ग की व्यवस्था भी नगर परियोजन का आवश्यक अंग है। यात्रियों और व्यवसायियों को जहां अधिक से अधिक सुविधा प्रदान करने का प्रयास किया जाता है, वहीं चौराहों पर भीड़ नियंत्रित करने के लिए ट्रैफिक पुलिस तथा सिगनल की व्यवस्था की जाती है। यातायात की व्यवस्था एवं नियंत्रण नगर परियोजन का एक मुख्य हिस्सा है।

2. भूमि के प्रयोग पर नियंत्रण—नगर में भूमि का अतिक्रमण एक मुख्य समस्या है जहां कहीं भी लोगों को खाली जमीन दिखाई पड़ती है, वहां अवैध ढंग से कब्जा कर लिया जाता है। सड़कों, गलियों, नालियों, चौक, चौराहों, पार्कों इत्यादि का अतिक्रमण तो आम बात है। सड़कों पर दुकान बना लेना आम घटना है। अतिक्रमण हटाना भी नगर परियोजन का एक प्रमुख अंग है। नगर परियोजन गली, नाली, सड़क, इमारत की लंबाई, चौड़ाई तथा ऊंचाई निर्धारित करता है। मकान, बहुमंजिली इमारतों, दुकानों, बाजारों इत्यादि के लिए नक्शे का निर्धारण भी नगर परियोजन के अंतर्गत आता है।

3. विभिन्न वर्गों के लिए मकान का निर्माण—नगर में निम्न आय, मध्यम आय एवं उच्च आय वर्ग के लोग रहते हैं। उनके लिए मकान उपलब्ध कराना, मकान की जमीन उपलब्ध कराना, गरीबी रेखा से नीचे के परिवारों के लिए मकान बनाना, कामकाजी महिलाओं के लिए छात्रावास का निर्माण कराना इत्यादि नगर परियोजन के अंतर्गत आते हैं। मकानों का निर्माण कर उन्हें आसान किस्तों पर बेच दिया जाता है। नगर परियोजन के अंतर्गत विभिन्न वर्गों, अधिकारियों, पदाधिकारियों इत्यादि के लिए कालोनी का निर्माण किया जाता है।

4. मलिन बस्तियों में सुधार कार्य—नगर परियोजन के माध्यम से मलिन बस्तियों में रहने वाले लोगों को भी अनेक प्रकार की सुविधा प्रदान की जाती है। जैसे रोशनी, पानी, सड़क, गली, नाली, शौचालय, स्वास्थ्य, सफाई इत्यादि।

5. सार्वजनिक स्थलों एवं पार्कों की सुविधा—सार्वजनिक स्थलों एवं पार्कों का निर्माण एवं उनकी सुरक्षा भी नगर परियोजन के अंतर्गत आती है। इन स्थलों का सौंदर्यीकरण नगर परियोजन के अधीन रहता है।

6. बिजली-पानी की व्यवस्था—नगर के विकास और सुख-समृद्धि के लिए बिजली और पानी दोनों ही आवश्यक हैं। जनसंख्या वृद्धि के साथ इनकी पूर्ति में कठिनाई आती जा रही है। इसीलिए नगर के उद्योगों को काफी हानि उठानी पड़ रही है। पानी की पूर्ति जहां समस्या है, वहीं प्रदूषित जल अनेक बीमारियों का कारण बनता जा रहा है। इसीलिए स्वच्छ जल की आपूर्ति तथा बिजली का समुचित प्रबंध करना नगर परियोजन का प्रमुख अंग है।

7. कूड़े-कचरे को हटाने की व्यवस्था—प्रत्येक दिन नगरों में सैकड़ों क्विंटल कूड़ा-कचरा गंदगी के रूप में सड़कों, गलियों तथा नालियों में उपलब्ध होता है। इनकी सफाई कराना नगर परियोजन का हिस्सा है। अगर इनकी सफाई न कराई जाए तो नगर का जीवन नारकीय हो जायेगा। गंभीर बीमारियां उत्पन्न हो जायेंगी। नगर में सीवर का जाल बिछाना आवश्यक होता है ताकि मल-मूत्र को नगर से बाहर निकाला जा सके।

8. यातायात की सुविधा हेतु पार्किंग स्थल—नगर में रिक्शा, टैम्पों, बस, कार, तांगा, साइकिल आदि के रखने के स्थान निर्धारित करना नगर परियोजन का अंग होता है।

9. मंडलीय अथवा जोन व्यवस्था—नगर परियोजन का एक प्रमुख कार्य है विकास की दृष्टि से नगर को विभिन्न मंडलों अथवा क्षेत्रों में विभाजित करना। उदाहरण के लिए व्यापारी क्षेत्र, औद्योगिक क्षेत्र, कार्यालय क्षेत्र, आवासीय क्षेत्र, सार्वजनिक मनोरंजन क्षेत्र, इत्यादि। इससे यातायात तथा भीड़ को नियंत्रित करने में भी सुविधा होती है।

10. पड़ोसी भावना तथा आवासीय निर्माण—नगर में व्यक्ति अवैयक्तिक हो गया है। उसमें हम की भावना नहीं रहती है। एक ही इमारत में रहते हुए भी व्यक्ति एक-दूसरे को नहीं जानते। अत: नगर परियोजन का एक प्रमुख कार्य पड़ोसी भावना का विकास करना है। इसके लिए यह कालोनी अथवा आवासीय परिसर के मध्य पार्क का निर्माण करता है ताकि पड़ोसी एक-दूसरे से मिलते रहें और उनमें हम की भावना का विकास हो।

11. झुग्गी-झोपड़ी हटाने का कार्य—सरकारी भूमि पर बने झुग्गी-झोपड़ी को हटाना भी नगर परियोजन का एक प्रमुख कार्य है। इसके लिए झुग्गी-झोपड़ियों को हटाकर दूसरे स्थान पर ले जाया जाता है।

12. खटाल व्यवस्था—खटाल के लिए भूमि व्यवस्था कराना भी नगर परियोजन का एक प्रमुख अंग है।

13. बाजार व्यवस्था—नगर में बाजार केन्द्रों को स्थापित करना तथा दुकानदारों को दुकान देना नगर परियोजन का एक अंग है।

नगर परियोजन से संबंधित समस्याएं

नगर परियोजन को अनेक प्रकार की समस्याओं का सामना करना पड़ता है जिसके कारण नगर परियोजन को पूर्ण सफलता नहीं मिल पाती है। नगर परियोजन में गतिरोध उत्पन्न करने वाली निम्नलिखित समस्याएं हैं—

1. नगर की जनसंख्या में तीव्रता से वृद्धि—नगर की जनसंख्या इतनी तेज दर से बढ़ रही है कि नगर परियोजन को अपने कार्यों में सफलता नहीं मिल पा रही है।

2. भूमि अतिक्रमण—नगरों में सरकारी भूमि का अतिक्रमण जिस रफ्तार से हो रहा है, उससे नगर परियोजन को अपने लक्ष्य की प्रप्ति नहीं हो पा रही है।

3. कूड़ा-कचरा की समस्या—नगरों में प्रतिदिन लाखों लोग आते हैं और पुनः लौट जाते हैं। ये लोग सैकड़ों टन कचरा जहां-तहां जमा कर देते हैं। इनके कारण नगर को गंदगी की समस्या का भी सामना करना पड़ता है।

4. नयी-नयी मलिन बस्तियां—नगर में लाखों लोगों के रोज आने के कारण नयी-नयी मलिन बस्तियां अस्तित्व में आ रही हैं। मलिन बस्तियों के अस्तित्व में आने से नगर परियोजन अपना लक्ष्य पूरा करने में सफल नहीं हो पा रहा है।

5. प्रभावशाली व्यक्ति—नगर के प्रभावशाली व्यक्ति, व्यापारी, श्रेष्ठजन, राजनीतिज्ञ अपनी इच्छानुसार नगर परियोजन को प्रभावित करने लगे हैं अतः मलिन बस्तियों को हटाना, झुग्गी-झोपड़ी हटाना, खटाल हटाना, सड़क चौड़ीकरण इत्यादि में सफलता नहीं मिल पाती है।

6. अनुशासन की कमी—नगरवासियों में अनुशासन की कमी भी नगर परियोजन के मार्ग में समस्या खड़ी करती है। सड़क को खोदना, तोड़ना, गंदा करना, कचरा जहां-तहां फेंक देना, पान खाकर थूक देना, नाली में मल त्याग करना इत्यादि नगरवासियों के दैनिक क्रियाकलाप में शामिल हैं।

7. पानी-बिजली की चोरी—नगरवासियों द्वारा पानी तथा बिजली की चोरी धड़ल्ले से की जाती है। इसके कारण अन्य लोगों को नियमित बिजली नहीं मिल पाती। लोग पानी के लिए तरसते रहते हैं।

8. भ्रष्टाचार—नगर परियोजन को भ्रष्टाचार का सामना करना पड़ रहा है। परियोजन से जुड़े अधिकारी, ठेकेदार, इंजीनियर, कर्मचारी इत्यादि सब भ्रष्ट हो चुके हैं। वे कागज पर काम दिखाकर रुपये-पैसा आपस में बांट लेते हैं। योजना धरी रह जाती है। भ्रष्टाचार के कारण नगर परियोजन के नाम पर खर्च की जाने वाली करोड़ों रुपये की राशि का लाभ नगरवासियों को नहीं मिल रहा है।

आजकल सरकार द्वारा शहरी विकास मंत्रालय की स्थापना की गई है। इसका मुख्य उद्देश्य शहर का विभिन्न दृष्टि से विकास करना है। लेकिन भ्रष्टाचार के कारण शहरी विकास मंत्रालय तथा नगर परियोजन विभाग अपना लक्ष्य प्राप्त नहीं कर पा रहे हैं।

नगर परियोजन का मानवशास्त्रीय दृष्टिकोण

मानवशास्त्री नगर परियोजन के मानवीय, सामाजिक तथा सांस्कृतिक पहलुओं पर विशेष ध्यान देते हैं। मानवशास्त्रियों के अनुसार नगर परियोजन में मानवीय, सामाजिक तथा सांस्कृतिक विकास के ऊपर विशेष ध्यान दिया जाना चाहिए। नगर परियोजन के मानवशास्त्रीय दृष्टिकोण निम्नलिखित हैं—

1. नगर विभिन्न वर्गों, जातियों, संप्रदायों, भाषाओं तथा क्षेत्रों के लोगों का वास स्थान होता है। अतः नगर का परियोजन इस ढंग से किया जाना चाहिए ताकि

लोगों के बीच जातीय, भाषाई, सामाजिक, धार्मिक तथा सांस्कृतिक दूरी समाप्त हो। लोगों के बीच हम की भावना जागृत की जाए तथा उनके बीच समरसता बनी रहे।

2. नगर परियोजन में ऐसे कार्यों को कार्यान्वित किया जाए जिससे लोगों को लगे कि सभी को न्याय एवं सुविधा मिल रही है। सभी वर्गों के स्वास्थ्य, सफाई, चिकित्सा, स्वच्छ पर्यावरण, पेयजल, हवादार मकान, यातायात तथा संचार सुविधा उपलब्ध हो सके।
3. नगर नियोजन इस ढंग से किया जाना चाहिए जिससे धर्म निरपेक्ष वातावरण का निर्माण हो सके। सभी संप्रदायों के धार्मिक केन्द्रों का सौंदर्यीकरण तथा सुरक्षा की व्यवस्था होनी चाहिए। सभी संप्रदाय के जुलूस को अनुमति प्रदान की जानी चाहिए।
4. भूमि आवंटन तथा मकान आवंटन में जातिवाद, भाषावाद, भाई-भतीजावाद इत्यादि को समाप्त किया जाना चाहिए।
5. नौकरी पेशा में प्रचलित भाई-भतीजावाद, जातिवाद तथा क्षेत्रवाद को समाप्त किया जाना चाहिए।
6. नगर परियोजन में परिवार कल्याण कार्यक्रम को शामिल किया जाना चाहिए।
7. नगर परियोजन में ऐसे कार्यक्रम को प्राथमिकता दी जानी चाहिए जिससे विभिन्न प्रकार के प्रदूषणों को रोका जाए।
8. नगर परियोजन में प्रकृति तथा मानव के बीच संतुलन को बनाए रखना चाहिए।
9. नगर परियोजन भूत, वर्तमान तथा भविष्य को ध्यान में रखकर किया जाना चाहिए।
10. नगर परियोजन नगरवासियों की सहभागिता के आधार पर होना चाहिए।
11. नगर परियोजन पारिस्थितिकी को ध्यान में रखकर किया जाना चाहिए।
12. नगर परियोजन में सांस्कृतिक धरोहरों के सौंदर्यीकरण एवं सुरक्षा को आवश्यक रूप से शामिल किया जाना चाहिए।
13. नगर परियोजन में श्रमिकों के आवास एवं जीवन स्तर सुधार पर विशेष ध्यान दिया जाना चाहिए।
14. नगर परियोजन में महिला छात्रावास, प्रसूतिगृह, चिकित्सालय, विद्यालय इत्यादि पर विशेष ध्यान दिया जाना चाहिए।
15. नगर परियोजन में खेल-कूद भूमि, व्यायामशाला, चिल्ड्रेन पार्क इत्यादि पर विशेष ध्यान दिया जाना चाहिए।
16. नगर परियोजन में विस्थापन एवं पुनर्वास समस्या पर विशेष रूप से ध्यान दिया जाना चाहिए।

इस नगर परियोजन के मानवशास्त्रीय दृष्टिकोण के अंतर्गत उन सारे तत्वों के ऊपर ध्यान दिया जाता है जिनसे मानवीय संबंध प्रगाढ़ होता है तथा मानवीय व्यवहार में मानवता दिखाई पड़ती है। मानव के बीच सामाजिक गुणों का विकास होता है तथा मानव नागरिक सुविधाओं का खुशीपूर्वक प्रयोग करता है।

नगर परियोजन में सहभागी संप्रेषण की भूमिका

आजकल नगर परियोजन में सहभागी संप्रेषण की भूमिका पर विशेष ध्यान दिया जा रहा है। सहभागी संप्रेषण की अवधारणा के अनुसार नगर को सुंदर, सुसज्जित, सुविधायुक्त तथा आधुनिक साधनों से परिपूर्ण रखने की जिम्मेदारी केवल सरकार एवं नगरीय प्रशासन व्यवस्था की ही नहीं है वरन् इसकी जिम्मेदारी नगरवासियों की भी है। अत: नगरवासी अपने-अपने मुहल्ले की समस्या से नगरीय प्रशासन एवं सरकार को अवगत करा दें ताकि नगर परियोजन के समय उन समस्याओं पर समुचित ढंग से काम शुरू किया जा सके।

नगर निगम, नगरपालिका तथा नगर विकास मंत्रालय में नगरवासियों के प्रतिनिधि रहते हैं। अत: सहभागी संप्रेषण के माध्यम से जन प्रतिनिधियों को अपने-अपने मुहल्ले की समस्या से अवगत कराया जा सकता है। नगर परियोजन में उनकी समस्याओं को शामिल करने के लिए दबाव बनाया जा सकता है।

अत: सहभागी संप्रेषण के माध्यम से नगर परियोजन को सूत्रबद्ध करने तथा क्रियान्वयन करने में सुविधा होती है। इसमें योजनाओं का निर्माण नागरिकों की भागीदारी से होता है। योजनाओं को नागरिकों के ऊपर जबरदस्ती थोप नहीं दिया जाता है।

नगर परियोजन की वकालत एवं बहुलता

आज कई संगठन अस्तित्व में आए हैं जो नगरीय परियोजन की वकालत करते हैं। स्वयंसेवी संगठन, श्रमिक संगठन, व्यापारिक संगठन, सामाजिक संगठन, न्यायिक संगठन, राजनीतिक संगठन इत्यादि अस्तित्व में हैं जो नगर परियोजन की वकालत करते हैं। धरना, जुलूस, बंद, घेराव, आंदोलन के माध्यम से वे सरकार तथा नगर प्रशासन पर नगर परियोजन के लिए दबाव बनाते हैं। इन संगठनों द्वारा जनता के हितों तथा सुविधाओं की ओर सरकार का ध्यान आकृष्ट किया जाता है ताकि नगर परियोजन के माध्यम से उनकी नगरीय समस्याओं का समाधान किया जा सके। आज रिक्शा चालक संघ, ट्रक मालिक संघ, टैम्पों चालक संघ, बस चालक संघ, दुकानदार संघ, फूटपाथ दुकानदार संघ, सब्जी विक्रेता संघ, इत्यादि के माध्यम से नगर परियोजन की वकालत की जाती है। इनके द्वारा आंदोलन भी चलाए जाते हैं। इनकी समस्याएं अलग-अलग होती हैं, अत: इनके द्वारा अपनी-अपनी समस्याओं की ओर सरकार तथा प्रशासकों का ध्यान आकृष्ट किया जाता है। इन प्रयासों के फलस्वरूप सभी वर्गों के ऊपर नगर परियोजन में ध्यान दिया जाता है।

नगर परियोजन के विस्तार क्षेत्र

नगर परियोजन के विस्तार क्षेत्र निम्नलिखित हो सकते हैं—

1. सामाजिक क्षेत्र—नगर विभिन्न जातियों का एक पुंज होता है। उनकी समस्या अलग-अलग रहती है। वे अलग-अलग मोहल्ले में रहते हैं। अत: सभी जातियों के मोहल्ले का समुचित विकास होना चाहिए। नगरवासियों के सामाजिक विकास के लिए स्कूल, सामुदायिक भवन, क्लब, पार्क इत्यादि का विकास होना चाहिए। नगर परियोजन में बच्चों, महिलाओं, वृद्धजनों इत्यादि पर विशेष ध्यान दिया जाना चाहिए।

2. आर्थिक क्षेत्र—नगर परियोजन में सभी आर्थिक वर्गों की सुविधाओं पर ध्यान देना चाहिए। श्रमिक वर्ग, पूंजीपति वर्ग, व्यापारी वर्ग, कारीगर वर्ग, नौकरी पेशा वर्ग, निम्न आय वर्ग, मध्य आय वर्ग, उच्च आय वर्ग, इत्यादि के लिए आवास, पीने के पानी, बिजली, सड़क, स्कूल, संचार सुविधा, यातायात सुविधा पर विशेष ध्यान दिया जाना चाहिए। नगर परियोजन में नगरीय युवाओं की बेरोजगारी के ऊपर भी उचित ध्यान दिया जाना चाहिए। इसके लिए उद्योग की स्थापना के साथ बेरोजगार युवकों के बीच परिसंपत्ति का वितरण किया जाना चाहिए। जैसे रिक्शा, टैम्पो, ट्रेक्टर , बस, ट्रक, दुकान इत्यादि। इसके लिए उन्हें पार्क तथा स्टैंड की सुविधा प्रदान की जानी चाहिए।

3. राजनीतिक क्षेत्र—नगर परियोजन के राजनीतिक क्षेत्र के अंतर्गत विधान सभा, विधान परिषद्, मुख्यमंत्री आवास, कैबिनेट मंत्री आवास, मंत्री आवास, विधायक आवास, मुख्य सचिव आवास, न्यायालय, न्यायाधीश आवास, लोक सभा, राज्यसभा, प्रधानमंत्री आवास, मंत्री आवास, सांसद आवास, सचिव आवास तथा अनेक अधिकारी पदाधिकारी आवास, बिजली तथा पानी की सुविधा इत्यादि पर विशेष ध्यान दिया जाता है।

4. पर्यावरणीय क्षेत्र—नगर परियोजन के पर्यावरणीय क्षेत्र के अंतर्गत औद्योगिक क्षेत्र, वन क्षेत्र, पार्क, तालाब, नदी, नदी घाट, रेलवे स्टेशन, बस स्टैंड, झील, नाली, गली, सड़क, बाजार, होटल, कालोनी, पार्क, पर्यटन स्थल, सांस्कृतिक संपदा, मंदिर, मस्जिद, गिरजाघर, गुरुद्वारा, चिड़ियाखाना, संग्रहालय इत्यादि आते हैं। इन सभी की रक्षा एवं सौंदर्यीकरण के लिए नगर परियोजन के अंतर्गत अनेक प्रकार के कार्यक्रम तैयार किए जाते हैं।

नगरीय मानव जाति वर्णन में नगरीय मानवशास्त्र का योगदान

नगरीय मानवशास्त्र मानव शास्त्र की वह शाखा है जो नगरीय समाज की संरचना, संगठन, प्रकार्य, रोग, विघटन, समस्या इत्यादि का अध्ययन करता है।

नगरीय मानवशास्त्रियों एवं समाजशास्त्रियों द्वारा निम्नलिखित प्रकार का नगरीय मानव जाति वर्णन प्रस्तुत किया गया है—

1. नगरीय परिवार की संरचना एवं विशेषता
2. नगरीय नातेदारी व्यवस्था की विशेषताएं
3. नगरीय धर्म की विशेषताएं
4. नगरीय समुदाय एवं संस्कृति की विशेषताएं
5. महानगरीय समुदाय एवं संस्कृति की विशेषताएं
6. नगरीय व्याधिकी का अध्ययन जैसे अपराध, बाल अपराध, वेश्यावृत्ति, भिक्षावृत्ति
7. उच्चजाति कर्मचारी, मध्य जाति कर्मचारी तथा निम्न जाति कर्मचारियों की स्थिति एवं अंतरजातीय संबंध
8. नगर में रह रहे चमार, डोम, भंगी, हलखोर इत्यादि जाति के लोगों की स्थिति एवं अंतरजातीय संबंध
9. धोबी, नाई, कुम्हार, बढ़ई, लोहार इत्यादि जाति के लोगों की स्थिति एवं समस्याएं
10. औद्योगिक श्रमिकों की स्थिति एवं समस्याओं का वर्णन
11. श्रमिक संगठनों की संरचना एवं भूमिका का विवरण
12. नगरीय गरीबी एवं बेरोजगारी का वर्णन
13. नगरों में गुण्डागर्दी तथा आवारागर्दी का वर्णन
14. नगरीय समाज में हत्या तथा आत्महत्या का वर्णन
15. औद्योगिक रुग्णता का अध्ययन एवं वर्णन
16. नगरीय पड़ोस का अध्ययन
17. नगरीय समाज पर उपभोक्तावाद के दुष्परिणामों का प्रभाव
18. नगरीय समाज में महिला भ्रूण हत्या की समस्याएं
19. नगरीय महिलाओं की स्थिति एवं समस्याओं का वर्णन
20. शराब सेवन, नशाखोरी, जुआ तथा वेश्यागमन जैसी समस्याओं का अध्ययन एवं विवरण
21. नगरीय स्वास्थ्य एवं सफाई का अध्ययन
22. नगरीय पारिस्थितिकी एवं पर्यावरण का अध्ययन
23. नगरीय सांस्कृतिक संपदाओं का अध्ययन
24. नगरीय शासन व्यवस्था का अध्ययन
25. नगरीय तनाव एवं दंगा का अध्ययन
26. मलिन बस्ति तथा झुग्गी-झोपड़ी की समस्याओं का अध्ययन
27. भगोड़ेपन का अध्ययन एवं वर्णन

28. नगरीय समाज में आवास की समस्या
29. नगरीय समाज में भूमि अतिक्रमण की समस्या
30. नगरीय समाज में रंगदारी टैक्स की समस्या
31. नगरीय वरिष्ठ नागरिकों की समस्या
32. नगरीय फूटपाथ निवासियों की समस्या
33. नगरीय टांगावालों, रिक्शावालों, टैम्पों वालों, ट्रेक्टर वालों की समस्या
34. नगरीय दुकानदारों की समस्याएं
35. होटल तथा जलपान गृह की समस्याएं
36. नगरीय मनोरंजन के साधन एवं समस्याएं
37. नगरीय स्वास्थ्य एवं सफाई की समस्या
38. नगरीय पेयजल की समस्या
39. नगरीय यातायात की समस्या
40. नगरीय जनसंख्या वृद्धि की समस्या
41. नगरीय समाज में पेशाई गतिशीलता
42. नगरीय समाज में शोषण एवं उत्पीड़न
43. नगरीय समाज में सुरक्षा
44. नगरीय समाज में परिवार कल्याण कार्यक्रम
45. नगरीय समाज के स्वयं सेवी संगठन
46. नगरीय समाज की सद्भावना समिति
47. विस्थापन एवं पुनर्वास की समस्या।

12

नगरीय मानवशास्त्र की उत्पत्ति एवं विकास

ORIGIN AND DEVELOPMENT OF URBAN ANTHROPOLOGY

नगरीय मानव शास्त्र की उत्पत्ति

नगरीय मानवशास्त्र मानवशास्त्र की वह शाखा है जिसके अंतर्गत नगरीकरण प्रक्रिया, नगरीय समाज की संरचना एवं विशेषताएं, नगरीय समाज की समस्याएं तथा नगरीय जीवन शैली का विस्तारपूर्वक अध्ययन किया जाता है। अगर सचमुच में कहा जाये तब नगरीय मानवशास्त्र की नींव प्रागैतिहासिक मानवशास्त्रियों द्वारा दी गई थी। प्रागैतिहासिक मानवशास्त्रियों ने प्रागैतिहासिक स्थलों की खुदाई के आधार पर नगरीय सभ्यता को खोज निकाला। प्रागैतिहासिक प्रमाणों से यह पता चलता है कि कांस्ययुगीन मानवों द्वारा नगरीय सभ्यता की स्थापना नील, दजला तथा सिंधु नदियों की घाटियों में की गई थी। प्रागैतिहासिक नगरों का निर्माण योजनाबद्ध ढंग से किया गया था जिसमें श्रमिकों, व्यापारियों, प्रशासकों तथा पुरोहित वर्गों के लिए अलग-अलग निवास स्थान बनाए गए थे। उन निवास स्थानों में निर्मित भवन योजनाबद्ध ढंग से निर्मित किए गए थे। कई स्थानों पर बाजार केन्द्र स्थापित थे। यातायात की व्यवस्था जलमार्गों के माध्यम से की गई थी। स्थल मार्ग से बैलगाड़ी, घोड़ा गाड़ी, गधा, खच्चर इत्यादि के माध्यम से यातायात की व्यवस्था स्थापित थी। आस-पास के नगरों से व्यापार होता था। व्यापारियों को सत्ता पक्ष द्वारा पूर्ण सुरक्षा प्रदान की जाती थी।

प्रागैतिहासिक नगरों के अध्ययन के बाद मानवशास्त्रियों ने नगर को सभ्यता के विस्तार के रूप में जानने का प्रयास किया तथा ग्रामीण कृषि सभ्यता से उसके निरंतरण को समझने का प्रयास किया। ग्रामीण कृषि सभ्यता तथा नगरीय औद्योगिक व्यापारिक सभ्यता ध्रुवीय विपरीत सभ्यताएं हैं। इन दोनों प्रकार की सभ्यताओं का विकास दो विभिन्न प्रकार के पर्यावरण में हुआ है, लेकिन दोनों सभ्यताएं एक दूसरे से पृथक नहीं हैं। दोनों परस्पर निर्भर तथा संबंधित हैं। दोनों एक-दूसरे की पूरक हैं तथा दोनों अलग-अलग अपना

अस्तित्व बरकरार नहीं रख सकती हैं। इस प्रकार लोक नगरीय सातत्य की अवधारणा का विकास किया गया। लोक समाज, कृषक समाज, उपनगरीय समाज तथा नगरीय समाजों के बीच निरंतरण अथवा सातत्य को जानने का प्रयास किया गया। सभी प्रकार के समाजों की विशेषताओं एवं संस्कृतियों को जानने-समझने का प्रयास किया गया। यह भी जानने का प्रयास किया गया कि किस प्रकार लोक समाज, कृषक समाज तथा नगरीय समाज के बीच निरंतरण एवं सातत्य बना रहता है। यहां प्रसार एवं परसंस्कृतीग्रहण प्रक्रिया को भी समझने का प्रयास किया गया। यह जानने का प्रयास किया गया कि किस प्रकार परसंस्कृतीग्रहण प्रक्रिया के माध्यम से लोक समाज का परिवर्तन कृषक समाज में हुआ, किस प्रकार कृषक समाज का रूपांतरण उपनगरीय समाज में हुआ तथा किस प्रकार उपनगरीय समाज का रूपांतरण नगरीय समाज में हुआ। इस प्रकार लोक नगरीय सातत्य को जानने का प्रयास किया गया।

अमरीकी मानवशास्त्री राबर्ट रेडफिल्ड ने लोक नगरीय-सातत्य का विकास किया। उन्होंने प्रसार प्रक्रिया के स्थान पर परसंस्कृतीग्रहण प्रक्रिया पर विशेष बल दिया तथा विभिन्न प्रकार के समाजों में होने वाले परिवर्तनों को जानने का प्रयास किया गया।

अमरीकी मानवशास्त्री राबर्ट रेडफिल्ड तथा मिल्टन सिंगर ने नगरों की सांस्कृतिक भूमिका पर प्रकाश डाला तथा नगरीकरण के प्राथमिक एवं द्वितीयक प्रक्रियाओं को प्रकाश में लाया। इन विद्वानों ने देशज एवं राष्ट्रीय संस्कृति के विकास में नगरों को महत्त्वपूर्ण भूमिका निभाते हुए पाया।

लोक-नगरीय सातत्य एवं नगरीकरण की प्रक्रिया को समझने के पश्चात मानवशास्त्रियों ने नगरों के धार्मिक संकुल को जानने का प्रयास किया तथा धार्मिक संकुल के आधार पर देशज तथा राष्ट्रीय सभ्यता को जानने का प्रयास किया।

नगरीकरण एवं औद्योगीकरण की समस्या तथा परिणामों को जानने का प्रयास किया गया। नगर परियोजन तथा नगर की समस्याओं का अध्ययन मानवशास्त्र में आरंभ हुआ। औद्योगिक स्थापना के कारण विस्थापन एवं पुनर्वास की समस्या पर अध्ययन किए गए। औद्योगीकरण एवं सामाजिक विघटन का अध्ययन भी किया गया।

इस प्रकार नगरीय मानवशास्त्र की उत्पत्ति हुई। इस मानवशास्त्र की शाखा के अंतर्गत नगरीय जटिल समाज का अध्ययन समग्रता में तथा समस्या की दृष्टि से किया जाता है।

नगरीय मानवशास्त्र की विषयवस्तु

नगरीय मानवशास्त्र की विषयवस्तु निम्नलिखित है—

1. नगर की उत्पत्ति एवं विकास
2. नगरीकरण की प्रक्रिया

3. नगरीकरण का परिणाम
4. नगरीय समाज की विशेषताएं
5. लोक-नगरीय सातत्य
6. औद्योगीकरण एवं औद्योगिक नगर
7. औद्योगीकरण, विस्थापन, पुनर्वास एवं सामाजिक विघटन
8. नगर का धार्मिक संकुल
9. नगर परियोजन
10. नगरीय पारिस्थितिकी
11. नगरीय व्याधिकी—अपराध, बाल अपराध, वेश्यावृत्ति, भिक्षावृत्ति इत्यादि
12. नगरीय समाज की समस्याएं
13. नगरीय प्रशासन
14. नगरीय समाज में जातियां
15. नगरीय समाज में जातीय गतिशीलता
16. गंदी बस्तियां एवं झुग्गी झोपड़ी की समस्या
17. औद्योगिक श्रमिक
18. नगर की सांस्कृतिक भूमिका
19. नगरीय समाज की स्वास्थ्य एवं सफाई समस्या
20. नगरीय समाज की आवास समस्या
21. नगरीय समाज की पेयजल समस्या
22. नगरीय समाज की यातायात व्यवस्था
23. नगरीय समाज का सौंदर्यीकरण
24. नगरीय समाज के मध्य सामाजिक संबंध
25. नगरीय समाज में उपभोक्तावाद
26. नगरीय समाज में वृद्धजनों की समस्या
27. नगरीय समाज में नारी की स्थिति एवं समस्या
28. नगरीय समाज में युवाजन की स्थिति एवं समस्या
29. नगरीय समाज में शिशु की स्थिति एवं समस्या
30. नगरीय समाज में मनोरंजन के साधन एवं समस्या
31. नगरीय समाज के दुकानदारों की समस्या
32. नगरीय समाज के कुली, ठेला चालक, रिक्शा चालक, टैम्पो चालक, फेरीवाला, फूटपाथ दुकानदारों, सब्जी विक्रेताओं, खटाल मालिकों इत्यादि की समस्याएं
33. नगरीय समाज में शोषण एवं उत्पीड़न
34. नगरीय समाज में नशाखोरी, जुआ एवं वेश्यागमन की समस्या
35. नगरीय समाज में भगोड़ापन, आवारागर्दी, गुंडागर्दी एवं रंगदारी टैक्स

36. नगरीय समाज में जातीय एवं अंतरजातीय संबंध
37. नगरीय समाज में जातिवाद, भ्रष्टाचार एवं भाई-भतीजावाद
38. नगरीय समाज में तनाव एवं दंगा
39. नगरीय समाज में श्रमिकों की स्थिति एवं भूमिका
40. नगरीय समाज में कारीगर जातियों की स्थिति एवं भूमिका
41. नगरीय समाज में गुंडागर्दी और रंगदारी
42. नगरीय समाज में नारियों को यौनिक यातना
43. नगरीय समाज में रेजा का शोषण
44. नगरीय समाज के चमार एवं भंगी
45. नगरीय समाज के धोबी
46. नगरीय समाज के नाई
47. नगरीय समाज के बुनकर
48. नगरीय जनसंख्या
49. नगरीय बेरोजगारी
50. नगरीय परिवार
51. नगरीय विवाह
52. नगरीय नातेदारी व्यवस्था
53. नगरीय धर्म
54. नगरीय समाज में राजनीति।

13

राष्ट्रीय चरित्र, राष्ट्र निर्माण की प्रक्रिया तथा राष्ट्रीय अखंडता

NATIONAL CHARACTER, NATION-BUILDING PROCESS AND NATIONAL INTEGRATION

राष्ट्रीय चरित्र का अध्ययन मानवशास्त्रियों द्वारा अनुसंधान का एक महत्त्वपूर्ण अंग माना गया है। मानवशास्त्रियों के अनुसार राष्ट्रीय चरित्र की अभिव्यक्ति देशवासियों के सांस्कृतिक व्यक्तित्व के माध्यम से होती है। अत: राष्ट्रीय चरित्र देशवासियों के व्यवहार में निहित रहता है। मानवशास्त्रियों ने राष्ट्र को मात्र जनसंख्या समूह, भौगोलिक सीमा तथा शासन के लिए स्थायी सरकार तक ही सीमित नहीं रखा, वरन् उन लोगों ने राष्ट्र को सांस्कृतिक परंपरा से संपन्न एक समुदाय के रूप में देखा। सांस्कृतिक परम्पराएं लोगों के मस्तिष्क में चरित्र का निर्माण करती हैं। देशवासियों के सामान्य विचार, व्यवहार, भावना, अभिरुचि इत्यादि अंततोगत्वा राष्ट्र के चरित्र का निर्माण करते हैं।

परिभाषा

राष्ट्रीय चरित्र को परंपराओं की समग्रता या पूर्णता के रूप में परिभाषित किया जा सकता है। परंपरा के साथ-साथ सामान्य विचार, व्यवहार एवं अभिरुचि भी राष्ट्रीय चरित्र के निर्णायक होते हैं। ये सारे तत्व एक राष्ट्र में इतना ज्यादा प्रभावशाली रहते हैं कि इसी आधार पर देशवासियों की पहचान अपने राष्ट्र में तथा दूसरे राष्ट्र में होती है। इस तरह राष्ट्रीय चरित्र से देशवासियों को देश के अंदर तथा विदेशों में पहचान मिलती है।

राष्ट्रीय चरित्र एक मनोवैज्ञानिक अवधारणा है जो देशवासियों के मानसिक व्यवहार के माध्यम से प्रदर्शित होता है। देशवासियों के व्यवहार से यह पता चल जाता है कि किस देश के निवासी आक्रामक हैं, किस देश के निवासी विनम्र होते हैं। किस देश के निवासी निर्दयी होते हैं, किस देश के निवासी दयालु होते हैं। किस देश के निवासी वीर होते हैं, किस देश के निवासी कायर होते हैं। किस देश के निवासी शांतिप्रिय तथा किस देश के

निवासी युद्ध प्रिय होते हैं। किस देश के निवासी सहयोगी होते हैं तथा किस देश के निवासी असहयोगी होते हैं। किस देश के निवासी प्रतियोगी होते हैं, किस देश के निवासी गैरप्रतियोगी होते हैं। किस देश के निवासी चतुर तथा किस देश के निवासी मूर्ख होते हैं। किस देश के निवासी धोखेबाज होते हैं तथा किस देश के निवासी विश्वासी होते हैं। ये सारे ऐसे व्यवहार हैं जिसके आधार पर राष्ट्रीय चरित्र को प्रदर्शित किया जा सकता है। भारत में राष्ट्रीय चरित्र से संबंधित अनेक जातियों के चरित्र का विवरण मिलता है।

संस्कृति एक दूरी पर (Culture at a Distance)

हालांकि राष्ट्र तथा राष्ट्रीय चरित्र के संबंध में विचार मानवशास्त्रियों द्वारा पहले से व्यक्त किए जाते रहे हैं, लेकिन द्वितीय विश्व युद्ध की अवधि में अमरीकी मानवशास्त्रियों द्वारा राष्ट्रीय चरित्र अध्ययन के ऊपर विशेष ध्यान दिया गया है।

कोलंबिया विश्वविद्यालय, अमरीका द्वारा द्वितीय विश्वयुद्ध की अवधि में एक राष्ट्र के सांस्कृतिक व्यक्तित्व को पुनर्निर्मित करने हेतु एक अत्याधुनिक दृष्टिकोण का विकास किया गया था जिसे संस्कृति एक दूरी पर के नाम से जाना जाता है। कोलंबिया विश्वविद्यालय के अनुसंधान परियोजना का शुभारंभ रूथ बेनेडिक्ट के द्वारा द्वितीय विश्वयुद्ध प्रारंभ होने के बाद किया गया था। इस परियोजना के प्रतिभागी मार्गरेट मिड, रोधा मेट्राक्स, ग्रेगोरी बैस्टिसन, जाने बेले, जियोफ्फरी गोरर थे। किसी राष्ट्र के सांस्कृतिक व्यक्तित्व के अध्ययन हेतु विकसित इस दृष्टिकोण का नामकरण संस्कृति एक दूरी पर इसलिए किया गया क्योंकि द्वितीय विश्वयुद्ध के प्रारंभ हो जाने पर मानवशास्त्रियों को क्षेत्र जाकर क्षेत्र कार्य करने की अनुमति अमरीकी सरकार द्वारा प्रदान नहीं की गई थी। लेकिन दुश्मन तथा मित्र राष्ट्रों के राष्ट्रीय चरित्र को समझने तथा उन राष्ट्रों के सांस्कृतिक व्यक्तित्व को समझने के लिए मानवशास्त्रियों की सेवा की आवश्यकता सरकार द्वारा महसूस की गई थी। मानवशास्त्रियों को अमरीका के युद्ध कार्यालय से जोड़ा गया था ताकि वे दुश्मन राष्ट्रों तथा मित्र राष्ट्रों के सांस्कृतिक व्यक्तित्व के संबंध में सूचना युद्ध कार्यालय को दे सकें। मानवशास्त्रियों ने दूर स्थित संस्कृति को जानने के लिए फिल्म विश्लेषण, समाचारपत्र, चिट्ठी, प्रचार तथा अफवाह एवं उसी प्रकार के अन्य दस्तावेजों का अध्ययन किया।

इन सभी द्वितीय स्रोतों से प्राप्त आंकड़ों की सत्यता की जांच एवं पूर्ति प्रवासियों के साक्षात्कार से की गयी। उस राष्ट्र के प्रवासियों का विस्तृत साक्षात्कार लिया गया। उन्हें अपना जीवनवृत्त लिखने को कहा गया। उनके ऊपर मनोवैज्ञानिक परीक्षण भी किए गए। इस प्रकार एक राष्ट्र के चरित्र में व्याप्त सांस्कृतिक नियमितताओं के विश्लेषण हेतु एक मॉडल का विकास किया गया। यह मॉडल प्रत्यक्ष अवलोकन एवं अनुभवाश्रित तथ्यों पर आधारित नहीं था। यह मॉडल अप्रत्यक्ष अवलोकन एवं गैर–अनुभवाश्रित तथ्यों पर आधारित था। इसमें सूचनाएं द्वितीय स्रोतों से प्राप्त की गईं थी। द्वितीयक स्रोतों से प्राप्त आंकड़ों में

कमी की पूर्ति एवं सत्यता की जांच उस राष्ट्र के प्रवासी व्यक्तियों तथा युद्धबंदियों के विस्तृत साक्षात्कार, पत्र, जीवनवृत्त तथा मनोवैज्ञानिक परीक्षण से की गई थी।

मार्गरेट मिड तथा रोधा मेट्राक्स ने 1953 में एक पुस्तक का संपादन किया था जिसका शीर्षक *स्टडी ऑफ कल्चर एट ए डिस्टेंस* है। यह पुस्तक प्रत्यक्ष अवलोकन एवं अनुभवाश्रित तथ्यों के अभाव में राष्ट्रीय चरित्र अध्ययन की कार्यप्रणाली का विवरण प्रस्तुत करती है। इस पुस्तक में रूथ बेनेडिक्ट, मार्गरेट मिड, रोधा मेट्राक्स, जाने बेले, ग्रेगोरी बेस्टिसन तथा जियोफेरी गोरर जैसे मानवशास्त्रियों ने अपने-अपने अनुसंधान पत्रों के माध्यम से राष्ट्रीय चरित्र अध्ययन की कार्यप्रणाली एवं कार्यविधि के ऊपर अपना योगदान दिया है। इन विद्वानों द्वारा राष्ट्रीय चरित्र को संस्कृति एवं व्यक्तित्व के माध्यम से समझने का प्रयास किया गया था। संस्कृति का निर्माण मानव द्वारा किया गया है तथा प्रत्येक पीढ़ी अपनी संस्कृति को समाज से सीखती है तथा प्राप्त करती है। सीखा हुआ या ग्रहण किया हुआ व्यवहार समूह की संस्कृति के रूप में प्रकट होता है। अत: व्यक्तित्व के माध्यम से राष्ट्रीय चरित्र का अध्ययन किया जा सकता है। राष्ट्रीय चरित्र किसी राष्ट्र का सांस्कृतिक व्यक्तित्व होता है।

राष्ट्रीय चरित्र के ऊपर मानवशास्त्रीय अध्ययन

अमरीकी मानवशास्त्री रूथ बेनेडिक्ट तथा मार्गरेट मिड द्वारा राष्ट्रीय चरित्र का मानव वैज्ञानिक अध्ययन किया गया है।

श्रीमति रूथ बेनेडिक्ट की पुस्तक ख्रिस्जैन थेमम एंड सोर्ड (1946) में जापान के राष्ट्रीय चरित्र के संबंध में विवरण प्राप्त होता है। जापान के राष्ट्रीय चरित्र को जानने के लिए आपने अमरीका द्वारा बंदी बनाए गए जापानी युद्धबंदियों का अध्ययन किया। आपने जापानी युद्धबंदियों का विस्तृत साक्षात्कार लिया, उनका जीवनवृत्त लिया, उनके पत्र एवं डायरी का अध्ययन किया तथा उनके ऊपर मनोवैज्ञानिक परीक्षण किया। इन सभी तकनीकों से प्राप्त सूचनाओं के अतिरिक्त आपने जापानवासियों के ऊपर बनी फिल्मों का कंटेंट एनालिसिस किया, जापानी प्रवासियों से पूछताछ की, जापान गए लोगों से जानकारी प्राप्त की, जापानवासियों के ऊपर लिखी गयी पुस्तकों, लेखों तथा प्रतिवेदनों का अध्ययन किया। इस प्रकार इन सभी स्रोतों से प्राप्त आंकड़ों के अध्ययन के आधार पर आपने जापान के सांस्कृतिक व्यक्तित्व को प्रकाश में लाने का प्रयास किया।

आपने जापानवासियों के सांस्कृतिक व्यक्तित्व में विरोधाभास पाया। यह विरोधाभास जापान के राष्ट्रीय पुष्प ख्रिस्जैनथेमम तथा सोर्ड के समान था। जापानवासियों का आरंभिक सांस्कृतिक व्यक्तित्व नमनशील होता है तथा किशोरावस्था का राष्ट्रीय व्यक्तित्व आक्रामक होता है। ख्रिस्जैनथेमम जापानवासियों के बाल्यावस्था का सांस्कृतिक व्यक्तित्व दर्शाता है जो पुष्प समान विनम्र तथा नमनशील होता है। लेकिन जापानवासियों की किशोरावस्था का

सांस्कृतिक व्यक्तित्व तलवार के समान आक्रामक होता है। इसीलिए आपने जापान के राष्ट्रीय चरित्र के ऊपर लिखी गई अपनी पुस्तक का शीर्षक *ख्रिस्जैथेमम एंड सोर्ड* रखा है। जापानवासियों के सांस्कृतिक व्यक्तित्व में व्याप्त विरोधाभास को आपने सांस्कृतिक प्रथा एवं समाजीकरण प्रक्रिया के आधार पर समझने का प्रयास किया है। आपके अनुसार जापानवासियों की सांस्कृतिक प्रथा एवं समाजीकरण प्रक्रिया में शिशुओं तथा बालकों को हर प्रकार की सुख-सुविधा प्रदान की जाती है। उन्हें हमेशा यह आभास होता है कि उनके सिर पर माता-पिता का सहारा है। बच्चे जो कुछ मांगते हैं उसकी पूर्ति माता-पिता द्वारा कर दी जाती है। लेकिन जब वे किशोरावस्था में प्रवेश करते हैं माता-पिता उन्हें स्वतंत्र छोड़ देते हैं। उन्हें जरा भी सहयोग नहीं करते। आगे की जिंदगी जीने के लिए रास्तों का चुनाव उन्हें खुद करना पड़ता है। उन्हें कठिन अनुशासन से भी गुजरना पड़ता है। दो प्रकार की सांस्कृतिक प्रथा एवं समाजीकरण प्रक्रिया के कारण जापानवासियों का राष्ट्रीय चरित्र विरोधाभास प्रस्तुत करता है।

इस पुस्तक में सांस्कृतिक जेनियस के संबंध में भी जानकारी मिलती है। जापानवासियों के बाल्यावस्था का व्यक्तित्व अपोलोनियन जेनियस प्रस्तुत करता है, जबकि यौवनावस्था का व्यक्तित्व डायोनायसियन जेनियस प्रस्तुत करता है।

मार्गरेट मिड की पुस्तक *एंड किप योर पाउडर ड्राई* (1942) अमरीका, जापान तथा रूस के राष्ट्रीय चरित्र अध्ययन से संबंधित है। आपने अमरीकावासियों के राष्ट्रीय चरित्र का अध्ययन कर यह दर्शाने का प्रयास किया कि अमरीकावासियों, जापानियों तथा रूसियों के आरंभिक सांस्कृतिक व्यक्तित्व में कोई अंतर नहीं रहता है। इसीलिए अमरीका, जापान तथा रूस के बच्चों के सांस्कृतिक व्यक्तित्व में समानता पाई जाती है। लेकिन किशोरावस्था से उनकी समाजीकरण प्रक्रिया अलग-अलग ढंग से होती है। वे अलग-अलग स्कूलों में पढ़ते हैं। अलग-अलग ढंग से परिवार उन्हें शिक्षा प्रदान करता है। यही कारण है कि जापान, अमरीका तथा रूस के यौनावस्था के राष्ट्रीय व्यक्तित्व में अंतर पाया जाता है।

मार्गरेट मिड ने अपनी पुस्तक *मेल एंड फिमेल* (1949) में अमरीकी राष्ट्रीय चरित्र का वर्णन किया है। आपने अमेरिकन इंडियंस तथा अमेरिकंस के मध्य सांस्कृतिक प्रथा एवं समाजीकरण प्रक्रिया का अध्ययन किया। आपने पाया कि अमरीकी भारतीयों का सांस्कृतिक व्यक्तित्व नमनशील होता है। इसका कारण यह है कि अमरीकी भारतीयों की महिलाएं अपने शिशुओं को हमेशा अपनी पीठ पर बांध कर रखती हैं। वे जब कभी भी रोते हैं उन्हें स्तनपान कराती हैं। इस प्रकार बच्चों में सुरक्षा की भावना आ जाती है। उसकी भावनात्मक आवश्यकताओं की संतुष्टि होती रहती है। इसीलिए इनके बच्चों का सांस्कृतिक व्यक्तित्व नमनशील रहता है। लेकिन अमेरीकीयों के मध्य शिशुपालन आधुनिक ढंग से होता है। उन्हें आया, नौकरों तथा दाईयों के ऊपर छोड़ दिया जाता है। इसके कारण उनके शिशुओं का सांस्कृतिक व्यक्तित्व आक्रामक होता है।

स्वतंत्र राष्ट्र में राष्ट्र निर्माण की प्रक्रिया

राष्ट्र लोगों का एक समुदाय होता है जिसके सदस्यों के बीच एकता तथा एकजुटता की भावना पाई जाती है। एक राष्ट्र के लोग कई भौगोलिक क्षेत्रों में रहते हैं, कई भाषाओं का प्रयोग करते हैं तथा कई धर्मों के अनुयायी होते हैं, लेकिन इन सारी विविधताओं के बावजूद वे आम अभिरुचि एवं भावना के कारण एक सूत्र में बंधे रहते हैं। यह सूत्र होता है राष्ट्रीय भावना। लोगों के हृदय में व्याप्त राष्ट्रीय भावना ही क्षेत्रीय, सांस्कृतिक, भाषाई एवं धार्मिक विविधता के बावजूद भी देशवासियों को राष्ट्र के रूप में एकजुट रखती है। अत: जब भी कोई राष्ट्र स्वतंत्र होता है, तब उसे राष्ट्र निर्माण प्रक्रिया के तहत वैसे कार्य करने पड़ते हैं जिनसे विविधता में एकता देशवासियों के बीच बनी रहे। साथ ही साथ लोगों के हृदय में राष्ट्रीय भावना सदा व्याप्त रहे। एक स्वतंत्र राष्ट्र को राष्ट्र निर्माण प्रक्रिया के तहत निम्नलिखित बातों पर विशेष रूप से ध्यान देना चाहिए—

1. सांस्कृतिक इतिहास का सृजन
2. राष्ट्रीय सरकार का निर्माण
3. राष्ट्रीय संविधान का निर्माण
4. सभी क्षेत्रों का समान रूप से विकास
5. सभी जातियों को सामाजिक न्याय
6. आरक्षण की व्यवस्था
7. धर्म निरपेक्षता का विकास
8. कल्याण कार्यक्रम
9. राष्ट्रभाषा का विकास
10. स्थानीय भाषाओं का विकास
11. ग्रामीण विकास
12. नगरीय सड़क, यातायात विकास
13. शिक्षा, चिकित्सा, इंजीनियरिंग एवं तकनीकी विकास
14. राष्ट्रीय ध्वज का निर्माण
15. राष्ट्रीय प्रतीकों का सम्मान
16. राष्ट्रीय पक्षी तथा पशु को सम्मान
17. राष्ट्र गान का मान-सम्मान
18. राष्ट्रीय खेल-कूद का विकास
19. राष्ट्रीय राजमार्ग का विकास
20. प्राथमिक शिक्षा का सार्वभौमिकीकरण
21. राष्ट्रीय सुरक्षा हेतु सैनिक संस्थानों की स्थापना
22. राष्ट्रीय त्योहार का मान-सम्मान

23. राष्ट्रीय सांस्कृतिक संपदाओं एवं धरोहरों की सुरक्षा एवं सौंदर्यीकरण
24. सामाजिक समरसता एवं भाईचारे का विकास
25. राष्ट्रीय अवकाश।

राष्ट्रीय अखंडता

जब हम नौकरी या विदेश यात्रा के लिए आवेदन देते हैं, तब हमें अपनी राष्ट्रीयता का उल्लेख करना पड़ता है। इससे स्पष्ट होता है कि राष्ट्रीयता से हमारी पहचान अपने देश के अंदर एवं देश के बाहर विदेशों में होती है। विभिन्न देशों के नागरिकों की पहचान राष्ट्रीयता से होती है। जैसे भारतीय, अमरीकी, जापानी, आस्ट्रेलियाई, अफ्रीकी, चीनी, श्रीलंकाई इत्यादि। एक देश भौगोलिक हस्ती होता है। इसकी भौगोलिक सीमा निर्धारित रहती है। लेकिन राष्ट्र केवल भौगोलिक अवधारणा नहीं है, यह ऐसे लोगों का एक समुदाय होता है जो अपनापन की भावना रखते हैं। जब हमारा राष्ट्र खतरे में पड़ जाता है, इस पर कोई दूसरा राष्ट्र आक्रमण कर देता है या कोई प्राकृतिक आपदा का सामना करता है, तब हम एकजुट होकर तन, मन तथा धन से एक-दूसरे की सहायता करते हैं। हम ऐसा इसलिए करते हैं क्योंकि हमारे अंदर राष्ट्रीय भावना व्याप्त रहती है। राष्ट्रीयता की भावना हमें एक-दूसरे को सहयोग करने को बाध्य करती है। हम सभी लोग अपने राष्ट्र की सुरक्षा अपने-अपने ढंग से करते हैं। राष्ट्रीय भावना के आगे हम अपनी जाति, धर्म, क्षेत्र, भाषा इत्यादि सब कुछ भूल जाते हैं। उस वक्त हम केवल एक राष्ट्र के निवासी रहते हैं। हम सब भारतीय रहते हैं तथा भारत माता एवं भारतीयता की रक्षा करना हमारा एकमात्र धर्म रहता है। इस प्रकार राष्ट्रीय भावना के माध्यम से राष्ट्रीय अखंडता का विकास होता है। राष्ट्रीय अखंडता एक सकारात्मक विश्वास है जो राष्ट्र को प्रगति पथ पर अग्रसर करता है। उसे विकासोन्मुख बनाता है तथा समाज में सकारात्मक परिवर्तन लाता है। हमारे देश का संविधान, सरकार, राष्ट्रीय ध्वज एवं राष्ट्र गान हमारे राष्ट्र को एक सूत्र में बांधे रहते हैं।

राष्ट्रीय अखंडता को जानने के लिए राष्ट्र को जानना आवश्यक है। एक राष्ट्र एक देश होता है जिसकी सामाजिक एवं राजनीतिक संरचना एकीकृत रहती है। एक राष्ट्र एक ऐसा समुदाय है जिसके सदस्यों के बीच एकता की भावना पाई जाती है। एकता की भावना का विकास सामान्य इतिहास, समाज, मूल्य तथा संस्कृति के आधार पर होता है। सबसे ऊपर एकता की भावना हमें एक राष्ट्र के रूप में बांधे रहती है।

भारत एक राष्ट्र है। इसके निवासी विभिन्न क्षेत्रों में रहते हैं, विभिन्न भाषा का प्रयोग करते हैं, विभिन्न धर्मों का अनुपालन करते हैं तथा विभिन्न संस्कृतियों को धारण किए रहते हैं। भारत राष्ट्र के निवासी विविधता के सबसे अच्छे उदाहरण हैं। लेकिन विविधता में एकता उनकी राष्ट्रीय पहचान है। भारत के निवासी जाति, धर्म, प्रजाति, क्षेत्र इत्यादि से ऊपर उठकर सब भारतीय हैं। वे सब भारत माता की संतान हैं तथा भारत माता की रक्षा करना उनका सर्वश्रेष्ठ कर्त्तव्य है। सामाजिक, आर्थिक एवं राजनीतिक निर्भरता के कारण हम सब में एकता की भावना और सुदृढ़ हो जाती है।

राष्ट्रीय अखंडता को सकारात्मक पहलू के रूप में देखा जा सकता है। यह सामाजिक, सांस्कृतिक तथा आर्थिक विषमताओं को समाप्त करती है। यह राष्ट्रीय एकता को सुदृढ़ करती है। राष्ट्रीय अखंडता को किसी सत्ता के द्वारा जोर जबरदस्ती से नहीं लादा जा सकता है। यह तो स्वत: देशवासियों के हृदय से प्रस्फुटित होती है। इसमें लोग सामान्य भावना, अभिरुचि तथा विचार रखते हैं तथा उसमें सामान्य रूप से भाग लेते हैं। इस प्रकार राष्ट्रीय अखंडता अनेकता के बीच एकता की भावना संचारित करती है। यहां राष्ट्रीय पहचान महत्त्वपूर्ण हो जाती है तथा क्षेत्रीय एवं अन्य पहचान गौण हो जाती है। प्रजातांत्रिक संविधान, जनतांत्रिक सरकार, राष्ट्रगान, राष्ट्रध्वज, राष्ट्रीय पर्व-त्योहार, राष्ट्रीय अवकाश, राष्ट्रीय प्रतीक इत्यादि राष्ट्रीय अखंडता को बढ़ावा देते हैं।

राष्ट्रीय अखंडता की चुनौतियां

राष्ट्रीय अखंडता को राष्ट्र निर्माण की प्रक्रिया के माध्यम से अक्षुण्ण बनाए रखा जा सकता है। लेकिन राष्ट्रीय अखंडता को बनाए रखने में हमें अनेक प्रकार की चुनौतियों का सामना करना पड़ता है। राष्ट्रीय अखंडता को बरकरार रखने में हमें निम्नलिखित चुनौतियों का सामना करना पड़ता है—

1. जातीयता (जातिवाद)
2. सांप्रदायिकता (संप्रदायवाद)
3. क्षेत्रीयता (क्षेत्रवाद)
4. भाषिकता (भाषावाद)

राष्ट्रीय अखंडता के संदर्भ में जातिवाद, संप्रदायवाद, क्षेत्रवाद तथा भाषावाद नकारात्मक शब्द हैं। इसमें संदेह नहीं है कि राष्ट्रीय अखंडता एक देश के बहुक्षेत्रीय, बहुभाषिक, बहुधार्मिक, बहुजातीय तथा बहुसांस्कृतिक लोगों के बीच एकता की भावना है। राष्ट्रीय अखंडता के संदर्भ में यह एकत्व अथवा ऐक्य की भावना अनेकता में एकता पर आधारित है। यह भावना राष्ट्र को जाति, प्रजाति, धर्म, भाषा तथा क्षेत्र से सर्वोपरि मानती है। यह भावना हमारी राष्ट्रीय निष्ठा दर्शाती है। इसके आगे हम जातीय, प्रजातीय, क्षेत्रीय, धार्मिक, भाषाई तथा सांस्कृतिक वफादारी को गौण मानते हैं।

अभाग्यवश कई परिस्थितियों में हम राष्ट्रीय वफादारी को तिलांजलि देकर जातीय, प्रजातीय, क्षेत्रीय, भाषाई तथा सांप्रदायिक वफादारी को अंगीकार कर लेते हैं। परिस्थितियां ऐसी उत्पन्न हो जाती हैं कि हम अपनी राष्ट्र भक्ति को परित्याग कर जातीय, सांप्रदायिक, भाषायी तथा क्षेत्रीय निष्ठा में मदहोश हो जाते हैं। हम राष्ट्रीय वफादारी को तिलांजलि देकर अपनी जातीय, सांप्रदायिक, भाषाई तथा क्षेत्रीय निष्ठा को अपना लेते हैं। राष्ट्रीय निष्ठा का

परित्याग करना अपनी राष्ट्र रूपी माता का परित्याग करना है। राष्ट्रीय वफादारी के प्रति तिलांजलि राष्ट्रद्रोही व्यवहार है।

जातीय, प्रजातीय, सांप्रदायिक, क्षेत्रीय तथा भाषाई निष्ठा एकत्व की भावना को चोट पहुंचाती है तथा राष्ट्रीय अखंडता को समाप्त करती है। जातीयता, सांप्रदायिकता, भाषिकता तथा क्षेत्रीयता राष्ट्रीय अखंडता को हर तरह से हानि पहुंचाती है। अतः राष्ट्रीय अखंडता की मुख्य चुनौतियां जातिवाद, संप्रदायवाद, क्षेत्रवाद तथा भाषावाद हैं।

जातिवाद की स्थिति में हम अपनी जातीय भक्ति को राष्ट्रीय भक्ति से अधिक मूल्यवान समझने लगते हैं। उसी तरह संप्रदायवाद में हम अपनी सांप्रदायिक निष्ठा को राष्ट्रीय निष्ठा से अधिक समझने लगते हैं। उसी प्रकार भाषावाद तथा क्षेत्रवाद में हम अपनी भाषाई निष्ठा तथा क्षेत्रीय निष्ठा को राष्ट्रीय निष्ठा से अधिक मूल्य देने लगते हैं। इस प्रकार जातिवाद, संप्रदायवाद, भाषावाद तथा क्षेत्रवाद में हमारा व्यवहार राष्ट्रीय निष्ठा के विपरीत हो जाता है।

हमारे देश में हिन्दुओं तथा मुसलमानों के बीच एकत्व की भावना को सांप्रदायिक दंगों के माध्यम से अनेक बार ठेस पहुंची है। हालांकि सांप्रदायिक दंगे जैसे व्यवहार समय-समय पर कई शहरों में होते रहे हैं, लेकिन सांप्रदायिक दंगों का सबसे विभत्स रूप 1947 तथा 1992 में अस्तित्व में आया। इन दोनों अवसरों पर हमारा संपूर्ण राष्ट्र सांप्रदायिकता की आग में झुलस गया था। सांप्रदायिक दंगों में लोग भूल जाते हैं कि वे सभी भारतीय हैं। वे भारतीय को ही हानि पहुंचाने जा रहे हैं। वे जिसे मारने जा रहे हैं, वह भी भारतीय है। वे जिसका लहू बहाने जा रहे हैं, वह लहू भी एक भारतीय का है। वे जिसकी संपत्ति, जान-माल इत्यादि को नुकसान पहुंचाने जा रहे हैं, वह भी किसी भारतीय की ही है। इस प्रकार सांप्रदायिक दंगों में लोग भूल जाते हैं कि सभी राष्ट्रवासी भारत माता की ही संतान हैं, भाई-बहन हैं, एक ही परिवार के हैं, केवल वे अलग-अलग विश्वास रखते हुए, अपने देवी-देवताओं की पूजा करते हैं तथा अपना-अपना पर्व-त्योहार मनाते हैं। जिस प्रकार एक ही माता से उत्पन्न संतानों के व्यवहार में अंतर होता है, उसी प्रकार एक ही भारत माता से उत्पन्न हिन्दू तथा मुसलमानों के धार्मिक विश्वास तथा व्यवहार अलग-अलग है। सांप्रदायिक दंगों की स्थिति में लोग अपनी राष्ट्रीय वफादारी भूलकर सांप्रदायिक वफादारी निभाने लगते हैं। धार्मिक रूढ़िवाद तथा कट्टरता हमारे ऊपर हावी हो जाती है। कुछ धार्मिक तथा राजनीतिक नेतागण सांप्रदायिक दंगों के समय अग्नि में घी डालने का काम करते हैं।

संप्रदायवाद के समान ही जातिवाद में हम अपनी जातीय निष्ठा को राष्ट्रीय निष्ठा से भी मूल्यवान समझ बैठते हैं। हम पर जातीय रूढ़िवाद तथा कट्टरता हावी हो जाती है तथा हम जाति के नाम पर खून-खराबा, हत्या, लूटपाट, आगजनी इत्यादि में लिप्त हो जाते हैं। हमारे देश में जातीय दंगों के दृश्य भी समय-समय पर उपस्थित होते हैं। बिहार तथा कई अन्य राज्यों में समय-समय पर जातीय दंगे होते रहे हैं जिनमें जान-माल की भयंकर क्षति हुई है।

संप्रदायवाद तथा जातिवाद के समान भाषावाद भी राष्ट्रीय अखंडता के मार्ग में चुनौती उपस्थित करता है। भाषावाद भी हमारी एकत्व की भावना पर प्रहार करता है। हम राष्ट्रीय भावना का परित्याग कर जातीय भावना में बह जाते हैं। हम अपनी भाषाई भावना को मूल्यवान समझने लगते हैं तथा भाषावाद के नाम पर लूटपाट, हत्या, आगजनी, बलात्कार इत्यादि व्यवहारों में लिप्त हो जाते हैं। हमारा यह व्यवहार राष्ट्रीयता के विपरीत होता है। हम सब भारतवासी होते हुए भी भाषा के आधार पर बंट जाते हैं तथा एक-दूसरे के साथ दुश्मन जैसा व्यवहार करने लगते हैं। एक भाषाई समूह द्वारा दूसरे भाषाई समूह में हत्या, लूटपाट, आगजनी, राहजनी इत्यादि जैसे व्यवहारों को अंजाम दिया जाता है। इस प्रकार भाषाई दंगा राष्ट्रीय अखंडता के मार्ग में बाधा उत्पन्न करता है। हमारा देश 1964 में तमिलनाडु में तथा 1967, 1998, 2000, 2003 में असम में भाषाई दंगे झेल चुका है जिसमें अनेक लोगों को जान-माल गंवाना पड़ा है।

हमारा देश 1984 में हिन्दू-सिख दंगा झेल चुका है। पुनः 2002 का गुजरात में सांप्रदायिक दंगा हमारी राष्ट्रीय अखंडता पर प्रश्न चिह्न लगाता है। ऐसे दंगे ने हमारे धर्मनिरपेक्ष स्वरूप को कलंकित किया है तथा राष्ट्रीय अखंडता की धज्जियां उड़ायी हैं।

क्षेत्रवाद भी राष्ट्रीय अखंडता के मार्ग में चुनौती उत्पन्न करता है। क्षेत्रवाद में भी हम अपने आपको अपने क्षेत्र तक सीमित कर लेते हैं तथा राष्ट्रीय सीमा को भूल जाते हैं। हमारा व्यवहार संकीर्ण हो जाता है।

क्षेत्रीयता के आधार पर हम कई समूहों में बंट जाते हैं। हम दूसरे क्षेत्र के भारतीयों को अपना दुश्मन मानने लगते हैं। क्षेत्रीय दंगा हमारी राष्ट्रीय भावना को समाप्त कर देता है। ऐसा लगता है एक देश के अंदर कोई दूसरा देश है। तमिलनाडु तथा कर्नाटकवासियों के बीच झगड़ा, बिहारी तथा असमियों के बीच दंगा, बिहारी तथा झारखंडी के बीच लड़ाई तथा महाराष्ट्रियों तथा बिहारियों के बीच लड़ाई ये सब क्षेत्रीयता पर आधारित ऐसे व्यवहार हैं जिनसे हमारी राष्ट्रीय अखंडता कलंकित हुई है।

हर व्यक्ति किसी न किसी जाति का सदस्य होता है। उसकी एक मातृभाषा होती है। वह किसी क्षेत्र का निवासी होता है। वह किसी न किसी धर्म का अनुयायी होता है। अतः भाषा, धर्म, जाति, क्षेत्र के साथ किसी व्यक्ति को संबंधित होना यह नहीं दर्शाता है कि वह व्यक्ति कम राष्ट्रवादी है, या उस व्यक्ति में कम राष्ट्रभक्ति है। यह नहीं कहा जा सकता है कि हिन्दू ज्यादा राष्ट्रभक्त हैं और मुसलमान कम। सिख ज्यादा राष्ट्रभक्त हैं और ईसाई कम। बिहारी ज्यादा देशभक्त हैं और असमी कम। हिन्दी बोलने वाले ज्यादा राष्ट्रभक्त हैं और अंग्रेजी बोलने वाले कम, ब्राह्मण ज्यादा राष्ट्रवादी हैं और हरिजन कम। इस तरह जाति, धर्म, भाषा तथा क्षेत्र का संबंध राष्ट्रीय अखंडता से नहीं है। राष्ट्रीय अखंडता इन सभी श्रेणियों से ऊपर है।

ग्रंथ विज्ञान

BIBLIOGRAPHY

अटल, योगेश, 1961 : "कल्ट आफ भेरू इन मेवार विलेज"। राँची : *जर्नल ऑफ सोशल रिसर्च,* वोल्यूम–14।

अय्यर, एल.ए. कृष्णा, 1935 : द *ट्रैवनकोर ट्राइब्स एंड कास्ट्स,* वोल्यूम–I। त्रिवेंद्रम: गवर्नमेंट प्रेस।

अय्यर, एल.ए. कृष्णा, 1939 : द *ट्रेवनकोर ट्राइब्स एंड कास्ट्स,* वोल्यूम–II। त्रिवेंद्रम: गवर्नमेंट प्रेस।

अय्यर, एल.ए. कृष्णा, 1941 : द *ट्रैवनकोर ट्राइब्स एंड कास्ट्स,* वोल्यूम–III। त्रिवेंद्रम: गवर्नमेंट प्रेस।

अय्यर, एल.के. अनंत, 1908 : *कोचीन ट्राइब्स एंड कास्ट्स,* वोल्यूम–I। लंदन: हर्गिन बोथम एंड कंपनी।

अय्यर, एल.के. अनंत, 1912 : *कोचीन ट्राइब्स एंड कास्ट्स,* वोल्यूम–II। लंदन: हर्गिन एंड कंपनी।

अय्यर, एल.के. अनंत, 1928 : *मैसूर ट्राइब्स एंड कास्ट्स,* वोल्यूम–II। मैसूर : यूनिवर्सिटी प्रेस।

अय्यर, एल.के. अनंत, 1930 : *मैसूर ट्राइब्स एंड कास्ट्स,* वोल्य–III। मैसूर : यूनिवर्सिटी प्रेस।

अय्यर, एल.के. अनंत, 1931 : *मैसूर ट्राइब्स एंड कास्ट्स,* वोल्य–IV। मैसूर : यूनिवर्सिटी प्रेस।

अरोरा, जी.एस. 1962 : *ट्राइब, कास्ट, क्लास एनकाउंटर।* इलाहाबाद : स्टाफ एडमिनिस्ट्रेटिव कॉलेज।

ईश्वरण, के., 1966 : *ट्रेडिशन एंड इकोनामी इन विलेज इंडिया।* बॉम्बे: एलायड पब्लिशर।

उपाध्याय, वी.एस. एंड गया पाण्डेय 1993 : *हिस्ट्री आफ एंथ्रोपोलोजिकल थौट :* दिल्ली: कंसेप्ट पब्लिशिंग कंपनी।

उपाध्याय, वी.एस. एंड गया पाण्डेय 2001 : *मानवशास्त्रीय विचारक एवं विचार धाराएं।*

ओपलर, मोरिस ई., 1956 : "एक्टेंशन आफ एन इंडियन विलेज", *जर्नल आफ एशियन स्टडी*, वोल्यूम-16।

ओ'मालेय, 1932 : *इंडियन कास्ट सिस्टम*। कैम्ब्रिज यूनिवर्सिटी प्रेस।

ओ'मालेय, 1934 : *इंडियाज सोसल हैरिटेज*। ऑक्सफोर्ड क्लेरेडन प्रेस।

कपाडिया, के.एम. एंड देवेन्द्र पिल्लाई 1972 : *इंडस्ट्रीयलाइजेशन एंड रुरल सोसायटी*। बॉम्बे: पोपुलर प्रकाशन।

कोकाडे, आर.जी., 1957 : *सोसियो-इकोनामिक सर्वे ऑफ विभिंग कम्यूनिटी ऑफ सोलापुर*। पूना: गोखले इस्टीट्यूट ऑफ पोलिटिक्स एंड इकोनामिक्स।

कोन, बी.एस. 1955 : "चेंजिंग स्टेट्स आफ डिप्रेस्ड कास्ट्स इन विलेज इंडिया" इन *विलेज इंडिया* (एडिटेड) बाई मैक्कीम मैरियट, शिकागो: यूनिवर्सिटी प्रेस।

कोन, बी.एस. 1958 : "चेंजिंग ट्रेडिशन ऑफ लो कास्ट", इन *ट्रेडिशनल इंडिया : स्ट्रक्चर एंड चेंज* (एडिटेड) बाई मिल्टन सिंगर।

कोलेंडा, पी.एम. 1958 : "टुवाड्र्स ए माडल ऑफ हिन्दू जजमानी सिस्टम"। *ह्यूमन आर्गेनाइजेशन*, वोल्यूम-22, नं.-1।

क्रुक, डब्ल्यू., 1986 : द ट्राइब्स एंड कास्ट्स ऑफ नार्थ वेस्टर्न प्रोविंसेस एंड अवध (चार खंडों में), कोलकाता।

कारस्टेयर्स, जी.एम. 1957 : द *ट्वाईस बौर्न : ए स्टडी इन हाइ कास्ट हिन्दू*। लंदन : हागर्थ प्रेस।

गफ, ई.के. 1952 : "सोशल सर्वे ऑफ ए टांजोर विलेज" इन *ई.पी.डब्ल्यू.* वोल्यूम-IV।

गफ, ई.के. 1955 : "सोशल स्ट्रक्चर ऑफ तांजोर विलेज" इन *इंडियाज विलेज* (एडिटेड) बाई एम.एन. श्रीनिवास।

गडगिल, ए., 1962 : *पूना : ए सोसियो-इकोनामिक सर्वे*। पूना: गोखले इंस्टीट्यूट ऑफ पोलिटिक्स एंड इकोनामिक्स।

गाउल्ड, एच.ए., 1959 : "द पिजेंट लाइफ : सेंट्री पेटल आर सेंट्रीफ्यूगल"। *ईस्टर्न एंथ्रोपोलोजिस्ट;* वोल्यूम-13, नं.-1।

गाउल्ड, एच.ए., 1964 : "जजमानी सिस्टम आफ नार्थ इंडिया"। *इथनोलोजी*, वोल्यूम-1, नं. 1।

गुहा, बी.एस., 1944 : *रेसियल इलेमेंट्स इन इंडियन पोपुलेशन*, बॉम्बे : आक्सफोर्ड यूनिवर्सिटी प्रेस।

गुंपर्ज, जे.जे. 1958 : "डायलेक्ट डिफरेंसेस एंड सोशल स्ट्राटिफिकेशन इन ए नार्थ इंडियन विलेज"। *अमेरिकन एंथ्रोपोलोजिस्ट*, वोल्यूम-60।

गोरे, एम.एस., 1956 : *बेगर प्रॉब्लेम्स ऑफ मेट्रोपोलिटन दिल्ली*। दिल्ली : स्कूल ऑफ सोशल वर्क।

घुर्ये, जी.एस., 1932 : *कास्ट एंड रेसेस इन इंडिया*। लंदन : केगनपाल।

चौहान, बी.आर., 1960 : "एन इंडियन विलेज : सम क्वेशचंस" राँची : *मैन इन इंडिया,* वोल्यूम–40, पृ. 116–125।

चौहान, बी.आर., 1970 : *टाउंस इन ट्रायबल सेटिंग।* दिल्ली : नेशनल पब्लिशिंग हाउस।

चौहान, डी.एस. 1956 : *ट्रेंड्स ऑफ आर्बेनाइजेशन इन आगरा।* बॉम्बे : एलायड पब्लिशर प्राइवेट लिमिटेड।

झा, माखन, 1971 : *सैकरेड काम्प्लेक्स ऑफ जनकपुरा,* इलाहाबाद : यूनाइटेड पब्लिशर।

ड्यूमाट, लुइस, 1970 : *होमोहिरार किकस : एन एसे इन कास्ट सिस्टम।* शिकागो: यूनिवर्सिटी प्रेस।

ढेकनेय, बी.सी. 1959 : *हुबली सिटी।* धारवाड़ : कर्नाटक यूनिवर्सिटी।

दत्ता, एन.के., 1931 : *ओरिजिन एंड ग्रोथ ऑफ कास्ट इन इंडिया।* लंदन।

दुबे, एस.सी., 1955 : *इंडियन विलेज।* लंदन : राउटलेज एंड केगनपाल।

धिलौन, एस., 1955 : *लिडर एंड ग्रुप्स इन साउथ इंडियन विलेज।* न्यू दिल्ली : प्लानिंग कमीशन।

पटनायक, एन., 1954 : "कास्ट एंड एडुकेशन इन रुरल उड़ीसा"। राँची : *मैन इन इंडिया,* वोल्यूम–34।

पटनायक, एन., 1960 : "आउट कास्टिंग एमांग आयल मैन"। *मैन इन इंडिया* वोल्यूम–40 नं.–1।

पटनायक, एन., 1960 : "सर्विस रिलेशन बेटवीन बार्बर एंड विलेजर"। *इकोनामिक वीकली,* वोल्यूम–12, नं.–20।

पुनेकर, एस.डी. एंड मिस कमलाराव, 1962 : *स्टडी आफ प्रोस्टिट्यूट्स ऑफ बॉम्बे।* बॉम्बे : एलायड पब्लिशर।

बलंट, ई.ए.एच. 1931 : *कास्ट सिस्टम ऑफ नार्थ इंडिया।* लंदन : ऑक्सफोर्ड यूनिवर्सिटी प्रेस।

बाउगल, सी. 1977 : *एसेस आन कास्ट सिस्टम।* कैम्ब्रिज : यूनिवर्सिटी प्रेस।

ब्रिज, जी. डब्ल्यू., 1920 : द *चमार।* कलकटा : एसोसिएशन प्रेस।

बिटे, आंद्रे, 1966 : *कास्ट, क्लास एंड पावर : चेंजिंग पैटर्न ऑफ स्ट्राटिफिकेशन इन ए तांजोर विलेज।* बॉम्बे : आक्सफोर्ड यूनिवर्सिटी प्रेस।

बिटे, आंद्रे, 1969 : *कास्ट : ओल्ड एंड न्यू : एसेज इन सोशल स्ट्रक्चर एंड सोशल आर्गेनाइजेशन।* बॉम्बे : आक्सफोर्ड यूनिवर्सिटी प्रेस।

बेनेडिक्ट, आर. 1946 : *क्रिसजैन थेमम एंड सोर्ड।* बोस्टन : हाउटन मिफिन।

बिल्स, ए.आर., 1962 : *गोपालपुर : ए साउथ इंडियन विलेज।* बॉम्बे : आक्सफोर्ड यूनिवर्सिटी प्रेस।

बेली, एफ. जी., 1958 : *कास्ट एंड इकोनामिक फ्रंटियर्स।* बॉम्बे : आक्सफोर्ड यूनिवर्सिटी प्रेस।

बेली, एफ. जी., 1959 : *पोलिटिकल एंड सोशल चेंज : उड़ीसा।* बॉम्बे : आक्सफोर्ड यूनिवर्सिटी प्रेस।

बेली, एफ. जी., 1960 : *ट्राइब, कास्ट एंड नेशन।* बॉम्बे : आक्सफोर्ड यूनिवर्सिटी प्रेस।

बोस, एन.के. 1968 : *कोलकत्ता : ए सोशल सर्वे।* बॉम्बे : लालवाणी पब्लिशिंग हाउस।

मजूमदार, डी.एन., 1958 : *कास्ट एंड कम्यूनिकेशन इन एन इंडियन विलेज।*

मजूमदार, डी.एन., 1960 : *सोशल कंटुर आफ एन इंडस्ट्रीयल सिटी।* बॉम्बे : एशिया पब्लिशिंग हाउस।

मलकानी, एच.डी., 1955 : *सोसियो इकोनामिक सर्वे ऑफ बरोदा सिटी।* बरोदा : एम.एस. यूनिवर्सिटी।

मलहोत्रा, पी.सी., 1964 : *सोसियो इकोनामिक सर्वे ऑफ भोपाल एंड बैरागढ़।* बॉम्बे : एशिया पब्लिशिंग हाउस।

माथुर, के.एस. 1964 : *कास्ट एंड रिचुअल इन मालवा विलेज,* बॉम्बे : एशिया पब्लिशिंग हाउस।

मिड, एम., 1942 : *एंड किप योर पाउडर ड्राई।* न्यूयार्क : मोराव।

मिड, एम., 1949 : *मेल एंड फिमेल,* न्यूयार्क : मोराव।

मिड, एम. एंड रोधा मेट्राक्स, 1953 : *स्टडी ऑफ कल्चर एट ए डिसटेंस,* शिकागो : यूनिवर्सिटी प्रेस।

मुखर्जी, आर.के. एंड बलजीत सिंह, 1961 : *सोशल प्रोफाइल ऑफ ए मेट्रोपोलिस सिटी लखनऊ।* बॉम्बे : एशिया पब्लिशिंग हाउस।

मेयर, ए.सी. 1952 : *लैंड एंड सोसायटी इन मालाबार।* बॉम्बे : एशिया पब्लिशिंग हाउस।

मेयर, ए.सी., 1955 : "चेंज इन मालाबार विलेज"। *इकोनामिक वीकली,* वोल्यूम-7, नं. 37।

मेयर, ए.सी., 1960 : *कास्ट एंड किनशिप इन सेंट्रल इंडिया।* लंदन : राउटलेज एंड केगनपाल।

मैक्कीम, मैरियट (एडिटेड) 1955 : "विलेज इंडिया शिकागो" : *अमेरिकन एंथ्रोपोलोजिस्ट,* वोल्यूम-57।

मैक्कीम, मैरियट, 1949 : "इंटरएक्शनल एंड एट्रिब्यूशनल थ्योरी ऑफ कास्ट रैंकिंग"। राँची : *मैन इन इंडिया* : वोल्यूम-39, नं.-20।

मैक्कीम, मैरियट, 1960 : *कास्ट रैंकिंग एंड कम्यूनिटी स्ट्रक्चर इन फाइव रिजंस ऑफ इंडिया एंड पाकिस्तान।* पूना : डेक्कन कालेज।

मैन, एच.जे.एस. 1871 : *विलेज कम्यूनिटी इन ईस्ट एंड वेस्ट,* लंदन।

राव, वी.के.आर.वी. एंड पी.बी. डेसाई 1965 : *ग्रेटर दिल्ली : ए स्टडी इन अर्बेनाइजेशन :* बॉम्बे: एशिया पब्लिशिंग हाउस।

रिजले, एच.एच., 1895 : *ट्राइब्स एंड कास्ट्स ऑफ बंगाल।* कोलकत्ता गवर्नमेंट प्रेस।

रिजले, एच.एच. 1905 : द *पिपुल ऑफ इंडिया।* कोलकत्ता: गवर्नमेंट प्रेस।

रेडफिल्ड, आर., एंड मिल्टन सिंगर, 1955 : ''कल्चरल रोल ऑफ सिटी''। राँची : *मैन इन इंडिया।* वोल्यूम-34, नं.-3।

रेडफिल्ड, राबर्ट, 1930 : *टोपाज लैन।* शिकागो यूनिवर्सिटी प्रेस।

रेडफिल्ड, राबर्ट, 1934 : *फोक कल्चर ऑफ यूकाटाम।* शिकागो : यूनिवर्सिटी प्रेस।

रेडफिल्ड, राबर्ट, 1953 : *प्रिमिटिव वर्ल्ड एंड इट्स ट्रांसफोरमेशन।* न्यूयार्क।

रेडफिल्ड, राबर्ट, 1955 : द *लिटल कम्यूनिटी : फिव पोआइंट फार द स्टडी ऑफ ह्यूमन होल।* शिकागो : यूनिवर्सिटी प्रेस।

रेडफिल्ड, राबर्ट, 1955 : *थिंकिंग अबाउट सिविलाइजेशन।* शिकागो: यूनिवर्सिटी प्रेस।

रेडफिल्ड, राबर्ट, 1956 : द *पिजेंट सोसायटी एंड कल्चर।* शिकागो: यूनिवर्सिटी प्रेस।

लेविस, ओस्कार, 1954 : *ग्रुप डाइनामिक्स इन ए नार्थ इंडियन विलेज।* दिल्ली: प्लानिंग कमीशन।

लेविस, ओस्कार, 1958 : *लाइफ इन ए नार्थ इंडियन विलेज।* डरबन : इलिनायस यूनिवर्सिटी।

लकदावाला, डी.टी. 1952 : ''सोसियो इकोनामिक सर्वे ऑफ बांबे''। राँची : *जर्नल ऑफ सोशल रिसर्च,* वोल्यूम-1।

वाइजर, डब्ल्यू.एच. 1936 : *हिन्दू जजमानी सिस्टम।* लखनऊ, पब्लिशिंग हाउस।

विद्यार्थी, एल.पी., 1961 : *सैकरेड कांप्लेक्स इन हिन्दू गया।* बॉम्बे: एशिया पब्लिशिंग हाउस।

विद्यार्थी, एल.पी., 1973 : *रिसर्चेज इन कांप्लेक्स सोसायटी इन इंडिया।* नई दिल्ली: इंडियन अकादमी ऑफ सोशल साईंस।

विद्यार्थी, एल.पी., 1977 : *राइज ऑफ एंथ्रोपोलोजी इन इंडिया* (दो खंडों में) नई दिल्ली: कंसेप्ट पब्लिशिंग कंपनी।

शरण, ए.बी. एंड गया पाण्डेय 1992 : *सन वर्शिप इन इंडिया।* नई दिल्ली: नार्दन बुक सेंटर।

सहाय, वी.एस. एंड पी.के. सिंह, 1998 : *इंडियन एंथ्रोपोलोजी,* इलाहाबाद, के.के. पब्लिकेशन।

सिंगर, मिल्टन, 1958 : ''द ग्रेट ट्रेडिशन इन मेट्रोपालिटन सेंटर ऑफ मद्रास''। *अमेरिकन फोकलोर* वोल्यूम-71, नं. 261।

सिंह, आर.डी. 1956 : ''यूनिटी ऑफ एन इंडियन विलेज''। *जर्नल ऑफ एशियन स्टडी,* वोल्यूम-16, नं.-7।

सेन, एस.एन. 1961 : द *सिटी ऑफ कोलकत्ता : ए सोसियो इकोनामिक सर्वे।* बुक लैंड : प्राइवेट लिमिटेड।

सेनार्ट, एम. ई. 1930 : *कास्ट इन इंडिया।* लंदन : मेथुएन एंड कंपनी प्राइवेट लिमिटेड।

सेरिंग, एम.ए. 1868 : *द सैकरेड सिटी ऑफ हिन्दू : बनारस एंशियंट एंड मार्डन।* लंदन।

श्रीनिवास, एम.एन., 1952 : *रेलिजन एंड सोसायटी अमांग कुगर्स ऑफ साउथ इंडिया।* बांबे : एशिया पब्लिशिंग हाउस।

श्रीनिवास, एम.एन., 1962 : *कास्ट इन मार्डन इंडिया* : बर्कले : यूनिवर्सिटी ऑफ कैलिफोर्निया।

श्रीनिवास, एम.एन., 1962 : *कास्ट इन मार्डन इंडिया एंड अदर एसेज।* बॉम्बे: एशिया पब्लिशिंग हाउस।

श्रीनिवास, एम.एन., 1966 : *सोशल चेंज इन मार्डन इंडिया।* कैलिफोर्निया: यूनिवर्सिटी प्रेस।

श्रीनिवास, एम.एन., 1976 : *नेशन बिल्डिंग इन इंडिपेंडेंट इंडिया।* दिल्ली: ऑक्सफोर्ड यूनिवर्सिटी प्रेस।

अनुक्रमणिका

INDEX